中國佛教思想資料選編

資料選編

（全十册，附索引）

石　峻　樓宇烈　方立天　許抗生　樂壽明 編

七

宋元明清卷（二）

中華書局

目 録

梵　琦

【簡介】　梵琦，字楚石，又字曇曜，俗姓朱，生於公元一二九六年（元成宗元貞二年），死於公元一三七〇年（明太祖洪武三年），明州象山（今浙江寧波象山）人。他九歲時卽棄俗入寺受經，十六歲於杭州昭慶寺受具足戒，後從元叟行端參禪，並得印可。行端認爲他深得禪法三昧，説："西來密意，喜子已得之矣。"又説："妙喜（卽宋名僧宗杲）大法，盡在於師。"

梵琦繼承了禪宗自心覺悟，不求知解的思想，説："禪師不假多知，饑飡渴飲隨時，將心用心大錯，在道修道堪悲。"（明真頌）他進一步發揮晚唐以來一些禪師們呵佛罵祖，不修教理的狂禪作風。他聲稱："既稱禪師，却鑽頭入故紙堆裏作麼？"所以他又説："一大藏教，只是個賣田眼。"（再住海鹽州天寧永祚禪寺語録）"三乘十二分教，大似屎窖子，你無端刺頭入裏許作麼！"（住嘉興本覺寺語録）他認爲，"起心動念是妄想"，同樣"澄心息念"也是妄想，以至"成佛作祖"也是妄想。因此，"如來涅槃心，祖師正法眼，衲僧奇特事，知識解脱門，總是十字街頭破草鞋，抛向錢塘江裏著"。（住杭州路鳳山大報國寺語録）從而強調要"身心直下透脱"。

梵琦自元泰定中（一三二五年左右）奉命出世傳法，五十年間，六坐道場。宋濂在所撰塔銘中説："由是，內而燕、齊、秦、楚，外而日本、高麗，咸咨決心要，奔走座下。得師片言，裝潢襲藏，不翅拱璧。"其影響之大，可見一斑。梵琦先後得到元、明兩代統治者的賞識。元順帝賜其號爲佛日普照慧辯禪師。晚年入明，洪武元年、二年明太祖兩次大作法事，均請楚琦參加，並"親承顧問"，"出内府白金以賜"，世稱其爲明代"國初第一宗師"。明末名僧袾宏説："本朝第一流宗師，無尚於楚石。"（皇明名僧輯略）智旭説："禪宗自楚石琦大師後，未聞其人也。"（靈峰宗論儒釋宗傳竊議）都給予了極高的評價。

楚琦六坐道場，均有門弟子記録之語録，總集爲楚石梵琦禪師語録。

一、住海鹽州天寧永祚禪寺語録（選録）

上堂。"心本是佛，造作還非，道不用修，染污不得。只此不染污，是諸佛之所護念，與麼道，早是染污了也。絲毫繫念，三塗業因，瞥爾情生，萬刼覊鎖。所以經云：'若以色見我，以音聲求我，是人行邪道，不能見如來。'你道那個是如來？銅頭鐵額，鳥嘴魚腮。"

上堂。"見色便見心，大地山河是心，作麼生見？"又云："心不見心，無相可得。"拈拄杖云："觀世音菩薩，變作一條墨漆拄杖子，繞四天下走一遭，回到山僧手裏，却是芭蕉和尚。你有拄杖子，我與你拄杖子，你無拄杖子，我奪却你拄杖子。若作佛法商量，生身陷地獄。"靠拄杖。

結夏小參。僧問："大通智勝佛，十劫坐道場，佛法不現前，不得成佛道，此意如何？"師云："也無此意，也無如何。"進云："未審何時得成佛道？"師云："也無佛，也無道。"進云："莫落空否？"師云："空亦空。"進云："即今道空的是什麼人？"師云："這漆桶。"進云："本來無罣礙，隨處任方圓。"師云："玄沙道底。"乃云："以大圓覺，爲我伽藍，身心安居，平等性智。"召衆云："性智既然平等，説什麼聖，説什麼凡？説什麼迷，説什麼悟？古也如是，今也如是，僧也如是，俗也如是。出出入入，何礙安居；往往來來，是真禁足。譬如蟭螟蟲，在蚊子眼睫上作窠，向十字街頭叫云：土曠人稀，相逢者少。"復有頌云："金毛獅子喋屎狗，雪白象王推磨驢，直下不生顛倒見，九句無欠亦無餘。"

上堂。"或時語須辨取，或時默誰委悉。久參上士，不要丁寧，晚學初機，卒難話會。只如道，近上人問道則失道，近下人問道則得道。不上不下，不得不失，道在阿那頭？有時乘好月，特地過滄州。"

上堂。"若能轉物，即同如來。你道物作麼生轉？僧堂入佛殿裏行，佛殿入僧堂裏過。須彌山騎牛説話，木人打鼓唱歌，露柱每日搊箏，楗椎拍手笑他。且道笑個什麼？呵呵。"便下座。

解夏小參。僧問："如何是學人自己？"師云："你問我覓。"乃云："諸仁者，百了千當，名爲無事道人，若到諸方，管取明牕下安排，永祚這裏放過即不可。何謂如此？百了千當底，猶在半途。豈不見圓悟和尚道：'以世諦法接人去，落在世諦法中；以祖佛機接人去，落在祖佛機中；以向上拈提接人去，落在向上拈提中。以恁麼恁麼接人去，落在恁麼恁麼中；以不恁麼不恁麼接人去，落在不恁麼不恁麼中；以總不恁麼總不恁麼接人去，落在總不恁麼總不恁麼中。直饒萬里無片雲，青天也須喫棒。當知此事不從他處得來，我王庫内無此刀，此刀不離王庫内。'末後一句，始到牢關，把斷要津，不通凡聖。九十日，末後一句作麼生道？朱夏火雲燒碧洞，清秋危露滴金盤。"復舉僧問雲門："樹凋葉落時如何？"門云："體露金風。"師云："這僧若道個謝師答話，雲門大師管取有理難伸。山僧即不然。樹凋葉落時如何？拈起拄杖，纔佇思，打下法堂，免致諸方檢點。"

上堂。“古人真實相爲，放下便穩。我却不恁麽，撩起便行。一等是踏破草鞋，何故隨人脚後跟轉？”拈拄杖云：“拄杖子騎佛殿，出山門去也。”

上堂。“極小同大，忘絶境界；極大同小，不見邊表。昨夜濃霜似雪，今朝暖日如春。父母未生已前，何似這個時節。無事晚來江上望，數株寒栢倚斜陽。”

（以上選自楚石梵琦禪師語録卷二，據續藏
經第一輯第二編第二十九套第一册）

上堂。“觀色即空，成大智故，不墮生死；觀空即色，成大悲故，不墮涅槃。西天此土，一隊不唧𠺕漢，寐語住也未？”拈拄杖云：“咄咄！”

上堂。“無手人行拳，無舌人解語。忽若無手人打無舌人，無舌人忙道箇不必。”復云：“只箇不必，天下衲僧跳不出。”

上堂。“天高東南，江、河、淮、濟注於海，而海不溢；地傾西北，日月星辰繫於空，而空不低。人人鼻直眼横，日日晝明夜暗，諸佛不出世，祖師不西來，佛法徧天下。談玄口不開，會麽？釋迦老子在西天，文殊大士居東土。”

結夏小參。僧問：“如來聖制，禁足護生，一蟻子性命與諸人性命，是同是別？”師云：“猴愁摟搜頭。”進云：“諸人性命與佛祖性命，是同是別？”師云：“狗走抖擻口。”進云：“古人道，護生須是殺，殺盡始安居。未審殺箇什麽？”師云：“更參三十年。”進云：“離相離名人不稟，吹毛用了急須磨。”師云：“錯。”僧便喝。師拈拄杖，僧禮拜，師乃云：“一蟻子性命即是諸人性命，諸人性命即是佛祖性命。丁一卓二，踢七踏八，長者長法身，短者短法身。只如寒暑交遷，陰陽互换，日日日東上，日日日西没。是心是境，是有是無，是箇什麽道理？今日結却布袋口，有也被布袋罩却，無也被布袋罩却，總未有出頭分在。若要布袋口開定，定九十日，一日也減他不得。”復舉世尊陞座，<u>文殊</u>白槌云：“諦觀法王法，法王法如是。”世尊便下座。師云：“將謂世尊別有長處？也只懞憧便休，致令後代兒孫，箇箇龍頭蛇尾。”

“初祖忌拈香，這漢西來，特地癡獃，不立文字，虛張意氣。直指人心，轉見病深；見性成佛，翻成窠窟。<u>靈山</u>直是不甘他牛糞燒香，狗尿茶。因甚如此？秪爲如此報德酬恩。只這是。”

施主設齋，上堂。“供養百千諸佛，不如供養一箇無心道人。百千諸佛有何過？無心道人有何德？若會箇中意，牛頭尾上安。”

<u>慧鈍巖</u>預修，請陞座。僧問：“如意珍用無盡，應物遇緣終不悋。如何是如意珍？”師云：“多少人用不得。”進云：“莫秪這便是麼？”師云：“你試用看。”進云：“掬水月在手，弄花香滿衣。”師云：“話墮也。”進云：“今晨，施主鈍巖提點預修寄庫，請和尚陞座，回向功德一句，作麼生舉？”師云：“彈指圓成八萬門，一超直入<u>如來</u>地。”乃云：“有情之本，依智海以爲源；含識之流，總法身而爲體。諸仁者，還識此源麼？若識此源，則千源萬源只是一源；還見此體麼？若見<u>此體</u>，則千體萬體同爲一體。上則爲聖，下則爲凡。其在聖也，諸佛菩薩，緣覺聲聞，一向淨用，而證解脱；其在凡也，天人修羅，及三惡道，一向染用，而墮輪回。欲出輪回，全成解脱，如人因地而倒，因地而起，離却瓶盤釵釧。真金不自外來，就乎酥酪醍醐，美味悉從中出。以至乾坤大地，日月星辰，草木昆蟲，森羅萬象，莫不輝騰今古，迥絶見聞。透一金剛圈，吞一栗棘蓬，則不可説；金剛圈栗棘蓬一時吞得透得，豈不是了事漢？更聽一偈：‘一微塵裏大寶藏，十方虛空悉充滿，普放光明照塵刹，蒙光觸者煩惱除。煩惱除故覺道成，能爲羣生作佛事，福德壽量咸增益，此妙解脱<u>鈍巖</u>證。不動

本際常寂然，極未來時闡斯道。'"

上堂。"有情説法，無情説法。作麼生是有情？山河大地，竹頭木屑，總是有情；作麼生是無情？諸佛菩薩，畜生驢馬，總是無情。"召衆云："山河大地，竹頭木屑，總是無情，因什麼却成有情去？諸佛菩薩，畜生驢馬，總是有情，因什麼却成無情去？分明記取，舉似作家。"

（同上　卷三）

二、住杭州路鳳山大報國禪寺語録（選録）

中夏上堂。"和尚子莫妄想，起心動念是妄想，澄心息念是妄想，成佛作祖是妄想。往往將妄想滅妄想，無有了期，直饒古今言教，一時明得，如珠走盤。敢保此人，未出陰界，礙膺之物，誰與消除？若得消除，名爲解脱，其實未得一切解脱。超毗盧越釋迦，大丈夫兒合到如此，點胸點肋，稱楊稱鄭作什麼？我未曾向六月裏下一場大雪，與你諸人在。"

上堂。"如來涅槃心，祖師正法眼，衲僧奇特事，知識解脱門，總是十字街頭破草鞋，抛向錢塘江裏著。"歸堂。

中秋上堂。"一月普現一切水，一切水月一月攝。盡大地是水，阿那箇是月？盡大地是月，阿那箇是水？你若不信，錢塘江裏少哩！"

（同上　卷四）

三、住嘉興路本覺寺語録（選録）

浴佛，上堂。"未有世界，早有此性，世界壞時，此性不壞。出世不出世，成佛不成佛，總是閒言語。净法界身，本無出没，大悲願力，示現受生。恁麼説話，正是俗氣不除，且道喚作釋迦老子，不喚作釋迦老子？”一舉四十九。

　　結夏小參。僧問：“巍巍堂堂，煒煒煌煌，聲前非聲，色後非色，未審是箇什麼？”師云：“無面目漢。”進云：“即今在什麼處？”師云：“眼見如盲，口説如啞。”進云：“此人還曾禁足也無？”師云：“脚不離地走。”進云：“且道此人肯成佛麼？”師云：“莫謗他好。”進云：“既不成佛，却教誰度衆生。”師云：“有衆生即須度，無衆生度什麼﹗”進云：“如今三界二十五有浩浩地，喚作無衆生得麼？”師云：“癡人面前，不得説夢。”乃云：“諸禪德，你無外遺世界，内脱身心，心不繫身，身如虚空，身不繫心，心如法界。如是禁足，無足可禁；如是安居，無居不安，猶未是衲僧行履處。直得文殊普賢，掃牀摺被，等妙二覺，隨驢把馬。到與麼田地，日消萬兩黄金。雖然如是，西天有人，未肯在。”復舉教中道：“種種取捨，皆是輪迴。未出輪迴而辨圓覺，彼圓覺性即同流轉，若免輪迴，無有是處。諸禪德，喚什麼作圓覺？又如何免得輪迴去？東澗水流西澗水，南山雲起北山雲。”

　　上堂。“雨後橋平水滿，山前麥熟鳥啼。岸柳毿毿，林花灼灼，溪光湛湛，草色青青。是心耶境耶？迷耶悟耶？我觀三千大千世界，迺至無有如芥子許，非是菩薩捨身命處。你若會得，釋迦老子且過一邊。”

　　上堂。“縱横不礙，華藏海中一微塵；逆順何拘，刹竿頭上翻筋斗。無理外之事，無事外之理；無心外之物，無物外之心。在蚌爲珠，在龜爲兆，在牛爲角，在馬爲蹄，一一交參，重重攝入。釋迦彌勒，雖然卍字當胸，文殊普賢，也只鼻頭向下。諸人幸自無事，須要護身符子作麼？”喝一喝。

　　上堂。“三乘十二分教，大似屎窖子，你無端刺頭，入裏許作麼ı 來來，我共你葛藤。”拈拄杖云：“百千諸佛，天下老和尚，到這裏亡鋒結舌，你試吐露看。”衆皆罔措，師云：“賺殺人ı”

上堂。彈指一下，云：“這裏聞去。一根既返源，六處咸休復。眼處作耳處佛事，耳處作鼻處佛事，鼻處作舌處佛事，舌處作身處佛事，身處作意處佛事，意處作一切處佛事。畢竟是一耶，是六耶？纔有一便有六，纔有六便有一，此是一六之義，不可道是無也。無眼耳鼻舌身意，無色聲香味觸法，又不可認有也。這箇是教意，那箇是祖意？”喝一喝。

（同上　卷五）

四、再住海鹽州天寧永祚禪寺語錄（選錄）

示衆。“可中學道，多只認得箇昭昭靈靈，殊不知昭昭靈靈正是生死根本。長沙和尚道：‘學道之人不識真，只爲從前認識神，無量劫來生死本，癡人喚作本來人。’楞嚴會上，釋迦老子爲阿難説：‘一切衆生，從無始來，種種顛倒，業種自然，如惡叉聚，諸修行人，不能得成無上菩提，乃至別成聲聞緣覺。及成外道諸天魔王，及魔眷屬，皆由不知二種根本，錯亂修習。猶如煮沙欲成嘉饌，縱經塵劫，終不能得。云何二種？阿難ı 一者無始生死根本。則汝今者，與諸衆生，用攀緣心爲自性者。二者無始菩提涅槃，元清淨體。則汝今者，識精元明，能生諸緣，緣所遺者。由諸衆生遺此本明，雖終日行，而不自覺。’諸仁者，且道生死根本，與菩提涅槃，是同不同？阿難一身便成兩佛，何不出來通箇消息，莫只背地裏逞奴唇婢舌。臘月三十日，閻老子徵你草鞋錢，別人替得你麼？”

示衆。“諸仁者，聖人全體即是凡夫，而凡夫不知；凡夫全體即是聖人,而聖人不識。不識,故念念純真;不知,故頭頭屬妄。諸佛出世,祖師西來,全妄即真,全凡即聖。何人皮下無血,誰家竈裏無煙？有時踢出腳尖頭,露迥迥地,針劄不入;有時攤開手面上,風颯颯地,水洒不著。無一塵不攝,無一刹不周,無一體不該,無一根不備。能巧能拙,能隱能顯,能大能小,能合能開。且道是什麼物,恁麼奇特？"喝一喝。

示眾。"如今要見自心,作麼生見？且那箇是心？若道只這推窮尋逐的是心,又遭佛訶斥。推窮尋逐的,決定不是心,此但妄識。識有生滅,心無生滅,生滅屬識不屬心。眾生從無始劫來,不得道者,爲妄識所惑,流轉生死。諸佛菩薩悟真心者,則不被生死之所流轉。真心處垢不垢,處淨不淨,處生不生,處滅不滅,譬如隨色摩尼寶珠。若人得之,無不成佛。"

示眾。"一大藏教,只是箇賣田鄉帳,東西四至,一一分明,畝步短長,亦無增減,買者卻須親到地頭。五十年前,有人將鮑郎浦爲田,賣與楊總管宅,及乎驗實,並是虛文。西天九十六種外道所說,以訛傳訛,惟佛一人是真實語。達磨不立文字,直指人心,見性成佛,只與買田的作箇證見而已,諸人曾到地頭麼！須知盡十方乾坤大地,人畜草芥,高低闊狹,無空缺處,總是自家屋裏的。所以道:'山前一片閑田地,叉手丁寧問祖翁,幾度賣來還自買,爲憐松竹引清風。'五祖老人與麼道,大似冒姓佃官田,更不納租稅。別無定奪,依例施行。"拈拄杖云:"吽吽。"

示眾。"祖師門下客,自有本參事,合去理會,只管看他經論,大不相當。經有經師,論有論師。既稱禪師,卻鑽頭入故紙堆裏作麼！佛自說,三乘十二分教,如空拳誑小兒。是不知,號曰無明。要做沒量漢,須真參實悟始得,他時後日,不被生死拘絆,去住自由。不然,惧你去在。豈不見,晏國師道:'西天一段事,總被今時人埋没却，覓箇出頭處不得。'更有老宿道：'大唐國內，盡是滅胡種賊।'人家男女，乍入叢林，何曾會得？開舉經舉論，便刺頭入裏許，念言念語，賺他多少人十生累劫，擔枷帶鎖；於自己，轉疎轉遠。且宗門中事，合作麼生？不惜口業，向汝諸人道：不假記一字，亦不用一功，亦不用眨眼，亦不用呵氣，大坐著紹却去，這裏會得，多少省力。更賺他太絮道，我拈得不分明，自是你根性遲鈍，干別人什麼事।珍重。"

（同上　卷七）

五、明真頌二十八首

我有摩尼一顆，埋在五蘊身田，昨向泥中取出，光明照燭無邊。所爲莫不知意，日用尋常現前，世上誰無此寶，昏迷未脫蓋纏。死生生死縈絆，果報或人或天，一旦逢善知識，豈非有大因緣।（一）

只這言語聲色，非根非塵非識，釋迦親見燃燈，故號能仁寂默。平治自家田地，净除瓦礫荆棘，身光充徧十虚，豈止百千萬億。一念成佛不疑，多方轉化何極，雖云妙行莊嚴，畢竟歸無所得。（二）

觸目無非此道，莫揀精麤大小，衆生與佛何殊，總是自心所造。修善天堂化生，受用珍奇異寶，地獄皆由作惡，鐵床銅柱圍繞。臨終罪業現前，方恨悔之不早，覺悟煩惱菩提，迷惑菩提煩惱。（三）

禪師不假多知，饑湌渴飲隨時，將心用心大錯，在道修道堪悲。內外推尋不見，中間亦絕毫釐，衆生別求智慧，諸佛何異愚癡。一等黄金作器，瓶盤釵釧環兒，自體元無改變，千般任用爐鎚。（四）

貪嗔癡號三毒，三毒起於一心，本來空寂三毒，三毒自此平沈。頓獲金剛正體，親聞大覺圓音，了然不生不滅，解者非古非今。智

士現前究竟，愚人向外推尋，妄情造業難斷，如象溺泥漸深。（五）

　　觀心常坐習定，便欲此生親證，證得常住法身，堪續如來慧命。若也沈空滯寂，墮於二乘禪病，澄潭不許龍盤，大象豈游兔徑。隨處逍遙快樂，洞明自己真性，可中不亂不定，向上非凡非聖。（六）

　　法離言語文字，返著文字言語，假使精進三藏，何如直截根源。巡行數墨不悟，轉讀令人轉昏，心地本無一物，澄空迥絕塵痕。胡爲自起障礙，日夜隨他六根，一念空諸所有，魔外窺覷無門。（七）

　　昔有維摩大士，示疾毗耶城裏，三十二箇菩薩，各談不二玄旨。文殊請問維摩，維摩一默而已，如今博地凡夫，未學音聲三昧。剛把公案批判，妄將賢聖訶毀，若非了悟自心，般若妄談招罪。（八）

　　末法比丘不讓，多因忿怒鬬諍，既依大戒出家，須稟六和爲尚。羅漢深證無生，未曾與人相抗，善哉圓頂方袍，便是當來佛樣。心內坦然平夷，世間靡不歸仗，莫起一念嗔火，赫赫燎原難向。（九）

　　衆生業識茫茫，心裏渾如沸湯，只管隨聲逐色，何由返照回光。參禪發明自性，譬似遠客還鄉，曠劫收歸當念，當念含攝十方。觸境逢緣不變，著衣喫飯如常，無明從此消滅，熱惱自然清涼。（十）

　　不了第一義諦，因玆名曰無明，我觀無明無性，無住無滅無生。菩薩雙亡理事，聲聞怕怖色聲，一居逍遙樂土，一在解脫深坑。離却二邊中道，洞然清净光明，人間天上隨意，廣度恒沙有情。（十一）

　　靈空元自無像，不用斷除妄想，妄想卽是真心，何須分一作兩。冰消爲水溫和，水結爲冰嚴冷，濁惡衆生可化，清净諸佛堪仰。諸佛衆生平性，豈同外物消長，金剛座上刹那，永絕從前影響。（十二）

　　法身不見邊表，日用何曾欠少，語默動靜施爲，無心自然合道。但有絲毫罣礙，便遭魔境纏繞，大海普納百川，須彌合成四寶。到頭難免無常，徒自汪洋峻峭，一悟真空妙理，湼槃生死俱了。（十三）

　　衆生本來自佛，甘墮無明窠窟，若悟無明本空，輪迴從此超出。

譬如一點明燈，能破千年暗室，決了貪嗔體性，空華陽燄非實。直須立志參究，不可隨情放逸，惟有禪門捷徑，別無入道要術。（十四）

佛口初無言説，法身豈有生滅，只因隨順世間，便見千差萬別。細辨凡夫因果，廣標諸聖旨訣，玄門歷歷開張，教網重重施設。末上拈花示衆，盡除方便直截，譬如十斛驢乳，散在一滴獅血。（十五）

大有世間癡漢，隨他聲色流轉，不知萬境樅然，總是心靈所變。墮在塵勞海中，無由脱離魔羂，羊車卽是牛車，我面何殊佛面。直下回頭便是，不勞苦口相勸，一朝颺下皮囊，免到閻公業案。（十六）

小小如螢之火，能燒大地叢林，莫教一念嗔起，滅盡無邊道心。佛祖令人保護，防他境界來侵，衆生與佛何別，棄却真如外尋。流出蓋天蓋地，本來非古非今，要知般若靈驗，入海鐵肛不沈。（十七）

覺道無過自悟，參禪不要他求，却來心外覓佛，如向沙中取油。演若達多發笑，也曾棄鏡尋頭，白雲千里萬里，黄藥前秋後秋。要了卽今便了，未休何日當休，拍手浩歌歸去，倒騎露地白牛。（十八）

古今得道聖賢，當念無修無證，煩惱菩提兩亡，涅槃生死俱净。境風飄鼓不動，常處那伽正定，應佛圓如太虛，臨機湛若明鏡。堂堂世出世間，在在法王法令，一切凡夫本同，不離法界體性。（十九）

愚夫背惡向善，佛道轉求轉遠，放下身心便休，一時善惡俱遣。天堂快樂不思，地獄煎熬亦免，好箇天真古佛，十方法界充滿。既無生滅去來，寧有是非長短，性地自然坦平，塵勞何用除斷。（二十）

法王出現世間，方便談空破有，有者必歸於無，是爲聖獅子吼。玉毫金相莊嚴，前取涅槃非久，天地至時崩壞，誰論貧富好醜。可憐外道愚癡，妄執梵天長壽，八萬大劫既終，難免輪迴不受。（二十一）

何處出離生死，幾人悟解真空，真空非有形貌，更問南北西東。瞥起纖毫妄念，頭頭窒礙不通，執之必落邪道，放之未免昏蒙。身

心直下透脱，如鳥飄然出籠，無病何須服藥，愚癡智慧雙融。（二十二）

任你多般取捨，如同水上浮漚，漚生漚滅難止，念去念來不休。努力要須猛省，回光更莫他求，一間空舍無主，傾壞何勞再修。饑把鉢盂噇飯，睡時塊石枕頭，十二時中快樂，誰能似我無憂。（二十三）

幻土化成大宅，園林花果爭鮮，其中羅列男女，車馬往來市廛。取性歡呼鼓舞，乘時放逸狂顛，死生骨骸盈地，婚嫁笙歌滿前。愚者執爲實有，不知幻化使然，至竟都無一物，雲開依舊青天。（二十四）

法性本無造作，且非內外中間，聲色何須苦厭，塵根亦不相關。斷除煩惱轉遠，求證菩提卽難，有念便沈生死，無爲自契湼槃。兩途俱是障礙，中道又隔江山，打破鏡來相見，身心索爾虛閑。（二十五）

悟向迷中求悟，迷從悟裏發迷，被他二法纏縛，何日解成菩提。佛祖元無指示，癡狂妄有思惟，常情執著不捨，斷見由來自欺。智者不求解脫，一言可破羣疑，貪嗔卽是大道，背捨心王問誰。（二十六）

燃燈授記釋迦，於法了無所得，我觀天上人間，不見當來彌勒。濁惡衆生可怪，目前覷佛不識，何須轉腦回頭，便合騎聲蓋色。盡未來時度生，分身百千萬億，卽今揭示龍華，一切人間罔測。（二十七）

欲識自家寶藏，六時常放光明，本非青黃赤白，不離坐臥經行。三世如來骨髓，歷代祖師眼睛，大似水中月影，還同色裏膠青。灼然不可取捨，畢竟難論壞成，在在逢緣利益，塵塵救度迷情。（二十八）

　　　　　　　　　　　　（同上　卷十八）

〔附〕 宋濂: 佛日普照慧辯禪師塔銘有序

皇帝卽位, 洪武之元年, 端居穆清, 憫念四海兵争, 将卒民庶多殞於非命, 精爽無依, 非佛世尊不足以度之。秋九月, 詔江南大浮圖十餘人, 於蔣山禪寺作大法會, 時楚石禪師實與其列。師升座説法, 以聾人天龍鬼之聽。竣事, 近臣入奏, 上大悦。二年春三月, 復用元年故事, 召師説法如初。錫燕於文樓下, 親承顧問。暨還, 出内府白金以賜。三年之秋, 上以鬼神情狀, 幽微難測, 意遺經當有明文, 妙柬僧中通三藏之説者問焉。師與夢堂噩公、行中仁公等應詔而至, 館於大天界寺, 上命儀曹勞之。既而援據經論成書, 将入朝敷奏, 師忽示微疾。越四日, 趣左右具浴更衣, 索筆書偈曰:"真性圓明, 本無生滅, 木馬夜鳴, 西方日出。"書畢, 謂夢堂曰:"師兄, 我將去矣!"夢堂曰:"子去何之?"師曰:"西方爾。"夢堂曰:"西方有佛, 東方無佛耶?"師屬聲一喝, 泊然而化, 時七月二十六日也。天界住持西白金公, 法門猶子也, 爲治後事, 無不盡禮。時制火葬有禁, 禮部以聞, 上特命從其教。荼毗之餘, 齒牙舌根, 數珠咸不壞, 設利羅粘綴遺骨, 纍纍然如珠。其弟子文晟, 奉骨及諸不壞者, 歸於海鹽, 卜以八月二十八日建塔於天寧永祚禪寺葬焉。

既葬, 嗣法上首景瓛, 復偕文晟, 以仁公所造行狀來徵銘。仁公博通内外典, 文辭簡奥, 有西漢風, 其言當可信弗誣。謹按狀, 師諱梵琦, 楚石其字也, 小字曇曜, 明州象山人, 姓朱氏, 父昊, 母張氏。張夢日墮懷而生。師方在襁褓中, 有神僧摩其頂, 言曰:"此佛日也, 他時能照燭昏衢乎!"人因名之爲曇曜云。年七歲, 靈性穎發, 讀書卽了大意, 或問所嗜何言, 卽應聲曰:"君子喻於義。"至於屬句做書, 皆度越餘子, 遠近號爲奇童。九歲棄俗入永祚, 受經於訥翁模師，尋依晉翁洵師於湖之崇恩。洵師，師從族祖也。趙魏公見師器之，爲鬻僧牒，得薙染爲沙門。繼往杭之昭慶，受具足戒，年已十有六矣。洵師遷住道場，師爲侍者。居亡何，命司藏室。閱首楞嚴經，至"緣見因明，暗成無見"處，恍然有省。歷覽羣書，不假師授，文句自通。然膠於名相，未能釋去纏縛。聞元叟端公倡道雙徑，師往問云："言發非聲，色前不物，其意如何？"元叟就以師語詰之，師方擬議欲答，叟咄之使出。自是羣疑塞胸，如填巨石。會元英宗詔粉黃金爲泥，書大藏經，有司以師善書，選上燕都。一夕，聞西城樓鼓動，汗下如雨，拊几笑曰："徑山鼻孔，今日入吾手矣！"因成一偈，有"拾得紅爐一點雪，却是黃河六月冰"之句。翻然東旋，再入雙徑。元叟見師氣貌充然，謂曰："西來密意，喜子已得之矣。"遂處以第二座。且言"妙喜大法，盡在於師"。有來參叩者，多命師辯決之。

元泰定中，行宣政院稔師之名，命出世海鹽之福臻，遂升主永祚。永祚師受經之地，爲創大寶閣，範銅鑄賢劫千佛，而毗盧遮那及曼殊師利、普賢、千手眼觀音諸像並寘其中。復造塔婆七級，崇二佰四十餘尺，功垂就，勢將偏壓，師禱之，夜乃大雨風，居氓聞鬼神相語曰：天寧塔偏，亟往救之。遲明，塔正如初。遷杭之報國，轉嘉興之本覺，更構萬佛閣九楹間，宏偉壯麗，儼如天宮下移人世。帝師嘉其行業，賜以佛日普照慧辯禪師之號。佛日頗符昔日神僧之言，識者異焉。會報恩、光孝虛席，僉謂報恩一郡巨剎，非師莫能居之。師勉狥衆請而往，尋退隱永祚，築西齋爲終焉之計。至正癸卯，州大夫強師主其寺事。時塔燬于兵，師重成之。景瓛爲代，復歸老于西齋云。

師爲人形軀短小，而神觀精朗，舉明正法，滂沛演迤，有不知其所窮。凡所涖之處，黑白嚮慕，如水歸壑。一彈指間，湧殿飛樓，上插雲際，未嘗見師有作。君子謂，師縱橫自如，應物無跡，山川出雲，雷蟠電聿，神功收歛，寂然無聲。由是内而燕、齊、秦、楚，外而日本、高麗，咸咨決心要，奔走座下。得師片言，裝潢襲藏，不翅拱璧。師可謂無愧妙喜諸孫者矣。師世壽七十五，僧臘六十三，得法者若干人，受度者若干人。其説法機用，則見於六會語，其遊戲翰墨，則見於和天台三聖，及永明壽、陶潛、林逋諸作。別有浄土詩、慈氏上生偈、北遊、鳳山、西齋三集，通合若干卷，並傳于世。余慕師之道甚久，近獲執手護龍河上，相與談玄，因出賸語一編求正。師覽已嘆曰："不意儒者所造，直至於此！善自護持之。"師善誘，推此一端亦可概見。及聞師殁，與國史危公哀悼不自勝。危公亦深知師者也。銘曰：

大鑒密旨餘十傳，妙喜起蹴龍象筵，有如大將據中堅，鐵卒十萬佩囊鞬。或觸之者命髮懸，誰歟五世稱象賢，佛日曉出瀛海暾，紅餤閃閃行中邊。流光所至無幽玄，憶初飛錫來北燕，彤樓晝鼓金星纏，一擊三際皆廓然。火中新敷清净蓮，紺色涵空絶蔓牽，自兹口噴百丈泉，洗滌五濁離腥羶。内而諸夏外朝鮮，紛紛來者人駕肩，示以實相非空言，塔廟赫艶名山川。一佛能變萬與千，會萬歸一道則全，不識誣爲有漏緣，帝勑中使來傳宣。鍾山説法超沈緜，萬人瞻依曲兩拳，一朝入滅同蜕蟬，西方彈指卽現前。白玉樓閣瑠璃田，金鈴寶樹演真詮，師之往矣神弗遷，寂光常定無偏圓。我作銘詩翠琰鎸，昭朗盛烈垂年年。

翰林學士、亞中大夫、知制誥、兼修國史、金華宋濂撰並書。翰林侍講學士、中順大夫、知制誥、同修國史、臨川危素篆題。

（同上　卷二十）

至仁：楚石和尚行狀

師諱梵琦，字楚石，小字曇曜，明州象山人，姓朱氏。父杲，好善有隱德，母張，事佛惟謹。以大元元貞二年丙申之歲，六月丁巳，夢日墮懷中而生師。師在襁褓中，有神僧來見之，謂其父曰："此兒佛也，他日必當振佛法，照曜濁世。"宗族鄉黨，因以曇曜字之。四歲天怙恃，祖母王氏鞠之，口授以論語，輒能成誦。或問書中所好者何語？即應曰："君子喻於義。"六歲善屬對，七歲能書大字，詩書過目不忘，一邑以奇童稱之。九歲抵西浙，從海鹽天寧訥翁模公受經業，又依從族祖晉翁洵公於湖之崇恩。趙文敏公以先隴在崇恩，數往來其間，每見師異之，爲鬻僧牒，禮訥翁得度。年十六，於杭之昭慶受具戒爲大僧。是時文采炳蔚，聲光藹著，兩浙名山宿德爭欲招致座下。徑山虛谷靈，天童雲外岫，净慈晦機熙，各有龍象數佰，更稱譽之。年二十，晉翁遷道場，命爲侍者，既又俾典藏鑰。一日，閱首楞嚴經，至"緣見因明，暗成無見，不明自發，則諸暗相，永不能昏"，因有省入。由是，閱內外典籍，宛如宿習。然於佛祖向上一著，終有滯礙。元叟端和尚主徑山，道望重天下，師往參次即問："如何是言發非聲，色前不物？"叟遽云："言發非聲，色前不物，速道速道！"師擬進語，叟震威一喝，師乃錯愕而退。會英宗皇帝詔善書者赴闕金書大藏經，師在選中，辭叟遂行。既至，館於萬寶坊，近崇天門。一夕，睡起，聞綵樓上鼓鳴，豁然大悟，徹見徑山爲人處。述偈曰："崇天門外鼓騰騰，驀劄虛空就地崩，拾得紅爐一片雪，却是黃河六月冰。"實甲子正月十一日也。是歲東歸，再參元叟於徑山，叟迎笑曰："且喜汝大事了畢。"自是師資徵決，佛祖機緣渙然矣。叟遂以第二座延之，而學者多諮扣焉。未幾，以行宣政院，命出世海鹽州之福臻，一香供元叟，是爲妙喜五世云。天曆戊辰，遷州之天寧；至元乙亥，遷杭之報國；至正甲申，遷嘉興郡之本覺。丁亥，帝師錫號，曰佛日普照慧辯禪師。丁酉，遷郡之天寧。己亥，有退休志，以海鹽天寧有山海之勝，遂築寺西偏以居，別自號西齋老人。

癸卯，寺主者<u>祖光</u>告寂，州大夫强師復主寺事。戊申，舉得法上首<u>景曦</u>自代，而復老於<u>西齋</u>焉。

皇<u>明</u>啓運，混一海宇，天子念將臣或没於戰，民庶或死於兵，宜以<u>釋氏</u>法設冥以濟拔之。於是，以<u>洪武</u>元年九月十一日，徵師説法於<u>蔣山</u>。廷臣奏其説，上大悦。明年三月，復用元年故事，再徵於<u>蔣山</u>説法。上聞其説又大悦，十五日賜宴<u>文樓</u>下，親承勞問，詔館於<u>天界寺</u>。十日及行，出内府白金以賜。又明年秋，上以鬼神之理甚幽，意先佛必有成説，宜徵其徒之嘗爲師德者問焉。於是<u>浙水</u>東西被召者，凡十有六人，予與師泊<u>夢堂噩</u>公與焉。七月十二日，至<u>天界</u>，館於方丈。上命禮部官勞，又命膳部賜薪米等物。尋以所問，命講究明白，候齋日奏對。而師以二十二日示微疾，然與諸師援據經論，辨竅其理，自若也。二十六日，忽索浴更衣，跏趺書偈曰："真性圓明，本無生滅，木馬夜鳴，西方日出。"置筆，謂<u>夢堂</u>曰："師兄，我去也。"堂曰："何處去？"師曰："西方去。"堂曰："西方有佛，東方無佛耶？" 師乃震威一喝而逝。禮部官以遺偈聞，上爲嗟悼久之。翰林學士<u>宋公景濂</u>，<u>危公大樸</u>，與師爲方外友，尤痛惻焉。龕奉四日，顔色愈明潤，緇白瞻禮，如佛涅槃。<u>天界</u>住持，<u>白菴金禪師</u>，乃<u>古鼎銘</u>和尚嗣法上首，師之法門猶子也，凡後事莫不盡禮。同召諸師，咸以法供養焉。時例禁火化，上以師故，特開僧家火化之例。是日，天宇清霽，送者千餘人。火餘，牙齒舌根數珠不壞，舍利五色，紛綴遺骼。參學弟子<u>文晟</u>，奉其遺骼及諸不壞者歸<u>海鹽</u>，以八月二十八日，葬於<u>西齋</u>而塔焉。

師平日度人，或以文字而作佛事，六會語梓傳已久，外有净土詩、慈氏上生偈、北遊集、鳳山集、西齋集，又有和天臺三聖詩、永明壽禪師山居詩、陶潛詩、林逋詩，總若干卷，並行於世。師所在，施者雲集，凡所營建，咄嗟成功。在<u>海鹽</u>天寧建<u>大毗盧閣</u>，範銅肖毗

盧遮那佛、千佛、文殊、普賢、大悲千手眼菩薩等像，位置上下，相好
殊勝。又建寶塔七層，高計二佰四十餘尺。塔成忽偏倚欲仆，師懼
禱于佛。一夕，大風雨，州民聞空中有聲曰：急往天寧救塔！明日，
塔乃四正如初。及師再來，塔以兵燹殆廢，且失頂之寶瓶，師復鳩
施完葺之。時景瓛爲徑山書記，以錢命鑄寶瓶補之。上瓶之日，天
花紛雨，異香滿空，州民聚觀，駭嘆無已。在本覺建大閣，上以奉萬
佛，下以奉大悲菩薩、十地菩薩。閣之雄偉，像設之莊嚴，殆冠西
浙。師爲人，身短小而志器弘大，體無爲而神應莫測。熾然作用，
無非以實相示人，俾之悟焉證焉而後已。故雖有營建之美，辭辨之
富，而實無作也無說也。譬猶春之於花，月之於水，所可形容者，影
與色香耳。道化所被，薄海內外，高麗日本學者尤欽慕焉。世壽七
十五，僧臘六十有三。得度者若干人，嗣其法者若干人。景瓛、文
晟將謁辭於當代大手筆以銘其塔，以昭示來學，請予錄其行實。予
始在徑山，與師交甚契，又同稟法於元叟和尚，其後往來東、西浙，
得師出處爲詳。泊師示滅，又親覩其光明之効，不可辭也。第以衰
病，紀次繁陋，然立言君子於斯或有所稽焉。洪武庚戌九月初吉，
前住紹興府崇報禪寺法弟至仁謹狀。

（同上　卷二十）

道　衍（姚廣孝）

【簡介】　道衍，字斯道，別號逃虛子、獨菴等，俗姓姚，生於公元一三三五年（元順帝至元元年），死於公元一四一八年（明成祖永樂十六年），長洲（今江蘇蘇州）人。他出生於醫家，十四歲出家，曾習天台教義，並向道士席應真學陰陽術數之學。洪武中，明太祖朱元璋爲諸王子選高僧爲輔侍，道衍經當時名僧僧錄司左善世宗泐的推薦，與燕王朱棣"語甚合"，遂隨從至北平，住持慶壽寺，出入王府，成爲燕王心腹謀士。朱元璋死後，由其孫惠帝朱允炆繼位。惠帝深患諸王權重，危及中央，於是行削藩議，依次將及燕王，於是在道衍等人的策劃下，朱棣起兵反抗，打倒惠帝，自承大統，是爲成祖。朱棣的成功是與道衍的謀劃分不開的，因此成祖即位後，"論功以爲第一"，授道衍爲僧錄司左善世，第二年又封爲贊善大夫，太子少師，並復其姓，賜名廣孝。道衍"冠帶而朝，退仍緇衣"。

道衍的著作，見於明史藝文志者有佛法不可滅論一卷和道餘錄一卷。這兩部著作都是所謂"護教"之作，其中道餘錄作於晚年，乃是對程、朱排斥佛教言論的駁難，書出後頗遭當時理學家的非議。此外，其遺文尚有淨土簡要錄、逃虛子詩集十卷、續一卷、獨菴外集續稿五卷等。

一、道餘錄

序

余曩爲僧時，值元季兵亂。年近三十，從愚庵及和尚于徑山習禪學，暇則披閱內外典籍，以資才識。因觀河南二程先生遺書，及新安晦庵朱先生語録。三先生皆生趙宋，傳聖人千載不傳之學，可謂間世之英傑，爲世之真儒也。三先生因輔名教，惟以攘斥佛、老爲心。太史公曰："世之學老子者則絀儒學，儒學亦絀老子。"道不同，不相爲謀，古今共然，奚足怪乎｜三先生既爲斯文宗主，後學之師範，雖曰攘斥佛、老，必當據理至公無私，則人心服焉。三先生因不多探佛書，不知佛之底蘊，一以私意出邪詖之辭，枉抑太過，世之人心亦多不平，況宗其學者哉？二程先生遺書中有二十八條，晦庵朱先生語録中有二十一條，極爲謬誕，余不揣，乃爲逐條據理一一剖析。豈敢言與三先生辯也，不得已也，亦非佞於佛也。藥成，藏於巾笥有年。今冬十月，余自公退，因檢故紙得此藥，卽净寫成帙，目曰道餘録，置之几案。間士君子有過余覽是録者，知我罪我，其在兹乎｜

　　永樂十年，歲在壬辰，冬十一月長至日，逃虛子序。

　　明道先生曰：佛學大概，且是絶倫類，世上不容有此理。又，其言待要出世，出那裏去？又，其述須要出家。然則，家者不過君臣父子，夫婦兄弟，此等事皆以爲寄寓，故其爲忠孝仁義，皆以爲不得已爾。又要脱世網，至愚迷者也。畢竟學之者至似佛，佛者一懶胡爾。他是箇自私獨善，枯槁山林，自適而已。畢竟學之者，不過世上少這一箇人。卻又要周徧，謂既得本，不患不周徧，要知決無此理。

　　逃虛曰：明道謂"佛學大概，是絶倫類，世上不容有此理。"

而不知佛未嘗絕倫類也。佛當日出家已納妃生子，然後入雪山修道，苦行六年而成正覺，豈是絕倫類者邪？若言絕倫類，世上不容有此理，如吳泰伯讓王位，斷髮文身，逃於荆蠻，孔子稱其爲至德，而於吳廟食萬世。又如伯夷、叔齊，諫周武王不聽，欲兵之，太公曰：此義人也。隱于首陽山，遂餓而死，孟子稱其爲聖之清者，而未嘗言其絕倫類也。又言佛“待要出世，出那裏去？”殊不知佛之學無有定法，名阿耨菩提，所以華嚴云：“世間法即出世間法，出世間法即世間法。”法華云：“是法住法位，世間相常住。”佛幾曾執著於世出世者哉？又言“又其迹須要出家，然則，家者不過君臣父子，夫婦兄弟，此等事皆以爲寄寓，故其爲忠孝仁義，皆以爲不得已”。夫佛之學，有出家在家之分焉。出家者爲比丘，割愛辭親，剃髮染衣，從佛學道。在家者爲居士，君臣父子，夫婦兄弟，此等事何嘗無之？皆以爲寄寓者，佛書有云：“旅泊三界，茫茫大化之中，何物而非寄寓也哉？”忠孝仁義皆以爲不得已者，此是程夫子自説，佛不曾有此説。佛但教人持戒修善，念報君親師友檀信之恩也。又言佛“又要脱世網，至愚迷者也”。昔陶淵明云：“誤落塵網中，一去三十年。”淵明一士人也，尚欲脱之，況學佛者乎？又言“畢竟學之者，不過至似佛，佛者一懶胡爾”。間嘗有門人問曰：“佛當敬否？”曰：“佛是胡人之賢智者，安可慢也。”程夫子既是道學君子，何爲兩其説焉？教弟子曰“佛爲胡人之賢智者，不可慢也”；卻自罵佛曰“懶胡”。豈道學君子之爲乎？又言“他是箇自私獨善，枯槁山林，自適而已，世上不過少這一箇人”。以愚言之，世上亦不多這一箇人。佛爲一大事因緣故，出現於世，欲令衆生開示悟入佛之知見，豈是自私獨善者也」又言佛“又要周徧，謂既得本，不患不周徧，決無此理”。可見程子不曾多閲佛書。若多閲佛書，解佛之道，横徧十方，竪窮三際，在凡不减，在聖不增，决不疑此周徧之説。蓋因程子存物我之心，滯於一偏，而不能撤藩籬而爲大方之家也。悲夫！

明道先生嘗語韓持國曰：如説妄説幻爲不好底性，則請別尋一箇好底性來，换了此箇不好底性著。道即性也，若道外尋性，性外尋道，便不是聖賢論天德。蓋謂自家元是天然自足之物，若無污壞，即當直而行之，若小有污壞，即敬以治之，使其復如舊。所以能復如舊者，蓋謂自家本質元是完足之物，若合修治，亦修治之義也；若不消修治，而不修治亦義也。故常簡易明白而易行。禪學者，總是强生事。至如山河大地之説，是他山河大地，干你何事？蓋如孔子道如日星之明，猶患門人未能盡曉，故曰："予欲無言。"如顔子，則默識，其他未免疑問，故曰："小子何述焉？"又曰："天何言哉？四時行焉，百物生焉。"可謂明白矣。若能於此言上看得破，便信是會禪也；若未尋得，蓋實是無去處説，此理本無二也。

逃虚曰：明道語韓持國，"如説妄説幻是不好底性，則請別尋一箇好底性來，换了此箇不好底性著"，此是明道自生此説，佛未嘗有此説。如首楞嚴云："因妄有生，因生有滅，生滅名妄，滅妄名真。"永嘉云："真不立，妄本空，有無俱遣不空空，二十（空）門元不著，一性如來體自同。"圓覺云："一切衆生，種種幻化，皆生如來圓覺妙心。猶如空華，從空而有，幻華雖滅，空性不壞。衆生幻心，還依幻滅，諸幻盡滅，覺心不動。依幻説覺，亦名爲幻，若説有覺，猶未離幻。説無覺者，亦復如是。"是故，幻滅名爲不動，佛説幻妄，如是而已。明道既言"道即是性"，性豈有好不好耶？此妙真如性，本然清浄，豈容外物之所污染？故佛以蓮華爲喻。蓮華生於淤泥中，而不被淤泥之所污染；此妙真如性，在衆生煩惱心中，而不被煩惱之所濁亂。昔南嶽讓白六祖曰："某甲有箇會處。"祖曰："作麼生？"讓曰："說似一物即不中。"祖曰："還假修證否？"讓曰："修證則不無染污，即不得。"祖曰："秖此不污染，諸佛之所護念，汝既如是，吾亦如是。"若然，性豈有污壞修治者哉？明道於窮理盡性之學恐未徹在。言"禪學者，總是強生事，至如山河大地之說，是他山河大地，干你何事"？殊不知楞嚴經中富樓那言："若此妙覺本妙覺，明與如來心不增不減，無狀忽生山河大地，諸有爲相？如來今得妙空明覺，山河大地，有爲習漏，何當復生？"佛告富樓那言："譬如迷人，於一聚落，惑南爲北云云，此迷非本性畢竟空。昔本無迷，似有迷覺，覺迷迷滅，覺不生迷。"又引金木爲喻，極是明白。言人既證寂滅，更不再起生滅之相也。明道若會得孟子"萬物皆備於我"，決不說禪者強生事也。又言"孔子道如日星之明，猶恐門人未能盡曉，故曰：'予欲無言。'如顏子默識，其他未免疑問，故曰：'小子何述焉。'又曰：'天何言哉？四時行焉，百物生焉。'若能於此言看得破，便信是會禪也"。明道若看得此言破，決不疑禪者山河大地之說矣。韓持國當時何無一語以答之？惜哉！

明道先生曰：佛學只是以生死恐動人，二千年來無一人覺此，是被它恐動也。聖賢以生死爲本分事，無可懼，故不論生死；佛之學爲怕生死，故只管說不休。下俗之人固多懼，易以利動，如禪學者雖自曰異此，然要知只是此箇意見，皆利心也。或曰："此學不如是，本來以公心求之，後有此蔽，或本只以利心上得之。"曰：本是利心上得來，故學者亦以利心上信之。惟學佛人人談之，瀰漫滔天，其害無涯。傳燈錄千七百人，敢道無一人達者？有一人見得"朝聞道，夕死可矣”，與曾子易簀之理，臨死須尋一尺布帛裹頭而死，必不肯削髮胡服而終。又言：學禪者曰：“草木鳥獸之生亦是幻。”曰：子以爲生息於春夏，及至於秋冬便卻變壞，便以爲幻，故亦以人生死爲幻，何不付與它物？生死成壞，自有此理，何者爲幻？

　　逃虛曰：明道説“佛學只是以生死恐動人，二千年來無一人覺此，是被他恐動也。”若如此説，二千年來只有明道一人不被他恐動，可謂豪傑之士也。又言“聖賢以生死爲本分事，無可懼，故不論生死。”易曰：“原始反終，故知死生之説”，豈不是聖人論生死邪？如佛論生死，圓覺有云：“一切衆生，於無生中妄見生滅，是故名爲輪轉生死”，何嘗恐動人也。又言“佛之學爲怕生死，故只管説不休”。佛之學者了生死性空，豈得怕生死也。只如佛，因中爲哥利王，割截身體，不生瞋恨。又如師子尊者，罽賓國王問尊者施頭，尊者曰：“身非我有，何惜此頭！”罽賓斬之。又如静靄法師，因周武毁教不能救，自舍其身，抽腸胃以挂松枝，條其肉布于石上，捧心而死。斯等載在方册，不可名數，佛學者何嘗爲怕生死也。又言“下俗之人固多懼，易以利動”。若言二千年來無人覺此，二千年來並無聰明上智之人，俱是下俗之人，被他恐動也。明道之言，何其妄誕如此？又言“禪學者是利心上得來，故學者亦以利心上信之。禪學者生死且不懼，況存利心邪？又言“傳燈録千七百人，敢道無一人達者？有一人見得‘朝聞道，夕死可矣’，與曾子易簀之理，臨死須尋一尺布帛裹頭而死，必不肯削髮胡服而終”。要知聖人之道豈專在形服上也。假如中國之士，盡是圓冠方履，人人盡見得聖人之道乎？聖人之道不專在形服上也明矣。明道直欲六合之間，四夷八蠻，凡戴髮含齒者，必欲盡從周制衣冠，方信是會聖人之道。明道之執見僻説，若委巷之曲士，誠可笑也。又言“禪家者曰：‘草木鳥獸之生，亦皆是幻’，生死成壞，自有此理，何者爲幻？”夫天地之間有形器者，生死成壞其理固然，以達人觀之，何者是實，何者非幻？**明道**未之思爾﹗

明道先生曰：道之不明，異端害之矣。

　　逃虛曰：道之不明，其來久矣，非惟佛、老爲異端之學而害之也。**三代**之末，百家諸子競起角立，淳厚之氣日銷，澆薄之風日長，莫非天運使然爾。若欲人心復古，不悖於道，除是**唐**、**虞**、**周**、**孔**復生，通乎神明以化治天下則可也，若不如是，無可奈何，則得各從其志。

　　明道先生：有人問：“天下盡爲佛可乎？”其徒言：“謂其道則可，謂其迹則不可。”**明道**曰：若盡爲佛，則是無倫類，天下卻都沒人去裏。

　　逃虛曰：**明道**言“盡爲佛，天下卻都沒人去裏”，**明道**如斯之見，與**杞國**憂天傾者，可同日而語也。

　　明道先生曰：昨日之會，大率談禪，使人情思不樂，歸而懷恨者久之。此説天下已成風，其何能救﹗古亦有**釋氏**時，或尚只是崇設像教，其害至小。今日之風便先言性命道德，先驅了知者，才愈高明，則陷溺愈深。在某則才卑德薄，無可奈何也。然據今日次第，便有數**孟子**亦無如之何﹗

　　逃虛曰：**明道**言“昨日之會，大率談禪，使人情思不樂，歸而懷恨者久之”。**明道**何乃自苦如此？**詩**云：“善戲謔兮，不爲虐兮。”聖人刪**詩**尚取之，況於談禪者乎？**明道**若會得，終日談而未嘗談，終日聞而未嘗聞之，理決無不樂而懷恨也。"天下習已成風，其何能救？"明道若救不得，不若相忘於江湖，豈不快哉！明道何拘拘於小節，而自苦如此？又言"古亦有釋氏時，或崇設像教，其害至小。今日之風便先談性命道德，先驅了知者，才愈高明而陷溺愈深"。明道何其言之謬也！烏有才高明被惑而陷溺愈深者哉？豈不知顏子默識，曾子一唯，因其資性高明，便領得聖人之說，其次者則不能也。如佛在靈山會上，百萬人天眾前，拈起金波羅華，惟迦葉破顏微笑，餘眾罔措。所謂才高明而陷溺愈深者，其謬甚矣。大凡從聖人之學者，不談性命道德，談聲色勢利可乎？聲色勢利有害於人，非士君子之所談也。性命道德是本分事，不可一日無者，何害於事？且如佛法來中國已二千餘年，山河社稷，國土人民，君臣父子，相生相養之事，何曾斷絕？不知佛之學為害，害何事，而不欲人之從也！又言"今日次第，便有數孟子亦無如之何。"以愚言之，今日若有孟子，聞禪者之說，未必不擊節歎賞！

明道先生曰：昔之惑人也，因其愚闇；今之入人也，乘其高明。

逃虛曰：佛以慈悲方便化度眾生，皆令入無餘湟槃。人雖有愚闇高明之殊，佛性一也。縱愚闇者可惑，高明者其可惑乎？若謂佛善惑人，明道之言失矣。

伊川先生曰：今語道則須要寂滅湛静，形如槁木，心若死灰，豈有直做牆壁木石而謂之道？所貴智周天地萬物而不遺，幾時要如死灰？動容周旋而中禮，幾時要如槁木？論心術，無如孟子。孟子謂"必有事焉"。今既如死灰槁木，卻於何處有事？

逃虛曰："形如槁木，心若死灰"者，此是二乘灰斷及外道邪禪也。大乘圓教，菩薩所修諸戒定慧及婬怒癡，俱是梵行，何曾死吃怚地便爲究竟也。灰心泯智之徒，禪祖叱之爲魂不散底死人，實爲生死根本爾。伊川未知佛氏此説。

伊川先生曰：神與性元不離，則其死也何合之有？如禪家謂別有一物常在偷胎奪陰之説，則無是理。

逃虛曰：“偷胎奪陰”，豈是常事？伊川謂“禪家説別有一物常在偷胎奪陰”，烏有是理哉？昔王正言問黃龍心禪師曰：“人之生，三緣和合乃生，有卽死卽生奪胎者，如何？”師曰：“正言爲漕使，到處是正法，正言疑否？”正言曰：“不疑。”師曰：“不必疑也。”正言領其説。禪家之説，如斯而已，如言“別有一物常在偷胎奪陰”，此是伊川自造此説誣禪學者。伊川良心何在？

或問伊川先生，言“理之盛衰之説與釋氏之言何如”？伊川曰：到他説便亂道，又卻窺測得些。彼其言成住壞空，曰成壞則可，住與空則非也。如小兒既生，日日長行而不曾住，是他本理只是一箇消長盈虧耳，更無別事。

逃虛曰：釋氏言成住壞空爲一劫，猶世言春夏秋冬爲一歲，豈亂道也。如“言成壞則是，住與空則非”，大凡物成則現存爲住，壞則後没爲空，顯然之理，伊川非之，亦謬矣。

伊川先生曰：學佛者難吾言人皆可以爲堯、舜，則無僕隸。不材言人皆可以爲堯、舜，聖人所願也，其不爲堯、舜是可賤也，故曰爲僕隸。

逃虛曰：佛願一切眾生皆成佛道，聖人言人皆可以爲堯舜，當知世間出世間，聖人之心未嘗不同也。伊川知此否？

伊川先生曰：學者於釋氏之説，直須如淫聲美色以遠之，不爾則駸駸然入於其中矣。

逃虛曰：釋氏之説，無非化人爲善，而不化人爲惡，何得如"淫聲美色以遠之"？伊川之言，何太過邪！

伊川先生曰：釋氏説道，譬之以管窺天，只務直上天，惟見一偏，不見四旁，故皆不能處事。聖人之道則如平野之中，四方無不見也。

逃虛曰：佛以大圓鏡智，照了虛空世界，塵毛刹海，無所不知，無物不見。所以佛十號中有曰：正徧知明行足。若"以管窺天"者，夫子自道也。

伊川先生曰：佛言"前後際斷，純亦不已是也"。彼安知此哉？

逃虛曰：佛言"前後際斷"，則是始終一如爾。聖人之道，"純亦不已"，豈有異也？伊川安知此哉？

伊川先生曰：釋氏尊宿有言覺悟，是也。既以達道，又卻須要印證，則是未知也。得他人道是，然後無疑，則信人之語，不可言自信。若果自信，則雖甚人之語亦不聽。

逃虛曰：學佛者雖悟道了，必從明眼宗師勘辯印證始得受用，誠有此説。譬如金之真偽，非鍛師則不能別。若真金，愈鍛愈明，若藥汞銀，一鍛即流去。如聖門弟子，顏回終日不違，如愚。孔子曰："回也不愚。"曾點之浴沂舞雩，孔子曰："吾與點也。"聖人之許與，豈非印證也歟？禹聞善言則拜，大舜樂取於人以爲善。舜、禹豈是不自信者？伊川言"若果自信，則雖甚人之語亦不聽"，程夫子崛强自任，傳聖人之道者不當如是也。

伊川先生曰：釋氏之學又不可道他不知，亦儘極乎高深，然要知卒歸於自私自利之規模。何以言之？天地之間，有生便有死，有哀便有樂，釋氏所在便須覓一箇占姦打訛處，言免死生、齊煩惱，卒歸乎自私。

逃虛曰：伊川言"釋氏之學不可道他不知，亦儘極乎高深，要知卒歸於自私自利"。若言釋氏之學既有知，儘極乎高深，安得卻歸於自私自利？自私自利是小人所爲，君子則不然，何況乎佛聖人清淨寂滅之道哉？天地之間，生死哀樂，三尺童子亦知有也，言"釋氏占姦打訛，卒歸於自私"，伊川誣佛，何其甚之甚矣」

伊川先生曰：學禪者常謂天下之忙者無如市井之人。若以市井之人，雖日營利，猶有休息時。至忙者無如禪客。何以言之？禪者之行住坐臥無不在道，存無不在道之心，便是常忙。

逃虛曰："學禪者行住坐臥無不在道"謂之常忙，如士君子之學於聖人，而曰道也者不可須臾離也，亦忙矣乎？

伊川先生曰：學佛者多要忘是非，是非安可忘得？自有許多道理，何事忘爲？夫事外無心，心外無事。世人只被爲物所役，便苦事多。若物各付物，便役物也。世人只爲一齊在那昏惑迷闇海中，拘滯執泥坑裏，便事事轉動不得，没著身處。

逃虛曰：是非之心，人皆有之。心纔一舉，是非紛然；心若一歇，是非寂爾，豈但學禪者邪？所以禪祖云："境緣無好醜，好醜起於心。心若不強名，妄情從何起。妄情既不起，真心任遍知。"世人只爲認著有我，便被物所役，若達我無我，則能轉物也。程子墮在拘滯執泥坑裏，事事轉動不得，悲夫！

伊川先生曰：禪家出世之説，如閉目不見鼻，然鼻自在。

　　逃虛曰：華嚴離世間品云："入得世間，離得世間。"世俗無知之人，聞言世間，便作世間想，聞言出世間，便作出世間想，卻不知世間即出世間，出世間即世間。癡人面前豈可説夢。

伊川先生曰：禪家之言性，猶太陽之下置器，其間方圓大小不同，特欲傾此與彼耳，然在太陽幾時動？又，其學者善遁，若人語以此理，必曰我無修無證。

　　逃虛曰：首楞嚴云："五陰之識，如頻伽瓶，盛空以餉他國。"空無出入，佛以此喻識情妄有來去，其如來藏妙真如性正是。太陽元無動静，程子誤解佛言，故作此説。

伊川先生曰：禪學只到止處、無用處，無禮義。

　　逃虛曰：程子豈知禪道也哉！實際理地，不受一塵；佛事門頭，不舍一法。若有止處、無用處，如車之無輪，鳥之無翼，決無此理也。

伊川先生曰：或問"佛之道是也，其迹非也。"曰：所謂迹者，果不出於道乎？然吾所攻其迹耳，其道則吾不知也。使其道不合於先王，固不願學也，如其合於先王，求之六經足矣，奚必佛！

　　逃虛曰：程夫子不知釋氏之道而攻其迹。迹本乎道，既不知其本，焉知其迹之是非而攻乎？孔子聖人，學無常師，師郯子、老聃、萇弘、師襄、項橐，所以集大成也。佛豈卑於老聃諸子者哉？伊川不願從而師之，亦陋矣。伊川言"使其道不合於先王，固不願學，如其合於先王，求之六經足矣，奚必佛。"斯言是已，如何卻又偷佛說爲己使？如此，則求之六經亦不足矣。程夫子何其謬哉！

伊川先生曰：或問曰："釋氏有理障之說。"曰：釋氏有此說，謂既明此理，而又執持此理，故爲障。此錯看了理字也。天下只有一箇理，既明此理，夫復何障？若以理爲障，則已與理爲二。

　　逃虛曰：釋氏言理，無孤單法，有理便有事。若執其理而遺其事，是理障也。何故？萬事萬理，其可執一者乎？若執其一，豈不是障？

伊川先生曰：今之學禪者，平居高談性命之際卻好，至於世事，往往直有都不知者，乃是實無所得也。

　　逃虛曰：今之有一等禪者，惟弄口頭，士大夫座間供談笑而已，幾曾有實得，蓋可非也。若以禪者一概如此，大似魚目混珠耳。

伊川先生曰：釋、道之見偏，非不窮深極微也，至窮神知化，則不與矣。

　　逃虛曰：釋、道之學既窮深極微，烏得窮神知化而不與乎？是程子見之偏也。

伊川先生曰："釋氏有一宿覺、言下覺之說，如何？"曰：何必浮屠？孟子嘗言覺字矣。曰：“以先知覺後知，以先覺覺後覺”也。知是知事，覺之是覺此理。

逃虛曰：一宿覺者，永嘉大師到曹谿參六祖，言下頓覺悟了，一宿卽返，叢林中呼爲一宿覺。楞嚴云：“覺明明覺。”梵語佛者，覺也。自覺覺他，覺行圓滿，故名爲佛。孟子之言與佛異焉。

伊川先生曰：“世之學者多入於禪，何也？”曰：今人不學則已，學則未有不歸於禪者，卻爲他求道未有所得，思索既窮，見寬廣處，其心便安於此。曰：“是可及否？”深者固難及。

逃虛曰：禪有凡夫禪、外道禪、二乘禪、四禪、入定禪，惟達磨一宗爲最上乘禪，直截根源，無諸紆曲相，謂之頓修果。得此道者，灑灑落落，居一切時，遇一切境，自無留礙。古今賢士大夫多從之，豈不樂哉！程子蓋未嘗染指也，若知此味，雖世有術如五侯鯖，程子亦不嗜矣。

或問伊川先生曰：“某嘗讀華嚴經，第一真空絕相觀，第二事理無礙觀，第三事事無礙觀。譬如鏡燈之類，包含萬象，無有窮盡，此理何如？”曰：只爲釋氏要周遮，一言以蔽之曰，萬理歸於一理也。又問：“未知所以破他處。”曰：亦未得道他不是。百家諸子箇箇談仁談義，只爲他歸宿不是，只是箇自私，爲輪迴生死。卻爲釋氏之辭善遮，才窮著他，便道我不爲箇，到了寫在冊子上，怎生遮得。且指他淺近處，只燒一炷香，便道我有無窮福利。懷卻者箇心，怎生事神明？

逃虛曰：華嚴迺稱性之極談，一乘之要軌，三觀圓照於無際，一玄總具於毛端。塵含法界，量無廣狹之殊；海印森羅，光絶鉅纖之間，是不可思議之大法也。本然之理周徧一切，豈是釋氏要"周遮"也。程夫子知"萬理歸於一理"，而不知一理散於萬事。重重無盡，無盡重重，自他不間於微塵，始終不離於當念，窮玄極妙，非二乘凡夫之所能知也。然而百家衆藝無不圓該，外道天魔悉皆容攝。涅槃生死總是空華，地獄天宮皆爲淨土。若言爲輪迴生死怕怖而自私，謬之謬矣。大乘菩薩不舍悲願，出生入死爲化度一切衆生，雖在生死惡道之中，如遊園觀爾。又言"釋氏善遮其言"。既是要遮，焉得又"寫在册子上"？決非遮也。程夫子卻將淺近瑣末，"燒一炷香"這等事來以誣佛聖，此豈是道學君子之所爲？若程夫子得聞華嚴三觀之旨，決不有此説。若以華嚴事事無礙觀言之，豈止燒一炷香而有無窮福利，乃至一微塵許法，亦具不可思議功德矣。程夫子未之聞也，奚足怪哉」

晦庵先生曰：佛氏見影，朝説者箇，莫説者箇，至於萬理錯綜，鄹不知。

逃虛曰："佛氏見影，朝説者箇，莫説者箇。"若舍"者箇"，再有何説？至於萬理萬事，總不出者箇。晦庵恐未見影在。

晦庵先生曰：被異端説虛靜了，後直使令學者忙得更不敢睡。

逃虛曰：纔説箇虛靜，便不忙矣。若曰"使令學者忙得更不敢睡"，此是朱子瘝語。

晦庵先生舉佛氏語曰："千種言，萬般解，只要教君長不昧"，此説極好。問："程子曰：'佛氏之言近理，所以爲害尤甚。'所謂近理者，指此等事否？"曰：他只是守得這些光明，全不識道理，所以用處七顛八倒。吾儒學則是居敬爲本，而窮理以充之。其本原不同處在此。

逃虛曰：若論道理，天下只有一箇道理，縱使上古聖人，下至近代諸子百氏，所說無出此一箇道理。若以佛氏"全不識此箇道理"，亦難言也。蒙以道理是一，用處不同，則有之。易曰："殊途而同歸，一致而百慮"，豈不然乎？若言佛氏"只守這些光明"，無非從道理出來，豈從外得？朱子以程伊川之言爲是，卻不近理而昧其心也。

晦庵先生曰：釋氏之教，其盛如此，如何拗得它轉？吾人家守得一世、再世不崇尚他者已難得，三世之後，亦必被他轉了。不知大聖人出，所過者化，所存者神，又何如。

逃虛曰：教之盛衰，係乎時運，如海潮焉。其長也，欲落之不可得；其落也，欲長之不可得。自然之勢，如何拗得他轉？大概人於目前尚無奈何，何況三世之後？朱子何慮之深也。所言"大聖人出，所過者化，所存者神，又何如。"予曰：亦無如之何也。

晦庵先生曰：釋氏專以作用爲性。如某國王問某尊者曰："如何是佛？"曰："見性爲佛。"曰："如何是性？"曰："作用是性。"曰："如何是作用？我今不見。"尊者曰："今現作用，王自不見。"王曰："於我有否？"尊者曰："王若作用，無有不是，王若不用，體亦難見。"王曰："若當用時，幾處出現？"尊者曰："若出現時，當有其八。"王曰："其八出現，當爲我說。"波羅提即說偈曰："在胎爲身，在世爲人，在眼曰見，在耳曰聞，云云。"禪家有點者曰："若尊者答國王時，國王何不問尊者曰："未作用時，性在何處？""

逃虛曰：晦庵言“釋氏專以作用爲性”。作用爲性，如義學之卽體之用，卽用之體也。若言專以作用爲性，吾未之聞也。假如傳燈一千七百則公案，那裏都説作用爲性？佛祖説法，隨機應用。只如晦庵言“禪家有黠者云：‘尊者答國王時，國王何不問尊者曰，未作用時，性在何處？’”此是後來祖師拈這公案開示學人，豈是黠也？晦庵蓋未知禪門中事，惟逞私意以詆佛，其可笑乎₁

晦庵先生曰：達磨未來中國之時，如遠、肇法師之徒，只是説老、莊，後來人亦多以老莊助禪。古亦無許多經，西域豈有韻？諸祖相傳偈，平仄押韻，語皆是後來人假合。

逃虛曰：晉、魏之時，儒、釋之文俱尚老、莊，彼時佛經翻譯過東土來，潤文之人，如維摩詰所説經、肇法師注，並肇論，其中行文用字，或出入老、莊者有之。遠、肇、道安、支遁輩，其文多尚老、莊，其見亦有相似處。故達磨過東土來説箇不立文字，直指人心，見性成佛，掃蕩義學。儒者言老、莊助禪，則不然也。且如維摩、肇論，其文或似老、莊，如般若、華嚴、湟槃、寶積、楞伽等大經，何嘗有一言似老、莊？其立法自成一家，儒、老二教不曾有此説也。至於偈有平仄押韻，出於後人編集之手或有之，何足較也。朱子不論其大體，而責其枝末，何識量之狹哉₁

晦庵先生曰：釋氏云：“至死只是學一箇不動心”，告子之學，只是如此。

逃虛曰：釋氏古尊宿死者多尅日尅期而去，載在方册，不可勝數，若似告子之不動心，何足道哉₁

晦庵先生舉伊川云："釋氏之見如管窺天，只見直上，不見四旁。"某以爲不然，釋氏之見，蓋是瞥見水中天影耳。

逃虛曰：釋氏之見，大包無外，細入無間，若言"瞥見水中天影"，晦庵失卻眼在。

晦庵先生曰：僧家所謂禪者，於其所行全不相應。向來見幾箇好僧，説得禪又行得好。自是其資質爲人好耳，非禪之力也。所謂禪，是僧家自舉一般見解，如秀才家舉業相似，與己全不相干。學得底人，有許多機鋒，將出來弄一上了，便收拾了，則其爲人與俗人無異。只緣禪自禪，與行不相應爾。僧家有一行解者，行是行事，解是禪也。

逃虛曰：僧家有一等弄虛頭禪者，東邊趂一言半句，西邊趂一言半句，以資談柄，便是會禪，他那裏曾夢見禪在。有一等天資高者，一聞便領悟，卻不曾實下工夫，所悟卻淺，習氣種子卻深，故被習氣所使，造諸惡業，與俗人無異者有之。假如有一等秀才，讀聖人之書，開口便談仁義道德，觀其所行，不孝不義，非爲妄作，至乎犯形憲而貽辱父母者，往往有之。此乃教門中，人之不才，非釋迦、仲尼之罪也。朱子當置之勿論。

晦庵先生因論釋氏多有神異，疑其有之，曰：此未必有，便有亦只是妖怪。

逃虛曰：神異一事，非但佛有之，至於天僊龍鬼，雖大小不同，亦皆有之。凡學佛者，當求安心法門，頓悟妙理爲務，若真積力久，自然神通光明，非是顯異惑人也。若言佛之神異爲妖怪，朱子亦怪矣。

晦庵先生曰：或問伊川"禪家言性，傾此與彼"之説，曰：此是偷生奪陰之説爾。禪家言偷生奪陰，謂人懷胎自有箇神識在裏了，我卻撞入裏面去逐了他，我卻受他血陰。它説傾此與彼，蓋如一破弊物在日下，其下日影自有方圓大小，卻欲傾此日影爲彼日影。它説是人生有一塊物事包裹在裏，及其死，此箇事物又會去做張三，做了張三又去做黄二，便如人做官，做了這官又去做別官，只是無這道理。或舉"世間有如此類底"爲問。先生曰：而今只是理會箇正理，若以聞見所接論之，則無有了期。若曰橫渠説形潰反原，以爲人生得此箇事，復歸太原去，又別從裏面抽出來生人，如一塊黄泥，既把來做箇彈子，了卻依前歸一塊裏面去，又做箇彈子出來。伊川便説"是不必以既屈之氣，爲方伸之氣"。若以聖人"精氣爲物，遊魂爲變"之語觀之，則伊川之説爲是。蓋人死則氣散，其生也，又從太原裏面出來。

逃虛曰：儒者説箇死生，只言形氣聚散，而不言心識。佛氏言因緣業感，輪轉生死，皆由心識所致也。然形氣有盡而心識無盡，一切衆生，本無生滅與不生滅，皆因妄認四大爲自身相，六塵緣影爲自心相，妄想執著，起諸憎愛，造諸善不善業，及乎業報至時，此心識循業發現，故有輪轉生死，六道升沉也。若學般若菩薩達法性空，涅槃尚不可得，況生死乎？所以圓覺有云："生死涅槃，猶如昨夢。"程、朱説禪家言性，傾此與彼，偷生奪陰，禪家不曾見有此説。輪轉生死，釋氏有是言也。方册所載者不必説，據目前所見者而言：本朝洪武二十四年八月内，河南府龍門南司牡丹，被夫踢死，其魂徑到薄姬娘娘廟中，在内伏侍三年後，借本處袁馬頭死屍還魂。時懿文太子往陝西，駕回至河南府，官啓袁馬頭借屍還魂事，太子回朝奏太祖高皇帝，遂遣内官取來，廷問是實，賞賜鈔帛，有旨令兩家給養，天下人之所共知者。若程、朱、横渠言形潰氣散，無復再生，如何有此借屍還魂者？若有此借屍還魂者，豈無輪轉生死者哉？程、朱但説精氣爲物，不言遊魂爲變，變則輪轉之理顯然可見。程、朱、横渠何不推此理也？

晦庵先生言：夷狄之教入於中國，非但人爲其所迷惑，鬼神亦被他迷惑。大抵廟中所塑僧像，乃勸其不用牲祭者，其它廟中亦必有箇勸善大師。蓋緣人之信向者既衆，鬼神只是依人而行。

　　逃虚曰：佛氏之教，無非化人爲善，與儒者道並行而不相悖。不相悖者，理無二也。僧勸鬼神，不用牲祭，是不殺害物命，此仁者之心。以此心相感鬼神，敬信而從之也。豈是非理之事，滛詖之辭，使鬼神迷惑者邪？朱子何見之不明如此

晦庵先生曰：僧家尊宿得道便入深山中，草衣木食，養數十年，及其出來，是甚次第？自然光明俊偉，世上人所以只得叉手看他口動。

　　逃虚曰：古之師僧，初得道者必居於山林，煨箇折腳鐺子煮飯喫。三十年、二十年，名利不干懷，大忘人世，單單守此道，昔人謂之曰保養聖胎。又云，如鳥雛纔出㲉，須養他羽翼全成，方可縱其高飛遠舉。初得道之人，必須保守堅固，方可出來行道。磨不磷，涅不緇，那時得甚生氣概！光明俊偉，不由人不敬伏，況其機鋒峭峻，世無敵者！朱子見之，亦必甘心叉手看他口動也。

晦庵先生曰：維摩詰經，舊聞李伯紀之子説，是南北朝時一貴

人，如蕭子良之徒撰。渠云載在正史，然檢不見。

逃虛曰：維摩詰經凡三譯：一、吳支謙譯，三卷；二、姚秦羅什譯，肇法師註，七卷；三、説無垢稱經，唐玄奘譯，六卷。三經本同譯有異爾。此經惟談不思議解脱境界，非下根小器之人得聞。晦庵言"李伯紀之子説是南北朝一貴人，如蕭子良之徒撰。渠云載在正史，然檢不見。"斯經既有三譯，決非人撰者，信知是此人誑語。晦庵於格物致知之學講之甚熟，如何於此事卻不格也。

晦庵先生曰：論釋氏之説，明道先生數語闢得極善。見行狀中者，他只要理會箇寂滅，不知須是強要寂滅它做甚。既寂滅後，卻作何用？何況號爲尊宿禪和者，亦何曾寂滅得？晉末以前，遠法師之類，所談只是莊、列，今本集中可見。其後要自立門户，方脱去莊、列之談，然實剽竊其説。傅奕亦嘗如此説論。佛只是説箇大話謾人，可憐人都被他謾，更不省悟。試將法華經看，便見其誕。開口便説恆河沙數幾萬刼、幾千刼，更無近底年代。

逃虛曰：世儒言釋氏寂滅，不知所以，但把寂滅做空無看了，而不知佛書有云："諸行無常，是生滅法；生滅滅已，寂滅爲樂。"又曰："諸法從本來，常自寂滅相。"寂滅者，言此道不生不滅也。離生滅求寂滅則不是，卽生滅而證寂滅乃是。此卽有爲而無爲，無爲而無不爲也。晦庵言"他只要理會箇寂滅，不知須是強要它寂滅做甚。既寂滅後，卻作何用。何況號爲尊宿禪和者，亦何曾寂滅得？近世如宗杲，做事全不通，點檢喜怒更不中節。"晦庵所言，可謂差之毫釐，謬以千里也。杲大慧宋朝僧，資性高妙，參禪第一，自言"我是參禪精子"。法嗣圓悟勤住徑山，大機大用，非尋常俗流可知。當時士林中稱其忠孝兩全，何也？不阿秦檜爲忠，俗家無後，爲其立嗣治家舍，以正彝倫爲孝，載在冊籍。晦庵言其做事全不通，點檢喜怒更不中節，殊不知他生滅心滅，寂滅現前，嬉笑怒罵無非佛事，再要點檢箇甚麼？頭頭上明，物物上顯，更問甚麼中節不中節？所以永嘉云："大象不遊於兔徑，大悟不拘於小節"也。晦庵言"晉末以前遠法師之類，所談只是莊、列"，那時士大夫所談亦是莊、列，蓋時尚也。若言剽竊其說，盧齋列子口義云："佛生西方，豈應來此剽竊，詆之太甚，則不公矣。"誠哉是言！遠法師居廬山修念佛三昧，莊、列不曾有此修學，非是脫去莊、列之說，自立門户。傅奕陰險小人也，力詆佛氏，唐太宗亦不聽他說，晦庵將踵其後塵，奚可乎？晦庵繼聖絕學，有道君子也，何不思是已。教人"試將法華經看，便見其誕，開口便說恆河沙數幾萬刼、幾千刼，更無近底年代。"吁！晦庵之見，正是蒙莊云："朝菌不知晦朔，蟪蛄不知春秋也。"悲夫！

晦庵先生嘗言：圓覺經前兩三章好，後面便只是無說後強添。如楞嚴經，當初只有那阿難一事，及那燒牛糞出一呪，其餘底皆是文章之士添。那燒牛糞，便如燕茅樣，後來也有人祈雨後燒此，亦出此意也。

　　逃虛曰：佛經不曾有杜撰者。圓覺經是唐罽賓三藏佛陀多羅譯至中國，楞嚴經中天竺沙門般剌蜜帝譯至廣州制止寺，烏長國沙門彌伽釋迦譯語，菩薩戒弟子、前正議大夫、同中書門下平章事清河房融筆授。凡一經必作三分，序正分，流通分，如線貫華，故謂之線經，雖有智人，亦不能添減其一言一句。晦庵言"圓覺前兩三章好，後面便是無說後強添，楞嚴當初只有阿難一事，及那燒牛糞出一呪，其餘底皆是文章之士添”。此二經乃圓頓上乘，惟顯佛之境界，菩薩修習此法門者，全性起修，全修在性，非餘小乘經之可同日語也。楞嚴神呪，佛當時爲遣婬魔而說。晦庵言“燒牛糞出一呪”，不知何據有此說也。佛因弟子問如何持此神呪，佛教以結壇場持呪。中天竺國先取雪山大力白牛，食其肥膩香草，此牛惟飲雪山清水，其糞微細，可取其糞和合栴檀以塗其地，若非雪山其牛，臭穢不堪塗地。別於平原穿去地皮五尺以下，取其黃土，和上栴檀、沉香、蘇合、鬱金、白膠、青木、零陵、甘松及雞舌香，以上十種細羅爲末，合土成泥，以塗場地。方圓丈六，爲八角壇，佛制是如此。燒牛糞出一呪，經中不曾有此。晦庵師儒先生，道學君子，如何妄說燒牛糞這一等鄙惡之事，塗污佛聖，於理可乎？晦庵既要主張斯文，傳聖人千載不傳之學，如此用心，與市井間小人爭販賣者所爲，何以異哉？可怪，可怪！

或問晦庵先生曰：“莊子與佛所以不同？”〔晦〕庵曰：莊子絶不盡，佛絶滅盡了。佛是人倫都滅盡，到禪時義理都滅盡。

逃虛曰：佛氏入楞伽云：“三界上下法我，說皆是心；離於諸心，法更無有可得。”華嚴云：“不取衆生所言說，一切有爲虛妄事，雖復不依言語道，亦復不著無言說。”幾曾有人倫都滅盡，義理都滅盡底說？朱子誣佛，何其如是之甚也。

晦庵先生曰：釋、老其氣象大概相似，而老氏之學尚自理會自家一箇渾身，如釋氏，自家一箇渾身都不管了。

逃虛曰：老氏言無爲自化、清淨自正，大概相似佛言一切實相性清淨，故一身清淨。一身清淨，故多身清淨；多身清淨，故如是乃至十方衆生圓覺清净。若言佛氏一箇渾身都不管了，成大妄語。

晦庵先生曰：佛氏之失，出於自私之厭；老氏之失，出於自私之巧。得厭薄世，故而盡空了一切者，佛氏之失也；關機巧便，盡天下之術數者，老氏之失也。故世之用兵算數形名等，本於老氏之意。

逃虛曰：華嚴云："居有爲界，示無爲法，而不壞滅有爲之相；居無爲界，示有爲法，而不分別無爲之相。"法華云："若説俗間經書，治世語言，資生業等，皆順正法。"佛氏何嘗言要盡空了一切也。自私之厭，二乘外道斷滅之見，非佛之究竟法也。老氏之失，非吾所知。

〔附〕　明史·姚廣孝傳

姚廣孝，長洲人，本醫家子。年十四，度爲僧，名道衍，字斯道，事道士席應真，得其陰陽術數之學。嘗游嵩山寺，相者袁珙見之曰："是何異僧，目三角，形如病虎，性必嗜殺，劉秉忠流也。"道衍大喜。

洪武中，詔通儒書僧試禮部。不受官，賜僧服還。經北固山，賦詩懷古。其儕宗泐曰："此豈釋子語耶？"道衍笑不答。高皇后崩，太祖選高僧侍諸王，爲誦經薦福。宗泐時爲左善世，舉道衍。燕王與語甚合，請以從。至北平，住持慶壽寺。出入府中，跡甚密，時時屛人語。及太祖崩，惠帝立，以次削奪諸王，周、湘、代、齊、岷相繼得罪，道衍遂密勸成祖舉兵。成祖曰："民心向彼，奈何？"道衍曰："臣知天道，何論民心！"乃進袁珙及卜者金忠。於是成祖意益決，陰選將校，勾軍卒，收材勇異能之士。燕邸，故元宮也，深邃，道衍練兵後苑中。穴地作重屋，繚以厚垣，密甃甕甌瓶缶，日夜鑄軍器，畜鵝鴨亂其聲。

建文元年六月，燕府護衛百户倪諒上變，詔逮府中官屬，都指揮張信輸誠於成祖，成祖遂決策起兵。適大風雨至，簷瓦墮地，成祖色變。道衍曰："祥也。飛龍在天，從以風雨。瓦墮，將易黄也。"兵起，以誅齊泰、黄子澄爲名，號其衆曰"靖難之師"。道衍輔世子居守。其年十月，成祖襲大寧，李景隆乘間圍北平。道衍守禦甚固，擊却攻者。夜縋壯士擊傷南兵。援師至，内外合擊，斬首無算。景隆、平安等先後敗遁。成祖圍濟南三月，不克，道衍馳書曰："師老矣，請班師。"乃還。復攻東昌，戰敗，亡大將張玉，復還。成祖意欲稍休，道衍力趣之，益募勇士，敗盛庸，破房昭西水寨。道衍語成祖："毋下城邑，疾趨京師。京師單弱，勢必舉。"從之。遂連敗諸將於淝河、靈璧，渡江入京師。

成祖即帝位，授道衍僧録司左善世。帝在藩邸，所接皆武人，獨道衍定策起兵。及帝轉戰山東、河北，在軍三年，或旋或否，戰守機事皆決於道衍。道衍未嘗臨戰陣，然帝用兵有天下，道衍力爲多，論功以爲第一。永樂二年四月，拜資善大夫、太子少師，復其姓，賜名廣孝，贈祖父如其官。帝與語，呼少師而不名。命蓄髮，不肯。賜第及兩宫人，皆不受。常居僧寺，冠帶而朝，退仍緇衣。出振蘇、湖，至長洲，以所賜金帛散宗族鄉人。重修太祖實録，廣孝爲監修。又與解縉等纂修永樂大典。書成，帝褒美之。帝往來兩都，出塞北征，廣孝皆留輔太子於南京。五年四月，皇長孫出閣就學，廣孝侍説書。

十六年三月入覲，年八十有四矣。病甚，不能朝，仍居慶壽寺，車駕臨視者再，語甚歡，賜以金唾壺。問所欲言，廣孝曰："僧溥洽繫久，願赦之。"溥洽者，建文帝主録僧也。初，帝入南京，有言建文帝爲僧遁去，溥洽知狀，或言匿溥洽所。帝乃以他事禁溥洽，而命給事中胡濙等徧物色建文帝，久之不可得，溥洽坐繫十餘年。至是，帝以廣孝言，卽命出之。廣孝頓首謝。尋卒。帝震悼，輟視朝二日，命有司治喪，以僧禮葬。追贈推誠輔國協謀宣力文臣，特進榮祿大夫、上柱國、榮國公，諡恭靖，賜葬房山縣東北。帝親製神道碑誌其功，官其養子繼尚寶少卿。

廣孝少好學，工詩，與王賓、高啓、楊孟載友善，宋濂、蘇伯衡亦推獎之。晚著道餘錄，頗毀先儒，識者鄙焉。其至長洲，候同產姊，姊不納。訪其友王賓，賓亦不見，但遙語曰："和尚誤矣，和尚誤矣!"復往見姊，姊詈之，廣孝惘然。

洪熙元年加贈少師，配享成祖廟庭。嘉靖九年，世宗諭閣臣曰："姚廣孝佐命嗣興，勞烈具有，顧係釋氏之徒，班諸功臣，侑食太廟，恐不足尊敬祖宗。"於是尚書李時偕大學士張璁、桂萼等議請移祀大興隆寺，太常春秋致祭。詔曰："可。"

（選自中華書局一九七四年版明史卷一四五）

宗　喀　巴[*]

【簡介】　宗喀巴，西藏佛教格魯派的創立者，著名佛教學者。他生於公元一三五七年（元順帝至正十七年），死於公元一四一九年（明成祖永樂十七年），青海宗喀（今青海省湟中縣塔爾寺）人。他出生於一個虔誠信仰佛教的貴族家庭，三歲時，值法王迦瑪巴遊戲金剛應元順帝之請，自西藏赴京，路過青海，爲他授居士五戒，並賜號慶喜藏。同年，依當地夏瓊寺喇嘛敦珠仁欽，開始學習佛教經論，並受密教灌頂，密號叫不空金剛。七歲時，受沙彌戒，法號賢慧名稱吉祥。宗喀巴是後人對他的尊稱（意爲“宗喀地方的人”）。

　　爲了進一步深造，在敦珠仁欽的鼓勵下，他於十六歲時（一三七二年）入藏求學，廣參名師，博覽顯密經論。他先後從著名經師學習了現觀莊嚴論、大乘莊嚴論、俱舍論、入中論、集論、釋論，及因明、戒律等。大凡佛藏中的經論，他都盡量地去聽講或接觸，在當時可算是一位最博學的佛教學者。在諸經師中，對他影響最大的是當時西藏著名大乘空宗中觀學僧仁達巴。法尊在其譯述的宗喀巴大師傳按語中說：“宗喀巴大師之辨了不了義論，及性相理門論諸書，其思想皆依此師（指仁達巴）爲基礎，故宗喀巴大師生平敬重此師爲諸師長中之最上者。”宗喀巴十分重視持守戒律，他認爲，僧人若不受戒律約束，則與俗人有何區別呢？相傳十世紀時復興西藏佛教，並以持律聞名的貢巴饒賽大師，當時帶的是桃形尖頂黃帽，以後帶這種帽就成了持律僧人的標誌。宗喀巴在學業圓滿後，以

---

　　*　本編所選宗喀巴的資料，由中央民族學院教員班班多杰選點。

改戴黃帽來表明他振興戒律的決心，之後他的弟子們都隨着戴黃帽，成了他所創立的格魯派的標誌，且有直稱之爲黃帽派者。

宗喀巴三十歲時，在雅隆地區的南杰拉康寺從楚臣仁欽受比丘戒，又從名稱菩提請問法義，印證所學。此後，他就開始收徒講經。由於宗喀巴佛學知識淵博，又能綜合大小乘、顯密各派的理論，而自成一家之言，因而逐漸在西藏佛教界有了很高的聲望。一四○八年，明成祖曾派遣使臣到西藏迎請宗喀巴入京，但爲他婉言辭謝，轉派其大弟子釋迦智赴京謁見成祖。一四○九年，宗喀巴在西藏帕竹地方政權的支持下，於拉薩發起一個大規模的祈願法會，來參加這次法會的僧俗有一萬多人，包括了西藏地區的各派佛教徒。之後，在拉薩東北創建了一座名叫甘丹寺的大寺院，作爲宗喀巴講經之所。至此，宗喀巴已成爲西藏佛教界一位公認的領袖人物了。他所創立的格魯派（黃教）也就成爲西藏最主要佛教宗派。至十七世紀中，黃教得到很大的發展，並逐步形成了達賴、班禪兩個轉世系統。至十八世紀中，在清中央政府的支持下，由黃教掌權，實行了政教合一的西藏地方政權。宗喀巴的兩個大弟子根敦主（僧成）和克主杰，分別被後世推尊爲達賴一世和班禪一世。

在佛教理論上，宗喀巴博采衆說，然以大乘空宗中觀爲正宗，而於中觀各論說中，又以佛護、月稱之論爲依止。宗喀巴一生著述極多，約有一百六十多種，其中最主要的是菩提道次第廣論（作於一四○二年）和密宗道次第廣論（作於一四○六年）。這兩部著作，一闡密乘，一明顯教，體現了宗喀巴的主要思想。菩提道次第廣論篇幅較大，其中後半部別明止觀，是他精心之作。一四一五年，他別造菩提道次第略論，着重講明止觀。此外，比較重要的著作還有：辦了不了義論、中觀論廣解、中論略義、性相理門論、金剛持道次第秘密樞要解、密宗戒注釋成就穗等。

一、菩提道次第略論（選錄）

止觀卷第一

別學後二度分六：丑一、修止觀之勝利。丑二、明止觀能攝一切定。丑三、止觀自性。丑四、雙修之理由。丑五、次第決定。丑六、各別學法。

丑一、修止觀之勝利。

今初，學後二度即修止觀，以止觀即後二度所攝故。解深密經說"大小乘世出世間一切功德，皆是止觀之果"。問："止觀豈非修所成之功德，說一切功德皆是彼二之果，云何應理？"曰："真實止觀，如下所說，是修所成之功德，非大小乘一切功德皆是彼果。今將緣善所緣心一境性以上之三摩地皆收入止品，簡擇如所有性或盡所有性之善慧皆攝入觀品。故密意說三乘一切功德皆是止觀之果，亦不相違。"又解深密經云："衆生爲相縛，及爲粗重縛，要勤修止觀，爾乃得解脱。"言粗重者，謂最能增長顛倒心之習氣。相、謂貪著邪境能長養前後習氣者。慧度教授論說："前者是觀所斷，後者是止所斷。"此等是已有止觀名者之勝利，餘未說止觀名者，凡說是靜慮般若之勝利，當知皆是此二之勝利也。

丑二、明止觀能攝一切定。

解深密經說："大小乘無邊三摩地，皆是止觀所攝。"故求三摩地者，不能廣求無邊差別，當善求三摩地總結之止觀修法也。

丑三、止觀自性分二：

寅一、奢摩他自性。

如解深密經云："卽於如是善思惟法，獨處空閑內正安住，作意思惟。復卽於此能思惟心內，心相續作意思惟。如是正行多安住故，起身輕安及心輕安，是名奢摩他。"義謂令心不散相續安住，故心能任運住於所緣，若時引生身心輕安之喜樂，此三摩地卽成奢摩他。此由內攝其心令不散亂卽能引生，不待通達諸法眞理也。

寅二、毘鉢舍那自性。

解深密經云："彼由獲得身心輕安爲所依故，捨離心相，卽於如所善思惟法內三摩地所行影像，觀察勝解。卽於如是勝三摩地所行影像所知義中，能正思擇，最極思擇，周徧尋思，周徧伺察，若忍、若樂、若覺、若見、若觀，是名毘鉢舍那。"如是菩薩能善巧毘鉢舍那。正思擇謂思擇盡所有性，最極思擇謂思擇如所有性，尋思謂粗尋思，伺察謂細伺察。寶雲經云："奢摩他謂心一境性，毘鉢舍那謂正觀察。"彌勒菩薩云："應知寂止道，總集諸法名。應知妙觀道，思擇諸法義。"又云："正住爲所依，爲令心住故，及善擇法故，是名爲止觀。"此說依止正定，令心安住，爲奢摩他。善擇法慧，爲毘鉢舍那。菩薩地中亦如是說："修次中篇云：'止息外境散亂已，於內所緣恒任運轉，若時安住歡喜與輕安俱心，名奢摩他。若住奢摩他，思擇眞實，名毘鉢舍那。'"慧度教授論中亦如是說。如瑜伽論及慧度教授論說，止觀各有緣如所有性與盡所有性二種，故止觀不由所緣而分。旣有緣空性之奢摩他，亦有未達空性之毘鉢舍那。由能止心向外境轉令住內所緣，卽名爲止。由增上觀照故名勝觀。有謂心不分別而住，無明了力者名止，有明了力者名觀。此不應理，與前引經論皆相違故。又彼僅是三摩地有無沉沒之差別故，一切奢摩他之三摩地，皆須遠離沉沒，凡離沉沒之三摩地，內心定有明了分故。故是否緣空性之定慧，要就彼心是否通達二無我性隨一而定。心未趣嚮眞實境者，亦有無量樂明不分別之三摩地故。卽未得眞實見者，只要持心令不分別，現可成辦，故未達空性者，生無分別定，全不相違。若由此門久持其心，由持心力，生風堪能，身心法爾發生喜樂，故生喜樂亦不相違。生喜樂已，由喜樂受明了之力，心亦明了。故不能安立一切樂明不分別定，皆是通達真實義者。以是當知通達空性之三摩地固有樂明不分別，卽心未趣嚮空性之三摩地，亦多有樂明不分別者。故當善辨此二之差別也。

丑四、雙修之理由。

何故隨修止觀一種不爲完足，必須雙修耶？曰：譬如夜間燃燈觀畫，要燈明亮無風吹動，方能明見諸像。若燈不明，或有風動，則必不能明見諸色。如是觀甚深義，亦須了解真實義之無倒智慧，與心安住於所緣而不動，方能明見真義。若但有心不散動之不分別定，而無通達真理之慧，則於三摩地任何薰修，終必不能通達真理。若僅有了解無我之見，而無心一境性之定，亦必不能明見真理。故須雙修止觀。如修次中篇云：“唯觀離止，則瑜伽師心於境散亂，如風中燭不堅穩住，不生明了智慧光明，故當雙修。”又云：“由止力故，如無風燭，諸分別風不能動心。由觀力故，能斷一切諸惡見網，不爲他破。”月燈經云：“由止力無動，由觀故如山。”若心成就奢摩他定，無沉掉不平等過，以慧觀察能知真實。故正攝法經云：“由心住定，乃能如實了知真實。”修次初篇云：“心動如水，無止爲依不能安住，非等引心不能如實了知真實。故世尊説，由心住定，乃能如實了知真實。”又成就奢摩他，非但能遮正觀無我慧動之過。卽修無常、業果、生死過患、慈悲、菩提心等。凡以觀慧修觀察時，散失所緣之過皆能遮止，各於所緣不散亂轉。故隨修何善，力皆強大。未得奢摩他前，多分散緣餘境，故所修善力極微弱。入行論云：“諸人心散亂，常被煩惱齧。”又云：“雖經長時修，念誦苦行等，佛説心散亂，所作無義利。”

丑五、次第決定。

入行論云:"當知具止觀,能斷諸煩惱,故應先求止。"此説先當修止,次依止修觀。若作是念,修次初篇云:"此所緣無定。"此説奢摩他所緣無定。前文亦説奢摩他所緣通法與法性。故可先了解無我義,緣彼而修。則心不散亂之止,與緣空性之觀,同時生起。何故必先求止,次乃修觀耶?曰:此言觀前先修止者,非説生無我見,須先修止。以無止者亦能生正見故。即生轉變心力之見,亦不須止爲先。以雖無止,但以觀慧數數觀察而修,亦能生轉變心力之感觸,不相違故。若相違者,則修無常、生死過患、菩提心等。引生轉變心力之感觸,亦應依止。理相等故若爾。何爲觀前先修止耶?此言生觀者,是説未得修所成之異生。此除下説無上瑜伽部中以證空智修無我理之外,顯教與密教下三部,若未以觀慧觀無我義而修觀察,則定不生修所成之毘鉢舍那,故須修觀。若未成止之前,先求無我了解,數數觀察彼義者,由先未成止故,唯依觀修,不能成止。若不觀察而修安住,依此雖能成止,然除修止法外,仍無修觀法,後更須求修觀之法,故仍不出先求止,已次依彼修觀之次第也。此派若不以觀修引生輕安建立爲生觀者,則説先求止,已次依彼修觀,全無正理。若不作如是次第而修,亦極非理。解深密經説:"要依先得奢摩他而修毘鉢舍那。"論云:"依前而生後。"説明六度中靜慮與般若之次第,即依增上定學引生增上慧學之次第。皆是先修奢摩他,後修毘鉢舍那。菩薩地與聲聞地,亦説依奢摩他修毘鉢舍那。中觀心論、入行論、修次三篇,智稱論師、寂靜論師等,皆説先求止已後修觀故。雖有少數印度論師説不別求止,初以觀慧觀察便能生觀。然相背諸大轍論教,非是智者所憑信處。此止觀次第,是約初生時説。後則亦可先修觀後修止,次第無定也。

集論中説:"有先得觀未得止者,彼應依觀勤修寂止。"此義云何?曰:彼非未得第一靜慮未到定所攝之止,乃未得第一靜慮根本定以上之止。彼復是說: 證四諦後,依彼進修第一靜慮以上之止。如**本地分**云:"又已如實善知從苦至道,然未能得初靜慮等。於此無間住心,更不擇法,是依增上慧而修增上心。"總爲便於言說故,說九住心通名爲止,思擇等四通名爲觀,然真實止觀如下所說,要生輕安乃能安立。

丑六、各別學法分三: 寅一、學止法。寅二、學觀法。寅三、雙運法。初又分三: 卯一、修止資糧。卯二、依彼修止。卯三、修已成止。初中分六:

辰一、住隨順處。

成就五德之處。一易得,謂無大劬勞得衣食等。二善處,謂無猛獸等兇惡衆生及無怨敵等居住。三善地,謂不引生疾病之地。四善友,謂戒見相同之友。五善相,謂日無多人,夜靜聲寂。如**莊嚴經論**云:"具慧修行處,易得賢善處、善地及善友,瑜伽安樂具。"

辰二、少欲。

不貪衆多上妙衣服等事。

辰三、知足。

僅得微少粗弊衣等,常能知足。

辰四、離諸雜務。

若貿易等事,及太親近在家出家,或行醫藥算星相等,皆當遠離。

辰五、尸羅清淨。

別解脫戒與菩薩戒性罪遮罪一切學處俱不應犯。設放逸犯,當速追悔,如法悔除。

辰六、遠離貪欲等尋伺。

當思貪欲等現法有殺縛等過犯,後法有墮惡趣等過患。或思凡生死事隨愛非愛,皆是無常有壞滅法,彼等不久決定與我分離。

我復何爲貪着彼等。如是修習斷除貪欲尋伺。道炬論云:"失壞止支分,雖力勵修行,縱經百千劫,終不得正定。"故諸真欲修止觀三摩地者,當勤集聲聞地所說十三種奢摩他資糧,極爲切要。

卯二、依彼修止分二:

辰一、加行。　辰二、正行。

今初,如前所說六加行法及菩提心,當久修習。彼支分中亦應淨修共下中士所緣體性。

辰二、正行。分二:

巳一、身以何威儀而修。　巳二、正擇修。

今初,如修次論說:"於安樂坐具,身具八法而修。"謂足全跏趺或半跏趺。眼注鼻端。不應太開太閉。身不可太俯太仰,應端身內念。肩要平衡。頭應從鼻至臍正直而住,不可過於低昂及偏一方。齒與唇部隨其自然而住,舌抵上齒。息之出入莫令有聲粗滑,必使徐徐出入無所感覺,無功用而轉。如是先應令身足八法。尤應善爲調息也。

巳二、正釋修行次第。

道次第論多依辨中邊論所說,由八斷行斷五過失修奢摩他。善知識拉梭瓦所傳之教授,更於彼上加聲聞地所說之六力,四作意,九住心。慈尊於莊嚴經論與辨中邊論中,亦說九種住心方便,及八種斷行。印度智者如獅子賢論師、蓮花戒論師、寂靜論師等,亦多隨順此論,著有修定次第。此等,於密教中亦當了知,如五過失等修定之過失,及除過之方便。顯教較密宗說之尤詳也。

此中分二:午一、無過三摩地修法。午二、引生住心之次第。初中分三:未一、心住所緣前應如何行。未二、心住所緣時應如何行。未三、心住所緣後應如何行。

今初,若不能滅除不樂修定樂定障品之懈怠,初卽不趣向修

定，縱修一次亦不能繼續，旋即退失，故滅除懈怠爲初要。若得身
心喜樂之輕安，則能晝夜勤修善行，無所疲倦。懈怠已滅，然引生
輕安，必常精進修三摩地。引發精進，復須於三摩地常有猛利之
欲。此欲之因，須由見三摩地之功德，引發堅固之信念，故當多思
三摩地之功德，修習信念也。如辨中邊論云：“即所依能依，及所因
能果。”所依，謂欲勤修依故。能依，謂勤或名精進。深信功德是欲
之因。輕安是精進之果。此中所修三摩地之功德，謂成就奢摩他
已，身樂心喜，現法樂住，由得身心輕安故，於善所緣心能隨顧久
住。由於邪境已息滅，散亂無主，故不生諸惡行。隨作何善，皆有
強力。由此爲依，即能引生神通變化等功德。又由依彼，便能引生
通達空性之毘鉢舍那，速能斷除生死之根本等。由思何種功德，能
增修定之勇心，即當了知修習。若生此心，便能相續修定。定極易
得。已得定者，若數數修，定則難失。

　　未二、心住所緣時應如何行。分二：申一、明心住之所緣。申
二、心如何住。初又分二：酉一、總建立所緣。酉二、明此處之所
緣。初又分二：戌一、正明所緣。戌二、明何人應緣何境。

　　今初，世尊說，有四種瑜伽所緣。初周徧所緣有四：謂不分別
與分別之二種所緣。如所有性盡所有性立事邊際性。由前二修法
緣如所有性盡所有性而修，得轉依時，立所作成辦。二、淨行所緣
有五：謂由前生中多行貪欲，瞋恚、愚癡、我慢、尋思，其對治法如其
次第，爲修不淨，慈悲、緣起、界別、出入息所緣。三、善巧所緣亦有
五：謂善巧蘊、界、處、十二緣起、處非處所緣。四、淨惑所緣有二：
謂上下地之粗靜相與無常等四諦十六行相也。其中淨行所緣，易
滅貪等增上行者之貪等煩惱，依此易得妙三摩地，故是殊勝所緣。
善巧所緣易破離彼諸法之人我，順生通達無我之毘鉢舍那，故是賢
善奢摩他所緣。淨惑所緣，能總對治煩惱，義利極大。周徧所緣，

非離前所緣而別有，故當依止具殊勝義之奢摩他所緣修三摩地。若緣木石等修三摩地，顯是不知三摩地所緣之建立也。

戌二，明何人應修何境。

若是貪欲增上乃至尋思增上之人，則如頡隸伐多問經所說，如其次第，當修不淨，乃至出入息所緣，各別決定，若是等分行及薄塵行人，則於上說諸所緣中，隨何種即可於彼攝心，無須決定。其貪等五增上行者，謂往昔生中於貪等五亦多修習，故於下品貪等五境亦生長時貪等。等分行者，謂往昔生中於貪等五不曾修習，然於彼等未見過患，故於彼境無有猛利長時貪等，然非不生。薄塵行者，謂往昔生中於貪等五不曾修習，見彼過患，故於衆多上品可貪等境貪等徐起，於中下境則全不生。又貪等五增上行者要長時修。等分行者非極長時。薄塵行者速證心住。

酉二，明此處之所緣。

問，此處依何種所緣修奢摩他耶？曰，總如前說諸人所緣各別決定，尋思增上行者修息尤爲切要。又修次中下二篇依於現在諸佛現住三摩地經與三摩地王經說，緣佛身修三摩地。覺賢論師亦說緣佛身修三摩地。如道炬論釋中所引緣佛身像持心即隨念佛故，能生無邊福德，若彼佛身明顯堅固，可作禮敬、供養、發願等，修福懺罪之田，故緣彼最勝。又臨命終時有不失念佛等功德。若修密宗，於本尊瑜伽尤爲殊勝。有如是等衆多利益也。如三摩地王經云："佛身如金色，相好最端嚴，菩薩應於彼，住心修正定。"此復有新觀想者與於原有令重光顯之二法。後法易生信心，且順共乘，故當如後修。先求持心之所緣境，謂當見一若畫若鑄工最精妙之大師像，數數瞻視，善取其相，令心中現，或由師長曉喻思所聞義，令意中現，以此爲所緣境。然不應作繪鑄等像想，當令現爲真實佛像。有說將佛像置於面前，用目注視而修者，智軍論師善爲破斥，極其應理。以三摩地非由根識而修，要於意識中修。故三摩地之親所緣境，卽是意識親境，要於彼境攝持心故，及説是緣前述真境之影像故。又身像之粗細二分，有説先緣粗分，待彼堅固之後，再緣細分。自心亦覺粗分易於現起。故當先以粗分作所緣境。尤於真奢摩他未修成之前，不可多換異類所緣，若多換異類所緣修三摩地，反成修止之最大障礙故。如聖勇論師云："應於一所緣，堅固其意志，若轉多所緣，意爲煩惱擾。"道炬論亦云："隨於一所緣，令意住善境。"如是初得攝心所緣之量，謂先漸觀想頭部、雙手、身軀、二足，令其明顯，次於身之總體作意思惟，若粗支分於心現起，縱無光明，亦應知足於彼持心。若不於彼知足持心，欲求明顯，更數觀想。縱使所緣畧爲明顯，非但不得堅固妙三摩地，反成得定之障礙。又彼所緣雖不甚顯，但於粗分持心，亦能速得妙三摩地。次令明顯，極易成故。此本智軍論師教授極爲重要。又緣總身時，若身一分明顯，卽緣彼分。若不明顯，仍緣總身。若欲修黄色而現紅色等顏色不定，若欲修坐像而現立像等形狀不定，或欲修一尊而現二尊等數量不定，或欲修大像而現小像等形量不定，則不可隨轉，唯應以根本所緣爲所緣境也。若修密咒本尊瑜伽，本尊形相必須明顯，相未顯時，以多方便修令顯現。此中佛像若太難現，可於前説隨一所緣，或於真實見上攝持其心，修三摩地。以此主要在修止故。

　　申二、心如何住。分三：酉一、立無過軌。酉二、破有過軌。酉三、明修時量。

　　今初，此中所修之三摩地，要具二種殊勝。謂心具極明顯分，及具專注所緣之無分別住分。有於此上加安樂爲三者。有更加澄淨爲四者。然澄淨有二，一能緣心之澄淨，較淨玻璃器中滿注淨水置日光下尤爲澄淨。二境之澄淨，如柱等境相細至極微似亦能數。此二皆由斷盡微細沉没極明顯分之所引生，故離初分不須別説。適

悦行相之喜樂受，是此處所修三摩地之果德，初静慮未到定所攝之
三摩地中猶不得生，故此不説。沉没能障如是明顯。掉舉能障無
分別住。故沉掉爲修清净三摩地之最大障礙也。若不認識粗細沉
掉，及除沉掉修净定法，尚不能生正奢摩他，況云毘鉢舍那。故求
三摩地之智者，應當善巧彼理也。沉掉是修止之違緣，正明違緣與
破除之法，俱如後説。此唯當説修止順緣引生三摩地之理。此中
之三摩地，謂心專住所緣之住分。復是相續住於所緣，此須令心專
住所緣不散亂之方便，及散未散亂如實了知之二事。初卽正念，次
卽正知。如莊嚴經論釋云：“念與正知，是能安住。”一於所緣令心
不散，二心已散能正了知，若失正念忘失所緣，於此無間便失所緣，
故不忘所緣之念爲根本。由此念故，令心安住所緣之理，謂如前説
觀慧所緣，若能現起最低限度，卽應令心用力攝持使心策舉不新觀
察。如集論云：“云何爲念，於串習事心不忘爲相，不散爲業。”此説
念具三種差別。一境之差別，謂未曾習境念則不生。故云於串習
事，此處卽令現起先所決定之所緣境相。二行相差別，謂心不忘，
此處卽不忘所緣境也。不忘之理，非因他問或自觀察，僅能憶念師
長所教之所緣如此。是要心住所緣一類記念，不少散亂，倘少散
亂，其念便失，故心住所緣後，當念已住所緣，將護此心勢力相續不
斷，次卽不復重新思察，是爲修念最重要處。三作用差別，謂於所
緣令心不散。如是調心，令住所緣，如調象喻。謂如一牢樹或柱，
用多堅索繫縛野象，若依象師所教而作者善。若不依作，卽用利鉤
數數治罰，而令調伏。心如未調之象，用正念索繫於前説之所緣堅
柱，若不安住者，當以正知鉤擊，漸得自在。如中觀心論云：“意象
不正行，於所緣堅柱，當以念索縛，慧鉤漸調伏。”修次中篇亦云：
“以念知索，於所緣柱，繫意狂象。”此説以念修三摩地。又説正念
如索，能於所緣相續繫心。故三摩地之主要修法，卽修正念法。正

念即是堅定行相之心。故修三摩地者，若無堅定行相明了之定解力，心縱明净，不能引生有力之正念，不能滅除細微沉没，其三摩地必有過失。即不緣佛像等其他所緣，唯修不分別心，亦必念云，心當於境全不分別，次即令心不流不散。令心不散，與不忘所緣之正念義同。故仍未出修念之法。如是修者，亦是修有定解力之念也。

酉二、破有過軌。

有如是邪執，是所應破。謂如上説，策舉其心不分別住，此雖無沉没，然掉舉增上，現見不能相續久住。若心馳緩，現在住心速能生起是善方便，故説舒緩即是善修也。此是未能分辨生沉與生掉之差別，故無過之三摩地，須具前説二種殊勝，非爲令心無分別住一分而足。若謂令心於境惛昧可名爲沉，令心明净無彼惛昧，故三摩地無有過失。此是未辨惛沉與掉舉之差別，後當廣説。以是當知，若太策舉，雖能明了，然掉舉增上，難生住分。若太舒緩，雖有住分，然沉没增上，又不明了。由緩急適中之界限極爲難得，故難引生俱離沉掉之妙三摩地。如<u>大德月</u>云：“若精進修生掉舉，若捨精進復退没，此等轉界極難得，我心擾亂云何修。”又云：“若力勵行起掉舉，若緩策勵復退没，此之中道極難得，我心擾亂云何修。”此説勵精進便生掉舉，若見彼過，棄捨精進，放緩策勵，心復退没，其離沉掉二邊，中道平等運轉之心，極爲難得。若緩即可，復有何難。即説緩生沉没，故以此法修三摩地不應道理。又緩急適中之界限，當自觀内心，若覺過此而警策便生掉舉者，即當畧舒緩，若覺較此再緩便生沉没者，即當稍警策。如<u>無着菩薩</u>云：“於内住等住中，有力勵運轉作意。”此是於初二心時所説。<u>修次初篇</u>亦云：“除沉没者，當堅持所緣。”若不知前説修念法而盲修者，修時愈久，忘念愈重，擇法之慧日亦遲鈍，當有此等衆過發生也。若以正念繫心住所

緣已，可否分別偵察内心持不持所緣耶？修次中篇説必須偵察。復
非放棄三摩地後如是偵察，是住三摩地中觀其住否根本所緣。若不
住者，觀爲沉爲掉。復非緣住定，或時太久，乃偵察，要於中間時時
偵察也。若前心力猶未盡，即作此偵察者，能生心力長時安住，設
有沉掉速能了知。如是能於中間時時憶念所緣而修者，亦須具備
有力相續正念之因。故聲聞地中説修念法，辨中邊論釋云：“言念
能不忘境者，謂不忘住心教授意言。”修念是爲遮止忘所緣之散亂。
故不忘所緣，即數數作意所緣，名所緣意言。如恐忘失已知之義，
數數憶念，即不易忘失也。

　　酉三、明所修量。

　　由念繫心安住所緣，應住幾久，有無定量？答：聲聞地等大論
中，未見明説時量，雖修次下篇云，由是次第，或於一時，或半修時，
或一修時，隨時而住。此是成就奢摩他已於修觀時所説時量，則前修
止時量亦應爾。又若能如前説修念知之法，時憶念所緣，時時偵察
内心，則時間稍久亦無過失。然初發業者，若時長久，多生忘念，起
散亂心，心生沉掉，時久方知，不能速知。即未忘念，亦易隨逐沉掉
而轉。沉掉生已，不能速知也，前者障礙有力記念，後者障礙有力
正知，是則沉掉極難斷除。其忘失所緣，起沉掉而不覺知，較未忘
所緣，起沉掉而不知者，過爲尤重。故爲對治忘念，修前所説之護
念法最爲重要。若忘念重易於散亂，及正知力弱，沉掉生起，不能
速知者，修時宜短，若少忘念，及沉掉起速能了知者，時間稍長亦無
過失。故密意説云：“或於一時”等，未説決定時量，總應隨順自心
能力，故曰隨力而住也。又若身心未生病患即可安住，若生病患不
可勉力安住，當先治療諸界病患再修，是諸智者所許。當知此亦是
修時之支分也。

　　未三、心住所緣後應如何行。分二：申一、有沉掉時應如何修。

申二、離沉掉時應如何修。初又分二：酉一、明不知沉掉之對治。酉二、明知已不勤斷之對治。初又分二：戌一、決擇沉掉之相。戌二、於修行時生覺沉掉之正知。

今初，掉舉，如集論云："云何掉舉，淨相隨轉貪分所攝心不靜相，障止爲業。"此中有三：一所緣，謂可愛靜境。二行相，謂心不寂靜向外流散，是貪分中愛著境相。三作用，謂能障心安住所緣，即心安住內所緣時，由貪著色聲等之掉舉，牽引內心，令於境散亂而無自在。如悔讚云："如緣奢摩他，令心於彼住，惑索令離彼，貪繩牽馳境。"

沉沒亦云退沒。有謂住境不散心不明澄之惛沉爲沉沒者，實不應理。修次中篇與解深密經說，從惛沉生沉沒故。集論亦說，沉沒爲隨煩惱中之散亂。但集論所說之散亂亦通善性，非決定染污。惛沉，如集論與俱舍說，是癡分攝，身心粗重無堪能性，沉沒謂心於所緣執持力緩不能明了取所緣境。故心縱澄淨，若取所緣不甚明了，即是沉沒。如修次中篇云，若時如盲，或如有人趣入暗室，或如閉目，其心不能明見所緣，應知爾時已成沉沒。餘大論中未見明說沉沒之相。故沉沒有善與無記之二。惛沉則屬不善及有覆無記，唯是癡分。諸大論中說除沉沒，修佛像等諸可愛境及光明相，令心策舉。故心不明了如入黑闇，及心力低劣，皆當滅除，要使所緣明顯，與心力開張也。掉舉易知，唯沉沒相諸大經論皆未明說，故難了解。然極重要，以易於此誤爲無過三摩地故。應照修次論所說，於修驗上審詳觀察而求認識也。

戌二、於修行時生覺沉掉之正知。

唯能了知沉掉猶非完足，要修行時生未生沉掉而有如實能知之正知。復當漸生有力正知。沉掉起已，無間能知，固不待言，即未生而將生者，亦須正知預爲覺了。如修次後二篇云："見心沉沒，或恐沉没。"又云："見心掉舉，或恐掉舉。"即是此義。若未能生如是正知，縱自斷言，始從某時，終至某時，全無沉掉，所修無過，亦不定然。以發生沉掉亦不盡能知故。未生有力之正知故。如辨中邊論云："覺沉掉。"覺了沉掉要正知故。若未能生凡沉掉起決定了知之正知，縱長時修，沉掉生已不能了知，徒以微細沉掉虛度時日。若爾，云何生正知耶？曰，前修念法，即修正知一重要因。謂若能生相續正念，即能遮止忘失所緣之散亂，亦能遮止沉掉生已久而不知。故沉掉起易於覺了。又覺已失念時之沉掉，與覺未失念時之沉掉，二時遲速，自觀內心極爲明顯。故入行論密意説云："若時住正念，守護於意門，爾時生正知。"辨中邊論疏亦説念爲正知之因，其另一因，謂心緣佛像等境像，或緣領受明了等心相時，住前説之念中，偵察內心散未散亂，攝持其心。此是修習正知最切要處。入行論云："數數審觀察，身心諸分位，當知彼即是，守護正知相。"由此能引沉掉將生便預了知之正知。前修念法，能遮散後所起之忘念，故當善分別。

酉二、明知已不勤斷之對治。

若如前説修念正知，已善修習，生起有力正念正知，微細沉掉皆能覺了，則無沉掉生已不知之過。若彼生已不起功用無間滅除，忍受不斷，是三摩地最大過失。對治此者，當修功用作意之思。

此中有二：戌一、明思滅除沉掉。戌二、明生沉掉之因。

今初，如集論云："云何爲思，令心造作意業，於善不善無記役心爲業。"此義如磁石力吸鐵隨轉。其於善不善無記三法令心轉動之心所，即是思心。此中是取掉舉生時令心造作斷彼之思也。若爾，如何斷沉掉耶？曰，心沉没，是由太向內攝，失能緣力，故當作意諸可欣事，如觀佛像等令心開放。然非引生煩惱之可欣法。復可作意日光等明相。沉没除已，即應無間堅持所緣。此如修次初篇中説，此不應修可厭患境，由厭令心向内攝散。又以觀慧思擇樂觀之境，亦能減除沉没。如攝波羅密多論云：“由勸修觀力，退没能策舉。”如是沉没與退没者，若取所緣力漸低降，名曰沉没，若太内攝，則名退没。由心策舉及開張所緣便能滅除。如中觀心論云：“退没應寬廣，修廣大所緣。”又云：“退没應策舉，觀精進功德。”滅除沉没最主要之對治，謂思惟三寶，菩提心，與暇身義大等功德，令心警覺，如冷水澆面。此要先以觀慧修功德品有所感者乃能生起。沉没所依之因，謂惛沉、睡眠、及引生惛睡之心黑闇相。若修明相對治，則不依彼發生沉没，生已滅除。聲聞地説威儀應經行，善取明相，數數修習念佛、法、僧、戒、捨、及天，六中隨一，或思其餘清净所緣，令心策舉，或當讀誦開示惛沉睡眠過失之經論，或瞻方所及月星等，或以冷水洗面。若沉没微薄，或僅少起，則當策心正修。若沉没濃厚，或數數起，則應暫停所修。如其所應，修諸對治。待沉滅已後乃重修。若心取所緣相不明顯，心黑闇相，隨其厚薄，當取燈光火光及日光等諸光明相，數數修習，令心生起大光明相。掉舉，謂由貪門令心追逐色聲等境。此應作意内攝心因諸可厭事。掉舉滅已應修等至。如中觀心論云：“作意無常等，息滅掉舉心。”又云：“觀散相過患，收攝散亂心。”若掉舉猛利，或時長久，應暫緩所修，而修厭離方爲切要。非心散時，暑爲攝心，便能安住。若彼掉舉不甚猛利，則隨散時收攝内心令住所緣。攝波羅密多論云：“若意掉舉時，修止而遮止。”心掉舉時不可作意可欣净境，以是令心向外流散之因故。

戌二、明生沉掉之因。

沉掉之共因，謂不守根門，食不知量，初夜後夜不勤修行，覺寤加行，不正知住。沉没之因，謂耽著睡眠，心取所緣過於舒緩，止觀不平，偏修於止，内心惛闇，於所緣境不樂緣慮。掉舉之因，謂無厭離心，心於所緣過於執着，未善修舉，由親里尋思等動亂其心。以是當知，沉掉雖微，皆當以正知覺了，畢竟滅除。若以微細掉舉及散亂等初時難斷，捨而不斷，或覺彼等既不猛利，不恒相續，勢劣短促不能造業，故不須斷，此是未知修習清净三摩地法，已出慈尊等所決擇修三摩地法之外。故心掉散時，先當攝心住内所緣，求安住分。住分生時，當防沉没，令心明了。此二展轉修習無過妙三摩地，不應唯於澄净住分全無持力，俱行明了而起希求。

申二、離沉掉時應如何修。

若如前説，微細沉掉皆悉斷除，則無沉掉令不平等。心平等轉時，若復起功用作行，即成三摩地之過失。對治此過，則當修捨。起功用作行反成過失之理，謂由久修掉則攝心，沉則策舉。已得堪能於適當時全無沉掉。若仍如前起大功力防沉防掉，則令内心反生散亂。故於爾時須知舒緩。此是舒緩防慎功力，非全放捨持境之力也。故修捨者，是在摧伏沉掉之後，非凡不起沉掉之時。以未摧伏沉掉必無捨故。若爾，云何名捨？曰，捨有三種：一捨受、二捨無量、三行捨。此是最者。此捨體性，如聲聞地説，於止觀品調柔、正住、任運轉性、有堪能性。得此捨後修三摩地，沉掉未起之時令捨現前。不發太過精進。此等如辨中邊論云："依住堪能性，能成一切義，由滅五過失，勤修八斷行。懈怠忘聖言，及沉没掉舉，不作行作行，是爲五過失。修所依能，及所因能果，不忘失所緣，覺了沉與掉。爲斷而作行，滅時正直轉。"依住，謂爲除障品發勤精進，依此而生心堪能性勝三摩地。此即能成神通等一切義利之依處，故曰能成一切義。此三摩地要滅五種過失，勤修八種斷行乃能發生。五過失者：謂加行時懈怠爲過失；於三摩地不加行故。勤修三摩地時忘失教授爲過失，以忘所緣心無所緣可安住故。正住定時沉掉爲過失，彼二令心無堪能故；沉掉生時不作功用爲過失，由彼不能滅沉掉故；斷沉掉時作行思反爲過失也。沉掉合一爲五過失，分別成六過失，對治彼等謂八斷行。對治懈怠有四，謂信欲勤安。對治忘念、掉擧、不作行、作行者，如其次第，卽念、正知、作行思、正住捨，廣如前説。此是以念正知，遠離沉掉，修心一境性，妙三摩地之共同教授。不可執此爲顯教別法，密宗不須。以無上瑜伽續中亦多宣説故。

午二、引生住心之次第分三：未一、正生住心次第。未二、六力成辦住心。未三、具足四種作意。

今初，初有九住心：一內住心，謂於一切外境攝心令住內境。如莊嚴經論云：“心住內所緣。”二續住心，謂前住心令不散亂，於內所緣相續安住。如前論云：“相續令不散。”三安住心，謂由忘念向外散亂，速當了知，還令安住前所緣境。如云：“散亂速了知，還安住所緣。”四近住心，般若教授論説，於廣大境數數攝心，令心漸細上上而住。與莊嚴論義同。如云：“具慧上上轉，於內攝其心。”五調伏心，謂由思惟三摩地功德，令於正定心生欣喜。如云：“次見功德故，心於定調伏。”六寂静心，謂觀散亂過失，於三摩地寂滅不喜之心。如云：“由見散亂過，於定滅不喜。”七最寂静心，謂貪欲、憂慼、惛沉、睡眠等生時，寂滅令息。如云：“貪憂等心起，應如是寂静。”八專注一趣，謂得任運轉故，精進修習。如云：“次勤律儀者，由心有作行，能得任運轉。”九等持心，修次論説，心等住時，應當修捨。般若教授説，由修專注一趣故，能得自在任運而轉。莊嚴經論云：“由修故不行。”此九心之名，是如修次初篇所引。如云：“此奢摩他道，是般若波羅密多”等説。

未二、六力成辦住心。

力有六種：謂聽聞、思惟、憶念、正知、精進、串習力。由此成辦住心之理，謂由聽力成辦內住心。從他聽聞住心教授，初於所緣安住共心,非自數數思惟修習故;由思惟力成辦續住心,前於所緣安住之心,由自數數思惟修習初得少分相續故;由憶念力成辦安住近住二心。散失所緣時,憶先所緣,收攝其心,及起念力,初卽不令散失所緣故;由正知力成辦調伏寂靜二心。謂以正知力了知於諸惡尋思及隨煩惱相流散之過患,觀彼過患,令於彼二不流散故;由精進力成辦最極寂靜專注一趣二心。謂於微細尋思與隨煩惱皆不忍受,精進斷除,由如是行其沉掉等不能障礙妙三摩地,令三摩地相續生故;由串習力成辦等持心。謂由善修前諸位心之力,便能引生無功用轉三摩地故;此依聲聞地意趣而說,若作餘說不可憑信。其中得第九住心者,喻如讀書至極熟時,初發心誦起,中間縱心散亂,然所讀書任運不斷。如是初起一念令心安住所緣,次縱未能相續依止念知,然所修定亦能相續不斷經極長時。由此不須相續依止念知之功用,故名不作行或無功用也。引生此心,要先起大功用相續依止正念正知,引生一種妙三摩地能住長時,不爲沉掉等障品之所間斷也。此卽第八住心。此與第九住心,雖同不爲沉掉等三摩地障品之所間斷,然此須相續依止正念正知,故名有作行或有功用也。引生此心,要於微細沉掉等法纔生卽滅全不忍受,故須第七住心。引生此心,要念諸惡尋思及隨煩惱了知散亂之過患,發起有力正知,偵察內心令不於彼流散,故須第五第六住心。以此二心是由正知力所成辦故。引生此心,要忘失所緣散亂之時能速憶念所緣,及從最初卽起正念令不散亂,故須第三第四住心。以此二心是由彼二種念所成辦故。引生此心要於所緣先能住心及令住心相續不散,故須先生初二住心也。如是總謂先當隨從所聞教授善令心住。次如所住數數思惟令稍相續。次若失念起散亂時,當速攝心速憶所緣。次更當生有力念心,初於所緣便不令散,成就有力念已,更當引發有力正知,了知散失所緣沉掉等過患,偵察不散。次當發精進力，設由微細忘念起散亂時，亦當無間了知斷除。斷已使定漸長相續，不爲障品之所間斷。此心生已，由勤修故，便成串習，卽得第九住心無功用轉妙三摩地。以是當知，未得第九住心之前，諸瑜伽師要起功用令心安住妙三摩地。卽得第九住心之後，卽不特起功用令心住定，心亦自然入三摩地。得此第九住心，若未得輕安，則如後說仍不立爲得奢摩他，況云證得毘鉢舍那。

未三、具足四種作意。

如聲聞地說，九住心中具足四種作意：謂初二心時、須勤策勵，故有力勵運轉作意。次五心時，由有沉掉間斷不能長時修定，故有有間缺運轉作意。第八心時，由沉掉等不能間斷能長時修，故有無間缺運轉作意。第九心時，卽無間斷，又不須恒依功用，故有無功用運轉作意。若爾，初二心時亦有間缺，中間五心時亦須策勵，云何初二心時不說有間缺運轉作意，中間五心時不說力勵運轉作意耶？曰，初二心時，心入定與不入定二者之中，不入定時極長，中間五心則住定時長，故後者就三摩地障礙立名，前者不爾。故彼二時，雖俱須力勵運轉，然有間缺運轉作意有無不同，故中間五心不名力勵運轉作意。如攝波羅密多論云："由無間瑜伽精勤修靜慮，若數數休息，鑽木不出火，修瑜伽亦然，未得定勿捨。"

卯三、修已成止。分三：辰一、明奢摩他成未成之界限。辰二、明依奢摩他趣總道。辰三、明別趣世間道。初又分二：巳一、顯示正義。巳二、明有作意相及斷疑。初又分二：午一、明得未得圓滿輕安、明得未得奢摩他。午二、明得圓滿輕安卽成就奢摩他。

今初，若得前說第九住心，盡離微細沉掉，能長時修，復不須恒依念知起大功用，而三摩地能任運轉。是否已得奢摩他耶？曰：得此三摩地者，有得未得輕安之二種。若未得輕安，是隨順奢摩他，非真奢摩他。如解深密經云："世尊，若諸菩薩緣心爲境內思惟心，乃至未得身心輕安，於此中間所有作意，當名何等？慈氏，非奢摩他，是名隨順奢摩他，勝解相應作意。"莊嚴經論亦云："由習無作行，次獲得圓滿，身心妙輕安，名爲有作意。"其有作意，卽是此中所說之奢摩他。修次中篇亦云："如是修習奢摩他者，若時生起身心輕安，心於所緣如欲自在，當知爾時成就正奢摩他。般若教授論亦云："如是菩薩獨處空閒，如所思義作意思惟，於心所現，捨離意言多次思惟，若時未生身心輕安，是奢摩他隨順作意，若時生起，卽奢摩他。"若爾，未生輕安以前之三摩地爲何地攝耶？曰，欲地所攝。雖有如是心一境性，然本地分說是非等引地，而不立爲等引地攝，以非無悔、觀喜、妙樂、輕安之所引故。如是未得輕安之前，雖三摩地不須相續依止正念亦能任運無分別轉、復能融合行住坐臥一切威儀，然是欲界心一境性，非奢摩他。

午二、明得圓滿輕安卽成就奢摩他。

若爾，云何能得輕安？得輕安已，云何成就奢摩他？曰，輕安，如集論云："云何輕安，謂止息身心粗重，身心堪能性，遣除一切障礙爲業。"身心粗重，謂於善事身心不能隨欲而轉。此之對治，身心輕安，謂由遠離身心粗重，於諸善事，身心極有堪能力也。又煩惱品攝內身粗重，能障樂斷煩惱。若勤功用斷煩惱時，已離身沉重等不堪能性，得身輕利，是身堪能。如是煩惱品攝內心粗重，能障樂斷煩惱。如勤功用斷煩惱時，內心樂緣善境離不堪能，心於所緣無障礙轉，名心堪能。如安慧論師云："身堪能者，謂於身所事生起輕利。心堪能者，謂正思惟時令心適悅輕利之心所法。由此相應能於所緣無障礙轉，故名心堪能性。"總之，若得輕安則起功用，欲斷煩惱時，如行難行身心怯懼之無堪能性皆悉除滅，身心成就極調柔性，隨欲而轉。如斯圓滿身心堪能，初得定時卽獲少分，次漸增盛，最後轉成輕安與心一境性之奢摩他。又聲聞地說，初時微細難以覺了，後乃易知，將發如是衆相圓滿易可了知輕安之前相，謂勤修三摩地之補特伽羅，便覺頂上似有重相，然非損惱重相。此生無間卽便遠離，能障樂斷煩惱之心粗重性。能對治品心輕安性卽先生起。如聲聞地云："若於爾時不久當起强盛易了心一境性身心輕安所有前相，於其頂上似重而起，非損惱相。"此起無間，能得樂斷諸煩惱品心粗重性皆得除滅。能對治彼心調柔性心輕安性皆得生起。由心調柔心輕安性生起之力爲所依止，有能引發身心輕安風來入身中。由此風大徧全身轉，身粗重性皆得遠離。能對治品身輕安性卽得生起。又此調柔風力周徧全身狀如滿溢。如聲聞地云："由此生故，有能隨順起身輕安諸風大種來入身中。"由此大種於身轉時，能障樂斷諸煩惱品身粗重性皆得遣除。能對治彼身輕安性徧滿身中。狀如充溢。此身輕安，是內身中極悅意觸，非心所法。如安慧論師云："當知歡喜所攝內身妙觸，名身輕安。"經説意歡喜時身輕安故。

　　如是身輕安初起之時，由風勢力令身生起極大快樂，由此爲依心中亦生最妙歡喜。其後輕安初起之勢漸趣微細，然非輕安一切都盡。是由初分太動其心，彼勢已退，有妙輕安，無諸散動，如影隨形，與三摩地隨順而轉。心踊躍性亦漸退減，心於所緣獲堅固住。由離喜動不寂静性，卽是獲得正奢摩他。如聲聞地云："彼初起時令心踊躍，令心悅豫，歡喜俱行令心喜樂。所緣境界於心中現。從此已後，彼初所起輕安勢力漸漸舒緩。有妙輕安隨身而轉，心踊躍性漸漸退減，由奢摩他所攝持心故，以於所緣寂静行轉。聲聞地説，要生如是輕安，始名有作意，由得第一静慮近分所攝正奢摩他，乃得定地所攝少分作意。

　　巳二、明有作意相及斷疑。分二：午一、正明有作意相。午二、斷疑。

今初，具何相狀，能令自他了知已得作意？聲聞地說"由得如是作意，則得色地所攝少分定心，身心輕安，心一境性，有力能修初靜處道，或諦相道，淨治煩惱。內暫持心，身心輕安疾得生起。欲等五蓋多不現行。從定起時，亦有少分身心輕安，隨順而轉。由得具足如是相狀之作意，奢摩他道極易清淨。"謂住心一境性奢摩他後，速能引生身心輕安，故輕安轉增，如彼輕安增長之量，正奢摩他亦轉增長，故彼二法展轉相增。如聲聞地廣說。總之，心堪能者，風亦堪能，爾時便生身妙輕安。由此生故，內心即起勝三摩地。復由此故，風轉調柔，故能引生身心輕安。又如聲聞地云："由於最初背一切相無亂安住，故名不念作意。"此說初修心一境性時，當全不起餘念及餘作意。如是修已，聲聞地又云："又汝於此亂不亂相，如是如是審諦了知，便能安住一所緣境，亦能安住內心寂止。諸心相續、諸心流注，前後一味，無相無分別，寂靜而轉。又若汝心雖得寂止，由失念故及由串習諸相尋思隨煩惱等諸過失故，如鏡中面所緣影相，數現在前。隨所生起，即於其中當更修習不念作意。"謂先所見諸過患相增上力故。即於如是所緣境相，由所修習不念作意除遣散滅，當令畢竟不現在前。"賢首當知，如是所緣甚爲微細難可通達，汝當發起猛利欲樂爲求通達發勤精進。"此說三摩地生起之相。"寂靜而轉"以上，謂由如前修習無相等三漸次而生。次至"增上力故"，是說雖已得寂止，然由不多修習等過，心中仍有相等現起，則當憶念心隨彼轉之過患，務令內心不隨彼轉，都不思惟而安住也。次至"不現在前"，謂由如是修習全不思性之力，相等三法隨何現起，皆不顧視。是則彼三自然息滅更不現起，故心不爲彼等所奪。餘文謂此奢摩他甚爲微細，即彼解釋亦難可通達。其中諸相，謂色等五境與三毒男女共爲十相。無相之理，謂最初時色等境相種種亂現，現起無間自息自滅。最後住定時，則色聲等相全不現起，唯現內心明了安樂之相。無尋思之理，謂由如前住不念作意，隨起何種尋思，如水中泡，不能久住，自然消滅。次更如前修習，則內領納了別安樂等相，不待破除，不堪觀察，起已無間自然脫落，安樂等相轉更微細，爾時安住定中，內身等相全不現起，覺心與空都無分別。從定起時，則覺身等忽似新生。至後得位，縱起瞋等煩惱尋思，然與前不同，勢力微弱，不能久續。此等諸位，卽"寂靜而轉"之位，內心明了，覺屋柱室壁之極微，都能計數，住分濃厚，卽睡眠時亦覺與定融合，如未得定前之睡眠不復現起，復見許多清淨夢相。

午二、斷疑。

若得如前所說之三摩地，於五道中立爲何道？曰：前說之定，若是無倒了解無我，住彼見上所修之定，則可立爲異生位之順解脫道。若非爾者，如聲聞地說："卽修第一靜慮根本定觀粗靜相之諸世間道，皆須依止此定而修。外道仙人以世間道離無所有地以下貪者，亦依此定而修上道。故此是內外道所共之定。"又若由無倒通達之無我見，及有善見三有過患厭背生死希求涅槃之出離心所攝持者，是解脫道。若由菩提心所攝持者，亦能成大乘道。如以一握食布施畜生，及護一戒，若由彼心攝持，如其次第，亦成解脫道，與一切種智之資糧道。然今非觀察由餘道攝持成，不成解脫道與一切種智道。是觀彼定由自性門爲成何道也。以是有於修習無念及不作意，名爲心不造作及無執着之樂空無分別者，其中猶有是否住真實義修空性之二類，當善分別，最爲切要。以未通達真實義者，亦易誤爲通達，誤處極大故。若未能如前分別，則於內外所共之三摩地，亦可誤爲無上瑜伽圓滿次第最主要者，故當觀察也。

辰二、明依奢摩他趣總道。

若得前所說無分別三摩地作意，唯當修此明了無分別等殊勝功德之無分別定耶？曰，引發如斯三摩地者，是爲引生能斷煩惱之毘鉢舍那。若不依此引生毘鉢舍那，則於此定任何修習，尚不能斷欲界煩惱，況能盡斷一切煩惱，故應進修毘鉢舍那。此復有二，謂以世間道暫伏煩惱現行之毘鉢舍那，與以出世道永斷煩惱種子之毘鉢舍那。前者，謂觀下地粗相上地静相之粗静行相。後者，謂觀無常等四諦十六行相。此如聲聞地説。其主要者，謂通達人無我之正見。如是外道粗静相道暫伏煩惱現行，或佛弟子修無我義永斷煩惱根本，皆須以前所説正奢摩他爲伏斷煩惱之所依。大小二乘，諸瑜伽師，亦皆須修此定。於大乘中顯密諸瑜伽師亦皆須修此定。故此奢摩他實是一切瑜伽師修道之最要基礎。又二種毘鉢舍那中，前者與佛弟子非不可少，後通達無我之毘鉢舍那，則是必不可少者。若得前説第一静慮近分所攝之奢摩他，縱未得以上静慮無色之奢摩他，然依彼止修毘鉢舍那，亦能脱離生死繫縛，而得解脱。若未通達無我真實未修彼義，僅由前説正奢摩他，及依彼止修習世間毘鉢舍那，斷無所有以下一切煩惱現行，得有頂心，然終不能解脱生死。如讚應讚云：“未入佛正法，癡盲諸衆生，縱上至有頂，仍受三有若。若隨佛教行，縱未得本定，魔眼雖監視，亦能斷三有。”故無上瑜伽部諸瑜伽師，雖不必生緣盡所有性粗静行相毘鉢舍那，及由彼所成就之止，然須生一正奢摩他。初生之界，諸生起次第時也。

辰三、明別趣世間道。

聲聞地説，從得第九住心，乃至未得作意，是名作意初修業者。從得作意，欲净煩惱，修習了相作意，是名净煩惱。初修業者，若未善解聲聞地中所説之義，便覺静慮與無色最低之道，爲初静慮之近分。彼中説有六種作意，初是了相作意，故誤解謂初生近分所攝之心，卽是了相作意也。若如是計，極不應理，以未得奢摩他者，必不能生第一静慮之近分。未得近分，亦必不得奢摩他故。了相作意是觀察修，若先未得正奢摩他，修彼，不能新得奢摩他故。以是當知，第一近分六作意之初者，是修近分所攝毘鉢舍那之首，非是第一近分之最初。彼前尚須有近分所攝之奢摩他故。未得第一近分所攝之三摩地前所有一切妙三摩地，皆是欲界心一境性。若照大論所說觀之，得三摩地者亦極少數。此中由修近分六種作意離欲之理，恐繁不述。

止觀卷第二

　　寅二、學觀法分四：卯一、修觀資糧。卯二、觀之差別。卯三、修觀之法。卯四、成觀之量。初又分二：辰一、總明修觀資糧。辰二、別明抉擇正見。

　　今初，修次中篇說，依止善士，求聞正法，如理思惟，是毘鉢舍那三種資糧。尤以親近無倒了達佛經宗要之智者，聽聞無垢經論，以聞、思、慧，引發通達真理之正見，爲毘鉢舍那不可少之資糧。以無了解真實義之正見，必不能生通達如所有性之毘鉢舍那故。又此正見要依了義經尋求，非依不了義經。故當先知了義不了義之差別，而通達了義經義。又若不依堪爲定量大論師解釋密意之論，則如生盲無引導者而往險處。故當依止無倒釋論。要依何論耶？曰，如佛世尊於無量經續中，明記龍猛菩薩能離有無二邊，解釋佛經甚深心要，當依彼論而求通達空性之正見。

　　提婆菩薩，爲諸大中觀師，如佛護、清辨、月稱、静命等，共依爲量，視同龍猛。故彼師徒，是余中觀師之根源。西藏先覺稱彼二師爲根本中觀師，稱余爲隨學中觀師。又有先覺說，就安立世俗之理，中觀師可分二派：謂於名言中許有外境者，名經部行中觀師。於名言中不許外境者，名瑜伽行中觀師。就許勝義之理亦可分二派：

謂許苗等有法與無實相和集爲勝義諦者，名理成如幻。許於現境斷絕戲論爲勝義諦者，名極無所住。又説此二之前者爲静命論師，與蓮花戒論師等。其如幻與極無所住之名，印度亦有許者。然俄大譯師評就勝義所立之二派，爲使愚者生希有之建立耳。智軍論師則説龍猛師徒所造之中觀論中未明顯説有無外境。後清辨論師破唯識宗，於名言中立有外境。次有静命論師依瑜伽行教，於名言中説無外境，於勝義中説心無性之中觀理。故中觀宗遂成二派：前者名經部行中觀師，後者名瑜伽行中觀師。造論之次序現見實爾。然月稱論師於名言中雖許外境，然與他宗全不相符，既不可説名經部行，亦不可説順婆沙行。西藏後宏法之智者，於中觀宗，立隨應破與自立因二名，與顯句論極相契也。以是當知，就名言中許不許外境，二派決定。若就引發通達空性之正見而立名，則隨應破與自立因二派決定也。若爾，應於彼等隨誰行而求龍猛師徒之密意耶？曰，阿底峽尊者，以月稱論師派爲主，隨尊者行傳此教授之先覺，亦皆尊崇彼宗。月稱論師見中論之註釋中，唯佛護論師解釋聖者意趣爲圓滿。卽以彼論爲本，亦多採納清辨論師之善説，其非理者亦畧破斥，遂廣解釋聖者之密意。佛護、月稱二師解釋龍猛師徒之意趣最爲殊勝，故今當隨行此二論師決擇聖者師徒之密意焉。

辰二、別明決擇正見。分三：巳一、明染污無明。巳二、明彼卽生死根本。巳三、欲斷我執當求無我見。

今初，佛説貪等之對治，僅是一部份煩惱之對治。所説無明之對治，乃一切煩惱之對治。故知無明是一切過失之根本。如顯句論云：“佛依二諦説，契經等九部，是世間行，於此廣宣説，其爲除貪説，不能斷瞋恚，爲除瞋恚説，亦不能斷貪，爲斷慢等説，不能壞餘垢，故彼非周徧，彼皆無大義，若爲斷癡説，能盡壞煩惱，以佛説煩惱，皆依愚癡生。”故當善修對治無明之真實義，若不知何爲無明，則必不知如何對治。故認識無明最爲切要。言無明者謂明之違品，其明亦非任何一事，乃能知無我真理之慧也。此明之違品，亦非僅無彼慧或離慧之餘法，乃慧之正相違者，此卽增益有我之心，復有增益人我與法我之二，故人我執與法我執，皆是無明。其增益之相，謂執諸法有，由自性或自相或自體之所成就。如鄔波離請問經云："種種園林妙花敷，悅意金宮相輝映，此亦未曾有作者，皆從分別增上生，分別假立諸世間。"此説諸法皆是分別增上安立。六十正理論云："由佛説世間，以無明爲緣，説是卽分別，有何不應理。"釋論解釋此義，謂諸世間皆無自性，唯由分別之所安立。百論亦云："若無有分別，卽無有貪等，智者誰復執，爲真爲分別。"釋論云："要有分別，乃有彼性，若無分別，卽無彼性。如盤繩上假立之蛇，決定當知自性非有。"此説貪等雖無自性，其假立義，如同繩上假立之蛇，然非説彼蛇與貪等於名言中有無皆同也。由前諸理，故知執實有之相者，謂説彼法非由無始分別假立，是執彼境由自性而有，其所執境名爲自性，或名爲我。由説人上無彼自性，名人無我。眼耳等法上無彼自性，名法無我。故亦當知執人法上有彼自性，卽人法二種我執也。如百論釋云："所言我者，謂諸法之不依仗他性，由無彼性，名爲無我。此由人法差別爲二，曰人無我與法無我。"人我執之所緣，入中論説，正量部中有計爲五蘊者，有計爲一心者。其計一心爲我見之所緣者，如唯識宗與許阿賴識之中觀師，則計阿賴耶識爲彼所所緣。其不許阿賴耶識之中觀師，如清辨師與小乘諸部，則計意識爲彼所緣。當知此諸派所説流轉生死者，與修道者等，補特伽羅之名義，皆通唯我與我所相事阿賴耶等之二事。入中論中破計五蘊爲俱生我執薩迦耶見之所緣。釋論則説唯緣依蘊假立之我，又説唯五蘊聚，亦非名言之我。故一時之蘊聚，及前後相續之蘊聚，皆非彼見之所緣，唯能引生我念之唯我，乃是彼之所緣。

故任何一蘊及諸蘊集聚，皆不可立爲我之所相事也。此事此宗之無上勝法，餘處已廣說。

俱生薩迦耶見之所緣，要能任運引生我念。故執他人爲有自相之俱生執，雖是俱生人我執，而非彼人之俱生薩迦耶見也。俱生我所執薩迦耶見之所緣，要能引生是我所有俱生念之我所有性。故我眼等非彼所緣，其行相謂執彼所緣爲有自相。俱生法我執之所緣，謂他身中之色等五蘊，眼等六根，及內身所不攝之器界等，行相如前說。入中論釋云："無明愚癡，於諸法無自性，增益爲有，以障蔽見實性爲體，名爲世俗。"又云："如是由有支所攝染污無明增上之力。"此說執境實有，卽是無明，及說彼是染污無明。故法我執有立爲煩惱障與所知障之二派。此同初說。龍猛師徒亦說此義，如七十空性論云："因緣所生法，分別爲眞實，佛說爲無明，出生十二支。見眞知法空，無明則不生，由無明滅故，十二支皆滅。"分別諸法爲眞實者，卽執彼爲實有耳。寶鬘論云："若時有蘊執，彼卽有我執。"此說未滅法執之前，亦不能斷薩迦耶見。四百論亦云："如身根遍身，癡遍一切惑，故由滅愚癡，一切惑皆滅。若見緣起理，則不生愚癡，故彼當盡力，尊宜說彼語。"此所說愚癡，卽三毒中之愚癡，故是染污無明。又說滅彼無明，要通達空卽緣起之甚深緣起義方能滅，故染污愚癡，當知卽如釋論所說，是增益諸法實有之執也。此是月稱論師，隨順佛護解釋聖者意趣而開顯者。

巳二、明彼卽生死根本。

如前所說之二種我執無明，非是內外諸宗所計之常一自在之人我執，亦非無方分之極微塵與彼集合成之粗色外境，及無時分之刹那心與彼相續成之識類內心，復非二取所空之實有自證，概非彼等不共徧計之人法二執，乃一切有情不待邪宗無始傳來所共有之俱生我執也。當知彼執卽生死根本。如入中論云："有生旁生經多刼，彼亦未見常不生，然猶見彼有我執。”由此道理，故知於生死中繫縛一切有情者，是俱生無明。分別無明，唯學彼邪宗者乃有，故非生死之根本。要須如是分別了解，若不知者，則於決擇見時，亦必不知以決擇無俱生無明所執之境爲主，於彼支分中兼亦破除分別我執之境，必致棄捨俱生無明不破，於破二我時，唯破諸宗所計之我，而決擇無我。是則修時亦必唯修彼義，以決擇正見即爲修故。於是修己現證，及修到究竟，亦唯有彼義耳。若謂由見徧計執假立之二種無我，即能滅除俱生煩惱者，實爲太過。如入中論云：“證無我時斷常我，不許此是我執依，故云了知無我義，永斷我執最希有。”釋論云：“今以喻明彼義毫無關係，頌曰：‘見自室壁有蛇居，云此無相除其怖，倘此亦能除蛇畏，噫嘻誠爲他所笑’”。此雖是説人無我，然法無我亦可配云，證無我時斷徧計，不許此是無明依，故云了知無我義，永斷無明最希有。

　　設有是念，寶鬘論説：“若時有蘊執，彼即有我執，有我執造業，從業復受生。執五蘊實有之法我執，爲生死根本。”入中論説：“慧見煩惱諸過患，皆從薩迦耶見生。”薩迦耶見爲生死根本。二論相違以生死根本，不容有不同之二法故。答曰，無過。以此宗之二種我執，唯由所緣而分，非行相有所不同，俱以執有自相爲行相故。倘生死根本二相違者，要安立行相不同之二執爲生死根本故。以是當知論説法我執爲薩迦耶見之因者，是顯無名内中二執爲因果。若説彼二爲煩惱之根本者，是顯爲餘一切行相不同之煩惱根本。此理亦通彼二執，故不相違，如前後二念同類，無明皆是生死根本，不相違也。月稱論師雖未明説薩迦耶見即是無明，然不分人法，已總説執諸法實有爲染污無明。又許人我執即執補特伽羅爲有自相，復多宣説俱生薩迦耶見爲生死根本。倘許彼異實執無明，則須安立生死根本有行相不同之二執，自成相違。故許彼二俱是無明也。

又前所説俱生無明增益之境，其餘俱生分別一切煩惱，皆取彼境一分而轉。如眼等四根皆依身而住，別無自境可住。如是餘一切煩惱，亦皆依俱生無明而轉。故説愚癡爲主。四百論釋解：“如身根遍身，癡遍一切惑。”時云：“貪等煩惱，唯於愚癡所遍計之諸法自性上增益愛非愛等差別而轉，非離癡別轉。故亦即是依止愚癡，癡爲主故。”由是當知愚癡於境執有自相。彼所執境若順己意，即緣彼起貪。若違己意，即緣彼起瞋。若彼境與意非順違中庸而住，雖緣彼境不起貪瞋，而生同類後念愚。六十正理論云：“若心有所住，寧不生煩惱，若時平常住，亦被惑蛇噬。”釋論即如上解。又從執蘊實有生薩迦耶見，亦是寶鬘論之意趣生餘煩惱之理，如中士道所説，即可此知。又如釋量論云：“若人見有我，即常貪著我，著故愛安樂，由愛蔽過失，見德而愛著，遂求我所有，若時貪有我，即流轉生死。”此宗與前説安立二種我執之理，雖有不同，然生煩惱之次序，亦當依此論了知也。此謂初執我念所緣之我爲有自相，遂生我貪。由此便愛我之安樂。又見我之安樂不待我所即不得有，故愛著我所。由此障蔽過失，見爲功德。遂進求我所有以成辦我之安樂。由彼煩惱遂造衆業。由業故復結生相續。七十空性論云：“業以惑爲因，由惑起諸行，身以業爲因，三皆自性空。”當於此生死流轉之次第，獲得決定了解。

巳三、欲斷我執當求無我見。分二：午一、須求無我見之理由。午二、引生無我見之方法。

今初，如前所説二種我執無明既須斷除，亦欲斷除，若僅欲斷，而不尋求了知我執爲生死根本之理，或雖了知，而不以了義教理破除我執之境，勤求引發無我淨見，實爲極鈍根性。以已放棄能證解脱與一切種智道之命根，猶全不顧故。法稱論師云：“若未破彼境，不能斷彼執，故斷隨德失，所起貪瞋等，要不見彼境，非由外道理。”此說剔除外刺，不待破彼所執之境，以鍼從根剔之即除，斷除內心煩惱則不如是。如斷我執要見無彼所執之境，始能斷除也。月稱論師亦說，由見貪等煩惱，與生老等過患，皆從薩迦耶見生。故瑜伽師若欲斷彼，當以正理破除我執所增益之人我境也。如入中論云：“慧見煩惱諸過患，皆從薩迦耶見生。”由了知我是彼境，故瑜伽師先破我。修真實義者，當如是行，故云瑜伽師也。此亦是龍猛菩薩之意旨，如六十正理論云：“彼即衆見因，無彼不生惑，是故徧知彼，見惑皆不生。云何能徧知，謂見緣起性，緣生即無生，是正覺所說。”此說爲染污見及餘煩惱作根本之實執，要由緣起通達諸法自性不生之真理，猶能斷除。若未能執諸法有性之境則必不見無彼自性故。提婆菩薩所說如前已引。又四百論云：“若見境無我，三有種當滅。”此說由我執所緣之境都無有我，則能斷除爲三有之根本無明。靜天菩薩亦云：“補特伽羅空已善成立，由斷根本，故一切煩惱皆不復生。如如來秘蜜經云寂靜慧，如斷樹根，一切枝葉皆當乾枯。如是若滅薩迦耶見，一切煩惱與隨煩惱皆當滅。”此說通達修習補特伽羅自性空，能滅薩迦耶見，若滅彼見，則餘一切煩惱亦當隨滅，但若未破人我執境，亦必不能通達無我。彼文即明薩迦耶見爲除一切煩惱之根本，若彼異於無明，則生死根本有不同二種，故彼亦是無明也。總之，註釋甚深經義之諸大論師，凡決擇真實義時，必以無量教理而觀察者，是因了知，未見邪執所執之我空無所有，則不能知無我空性。故於此義當求定解，最爲切要，若未破除生死根本邪執之境，修彼空義，而修其餘深義，則全不能斷除我執。以心未緣無我空性，則必不能斷我執故。若未破我執境，僅收其心。令不緣彼境，不能立爲緣無我故。以是當知心緣境時，共有三類：一執所緣爲實有，二執爲不實，三但緣境不執差別。如未執不實者，不必盡執實有，故未執二我者，亦不必卽緣二無我。以有無邊第三類心故。又二種我執，主要是緣人法而轉。故當決擇如彼所執其事非有。若不爾者，如盜竄林中，而追尋於平原也。由修如是決擇之空義，能斷盡錯亂，故此空義卽是最勝真實義。倘棄此義，別求真理，當知唯屬隨順所談，實出經義之外也。

如是執實有男女等人及色受等法之無明，由得通達無我空見而修習之卽能斷除，無明斷已，則緣實執境增益愛非愛相之非理作意分別，亦卽隨滅，分別滅已，則己薩迦耶見爲根本之貪等煩惱，亦並隨滅。貪等卽滅，則彼所起之業亦滅。業若滅者，則無業力所引之生死輪廻，卽解脫矣。於此當生堅固信解，次求真實正見。如中論云：“業煩惱滅故，名之爲解脫，業煩惱非實，入空戲論滅。”了知如是流轉還滅次第，當善愛護通達真實。若不善分別，僅儱侗而修，都無益也。

午二、引生無我見之方法。分三：未一、二無我見生起次序。未二、正生二無我見。未三、建立世俗勝義二諦。

今初，二種我執生起次第，雖是由法我執引生人我執，但悟入無我義時，則當先生人無我見，後生法無我見，如寶鬘論云：“士夫非地水，非火風非空，非識非一切，異此無士夫，如六界集故，士夫非真實，如是一切界，集故亦非真。”此中先說人無自性，次說人所依之地等諸界無自性。顯句論與佛護論亦說悟入真實義時，當先從人無我悟入故。靜天菩薩亦如是說，其理由謂於人法上了解之無我，雖無粗細差別，然由所依之關係，於人上則易了解。於法上則難了解。如法無我，於眼耳等法上難了，於影像等法上則易了知。故影像等爲決擇眼耳等無我之同喩也。三摩地王經亦云：“如汝知我想，亦如是知法，一切法自性，清净若虛空。由一知一切，由一見一切。”此說若善了知我相所緣法之真理則準此理例觀眼等內法，瓶等外法，亦皆相同。故若知見一法之真理，則能徧知一切法之真理也。

未二、正生二無我見分二：申一、決擇人無我。申二、決擇法無我。初又分二：酉一、明補特伽羅。酉二、決擇無自性。

今初，補特伽羅，有天人等六趣補特伽羅，及異生聖者等補特伽羅。又有造黑白業者，受彼果者，流轉生死者，修解脫道者，得解脫果者等。如入中論釋引經云："汝墮惡見趣中，於空行聚中，妄執有有情，智者達非有。如即攬支聚，假想立爲車，世俗立有情，應知攬諸蘊。"初頌，明補特伽羅勝義非有之人無我，初句，三句，明妄執有人我者墮惡見趣，二句，四句，明諸蘊中空無人我。第二頌，明補特伽羅名言中有，初二句舉喻，後二句合法，明補特伽羅之所依，非所依事即能依法。又蘊聚言，通同時蘊聚及前後蘊聚，故蘊聚與相續皆不可立爲補特伽羅，既立蘊聚爲所依事，則有聚法亦應立爲所依。故彼二種俱非補特伽羅也。入中論云："經說依止諸蘊立，故唯蘊聚非是我。"又云："若謂佛說蘊是我，故計諸蘊爲我者，彼唯破除離蘊我，餘經說色非我故。"此謂經說："苾芻當知，一切沙門婆羅等所所有我執，一切唯見此五取蘊。"是破執蘊我爲俱生我執之所緣，非破彼己即表諸蘊爲我見所緣也。若果是者，便違餘經破五蘊爲我，以我執所緣之境，要可立爲我故。當知經說唯見五取蘊之義，是見依蘊假立之我也。故當分辨。若以唯名假立我爲我，則於名言中有，若以補特伽羅有自性爲我，則於名言亦無，不應漫說。此宗許補特伽羅我於名言中有也。如是明補特伽羅，是此宗別法，善了解此，即是通達不共人無我之最善方便。

酉二、決擇無自性。分三：戌一、決擇我無自性。戌二、決擇我所無自性。戌三、依此顯示補特伽羅如幻。

今初，此中有四綱要：一、當觀自身人我執執著之相，如前己説。二、當觀補特伽羅若有自性，則與諸蘊或是一性或是異性，離彼更無第三可得，如瓶與柱，若決斷其爲多，則遮其爲一，如但曰瓶，若決斷其爲一，則遮其爲多，更無非一非多之第三聚可言，故當了知離一異性，亦定無第三品也。三、當觀補特伽羅與諸蘊是一性之過。四、當觀彼二是異性之過。若能了知如是四綱，乃能引生通達補特伽羅無我之清净正見。其中我蘊若是一性，有三過失。初，計我無我義過。若我與蘊是有自性之一體，則應全無差別，以勝義一體性者，則任何心終不見有異故。以此理由，謂世俗妄法，現相與真理不符，雖不相違，若是實有，則成相違，以實有者，則見彼相之心，須如其真理而見故。然計我有自性，是爲成立有能取捨諸蘊者，若與蘊一則不能取捨也。如中論云：“若謂離取蘊，其我定非有，則計取爲我，其我全無義。”第二，我應成多過。若我與五蘊是一者，如一人有多蘊，亦應有多我。又如我但是一，五蘊亦應成一。如中論云：“若蘊卽是我，蘊多我應多。”第三，我有生滅過。中論云：“若五蘊是我，我應有生滅。”如五蘊有生滅，我亦應有生滅，以蘊我是一故。若謂補特伽羅刹那生滅是所許者。曰，於名言中作如是許，雖無過失，然彼是計補特伽羅實有自相。是則名許補特伽羅自性生滅也。入中論説，此有三過，初應不能憶宿命通。入中論云：“所有自相各異法，是一相續不應理。”若法前後自性各異，則後者應不觀待前者，以前後各能獨立不仗他故。如是一相續既不應理，則不應憶念我於爾時爲某甲等。如各別相續，則天授憶宿命時，必不念我是祠授也。雖有宗亦説刹那生滅，然前後法是一相續，無相違失，故憶宿命應理。頗有未解此義者，見契經多説：“我昔爲彼”，便計成佛時之補特伽羅，與往昔之補特伽羅是一。又見有爲法刹那必滅不可爲一，故説彼二是常，遂生依前際四惡見中之第一邪見也。若求不墮彼見，則憶宿命時，要知總念爲我，不加時處自性之簡別也。二、作業失壞過，以作業者與受果者，不能於一我上具彼二事故。三、未作業受果過，謂他人所作之業，餘人皆當代受其果故。犯此二過之理，亦如前説，是因計補特伽羅實有自性，則前後刹那不能成一相續之故也。如中論云："若天異人者，是則無相續。"

若作是念，計我與蘊自性各異有何過失？曰，中論云："若我異五蘊，應無五蘊相。"謂若計我離五蘊別有自性，則應不具五蘊生住滅三有爲相。如馬異牛則不具牛相也。若許爾者，應非俱生我執施設我名言處，是無爲故，如虛空花，或如涅槃。又離五蘊變礙等相別有異性者，應有可得，猶如色心異相可見，然實不可得，故無異性之我。如中論云："若離取有我，是事則不然，離取應可見，而實無可見。入中論亦云："是故離蘊無異我，離蘊無我可取故。"當以此等正理觀我異蘊之過失，而求堅固定解。若於一異二品未能真見過失，縱自斷言補特伽羅全無自性，亦但有其宗，終不能生清净正見也。

戌二、決擇我所無自性。

若以正理推求我有無自性時，見一異品皆不可得，便能破我自性。次以觀真實義之正理推求我所，則亦必無自性可得。如尚不見有石女兒，則定不見有彼之眼等我所法也。如中論云："若無有我者，何得有我所。"入中論亦云："由無作者則無業，故離我時無我所，若見我我所皆空，諸瑜伽師得解脱。"如是以決擇自身我執所執我等都無自性之理，進觀下自地獄上至佛地一切我我所法，與彼所依之有漏無漏諸蘊爲一性異性。則能了知皆無自性，通達一切補特伽羅無我之真理。由此亦當知彼等之我所法皆無自性也。

戌三、依此顯示補特伽羅如幻。分二：亥一、明如幻義。亥二、依何方便顯現如幻。初又分二：乾一、如幻正義。乾二、如幻似義。

今初，三摩地王經云："猶如陽燄尋香城，及如幻事並如夢，串習行相自性空，當知一切法如是。"般若經亦説："從色乃至一切種智，一切法皆如幻如夢"等。彼所説如幻有二義。勝義諦如幻，謂但可言有而非實有。二、現相如幻，謂體性雖空而顯現可見。今卽後者。此中要具二義，謂要顯現及如現而空，非如兔角與石女兒全無所現，若現而不空，亦不能見爲現相如幻也。以是當知諸法如幻之理，喻如幻師所變幻事，雖本無象馬等體，然現爲象馬，實不可遮。補特伽羅等法上，雖本無自性，然現爲有自性，亦不可遮。如是所現天人等卽立爲補特伽羅，所現色聲等卽立爲法。故補特伽羅與法雖無少許自性，然造業受果等與見色聞聲等一切緣起作用皆得成立也。由一切作用皆成立故，非斷滅空，由諸法本來如是空故，亦非由心計度爲空。由一切所知境皆如是故，亦非少分空。故修此空始能對治一切實執也。又此深義，非任何心皆不能緣。以正見既可決擇修真理之道，亦能修習故亦非修道時不可修、不可了，不可證之空也。問，若了知影像等如現而空，卽是了達彼等無自性者。異生既已現證無性，應成聖者，若非達無性，則彼如何能作無自性之喻耶？曰，如四百論云："説一法見者，卽一切見者，以一法空性，卽一切空性。"通達一法空性之見者，卽能通達一切法之空性。又通達影像空無形質，於執影像有自性之實執境全不妨害。倘既未破實執之境，亦必不能通達影像無自性之空性。故非彼心卽通達影像之真理。以是當知通達幻事空無象馬，及夢境等空無所見之物，皆非已得通達如幻如夢之中觀正見。然取彼等爲喻者，是因彼等無自性，較色聲等法容易通達。謂若境實有，則離真理外不可現爲餘相。由明彼二相違，卽能成立彼等皆自性空也。要先通達世間共知虛妄之喻爲無自性，而後方通達世間未知虛妄之法亦無自性。此二必有先後次第。故前論意非説通達一法之空性，卽親通達餘一切法之空性。是說用心進觀餘法是否實有皆能通達也。以是當知，夢中了知是夢，通達彼中男女等相空。與現觀莊嚴論：“夢亦於諸法，觀知如夢等。”說於夢中通達諸法如夢，義亦不同也。又由修定之力，覺定中所見瓶衣等相如現而空，與通達瓶衣等如幻如夢都無自性，亦不相同。故於了義經論所說如幻如夢之不共道理，尤當善學。如是不善名言之兒童，執鏡中影像爲形質，與不解幻術之觀衆，執幻相爲象馬，夢中不知是夢，執夢中山林房舍等實有其事者，相同。然彼二人皆非已得真實義之正見也。

乾二、如幻似義。

有未善解如前所說所破之量，先以正理分析彼境，便覺非有。次覺能觀者亦同彼境非有，是則任於何法皆無是非之決定，卽是現相杳茫不實，亦由未善分別有無自性與有無之差別而起。如是空義，是破壞緣起之空。由證彼空所引起之杳茫境相，亦非如幻之正義，故於補特伽羅等以爲實有自性之境上，如理研尋，覺其全無，及依彼空。便現諸境杳茫無實，皆非難事。以凡信解中觀宗義畧閑無自性之法者，皆能現起也。其最難者，是要盡破一切自性，復能安立無自性之補特伽羅等爲造業者與受果者等。其能俱立此二事者，至極少數。故中觀正見最爲難得也。故以觀真實義之正理，研尋生等無可得者，是破有自性之生等，非破一切生滅。若破一切生者，則同兔角石女兒等作用之空，便無現象如幻之緣起作用，成大過失。如四百論云：“如是則三有，云何能如幻。”釋論云：“如實見緣起者，是見如幻，非如石女兒。若此觀察破一切生，說是有爲無生者，便非如幻，應如石女兒等全無緣起。吾怖彼過，不能順彼。當不違緣起順如幻等。”又云：“周徧思考諸法自性皆不成就，唯餘諸法如幻之義。”故執有緣起如幻相，非犯過之幻執，若執幻相實有自性，乃是過失。如三摩地王經云：“三有衆生皆如夢，此中無生亦無

死，有情人命不可得，諸法如沫及芭蕉，亦如幻事與空電，等同水月
及陽燄，無人從此世間没，而更往生餘世間，然所造業終不失，黑白
亦各熟其果。"此説以觀其真實義正理善推求時，雖無生死補特伽
羅可得，然如幻諸法亦能出生黑白之果。又若定中不修了解真理
之見，唯專令心全無所執而住，由此力故，於出定後，見山林等一切
現相，或如虹蜺，或若薄煙，不類以前之堅實者，亦非經中所説之如
幻義。此是空無粗礙之相，非空彼境之性故。無堅礙相，非是無自
性之空理故。若不爾者，則緣虹蜺等事時，應不更起實執。緣粗礙
事時，應不能生通達無實之慧也。

　　亥二、依何方便顯現如幻。

　　問，如何始能現起無倒如幻義耶？曰，譬如幻現之象馬，要由
眼識現見似有，復由意識了知其非有，方能決知所現象馬是虚妄幻
相。如是，補特伽羅等亦要由名言識現見似有，復由理智了知其自
性空，乃能決知補特伽羅是虚幻現也。此要先於定中觀實執境如
同虚空，修此空性，後出定時觀諸現相，則能見後得如幻之空性。如
是以理智多觀諸法有無自性，引生猛利定解了知無自性之後，再觀
現相，即能現起如幻空性。別無決擇如幻空性之理也。於是禮拜
繞佛等時，亦當如前觀察，以彼定力攝持，學習如幻空義，於此空中
修一切行，如是修已畧憶正見，亦能現起諸行如幻也。

　　求此定解之理，簡要言之，先當善知如前所説正理之所破，了
知自身無明，如何執有自性。次觀彼自性不出一異，審思二品所有
過失。彼當引生堅固定解，知補特伽羅全無自性，既於空品多修習
已，次當思唯緣起品義，謂令心中現起不可遮止之補特伽羅名言，
即安立彼爲造業者與受果者。無自性中成立緣起之理，皆當善獲
定解也。若覺彼二有相違時，當取影像等喻，思唯不相違之理。於
彼影像雖空無眼耳等事，然有形質明鏡等緣爲依，即有彼相現起，

若緣有闕，即亦隨滅。如是思惟補特伽羅雖無塵許自性，然依往昔惑業而生，亦可立爲造業者與受果者，都不相違。如是道理，一切處皆當了知。

申二、決擇法無我。

施設補特伽羅之五蘊與地等六界，眼等六處名法，彼自性空，即法無我。決擇此無我之理分二：酉一、即用前理而破。酉二、別用餘理而破。

今初，蘊處界法總分二類。諸有色者，必具東西等方分，與有方分之二。凡諸心法，必具前後等時分，與有時分之二。當觀彼二若有自性，爲一爲異，如前廣破。此如經云：“汝知我想，如是觀諸法。”

酉二、別用餘理而破。分二：戌一、明緣起因。戌二、成立無爲亦非實有。

今初，緣起之因，如海慧經云：“若法因緣生，是即無自性。”此以緣起因破除自性。無熱惱龍王問經亦云：“若從緣生即不生，其中無有自性生，若法依緣即說空，知空即是不放逸。”初句所說不生之義，第二句釋爲無自性生，是於破生須加簡別。顯句論引楞伽經云：“我依自性不生。”密意說云，一切法不生。恐見經說無生，未加簡別，便執一切生皆非有。故佛自釋諸經密意，謂無自性生。第三句說凡依仗緣起而生者即自性空，故自性空是緣起義，非生滅作用空義。中論亦云：“若法因緣生，即自性寂滅。”此以緣起爲因，說自性寂滅而空。有說中觀宗凡因緣生者即說無生，當知此等臆說，一切皆破。又經論中皆稱讚緣起因，如無熱惱龍王請問經云：“智者通達緣起法，永不依於諸邊見。”如實通達緣起，即永不依邊見之義。入中論云：“由說諸法依緣生，非諸分別能觀察，是故以此緣起理，能破一切惡見網。”此即龍猛師徒無上勝法，故當畧說緣起道理。當知此清净正見有二歧途。一謂執諸法實有，未遣實執所緣之常見及增益見。二謂不知所破量齊破之太過，自宗全無因果緣起是非差別之斷見及損減見，若依從此因緣定生彼果之緣起正因能破自性者，則彼二見一切皆滅。以決定因時卽破除斷見，決定宗義時卽破常見故。如芽等外法與行等内法，要依種子與無明等方得生，是則彼等皆無自性。以有自性者，必能自立，依仗因緣成相違故。如百論云："若法緣起有，是卽無自性，此皆無自性，故我終非有。"以是當知補特伽羅與瓶等法，由依自支聚而立，亦無自性。是緣起因第二建立。凡依緣生或依緣立者，則與所依必非一性。自性一者，一切作用皆成一故。彼二亦無異性，若有異性，則無關係，此説依彼成相違故。中論亦云："若法從緣生，是則不卽因，亦不異於因，故不斷不常。"出世讚亦云："外道計諸苦，自造及他造，共造無因造，佛説是緣生。若法從緣生，佛説卽是空，諸法無自在，無等獅子吼。"此説以緣起因，能破一異常斷及四邊生。若能破除一切實執了解空性，復能不捨業果緣起，勤修取捨，最爲希有。如釋菩提心論云："若知諸法空，復信修業果，奇中此最奇，希中此希有。"欲生如斯定解，要先善辨有與自性有，無與自相無之差別。入中論云："若知影像無自性之因果建立，誰有智者，由見色愛等不異因果諸法，而執定有自性耶？故雖見有，而無自性生。若未能分彼等差別，由見有法便執有自性，見無自性便執全無，必不能出增減二邊。如四百論釋云："如計諸法有自性者，見有彼法，便執亦有自性。若時無性，卽執彼法畢竟非有，如同兔角，由彼不能出二邊故，一切所許皆難應理。"以是由無自性故，遠離一切有邊故，由能安立無自性之因果故，遠離一切斷邊。所言邊者，解釋正理論云："邊謂盡與後，近品及毀訾。"此五邊義雖自宗亦許，然此所言正見歧途之二邊，如中觀明論云："若謂中道有勝義自性法者，由有彼故，則計爲常，或計無常，云何成邊。説如實隨順諸法真理如理作意，各墮邊處，不應道理。”此説如義作意，非是墮處，則非邊執。例如世間懸崖各邊，墜落該處，各墮邊處。若執諸法實有，或執全無，是爲真理違品常斷二邊。若執諸法勝義無，及執業果名言有，則非邊執，以境如所執而有故。如迴静論云：“若非無自性，即成有自性。”此説若非勝義無，即成勝義有。又云：“若不許名言，我等不能説。”七十空性論云：“勿破世間理，依此有彼生。”以是有分有與非有，無與非無之差別者，僅是言辭稍異，若觀彼二之義，實無少許差別。故以此理判墮不墮邊執，徒著戲論而已。

　　戌二、成立無爲亦非實有。

　　若以前理已能成立補特伽羅與有爲法皆非實有，則虚空，擇滅，非擇滅、真如等，無爲法，亦易成立，皆非實有。故中論云：“有爲法無故，何得有無爲，易成之理。”謂如前破有爲法自性，雖無自性，而能安立因果繫縛解脱，能量所量等一切作用。此既成立，則法性擇滅等無爲法，雖非實有，亦可安立。道之所證，智之所量，衆生所皈依之法寶等一切建立，誰亦不能攻難。謂此等若非實有，則彼建立皆不應理，故無許無爲法實有之必要也。即許無爲法真實有者，亦必應許能相所相，離繫因果，能量所量等一切建立，若無爲法與其能證、能相、能量，等無關係者，則一切無關係法，皆應成爲能相所相無理避免。若謂有關係者，然實有自性法不應待他，故亦不能立其關係，亦可觀其一異而破。若謂此理不能破無爲法實有者，亦應不能破有爲法，是則全無實有可破。若謂有爲法自性空者，是説彼法無彼自性，故是斷空。然真如有自性，故是實有。上句是決擇有爲法自性空之最大歧途，是毀謗有爲緣起之斷見，後句説真如有自性，是增益實有之常見，故是邪解真空之義。若自性空義是彼法無彼法自體者，自既非有，則他亦非有，其立法實有之立者,與成立彼宗之教理等,亦皆自性空皆應非有。則安立實有少法之宗派純屬臆説也。若善知此理,則知印度佛弟子,凡説有實有法者,則定説有爲法實有,各實事師其説有爲法非實有者,亦必不許任何法爲實有,實較藏地任意談説者超勝多矣。於真實義雖有二説,然皆共許世俗法是自性空。次乃静論勝義是否實有,故以正理破除諸法實有之後,不許有爲法與一切法爲實有者,與倒解空性爲斷空者,説有爲法與一切法皆非實有,畢竟不同也。

　　或問,若中論云:"有爲法無故,何得有無爲。"如上解者,則六十正理論云:"若諸佛宣説,唯涅槃真實,智者誰復執,餘法非虚妄。"此説唯涅槃真實,餘法不實。法界讚亦云:"凡是佛所説,宣説空性經,皆爲滅煩惱,非滅此法界。"此説空無自性之經,是爲滅除煩惱而説,非説無此本性清浄法界,寧不相違耶? 曰,此乃倒解彼二論義。前論之義,如世尊説:"諸苾芻,勝義諦唯一。"謂涅槃不欺誑法,一切諸行是虚妄欺誑之法,此經亦説涅槃真實,諸行虚妄。但真實義,前句經解作不欺誑。虚妄之義,後句經解作欺誑。六十正理論釋説涅槃郎勝義諦,此不於現證之慧前,非有自性現有自性,故無欺誑。餘諸行等,則於現見之慧前,非有自性現有自性,是欺誑法。若以觀是否實有之理智而思擇,則全無堪忍觀察之實有。不審其義,但著其名,此復何爲耶? 又六十正理論云:"三有與涅槃,此二均非有,若徧知三有,郎説名涅槃。" 此説生死涅槃俱無自性,了知三有無自性,郎立爲涅槃,豈是説生死無實之空性爲斷空者哉? 法界讚義亦是説,宣説空無自性之經,是爲滅除餘一切煩惱之根本實執,明無彼所執之境,非説破二我執境所顯之本性清浄法界空性亦無所有,雖有此空性,然非實有。故有説此論連破實有所顯之空性亦不許有。或説盡斷一切煩惱,而不須親證空性真勝義諦。當知此論皆已破訖。法界讚又云:"説無常苦空,爲浄心方便,最勝

修心法,是爲無自性。"又云: "諸法無自性,是法界應修。"此説諸法
無自性,是所修之法界。修無自性,是最勝之修心法。有説諸法無
自性空名爲斷空,離此空外別立實有空性爲所修之空者,如何會釋
此論耶? 如東方無蛇,有人妄執爲有。除彼怖畏苦時,説明東方無
蛇,云不能除苦,要説西方有樹方能除苦,汝亦如是,諸有情類,由
執諸法實有,而生痛苦,除彼苦時,汝説令其通達所無實,不能對治
其苦,要説餘事實有,方除其苦耳。

止觀卷第三

未三、建立世俗勝義二諦。分四: 申一、分二諦之事。申二、分
別之數。申三、分別之義。申四、釋所分義。

今初,分爲二諦之事,先覺雖有多説。今如集量論云: "所知亦
唯世俗勝義二諦。"以所知爲所分之事也。

申二、分別之數。

如中論云: "一以世俗諦,二第一義諦。"謂分世俗勝義二諦。

申三、分別之義。

既分二諦則應有異,其異相云何? 先覺多説如瓶與衣,爲體性
一異,如無常與所作性,體性是一, 待所遮爲異。此二所異之法皆
屬有事,若有一法非有事攝,名遮一品之異, 共爲三異。二諦屬遮
一品之異。有説二諦是一體性待所遮爲異者,中觀明論説: "同體
係於無事,法亦不相違,極爲善哉。故所異二法俱屬無事,或隨一
法屬無事攝,許是一體,待所遮爲異, 都不相違。"入中論釋云: "宣
説諸法之體性有二, 謂世俗與勝義。"此説一一法各有世俗勝義二
種體故。若二諦體性非一,異體亦極不應理,則二諦無體,應成斷
無。以凡有者,一體多體二決定故。釋菩提心論云: "説世俗卽空,
唯空卽世俗,此無彼不有,如所作無常。"如芽若與自勝義定體性異

者，則與自實空亦應異體，是芽則成實有。由非異體故體是一，芽雖是實空，然非勝義諦。有經論說二諦非一非異者，有者是約自性成就之異說，有者是約體性異所遮一而說也。

申四、釋所分義。分三：酉一、釋世俗諦。酉二、釋勝義諦。酉三、釋二諦數定。初中又分三：戌一、釋世俗與諦字義。戌二、世俗諦相。戌三、世俗差別。

今初，顯句論說，世俗有障真實、互相依、世間名言，三義。後者釋爲能詮所詮，能知所知等相。故非唯能知與能詮之有境名言，亦莫執一切所知所詮皆是世俗諦。其色等法，於何世俗心前安立爲諦，彼世俗心，卽三義中之初世俗，亦卽於無自性諸法增益爲有自性之無明，事非實有而立爲實有者，必是心法。除實執外，於餘心前無可立爲實有者故。如入中論云："癡障性故名世俗，假法由彼現爲諦，能仁說名世俗諦，所有假法唯世俗。"釋論亦云："由有支所攝染污無明增上之力，安立世俗諦。若已斷染污無明，已見諸行如影像等聲聞獨覺菩薩之前，唯是假法，全無諦實，以無實執故。故此唯誑愚夫，於餘聖者則如幻事，是緣起性，惟見世俗。"此非說安立有世俗諦，要由無明安立，於已斷染污無明之聲聞獨覺菩薩前，便不安立世俗諦。其初因相，謂如前說染污無明卽是實執，彼所執義於名言中亦非有故。但世俗諦於名言中則定有故。以是當知安立諸法世俗中有之世俗，必非染污無明之世俗也。第二因相，謂諸已斷染污無明世俗心者，由無安立諦實之實執世俗故。成立諸行於彼等前非是諦實，不能成立非是俗諦故。故說諸行於彼等前唯世俗者，是說世俗與諦實二義於彼等前不可安立爲諦。唯字僅遮諦實。非遮世俗諦。說爲唯世俗與世俗諦之意，當如是了知。顯句論云："由於世間世俗爲諦，名世間世俗諦。"如入中論釋云："由此世俗，今諸法現爲實有，無自性者現有自性，以於世間顛倒世俗

之前爲諦實故，名世間世俗諦。”謂如前說，是於無明世俗之前，現
爲諦實，非於名言許爲實有，若不爾者，則違此宗於名言中亦不許
自相，及於名言亦破實有，成立無實故。由此道理，亦當了知智藏
論師說世俗中諦之義。問，法性與二我，於實執世俗之前現爲諦
實，亦應成世俗諦。曰，若僅於實執世俗之前現爲諦實，便立爲世
俗諦者，應有彼過。然非如是，此僅是說世俗諦之諦字，爲於何世
俗前爲諦之世俗。及於彼前如何諦實之理耳。

戊二、世俗諦相。

內外諸法各有勝義世俗二體。如芽，有見真所知真實義理智
所得之芽體，與見妄所知欺誑義名言識所得之芽體。前者即芽之
勝義諦性，後者即芽之世俗諦性。入中論云：“由於諸法見真妄，故
得諸法二種體，說見真境即真諦，所見虛妄名俗諦。”此說，芽體有
二諦體性，勝義即前識所得世俗即後識所得。非說芽之一體觀待
前後二識爲二諦。入中論釋云：“諸法之體性有二，謂世俗與勝義。
說一一法分爲二體，勝義是見真諦智所得，世俗是見虛妄識所得。
世俗諦法事本非諦，是於實執前爲諦，故了解彼義時，必須了解彼
爲虛妄。喻如了解瓶是虛妄所知欺誑義時，必須於瓶先以理智破
除實執之境，獲得正見。未以正理破除實有，必無正量能成其爲虛
妄故。雖瓶衣等是世俗諦，然心成立瓶衣等時，彼心不須成其爲世
俗諦。如瓶衣等雖無自性現有自性，猶如幻事。然成立瓶衣之心，
必須成立如幻義。故有說此宗瓶衣等法，觀待未得中觀正見異生
識前，是世俗諦，觀待聖者是勝義諦，不應道理。入中論釋云：“其
中異生所見勝義即有相行，聖者所見唯世俗法。其自性空，即聖者
之勝義。”彼乃遮是而說故。諸異生類執瓶等爲實有，亦即執爲勝
義有，故待彼等之識，瓶等乃勝義有，非世俗義。彼等識見爲勝義
有之瓶等事，觀待聖者身中見萬有如幻之智，反成世俗。觀待此智

不可安立爲諦，故說唯世俗也。雖然彼等之本性說爲勝義諦，故當分別解說，瓶等之本性，卽聖者之勝義。不可說瓶等於聖者前卽爲勝義，以聖者見眞義之理智不得瓶等故，論說見眞義之理智所得爲勝義諦故。

戌三、世俗差別。

自立因中觀師說，內識現似有自相時如現而有，故心不分正倒，外境現時，須分如現有無自相。如二諦論云：“所現雖相同，然有無作用，故當分世俗，有正倒差別。”此宗隨應破則說，凡有無明者，所見一切有自相事，彼識皆由無明所染而現，故世俗義不分正倒。入中論釋云：“若世俗中亦見爲虛妄者，非世俗諦。”此說喻如影像，於已善名言世人之世俗心前，知非實質，故非待彼之世俗諦。然是見虛妄所知欺誑義識所得之義，故仍是世俗諦。如見影像之識，於所見境迷亂，有無明者見靑等有自相之識，於所見境迷亂正復相等。若以如是亂識立所量爲眞實，則成相違。若立所量爲虛妄，適得相成，若不爾者，則於名言未成實有，亦必不能立世俗諦。若於名言立如幻虛妄，當必不能立世俗諦。隨應破說，未被現前錯亂因緣所染之六識，與被染之六識。前六識所取之六境，與後六識所取之六境。其顚倒之六識六境，立爲倒世俗。其未顚倒之六識六境，立爲正世俗。此亦唯待世間或名言量，立爲正倒世俗。非待聖見隨行之理智而立。故中觀自宗說，凡有無明者，見影像等與見靑色等，待所見境無錯亂之差別之差別，都是錯亂故不分別正倒世俗。入中論云：“無患六根所取境，卽是世間之所知，唯由世間立爲實，餘則世間立爲倒。”執人法有自相，有二種執，其由惡宗所薰心意，此妄計之逆品，非名言量所能成立，故是例外。又盡離一切無明習氣錯亂因緣之盡所有智，雖亦現二取相，然非於所見境迷亂。理如餘處已說。

西二、釋勝義諦。分三：戌一、釋勝義與諦字義。戌二、釋勝義諦相。戌三、釋勝義差別。

今初，顯句論云："既是義，復是勝，故名勝義。卽此諦實，故名勝義諦。"此許勝與義俱指勝義諦。勝義諦之諦，謂不欺誑。由不安住此性而現彼相欺誑世間故。六十正理論釋說，勝義諦亦唯由世間名言增上而立。故世俗諦之諦是於實執前爲諦，與勝義諦名義不同。

戌二、釋勝義諦相。分二：亥一、正義。亥二、釋難。

今初，勝義諦相，如中論說，是見眞所知義智之所得。釋論云："勝義謂現眞義勝智所得之體性，此是一體，然非自性有。"此說是能量眞實義之無漏智所得，非自性有。有說無漏根本智有所獲得，卽諦實有。此亦破訖。言勝智者，謂非凡是聖智所得，要智差別如所有智所得乃勝義諦。言所得者，義謂由彼智如是成立。世俗亦然。又彼智如何得者，如有翳眼見虛空中毛髮亂墜，無翳之眼則於彼處全不見有毛髮墜相。如是由無明翳所損害者，便見蘊等自性可得。其永盡無明習氣者，與有學聖者根本無漏智，現其眞實義之理，正如無翳淨眼全不見有微末二相。此所見本性卽眞勝義諦。如入中論云："如眩翳力所偏計，見毛髮等顚倒性，淨眼所見彼體性乃是實體，此亦爾。"釋論亦云："卽此蘊等，諸佛世尊永離無明習氣者所見自性，如無翳人不見毛髮，此卽諸法眞實勝義諦。"此所見之勝義，卽一一法有二體性之勝義體性，亦卽諸法自性本空之性淨涅槃。如其所應離垢種時亦卽滅諦涅槃。六十正理論釋云："豈涅槃亦是世俗諦耶？答曰，如是。"又云："故涅槃亦唯於世俗諦假立。"此義是說，安立涅槃勝義諦爲有者，亦唯就世俗諦名言識前而立，非說此宗許涅槃爲世俗諦。彼釋自說，三諦屬世俗諦，涅槃卽勝義諦。入中論釋亦說，餘三諦屬世俗，滅諦屬勝義故。又外難曰，若涅槃亦於世俗安立爲有，則與説是勝義諦相違。答曰，勝義諦亦唯由世間名言而説，故凡立爲有者，當知皆由世間名言增上安立。十萬般若云："此一切法，皆依世間名言而立，非依勝義。"七十空心論云："生住滅有無，以及劣等勝。佛依世間説，非是依真實。"此説生住滅三，劣等勝三，及有無等一切建立，佛皆唯以世間名言增上而説，非離名言增上安立，而以真理增上安立。智藏論師説："由於勝義諦實，名勝義諦。"當知彼將理智亦説名勝義，是説於彼前不欺誑名諦，非説堪忍觀察之諦實。以彼論中破一切法真實有故。故有難云：若勝義於勝義中不諦實，則世俗於世俗中亦不諦實。可答曰，許爾。若難云：前者於前者不成，後者於後者亦不成。此等於説，若遮實有非是實有，則所遮之有法應成實有。以説勝義，是於所遮有法上唯遮實有而立故。難諸有法應非世俗有者，即難應非虛妄故。此難極無關係，諸有法實有，適能助成所遮之事爲虛妄故。以是當知，安立名言有時，雖不須以見真實理智成立，然須名言量與理智量俱不違害。六十正理論釋云："五取蘊無常等四，於世俗中有，故執彼四，觀待世俗非是顛倒。諸蘊常住等四，於世俗中亦非有，故執彼四觀待世俗亦成顛倒。"入中論云："無知睡擾諸外道，如彼所計自性等，及計幻事陽燄等，此於世間亦非有。"此説外道所徧計之神我自性等，與計變幻之象馬等，其所執境於名言中亦非是有。故有説隨應破派，錯亂心前有者，即安立爲世俗有。實屬無心，即他派中觀師亦無如是許者也。入中論説心境有無相等者，亦非總説有無。是説彼二自性有無。故凡立爲名言有者，雖皆由名之名言增上安立爲有，然不許凡由彼增上所立皆名言有。此宗雖許"唯由名言增上安立"，然彼唯字，非遮"有境名言"以外之義，及"彼所立義由量成立"。是説，若覺名言增上安立，尤嫌不足，要立彼義外，尋求所立義，有所得時，始立爲有，若無所得，即立爲無。**此宗不許彼義**，以彼尋求若有所得。是否觀察真實之界限，亦由此安立。若有自相，卽非唯由有境名言增上安立，是由彼義自性而有。故於名言亦不不許自性有、自相有，自體有，如餘廣說。

亥二、釋難。

若佛如所有智，能得勝義諦者，云何入中論釋，説無所見，唯見真實，如云"設作是念，如是行相之自性，豈非無可見，諸佛如何見彼性耶。曰，實爾。然卽無可見名之曰見"。又引證説，真實義諦超過一切智境。又説佛地全無心心所行。若謂佛不見蘊等則十力時説知一切法，如何不違。曰言以無見爲見者，非説都不見一切境。是説，若無明眩瞖力所見諸法真實有者，則聖根本無漏智應有所得。然由全不見彼等乃見彼等之真實，以有所遮應有可得，由無可得，卽安立爲已破所遮故。又説無見卽是勝見，亦應如是知。般若攝頌亦云："若不見色，不見受，想不可見，不見思，若亦不見心意識，如來説彼見正法。若衆生説見虛空，當觀虛空云何見。佛説見法亦如是，餘喻不能表見法。"此説不見者爲五蘊，見者爲正法，此卽真實義。如云誰見緣起，卽見正法。又如虛空，唯遣礙觸。言見彼或知彼者，謂礙觸若有應有所得。由不見礙觸卽見虛空。此所見者爲虛空，不見者爲礙觸。若非如此喻而見，謂見真實如見藍色，卽末二句所遮。經説不見五蘊者，謂無漏根本智見真實義前，不見有法。入二諦經云："天子，真實義諦，超過具一切勝相一切智境。非如所言真勝義諦。"此説，言勝義諦時，心中別現能所二相，不如是見，故言無二相之據，非是佛地不知勝義之據。入中論釋亦云："若不觸所作有法，唯證本性，由證真性故名爲佛。"此説諸佛如所有智見真實前，全不觸依他起，唯證法性。言無心心所行者，是説證真實義時，無分別行，非説無心心所。顯句論云："分別卽心行，由離彼故，説真實義都無分別。"如經云："云何勝義諦，謂都無

心行，況諸文字。"此説無心行義卽無分別行。又入中論釋説，於有
學聖根本定時，非畢竟滅。要成佛時，乃畢竟滅。彼釋又説，若無
彼性，則諸菩薩爲證彼故修衆苦行應成無用。並引經證，如云："眼
等本性爲何？曰，謂不造作，不觀待他，是離無明翳慧所通達之本
性。此性有耶？曰，誰云此無。此若無者，諸菩薩衆，復爲何義
修學波羅蜜多道。然諸菩薩實爲通達此法性故，如是勤行百千難
行。"又引經云："善男子，若無勝義，則修梵行徒勞無益。諸佛出世
亦無有益。由有勝義，故諸菩薩名勝義善巧。"此説若無勝義諦，則
爲證究竟涅槃之梵，故而修諸行，應成無用。衆生既不能證彼，則
佛出世爲令衆生證彼，亦成無用。諸大菩薩亦應非善巧勝義諦。此
既引經成立有勝義諦，故有説此師宗説勝義諦非所知法，及説聖根
本定無證真實義智，唯是倒説。入中論釋又云："故由假名安立通
達真實，實無少法能知少法，能所知俱不生故。"其初句義，謂智與
真實分成心境，立爲通達真實者，唯就名言識前而立，非就彼智前
而立。言能知不生者，謂於自性不生之義，如水注水也。論言由於
此智真實義境，諸心心所畢境不轉，故説唯身證者，意謂真實爲所
證之業，内智爲能證之作用，受用身爲證彼之作者。知者如是證
時，卽如前時全無心心所之分別行。如釋論云："若身現證此真實
義。"卽説此身爲寂滅性，由其永離心心所故。若謂諸佛不見蘊
等，則是謗佛盡所有智，及謗一切盡所有須觀盡所有義，由無行相
而知非此宗意，故是現相而知。所現盡所有境復有二類，一未被無
明習氣所染之佛相好等，二已被無明習氣所染之不净情器等。初
者佛地毋須滅除，次由佛無此因故無彼果。顯現之理，如未斷無明
之有情，現佛相好，實無自相現有自相，此非彼境是由無明習氣所
生而現，是因彼心自由無明習氣所染增上而現。以此非因於他有
情如是顯現，故於此心亦如是現，是由自身如是顯現故。又未斷無

明者，見色聲等境實無自相現有自相。此於諸佛盡所有智亦如是
現。此則由於有無明染之有情如是現故於佛始現。若不待他如是
顯現，諸佛自身心不現起。故諸佛了知色等實無自性，現有自性，
是因具無明者如是顯現而知，非不待他有情如是顯現，諸佛自身亦
如是現，故佛雖如是現，亦無錯亂之失。此雖非佛智有染污故如是
顯現，是由佛智要知一切所知故爾。如是當知，盡所有智本身，見
一切法皆虛妄如幻無我無性，不見實有。其具無明者所現一分，彼
智亦能見者，唯見他有情見爲實有也。六十正理論云："善巧法性
者，見諸法無常，欺誑法虛僞，空無我遠離。"釋論亦説："所作究竟，
故見如是。"如是二諦論云："徧計性遠離，唯如是顯現，一切依緣
生，一切智現見。"此説盡所有智明見一切法。又云："若時都不見，
能所知自體，彼不生諸相，堅住故無起。"此説佛在寂滅二相之三摩
地中永不起定。若未如實了解彼二説之理趣，則説僅能許一理，俱
許二説自成相違。然實不相違，以見如所有性智與見盡所有性智
體是一，然觀待各別二境，卽成理智與名言智，無少相違故。此於
因位見時，要能善知於一法上，理智與名言量所得不同，而無少分
相違。果位二智緣境猶不止此，若能善知於彼境上二量成何量，
則亦能知境雖不定，二種有境仍各別不同。二諦相之細分亦由此
應知。

　　戌三、釋勝義差別。

　　勝義諦差別，如入中論釋説，空性廣分爲十六空性，中分爲有
性無性自性他性四種空性，略分爲人法二無我。餘論有説二種者
謂真勝義與順勝義。中觀明論云："此無生理順勝義故名爲勝義，
然非真實，真實勝義超出一切戲論。"故中觀莊嚴論云："由順勝義
故，此名爲勝義，真實義勝諦，離一切戲論。"二諦論亦如是説。二
諦自釋與莊嚴論亦説破勝義生名爲世俗。昔諸先覺解釋彼義，多

分是否異門二種勝義，説於色等破勝義生所顯空性，爲異門勝義。此乃假名勝義實是世俗。説非異門勝義，非所知攝，任何覺慧皆不能緣也。此非彼諸論義。當作是釋，雖真實勝義是法性境，然亦多説理智心名勝義者，如二諦論云："由無欺誑故，正理名勝義。"中觀明論云："言勝義無生等，當知如是許，由正聞思修所成諸慧，一切皆是無倒心故，同名勝義，以此之義是最勝故。"理智有二，謂聖根本無分別智，與依正因量度真實之有分別理智等。分別熾然論説。勝義中有無分別智與隨順慧二種之意趣。與中觀明論説二種勝義之意趣相同。故解二種勝義，不約心説，唯約境勝義説，非是論義。其中初者，能於自境頓斷實有與二相戲論，是真勝義。經説超過一切戲論，義亦指此。第二，雖於自境能滅實有戲論，而不能滅二相戲論，由與出世勝義行相相順，故名隨順勝義。於色等法破勝義生等之境勝義，亦可作二諦解釋。謂空性境，於無分別理智之前，是離二種戲論之真勝義，於有分別理智之前，則僅離一分戲論，故非離二種戲論之真勝義，非説非真勝義諦也。以是實空，除於少分慧前能離一切二相戲論外，多不能離一切二相戲論。有説，凡勝義諦，須離一切二相戲論，非論義也。理成如幻派説五蘊事，與實空相，二事合聚，唯理智比量所成立義爲勝義者，亦是隨順勝義，非勝義諦。其以離實有一異相，成立芽等無實相，於有無實有未斷疑之智者不能成立彼義，於已斷疑者前，彼因亦不成正因。中觀明論説離一異之因法，俱屬但遮。説非一異及無一異，任以何作因皆同者，勿作非遮解。由彼論舉喻卽可了知。故彼定非靜命父子與獅子賢論師所許也。於所現事破戲論中，有遮表二義，任何大中觀師亦不許唯比量所量之表義爲勝義諦。菩提道廣論中，説此等建立時，由此道理亦應詳知。

　　二諦論自釋，説破生等爲隨順勝義之後，又云："由餘唯執真實，亦字卽是攝義，若以正理觀察，則唯世俗，何以故，所遮若非有，遮亦真實無。”此説餘唯識宗，於所遮事遮遣法我，計彼滅空爲真實有。自宗則説由無所遮法我，故遮彼之滅亦非真實。故論説破勝義生等爲世俗者，亦是世俗有義，非説是世俗諦。彼釋敍外難云：“如真實生等，有法現時卽便不現，是倒世卽不現也。”次答云：“非卽不現，以與有法體無異故。”此説，如青色現時，彼之實空亦顯現者，非説無實之但遮實有之空性爲勝義諦，亦無相違也。中觀莊嚴論云：“雖遮勝義生等是正世俗，由與正義相順，故名勝義，真勝義者，遍離有性無性，等一切戲論網。”此戲論網，如二諦論自釋云：“是故此非空，非不空，有無，非生非不生，佛作如是説。”又云：“何以故此無戲論，以真實義，遍離一切分別之網。”此説分別網爲戲論網。此於現證真實義之智前，乃滅故，此是真勝義。其未能如是之理，智及境則僅隨順前者，如前已説。又破真實生等有能破之理智，與彼所量之二事。説爲正世俗攝之理，亦應於彼上上了知，上説離二諦戲論網之理，是多處所共需者也。

　　酉三、釋二諦數定。

　　若法決斷爲虛妄欺誑，則必遮其爲不欺誑，故欺不欺誑，是互遣之相違。此復遍於一切所知互遣而轉，故亦更無第三類法。是故當於所知中二諦決定。父子相見經云：“如是證知世俗勝義，所知亦唯世俗勝義二諦。” 此説一切所知唯是二諦。見真實會亦云：“所謂世諦及勝義、離此更無第三法。”此中明説二諦決定也。若能善知二諦差別，則於佛語不致愚迷。設若未知，卽不能解聖教真實，此復應如龍猛菩薩所決擇而善了知。入中論云：“出離龍猛論師道，更無寂滅正方便，彼夫世俗及真諦，失此不能得解脱。由名言諦爲方便，勝義諦是方便生，不知分別此二諦，由邪分入歧途。”故求解脱者，善巧二諦最爲切要。

卯二、觀之差別。

若備前説修觀資糧，獲得通達二種無我之正見，則當修觀。然觀有幾種耶？曰，此中非説地上諸觀，正説異生位所修之觀。此觀具足分別，有四體性觀，及三門觀、六尋求觀四種，即<u>解深蜜經</u>所説之正思擇等四。其正思擇，謂緣盡所有性；最極思擇，謂緣如所有性。初中又有周遍尋思、周遍伺察之二。第二亦有尋伺之二義，爲粗細思擇。此如<u>聲聞地</u>與<u>般若教授論</u>等所説也。

三門，如<u>解深蜜經</u>説，一者有相毘鉢舍那，二者尋求毘鉢舍那，三者伺察毘鉢舍那。此三體相，如於無我義，初者，但緣所解無我思維彼相，不多決擇。第二，遍於未了法中，爲善了故，思維決擇。第三，遍於已了解義，復審觀察。

六種尋求，謂遍尋求，義、事、相、品、時、理。既尋求已，復善觀察。其中尋求義者，謂善尋求此文詮如是義。尋求事者，謂善尋求此是內事，此是外事。尋求相有二，謂善尋求此是自相，此是共相，或名共不共相。尋求品者，謂由過失過患門中尋求黑品，及由功德勝利門中尋求白品。尋求時者，謂善尋求於過去時已如是生，於未來時當如是生，於現在時今如是有。尋求理者，理有四種：一觀待道理，謂諸果生觀待因緣，復由各別門中尋求世俗，勝義，及彼所依。二作用道理，謂一切法各有作用，如火有燒用等，復善尋求此是其法，此是作用，此法能作如是作用。三證成道理，謂不違正量成立其義，即善尋求於此義上有無現、比、及聖教量。四法爾道理，謂火熱性水濕性等，即彼法性。此當信解世間共許法性，不思議法性，安住法性，不應更思其餘道理。如是安立六尋求者，以瑜伽師所應知事唯有三種，謂諸文義，盡所有性，如所有性。依第一義立第一尋求。依第二義立事尋求與自相尋求。依第三義立餘求與共相尋求。初説四種毘鉢舍那，其門有三，尋求有六，故三門與六尋求仍是前四中攝。前説之力勵運轉等四作意，聲聞地説是止觀所共，故毘鉢舍那中亦有四種作意也。

卯三、修觀之法。分三：辰一、明依止修觀法之義。辰二、明彼法爲大小何乘。辰三、正明依止修觀之法。

今初，解深蜜經説，先修止後乃修觀。慈尊諸論，菩薩地，聲聞地、清辨師、靜天師、蓮花戒之三篇修次，及般若教授論等，亦多作是説。此等意趣，非説先不緣無我，隨緣一種所緣生奢摩他已，後緣無我修習，名毘鉢舍那。以止觀二道非由所緣分故。般若教授亦説，緣二取空性，先生奢摩他，後乃緣彼性，以觀察修生毘鉢舍那故。無著菩薩亦説緣盡所有性之毘鉢舍那，先生止已，後依於止修粗靜行相之毘鉢舍那故。又説彼是内外聖凡所共修之道故。以是若未先得奢摩他今新修者，除專住任何一所緣外，不可於所緣境多相觀察而修。以如前修卽能成辦，若如後修必不能成奢摩他故。諸先已得奢摩他者，較但如前安住而修，若能於如所有性或盡所有性隨所修義，以慧思擇觀察而修，其後能引最勝心一境性三摩地。如此所成最極有力心一境妙三摩地前專住境不能辦。故稱讚觀察而修也。但此修法，是先求止，後依於止修觀之法，如無我義是一所緣，可作止觀二種不同修法，理由卽此。別如觀察上下諸界功德過失，修粗靜行相毘鉢舍那，與以觀慧觀無我義修無我相毘鉢舍那，尤須引生猛利堅定，斷所治品乃有力也。又緣盡所有性之毘鉢舍那，非唯斷除煩惱現行修粗靜相者，卽般若教授論所説思擇十八界相之觀修，亦是緣盡所有性者。以此爲例，餘凡思擇盡所有義而修觀者，應知皆爾。唯般若教授論説，於引生緣如所有性止觀之前，先當引生瑜伽師地論所説緣盡所有性之止觀。今如靜天與蓮花戒等所許，先修隨一奢摩他已，卽可修緣如所有性毘鉢舍那。

辰二、明彼法爲大小何乘。

如是次第修止觀法，是依大小何乘，顯蜜何教而説耶？曰，此是三乘與四宗所共，亦是蜜宗下三部所共者。各別諸續與注疏論師之所許，蜜宗道次第中已廣説。無上瑜伽部義般若教授論云："集蜜經云，善觀察自心，諸法住心中，法住空金剛，俱無法法性。如楞伽經云，當依止唯心，勿觀察外境。"謂經説三種瑜伽地，一緣唯心，二緣真實，三名無相。初二地中以止修觀修，修習止觀如前解説。緣如所有性生生觀之禮亦許相同。自宗則説無上瑜伽時引生正見，須如中觀論説。引生之法，於生起次第與圓滿次第後得位中，雖亦有觀察真實義之作意，然在已得結身能力之圓滿次第者，於根本定修真實義，須亦必須安住見上而修，然不須如餘論所説之觀察也。故於爾時，不須放捨觀察修後專住正見修真實義。可如是修習之理由，此中不便明講。故此僅説餘道須如前修之理由也。

辰三、正明依止修觀之法。

若未得無我正見，隨如何修，終非真實義，故當先得無我正見。縱有彼見，若修真實義時，不憶彼見安住見上而修，亦非修真實義，卽先思正見一遍，後便心中都不思惟，亦非修真實義。卽憶正見唯安住見上而修，亦僅是前修奢摩他法，仍非別修毘鉢舍那法之教義。故於無我義，當如上説，以慧觀察而修。若但觀察修，則前所生止或當退失。故當乘奢摩他馬觀察修習，及時時間雜修安止也。又若觀修太多，住分減少，便當多作止修，恢復住分。若因止修太多，不樂觀察，及不趣觀察內心自然而落住分，則當多作觀修。止觀平均而修，其力最大，當如是行。修次下篇云："若時多修毘鉢舍那智慧增上，由奢摩他力微劣故，如風中燭令心動搖，不能明了見真實義。故於爾時當修正奢摩他。若奢摩他勢力增上如睡眠人，亦不明了見真實義。故於爾時當修智慧。

　　如果觀察修時，妄計一切分別皆是執相而破除者，不應道理。實執分別僅分是別之一分，前已數成立故。有見凡是分別所取皆被正理違害者，是理所被太過之損減見，已數成立彼非經義。有說，雖於餘法不如是許，若於法性心有所取，則皆是執實之相執。此亦是執錯之過，非凡一切所取皆爾。以希求解脫之異生，皆須以教理多門決擇真實義故。設作是念。若修真實義爲引生無分別者，由觀察慧彼則不生，因果二法須隨順故。曰，世尊於此已明白解答。迦葉問品云："迦葉，譬如兩樹爲風所吹。互相根觸，便有火生，其火生已，還焚兩樹。迦葉，如是有正分別生聖慧根，聖慧生已，還燒分別。"此說分別能生聖慧。修次中篇亦云："如是以慧觀察，若瑜伽師不執諸法勝義自性，便能悟入無分別定，證一切法無自性性。若不以慧觀察諸法自性，唯修放捨作意，彼分別心終不能滅，終不能證無自性性，無慧光故。如世尊說，從正分別，生正慧火，燒分別樹，如鑽木出火。若不爾者，則從有漏出生無漏，從於世間起出世間，有情成佛，從凡成聖，皆不應。因果二法不相同故。"釋菩提心論云："若見有分別，彼豈有空性，如來悉不見，能所分別心，若有能所別，彼卽無菩提。"此說，若執能所分別實有，則無菩提。若謂是被正分別慧，及破能所分別，則彼論中以多門觀察決擇真實，應成相違。以彼二心若佛不見應非有故。又彼論云："無生與空性，及所說無我，修下劣空性，彼非能修空。"此亦非破緣自性不生之空無我性而修，是遮執彼實有修下劣之空性。如出世讚云："佛說甘露空，爲除一切執，若復執彼空，佛說極可訶。"寶鬘論云："如是我無我，真實不可得，是故佛俱遮，有我無我見。"此亦是說，我與無我俱非實有，故遮彼二實有之見，非遮無我見。如前引迴諍論說，"若非無自性卽成有自性"故。如是般若攝頌云："菩薩若計五蘊空，行相非信無生處。"般若經云："若行色空無我，亦是行相，非行般若波羅蜜多。"此亦是説，執空等爲實有。
若不爾者，則不應説"非信無生處"，以信彼處亦是行相故。又彼經
云："若知諸法無自性，是行般若波羅蜜。"又云："若爲無爲黑白法，
慧析塵許不可得，於世説預慧度數。"三摩地王經云："若於諸法觀
無我，既觀察已善修習，此因能得涅槃果，餘因不能得寂滅。"又心
經中舍利弗問："菩薩欲行甚深般若波羅密多，當如何學？"觀自在
菩薩答曰："當觀五蘊自性皆空。" 與如是等皆成相違。以是當知，
如法界讚云："能净心法門，厥爲無自性。"又云："由執我我所，便遍
計外界，若見二無我，即滅三有種。"入中論云："若見我我所皆空，
諸瑜伽師得解脱。"故當修無我與無自性也。修次初篇云："入無分
別陀羅尼云，由無作意斷色等相。"此中意説，以慧觀察，見無所得，
即不作意，非説全不作意。入無想定暫伏作意，非能永斷無始時來
色等貪著。凡佛經中説，修不作意能斷相執者，皆是先以觀慧觀
察，見無塵實執所緣，即於此所解義，安住正定。修次中篇亦云：
"又於内心亦當尋思了解爲空，次更尋思能了解心所有自性，亦知
其空。由是了解，便能悟入無相瑜伽。"此顯要先觀察，方能悟入無
相，亦明顯説，若唯棄舍作意，及不以慧觀察法性，則定不能悟入無
分別性。此引寶雲經説，要先如理觀察，故若未得真實義見，則定
不能於真實義無分別轉。修次下篇亦説："經中宣説，不可思義，超
心境等，是破妄執，唯聞思慧，能證深義，故説彼義唯聖内證，餘人
難思。又爲破除非理思維，維甚深義以爲實有，非破觀慧如理觀
察，若破此者，便遮無量聖教正理。"又云："此修雖是分別爲性，然
是如理作意爲性，故能出生無分別智，樂此智者當修彼修。"當知此
等是破支那堪布説，雖不以教理決擇真實求得正見，只要全不作意
而住，便能通達真實，最爲切要。

如是修法，昔諸道次教授中亦有説者，如博朵瓦碑崩論云："有

於聞思之時，以理決擇無性，修時唯修無別，如是非真對治，別修無關空故。"是故修時亦以緣起離一異等，修何即當觀察，亦畧無分別住。此修能治煩惱，覺窩弟子所許。欲行到彼岸法，此即修慧方便。又先修人無我，次法如是隨轉。"覺窩亦云："由何得證空，如來記龍猛，現見法性諦，弟子名月稱，依彼傳教授，能證法性諦。"此引導法，如覺窩中觀教授所説，與蓮花戒論師意趣相同，唯稍廣而已。如是修觀時，所有六加行法、正行、結行、中間所應作事，尤應遠離沉掉而修，皆如前應知。

卯四、成觀之量。

由如是善觀察慧，觀察修習，乃至未生如前輕安，是爲隨順毘鉢舍那。已生輕安，即是真實毘鉢舍那。輕安體性與生起之理，俱如前説。此復已成正奢摩他未常退失，亦有由彼所生輕安，故非畧有輕安便足，要由觀修自力能引輕安，方成毘鉢舍那。緣盡所有性，與緣如所有性，之二種毘鉢舍那，此理相同。如解深蜜經云："世尊，若諸菩薩乃至未得身心輕安，於如所思所有諸法內三摩地所行影像，作意思惟。如是作意當名何等。慈氏，彼非毘鉢舍那，是隨順毘鉢舍那勝解相應作意。"般若教授論亦云："彼由獲得身心輕安爲所依止，即於如所善思惟義內三摩地所行影像勝解觀察，乃至未生身心輕安，是名隨順毘鉢舍那所有作意。若生輕安，即名毘鉢舍那。"若能自力引生輕安，亦能引生心一境性。故由觀修自力引奢摩他，是先已得奢摩他之功德。如是善成奢摩他者，即觀察修亦能助我勝奢摩他。故不應執凡觀察修，便令住分減少。

寅三、雙運法。

若未獲得如前成就止觀量時所説之止觀，則無可雙運。故雙運時，必須先已得止觀二法。此復初得毘鉢舍那時，即得雙運。其中道理，謂依先得正奢摩他修觀之力，若時獲得如前奢摩他時所说,不作行任運運轉作意,卽成雙運。聲聞地云:"齊何當言奢摩他毘鉢舍那二種合和平等俱轉,由此説名雙運轉道?答,若有獲得九相心住中第九相住心,謂三摩呬多。彼用如是圓滿三摩地爲所依止,於觀法中修增上慧。彼於爾時由觀法故,任運轉道無功用轉,如奢摩他道不由加行,毘鉢舍那清浄鮮白,隨奢摩他調柔攝受。齊此名爲奢摩他毘鉢舍那二種和平等俱轉,由此名爲奢摩他毘鉢舍那雙運轉道。"修次下篇云:"若時遠離沉掉平等俱轉,任運轉故,於真實義心最明了,當緩功用而修等捨。當知爾時是名成就奢摩他毘鉢舍那雙運道。是從得真實毘鉢舍那之界限而立。"般若教授論云:"其後卽緣有分別影像,若時彼心無間無缺作意相續,雙證二品,爾時説名止觀雙運轉道。止觀爲雙,運謂具足,卽互繫而轉也。"言無間缺,謂不須放置修,別修無分別住,卽由觀修便能引生無分別住。雙證二品,謂證緣無分別影像之奢摩他,與緣有分別影像之毘鉢舍那。言相續者,謂觀察之觀,與觀後安住之止,二非同時。然以觀力引生真實奢摩他時,則緣如所有性擇法之觀,與專住如所有性之三摩地止,相應俱轉。爾時止觀和合卽所謂平等俱轉。然此要得修所成慧後始有。若僅不壞無分別止,兼能觀察無我空義,猶如小魚游静水中,只可説是止觀隨順,全無真實止觀雙運之義也。如是止觀雙運之理,當知如彼清静教典所説。餘增益説不可憑信。菩提道次第之正理決擇,教證,修法,俱如廣論應知。

釋法尊譯

(據成都文龍閣刊刻印刷部製本)

二、中論略義

觀緣品略義

此品略義有三，卽說明對於所破的是如何執法，和以正理破除之後結論如何，以及如何建立因緣及果。茲約言之：

由種生芽及從薪起火等作用，當眼見耳聞之時，若認爲因果二法，不僅是唯名安立，而且執爲彼名言所安立境之能生、所生，是有自性者，卽是對於所破起執之行相。

彼所執境，若許爲有，則應觀察：果之生起與因緣法，是自性一，還是自性異？如是觀已，卽從果的方面，破所生有自性。又應觀察：因中有果，還是無果？此是從因的方面破能生有自性。總的說明：若有自性，則因緣及果，都不能建立，卽以說明破有自性爲主。要之，其所以說明破有自性爲主者，由於對因果等法，執有自性，是從無始時來、串習所致，欲破除之，非常困難。又彼自性，若已破除，則於無自性上，建立因果，極爲容易。因此自宗不以說明於名言中建立因果作用爲主。

此中破時，純用自生、他生等方式，觀察名言所安立的境是如何有已而破。此亦只是破彼“非唯名言所安立的生”（有自性的生），不破“生”者，義甚明顯。因此在各品中於所破上，大半未加簡別語（卽“非唯名言所安立的”或“有自性的”等），而加簡別語者亦有多處。一處已加，則易了知，其餘未曾明加之處，亦須例加，其理同故。明句（月稱論師所著的中論釋）中說明“無滅亦無生”等與經中所說有滅等義不相違者，此中是說生滅等法，非無漏智所緣境體，只破“勝義生”，不破“世俗生”。又對經中所說從四緣生之密意，亦如是釋。破所緣緣，亦是破“勝義中有”，不破“世俗中有”等等。於所破上，加簡別語，最爲明顯。加的處所亦多。因此在釋文義時，對於未加簡別之處，不可誤解。又百論釋（月稱論師著）中亦説"有人認爲此種觀察方式，是破一切生，卽是説明有爲無生者，那末，彼生等法，不成如幻，而成如石女兒，如此推度一切，卽成没有緣生之過。爲免此種謬解，不説如石女兒，而説如幻"。此中所説，極爲明顯。又明句中引楞伽經云："我依無自性生，密意説一切法無生。"

若能破除有自性之因果，卽成唯名安立，及唯由名言所安立之因果。如佛護釋（佛護論師所著的中論釋）中，第一品初説："所云生者，唯就‘名言中’説。"又於品末亦説："所云生者，唯是‘名言中有’。"由見若許有自性，則因果不能成立；而有損益（苦樂）作用之因果，誰亦不能否認其有。既不能立爲有自性，故許爲唯由名言之所安立，方爲合理。

由於對所生、能生執有自性之積習極爲深厚，故於破此執後，唯於名言所安立中，安立因果，心中固覺不慣；但應思惟，安立之法只有二種：前者（有自性的）若不應理，就應依據後者（唯名言安立的）安立，故須令心趨向這一方面。有人認爲既有所生、能生，就有因果義，若説是唯名安立者卽不應理，云云。此種想法，不應道理。因爲"唯"字，既不遮遣有非名之義，亦不遮遣量所成立之義。又"唯名安立中有"一語，雖説明絶對没有非由名言所安立的有，然亦非説凡是名言所安立的一切皆有。

由此觀之，從内外因緣而生諸法，如由種子而生芽等，及依根、境而起識等，隨取一個比較明顯的例子，觀察己心是如何執取。次從果品及因品中隨拈一法，用破"有自性"之正理，破除其餘一切自性。若有少許未破，卽被此執所縛，不得解脱。再於因果等法見爲是唯名安立，而起損益（苦樂）作用之因果不能説爲没有。故從唯假安立之因而生果是有的，今執此等爲有自性，實是顚倒。如此思已而生定解。然而對於因果緣起的定解不應破壞。若謂自宗不立因果，只是就迷亂識前有，立爲"世俗中有"者，則是極大錯誤的損滅之見。

觀去來品略義

首須了知對於去者和所去處，及去的動作等，如果認爲不是唯由名言安立爲有，而是有自性者，卽是實執之行相。

次應思惟，如彼所執之境，是否實有？若認爲有，卽被此品衆多理門之所破斥，於此應當引生定解。但是，依多種觀察以理破除的，亦只爲令得了知：若執有自性，則作和所作，以及作者等皆不能成立之故，而非爲説明去來等無。

若欲如此通達，須將此中所説"於去來等一切名言執爲有自性"之心而換成爲"自性空故彼等作用皆能成立"之意。於此正理須生定解。如云．"由作者及作，當知其餘法"，明句釋曰："由破有自性之去及去者已，當知唯是互相觀待而有。"亦可作爲"依去有去者，依去者有去，唯此能成事，未見有餘因"（此偈是宗喀巴大師將第八品中"依業有作者，依作者有業，唯此能成事，未見有餘因"一偈中之業及作者，換爲去及去者。意在使人由破業及作者有自性之理已，推知去來等法，亦皆無自性，其理相同）。

先於現見之粗去來等如實了知已，次當結合從前世到此世來，及從此世往他世去都無自性之理發生定解。又應以此正理，推知其餘諸法，生時無所從來，滅時亦無所去。對於一切作用，亦應如是了知。由此可使觀察眞理之慧，逐漸擴大，以至在行住坐臥一切威儀中皆能見爲猶如幻化。

觀根品略義

首須了知：若謂既於六境立爲所取、六根立爲能取、六補特伽羅立爲取者，則彼等諸法非唯由名言之所安立，而是有自性的。如斯執著，即是對於所破起執之行相。

復次思惟：如果真是如彼所執，則所作、能作，以及作者，皆不能安立，如此品正理之所抉擇而生定解。又觀彼十八法都無自性，見彼彼法皆是如幻而現的能作、所作、作者之想，不須策勵即可生起。故應了知眼等一切建立，唯如幻有之義，最爲合理。

復次以正理觀察者，只是推求眼等諸法有無自性，並非總觀諸法有無。因此，若是觀察未得，僅破有自性，決定不是破除眼等。此義亦如百論釋云："或謂眼等若是没有，如何安立眼等諸根是業異熟體？答曰：我們何曾破業異熟體耶？問者又云：既破眼等，如何不是破異熟體？答曰：我們觀察，唯是推求自性。所以我們此處只破諸法有自性，不破眼等緣起是業異熟，正由彼有，說爲異熟，故彼眼等一定是有。"此中指示出對於齊此當破、齊此不破之界限，非常明顯。

此中說"有"的軌則，亦如說"依眼有見者，依見者有眼，唯此能成事，未見有餘因"，並應由此正理，推知其餘諸法。

由上各品所說之理，雖亦能破"處"是實有，但爲通達破眼等有自性之不共正理而說此品。對於其餘諸品，亦應如是了知。由此正理，能使觀察真理之慧，得到無限運用。如在受用六境時，一切皆如幻化士夫受用諸境的見解，即可生起。

觀蘊品略義

此品說明蘊的因果，若非唯名安立而象實執所執是有自性者，

（云何）以正理抉擇之時，彼因果等法，皆不能安立。

復次思惟，唯名安立之上能够建立四大種和所造色。以及觸、受等一切法。使了知顯品之心與了知空品之心，成爲互相幫助的緣起正理。於此正理，應當修習。

觀界品略義

經中所説界等所相、能相，以及有體、無體等法，若非唯名言安立而是有自性者，（云何）以正理抉擇之時，彼能相、所相等法，皆不能安立。復次（應）思，於唯名言所安立上之能相、所相、有體、無體等法，皆能安立。應當依此軌則，於二諦義，引生定解。

觀貪、貪者品略義

此品説明能貪、所貪、貪者三雜染法，以及所言、能言、信者三清净法，若象實執所執而有自性者，（云何）以正理抉擇之時，彼等一切名言，皆不能成立。於此正理，應生定解。

次思彼等名言，定應承認其有。於有自性上既不能安立，則唯有於"自性空"上安立一切法，最爲合理。（如是）於緣起義，應當引生定解。並可如上所説换爲"依貪有貪者"等句，承認其有。

觀生、住、滅品略義

生、住、滅等如果不是唯名言安立爲有，而象實執所執是有自性者，（云何）以正理觀察之時，彼生等三法，都不能安立。應於此理，引生定解。

復次思惟，於唯名言上安立彼等諸法，皆能成立。以及一切有爲法雖是自性本空，而現爲彼法者，皆能見爲如幻如夢而有。於此等義，應當修學。

觀作、作者品略義

此中說明作及作者等法，若非唯由分別心之所安立，而象實執所執是有自性者，則作者及作都不能安立。當知此二，唯是互相觀待而有。

觀本住品略義

如云彼身之取者是此補特伽羅，或曰此補特伽羅之所取是彼身等法。所謂取者、所取，若非唯由名言安立，而象實執所執是有自性者，(云何)所取和取者之名言，皆不能安立。於此等義生定解已，又當思惟唯由名言安立緣起法上，取者及所取，理能成立。

觀火品略義

有用火與薪爲例，對於我、我所和因、果，以及支、有支等法，安立一異者。當思此等是從有自性而安立呢，還是從名言而安立？次用此品所說正理觀察之時，了知若如前(有自性)者，則所燒、能燒等名言，皆不能安立。卽於此等法上，破除實執。若如後(從名言)者，則彼等一切名言，皆能成立。應於緣起義，起堅定解。

觀前際後際品略義

輪迴者之補特伽羅和輪迴事之生、老死，以及因、果等法，若有自性，則生、死等名言，都不能安立。因此當知經中所說輪迴者及彼在輪迴中生死相續等事，都是依唯名言安立而說，極爲合理。

觀自作，他作品略義

或謂內外諸法，應是有的。若無自作等四，彼等又從何有呢？

答曰: 如就觀察彼等有無自性來説，則若等諸法，若有自性，必須於自作等四種方式中任隨一種方式而有。然依此品所説正理觀察之時，都不可得。因此定知苦等諸法，皆無自性。但由顛倒執爲有自性。若欲推求苦等世俗緣起建立，則須放棄自作等四種方式，而如第八品所説，應當承認唯由緣起而有。如云"别人許苦等，是自作、他作、共作及無因，汝説是緣起"。又佛護釋云: "或謂若無苦等，佛陀爲何對迦葉説，'以有苦故，説我知苦見苦'？ 答曰: 誰説無苦？我豈未説'若是自作者，則不從緣起'？ 故説苦等是緣起法，不是自作等"。因此，即由是緣起故之理内，正破自作，兼破他作，在二世（佛護、明句二釋）中都如是説。又由此理，破除其作及無因生亦極明顯。是故決定應當承認緣起因果次第。

此中説明破有自性已，即於無自性上一切作用，皆能成立。本論從始至終，都應如是了知，極爲重要。如果認爲對於因果緣起次第，也用觀察勝義中有無之理而破除者。必執自宗不承認有因果。故云對此等人，暫時不能説"細無我理"。須用 "粗無我義" 而引導之。

觀行品略義

此中所説"虚妄"，是指本無自性而現爲有自性之義。又於此"虚妄"法上，一切作用，皆能成立。因此"虚妄"之義，不是説一切作用皆空。變異及無常等義，亦是如此。彼"虚妄"法，由遮實有，故説爲空。雖非實有，然亦不是没有。諸求解脱者，由緣何法修行，能净諸障，當知此即道之所緣，極爲應理。

觀會合品略義

諸法會合、具有、和合，以及聚集等，若有自性，則彼等法，都不能安立。於無自性上，彼等一切建立，皆極應理。應於此二諦法，生堅定解。

觀自性品略義

總則有體、無體，別則自體、他體，以及諸法真性、本體等，若有自性，則都不能安立。故唯於無自性上，彼一切建立，乃爲合理。應當於二諦之理，生起決定知見。

觀縛解品略義

生死、涅槃，以及爲煩惱之所繫縛和斷煩惱之解脫等，若有自性，則都不能成立。如此通達之後，於彼等法，不執實有。復次思惟，唯由名言所安立者，彼等一切皆爲合理。應於此緣起深義，生堅定解。

觀業品略義

此品對於作者、業、煩惱和彼等之果，以及受用彼果等事，由諸正理破其有自性已。了知如果是有自性，則彼等建立，皆不應理。又應通達彼等諸法，皆如夢幻而有。

觀我法品略義

此品說明對於前後各品所抉擇的甚深義理，把它總攝起來（作爲）受持的方法。因此，當知由甚深正見所抉擇的一切，都可攝爲是說明我法二者皆無自性已，應如此中所說而受持之。

觀時品略義

過去已生和未來當生，以及現在生已未滅等三時，皆無自性。

只有在無自性上，彼等一切才能成立。應當如是思惟，使對於二諦所生定解，逐漸堅固。

觀聚集品略義

（中論）佛護釋云："或謂若無時及因果、聚集等，更有何法？因此，彼唯是說'一切皆無'而已。答曰：不然。此中只說於時等法，若執爲有自性者卽不應理；依緣起安立而有者，彼等皆能成立"。如此所說，當知時及因果、聚集等法，若如實事師（許諸法自性爲勝義有的）許爲有自性者，應當破除；由於自性本來無故。凡依因緣而生的緣起有法，一概不破。

觀成壞品略義

生滅及生死等次第相傳的三有相續之法，如果認爲有自性者，卽可用觀察真性之理而破除之。但是亦不可說彼等爲名言中無。因此，彼等諸法，只有在"自性空"上，才能成立。應於此正理，引生定解。

觀如來品略義

諸法若有自性，則如來以及如來所說之正法，皆不能安立。只有在自性空的緣起法上，一切安立，才爲合理。因此安立如來、歸依處等，亦唯有依此理安立，方爲正確。

觀顛倒品略義

若有自性，則從可意境等與分別尋思而生煩惱，及由計常等而成不成顛倒之差別，以及斷煩惱等，皆不能成立。只有於"自性空"上，彼等一切才能成立。須令自心，於此正理，引生定解。

觀聖諦品略義

中觀師說，世出世法，全無自性。他宗聞者興問難云：如此，則汝宗中對於世及出世一切諸法，皆成不可安立？答曰：觀察之時，如此破除。由於以理觀察之時無有塵許自性可得。故在他宗確有不能安立此是此非等過失；自宗不但沒有此等過失，而且對於一切建立，皆能如理成立，是爲此品主要所詮。然如此中"空義"，即是"緣起義"，破除諸法作用，不是空義。此種分析，最爲重要。如果對於中觀正理具有勝解的聰慧之士，當照此軌則而說。

觀涅槃品略義

諸法若有自性，則斷彼所斷和得涅槃等都不能成立。唯有於"自性空"上，彼等一切方能成立。於此應當如實了知。

觀十二有支品略義

對於緣補特伽羅及法緣起而起我執的二種無明，是如何執著二種我的俱生無明之行相，先須認識清楚。次知此中所說一切正理，皆是破除二種無明所執的二種我，以及通達二無我見的正因。又於獲得徹底通達無我之正見後，應從聞思修三，盡力使成爲緣起還滅門。

觀見品略義

諸具大乘種姓者，深爲大悲之所激發，對於長被三苦所逼迫的一切有情，生起"我當救出苦海令住佛地"之心。爲度彼等故，先須發起自己求得無上菩提，以願菩提心爲體的堅固誓願。次見若不修學六波羅蜜行，則此誓願，亦難成就。因此依照儀軌正受行菩提心已、担荷修學菩薩廣大之行。又見以修學六度爲主的首要行持，即是遠離二邊之中道。是故應如聖者（龍樹）論中所説以理抉擇了義之方法，而求洞徹實際真理的正見。又思若没有有止。單憑通達真性之正見，亦不能斷煩惱，故進而求止。得止之後，應當勵力勤修正見，並如此中所説以見抉擇了義軌則而受持之。如斯次第，廣如菩提道次第中所説，兹不重述。此諸法之真性了義，不僅爲到彼岸乘之所需要，即金剛乘次第中亦須唯如此論所説求見之方法而得了義。因爲二種大乘，對於真實性的義理，毫無差別故。

（釋潭影（觀空）譯，原載現代佛學一九五八年第七期）

附：譯者按語

宗喀巴大師根據佛護、月稱二大論師所作的中論釋而製中論疏，這部疏是成爲西藏佛教學者學習龍樹菩薩中觀宗的主要論典。全書共十四卷，以疏譯中論二十七品論文，每品疏文都分爲“釋品文”、“引經證”、“示略義”三段。兹將每品疏文中的“略義”譯出，冠以中論略義，供研究中觀宗義者的參考。

真　可

【簡介】　真可，字達觀，晚號紫柏，門人尊稱爲紫柏尊者，俗姓沈，生於公元一五四三年（明世宗嘉靖二十二年），死於公元一六〇三年（明神宗萬曆三十一年），江蘇吳江人。真可是明末佛教著名的四位大師之一（另三位是：袾宏、德清、智旭）。他在十七歲時，辭親遠遊，當行至蘇州，因遇雨而留宿虎丘雲岩寺，聞寺僧夜誦八十八佛名號，内心歡喜，次日晨，即從寺僧明覺出家。年二十，受具足戒，並在武塘景德寺閉關三年，專研經教。之後，他發願行脚諸方，徧參名禪師，究明大事。於是，至匡山深究相宗，至北京參華嚴宗匠徧融，並從禪門老宿笑嚴遍理等參學。

真可一生爲振興佛教事業出了很多力。萬曆初年，他撰刻藏緣起一文，發願慕刻方册本藏經，以便於印造流布，並委托其門人如奇等主持刻經事宜。他還與摯友、名僧德清商議，擬續修明傳燈錄，後因德清謫戍海南而未能如願，爲此他抱憾不已，説："傳燈未續，則我慧命一大負。"在保護佛教古迹方面，真可也做了不少工作，如修復宋代名僧子璿著經疏處的嘉興楞嚴寺，贖回並修復北京房山雲居寺静琬（隋僧，房山雲居寺石經的創始者）的塔院等。

真可對當時朝廷重斂礦税以及税監的擾民，很不滿意，曾説："礦税不止，則我救世一大負。"萬曆二十八年（一六〇〇年），他對南康太守吳寶秀因拒絕執行征收礦税而遭逮捕一事，深表同情，並爲之奔走營救。然從而也就得罪了一些權貴，遭到一些宦官的嫉恨。萬曆三十一年，京師發生一起所謂"妖書"事件，謠傳神宗要改立太子，挑撥宮廷內部糾紛。神宗因此下令搜索罪犯。於是，那些忌恨他的人，乘機誣陷他是"妖書"的造作人，從而被捕入獄。同年底，死於獄中。

真可一生參叩諸方尊宿，但他並没有專一的師承。他雖立志恢宏禪宗，但對於佛教禪教各派，及至儒釋道三家的思想，均採取調和的態度。他一生也從未受請擔任寺院住持，也未開堂説法。所以在他的著作中，没有一般禪僧那些"上堂"、"普説"之類的東西。他也與那些排斥經論文字，只講機鋒、棒喝的禪僧不一樣，而是十分強調文字語言的重要作用。他認爲，禪與文字是不應割裂的，"即文字語言而傳心"，"即心而傳文字語言"。（禮石門圓明禪師文）所以説："釋迦文佛，以文設教，故文殊師利以文字三昧輔釋迦文。"又説："凡佛弟子，不通文字般若，即不得觀照般若，若不通觀照般若，必不能契合實相般若。"（法語）因此，他尖鋭地批評那種認爲只要靠古德機緣即可悟道，以念佛求生浄土易而不難，最爲穩當等七大錯誤，指出這些是比天魔外道更爲危險的"佛法大患"。（同上）真可爲了彌補禪宗籠統簡單的作風，曾十分注意研究法相宗關於名相細緻條理的分析和精密的思辨方法，還專門寫出了八識規矩、唯識略解、阿賴識四分略解、前五識略解等書。

真可在明末是一位很有社會影響的學僧，他與李贄同被稱爲當時的"兩大教主"。當時許多著名的學者，如馮夢禎、瞿汝稷、王肯堂、湯顯祖等都從他爲師或問學。他的好友德清稱他的宗風足以遠追臨濟，上接大慧。其間雖不免有溢美之處，但也可見真可在明末佛教界的名望。他的著作有經德清校閱過的紫柏尊者全集三十卷，及後人纂集增補的紫柏尊者別集四卷、附錄一卷等。

一、法　語（選録）

釋迦文佛以文設教，故文殊師利以文字三昧輔釋迦文。而用揀擇之權，於楞嚴會上進退二十五聖，獨選擇觀音當機，無有敢議其私者。觀世音雖彌陀輔佐，亦以聞思修入，近乎文字三昧。故釋迦文佛亦退三十二億恆河沙菩薩，獨進觀世音。豈非此方真教體，清净在音聞歟？若文字三昧，不以音聞爲體，是猶花不以春爲神，豈真花也哉！蓋文字根於音聞，音聞根於覺觀，覺觀又根於無覺無觀者。佛意欲一切衆生因有分別心，入文字三昧；因文字三昧，入音聞之機；因音聞之機，入無覺無觀。無覺無觀既入，則最初有分別心，至此不名有分別，而名無覺無觀矣。夫無覺無觀者，所謂正因佛性也。正因佛性既變而爲情，苟不以了因契之，則正因終不能會也。了因雖能契正因，若微緣因熏發之，則了因亦不能終自發也。緣因，即文字三昧之異名也；了因，即音聞之機之異名也。學者苟能觸類而長之，則文殊文字三昧，與觀音音聞三昧，皆不在文殊、觀音、釋迦文佛，在我日用而已。故老龐曰："日用事無別，惟吾自偶諧，神通並妙用，運水及搬柴。"柴水即老龐文字三昧也，神通即老龐音聞之機也。惟吾自偶諧，即老龐了因契會正因佛性者也。即此觀之，凡佛弟子，不通文字般若，即不得觀照般若；不通觀照般若，必不能契會實相般若。實相般若，即正因佛性也；觀照般若，即了因佛性也；文字般若，即緣因佛性也。今天下學佛者，必欲排去文字，一超直入如來地，志則高矣，吾恐畫餅不能充餓也。且文字，佛語也；觀照，佛心也。由佛語而達佛心，此從凡而至聖者也。由佛心而達佛語，則聖人出無量義定，放眉間白毫相光，而爲文字之海，使一切衆生得沾海點，皆得入流亡所，以至空覺極圓，寂滅現前而後已。若然者，卽語言文字，如春之花。或者必欲棄花覓春，非愚卽狂也。有志於入流亡所者，當深思我釋迦文以文設教所以然之意。如其明之，卽文字語言可也，離文字語言可也。如其未明，卽文字與離文字皆不可也，非卽非離亦不可也。

師曰：“娑婆世界，與十方衆生世界，皆根於空，空復根於心。”故經曰：“空生大覺中，如海一漚發，有漏微塵國，皆依空所生。”第衆生膠固於根塵之習，久積成堅，卒不易破，故諸佛菩薩先以空藥治其堅有之病。世之不知佛菩薩心者，於經論中見其熾然談空，遂謂佛以空爲道，牓其門曰空門。殊不知衆生有病若愈，則佛菩薩之空藥亦無所施。空藥既無所施，又以妙藥治其空病。然衆生膠固根塵之習，雖賴空藥而治，空病一生，苟微佛菩薩之妙藥，則空病之害，害尤不細。世以佛門爲空門者，豈真知佛心哉！或以曹溪“本來無一物，何處惹塵埃”之語，橫計於心，便謂我本來無一物，又有何塵埃可染？請自審察，我既本來無一物，人擧手揖我，我隨喜；人以手戟我，我隨怒，現前喜怒又何物乎！如此物不能直下爆破，則礙膺長劫有在。敢謂橫計者本來無一物，卽曹溪之本來無一物乎？佛菩薩說法，如良醫用藥，如良將用兵。藥與兵豈有常哉？但察病人與敵人情之所在何如耳。苟得其所在之情，則藥與兵如庖丁之解牛矣。故世以佛門爲空門，及掠曹溪本來無一物，爲自己本來無一物者，皆刀折而牛未解者也。佛菩薩知衆生迷心而有空，迷空而有身心，迷身心而有前塵。前塵卽世界之屬，身心卽衆生之類。然世界與衆生，離空則無有根，空離覺心則亦無根。故佛菩薩教衆生，始以解空，終以悟心。心悟則空與世界衆生皆不可得，所謂大覺心者。譬如浮雲相盡，不得擧目而明月在前矣。浮雲則空有之譬，明月乃喻固有之常光耳。或進曰：由塵而達根，由身心而達空，由空而達心。乞師指某甲，只今心在何處？師笑曰：汝若無心，設此問端又是何物？進者罔措。師曰：將心問心，指心不知心，是汝錯，是梅西錯，曰：是學人錯。曰：汝若果知自錯，則汝行裏坐裏饑裏寒裏，境緣順逆是非裏，能不忘此錯，則"空生大覺中，如海一漚發，有漏微塵國，皆依空所生。"汝有日自知在，不惟眾生國土與虛空皆在汝心，卽大覺心，離汝心亦不可得。進者稽首而退。

夫理，性之通也；情，性之塞也。然理與情而屬心統之，故曰："心統性情"。卽此觀之，心乃獨處於性情之間者也。故心悟，則情可化而爲理，心迷則理變而爲情矣。若夫心之前者，則謂之性，性能應物，則謂之心；應物而無累，則謂之理；應物而有累者，始謂之情也。故曰：無我而通者，理也；有我而塞者，情也。而通塞之勢，自然不得不相反者也。如曰："性相近也，習相遠也。"相近，則不遠復之謂也；相遠，則不知復之謂也。不遠復，根於心之悟也；不知復，根於心之迷也。故通塞遠近悟迷，初皆無常者也。心悟，則無塞而不通；心迷，則無近而不遠。嗚呼！心果何物乎？能使人爲聖，又能使人爲眾人。聖人與眾人，亦皆無常者也。顧我善用心，不善用心何如耳！心之爲物，不可以內外求，不可以有無測。內求不免計心於身內，外求則不免計心於身外。有求則不免計心於聲色形骸，無求則不免計心於寂滅虛空。如是求悟心者，皆不善求者也。故曰：離心意識參。若然者，若攀緣心不歇，則情根終不枯，則心意識終不能離。心意識不能離，則神不凝；神不凝，則不一；不一，則不能獨立；不能獨立，則有外；有外，則有待；有待，則物我亢然。故觸不可意事，不免勃然而怒；遇可意事，不覺欣然而喜。喜怒交戰，癢痳無停，要而言之，不過總爲心意識搬弄壞了也。故真參學者，寒不知寒，饑不知饑，勞逸相忘，形如枯木，心如死灰。方此之時，知得心意識無坐地處。如是積久，一旦根塵迴脱，常光現前。至此，則心之內外有無，非內外有無，皆憑我説雌説黄，皆自然與修多羅合。所謂閉門造車，出門合轍是也。古德有云：“不是死中發活一番，終是藥汞銀，觸火必飛去矣。”又曰：“不是一番寒徹骨，怎得梅花撲鼻香。”此皆親證實悟之樣子也。年來禪學與道學之徒，初不知心是何物，便澆口談禪，孟浪講學。一涉危疑，便喪膽亡魂，被境風吹壞了，娘生鼻孔，作不得一些主宰。實不如三家村裏，一丁不識不知，但種田博飯吃人也。

　　予讀長沙岑禪師偈，始知認識神爲佛性，以虛空爲家鄉者，不獨近世有之，而季唐時已有之矣。蓋此輩，但知日用昭昭靈靈之識神便爲佛性，殊不知唯見性者，識神卽佛性也，而未見性者，佛性卽識神也。卽此觀之，識神與佛性，固非兩物。若未見性，則識神是識神，佛性是佛性，斷不可儱侗而混説也。如混説之，則聖凡不分，悟迷不辨。聖凡不分，而白衣有妄坐龍牀之罪；悟迷不辨，則衆生邪正不明。是故佛祖門中，教有性相，宗有照用。或信性而不信相，終陷斷坑；或信相而不信性，必墮常窠。或信照而不信用，則情根難拔，枉逞口解。故潙山訶仰山曰：“寂子，汝莫口解脱。”或信用而不信照，則狂魔入心，滅裂因果，欺視死生，以爲知解，絶無毫釐之用。要在行得一分是一分，徒誇知解，於死生關頭，終靠他一點不得。殊不知徒誇知解而不能行固是病，若全無知解而滅裂橫行，則其病更大。故長沙老漢哀愍是輩而説此偈。偈曰：“學道之人不識真，只爲從前認識神，無量劫來生死本，癡人喚作本來人。”

　　夫知廢則覺全，知立則覺隱。隱則昧，昧則無往而非障也。至於色之障眼，聲之障耳，香臭之障鼻，味之障舌，觸之障身，法之障心。所以根塵汩然，常濁而不清矣。嗚呼！我之靈臺本來空清，以種種障之，自是空者不空，清者不清。空者不空，則於無色處橫謂有色，無觸處橫謂有觸，無身處橫謂有身，無心處橫謂有心。身心備，則死生好惡不召而至焉。此何以故？以知立覺隱故也。夫知也者，已發而昧中者也；覺也者，發而中節，而不昧中者也。昧中則不和，不和則何往而非率情也。情有私而性無我，故率性則何往而非靈。古德曰："無我而靈者性也。"既曰無我而靈，所謂色聲香味觸法，眼耳鼻舌身意，此十二者，果有障乎？果無障乎？有障則有我，有我則不靈。所以根根塵塵皆成我障。唯見性者，了知性外無心，心外無法。以故種種凡爲我障者，不煩觀空而後空，澄清而後清。所謂本來空清者，如天廓雲布，未始不昭然者也。覺慈來前，吾語汝！若果能覺，則無往而不慈矣。慈則視物之生，即我之生；不覺，則我生非物生，物生非我生，抗然兩立。兩立則分別起，分別起則好惡不期私而私矣。私則謂我生可貴，物生可賤，戕物之心，莫知其然而生焉。此心果慈乎？果不慈乎？汝若知此，則覺自全，知自廢。覺全則無不照，知廢則無不公。公則自然無我，無我而行慈，此所謂覺慈也。覺慈勉之。示覺慈。

（以上選自金陵刻經處版紫柏老人集卷一）

性如水，情如冰；冰有質礙，而水通融。通融則本無能所，質礙則根塵宄然。此義有知有覺，知則意雖了然，觸事仍迷；覺則觸事會理，情塵自空。迷則情之累也，覺則性之契也。累則二，契則一。二則有待，一則無生。無生乃性之常也，有待乃性之變也。常則無我而靈，變則有情而昧。故昧中之知，知不勝昧，所以道不敵習；靈則習不勝覺，所以不假修持，而坐進菩提。反是，雖舍身命等如恆沙，秖增有爲業耳。良以覺近現量，知近比量，是以覺之與知，成功殊也。

　　所中有能，所則不成；能中有所，能亦不成。以所中無能，能卽是所；能中無所，所卽是能。此蓋能所不相遇故也。如相遇，則能與所兩俱不成矣。兩俱不成，非是佛法，性昧智故。兩俱成就，智雖不昧，性斷血脈，亦非佛法。如不斷血脈，而智又不昧，惟親證者然後知耳。夫眼夢色，耳夢聲，鼻夢香，舌夢味，身夢觸，意夢法，而一身之微，六根皆夢，脫無有覺之者，則一夢永夢矣。於是，我大悲菩薩，教之以眼觀音，以耳聽色，以鼻嘗味，以舌嗅香，以身攀緣，以意覺觸。是以六夢忽醒，覆盆頓曉也。卽此觀之，以順流用六根，則六塵皆夢媒；以逆流用六根，則六塵皆覺雷。如二十五圓通，以六根六塵六識，與夫地水火風空見識，迭互爲雷，震驚夢者。邇來世道交喪，以雷爲夢，以夢爲雷，莫知孰爲覺者，孰爲夢者。既夢覺不辨，不至於玉石俱焚不止也。夫道學雖弊，則勝俗學多矣。禪學雖弊，則勝道學多矣。今有以道學爲名利之淵藪，互而排之，以禪學爲逃逋之淵藪，亦互而排之。殊不知風俗無常，以道學之風鼓之，則成道學之俗，以禪學之風鼓之，亦成禪學之俗。道學與禪學之俗成，自然高明者日多，而污暗者日少。卽或假道學禪學，以爲污暗者有之，此亦嘉禾中稊稗耳，必禾多而稗少也。若惡少稗，而欲盡去多禾，豈仁人之用心哉！道學禪學。

　　長風遊太虛，萬竅競怒號，衆人聞以耳，菩薩用眼觀，是聲果有常，圓通門難開。嗟乎！聲來耳邊，來時孰主？耳住聲處，能聞何物？往來究之，根塵之性，有則能所難遣，無則枯若槁木。兩路既窮，中豈孤立？故曰：智人三世而無來往，此本光之常也；識涉三世，此本光之變也。本光變而根塵封，癡癡衆生睡夢濃。黃昏禮佛

誰擊磬，聲入耳中空不空。空則無聞不空障，聞響重爲説圓通。聲
既如是色不異，香味觸法玄乎哉？知之一字衆妙門，知見立知禍大
矣。率情率性霄壤隔，相逢幾人辨端的。兩者從來一而二，用處在
人悟與迷。悟則喜怒唯率性，率性能通天下情。情通開物而成務，
譬如一指間屈信。不能率性而率情，迷中倍人可憐生。以己通人
分別起，逆順關頭多愛憎。故曰：至道無難，唯嫌揀擇，但莫愛憎，
洞然明白。又曰：率性之謂道，率情之謂倒。噫！聖人豈無情哉！
唯其通而不昧，情而無累，情故無所不達，無累故初無愛憎。所以
一切大菩薩，饑饉之歲，身化爲魚米肉山；疾疫世，身化爲一切藥
草。此情耶？非情耶？無情則同木石，有情則不異衆生。故能以
眼聞聲者，聖人也；以耳聞聲者，衆人也。仲尼六十而耳順，説者以
爲聲入心通，道人常病之。夫何故？耳順則聲無順逆，皆率性之
媒。率性則無我，無我則無內外，內外既無，則出入者其誰乎！嘻！
不出不入，畫眉混沌，況出入入哉！覺情覺情，覺則性明。無分
憎與愛，觸處本光靈。自覺更覺他，相逢蓋始傾。目擊不存存，別
後更惺惺。

　　夫達磨之始來也，一概斥相泯心，不立文字，義學窠臼，徹底翻
空。彼義稍精而信力深者，競大駭之，遂誣祖爲妖僧，百計欲害之。
祖經六毒，忍死而得可祖，即順世而西歸矣。夫義未精，信力深，必
以佛語爲埰根，一旦聞斥相泯心，不立文字之聲，刺然入其耳，則其
驚駭而誣祖，此自然之情也。若義精而己得受用者，則以爲我祖何
來之晚耶，亦理之自然也。若夫少疑而老信，以至朝入暮出者，此
又矮人觀場，隨聲悲歡者，復何怪哉！然相果應斥，心果當泯，文字
果宜屏黜者，如是則心外有法矣。予聞得心者有言曰：若人識得
心，大地無寸土。即此觀之，則心之與相，及語言文字，果有乎哉？

果無乎哉？蓋鼻祖意在奪情，而不奪法也。情奪而法存，是法卽鼻祖所傳之心也。是故凡夫計諸法爲有，二乘計諸法爲無，外道計諸法亦有亦無，非有非無，皆情也，非理也。於是真常光中，四謗之坑設矣。倘不得祖東來，彼張目而墮坑者，豈少哉！初祖果以心相語言文字必屏黜而後得心，則楞伽跋陀羅寶經祖何未嘗釋卷，且密以此經授可大師？可授璨，璨授信，信授忍，忍授曹溪大鑒，鑒復精而深之。其偈曰：大圓鏡智性清淨，平等性智心無病。妙觀察智見非功，成所作智同圓鏡。五八六七果因轉，但有名言無實性。若於轉處不留情，繁興永處那伽定。蓋楞伽以八識、二無我、五法、三自性，轉識成智爲宗，彼不達此義者，以爲得心之後，再無一事矣。殊不知，道可頓悟，情須漸除。而鼻祖所傳之心，道也；楞伽所謂轉識成智之法，治情之具也。倘聞道而不治情，此果真聞道者乎！此必魔外也。我如來法中無有是事。所以知鼻祖憂深慮遠，既傳其心矣，復密授此經，爲治情之具。故自甘退屈之溺，我慢貢高之刺，不待扶植而強，力拔而除也。予初亦不達法相，以爲達磨西來一字無，豈有轉八識成四智之落索耶？及閱六祖壇經，知有此偈，卒不大解，存注久之，則轉識成智之柄在予，而不在曹溪也。蓋識雖有八，能儉名審義，義精而入神，入神以致用者，皆第六識之事也。卽七識雖號因中轉，亦坐轉，非行轉也，豈五八獨坐轉耶？所謂行轉者，權在六識，以此識三量俱通，心所總攝故也。又轉識成智，轉心所而不轉心王。如八識心所有五，前五識具三十四心所，第七識但十八心所耳，獨第六識五十一心所，備統而無遺也。所以轉識之柄，必在此識。故此識熾然分別我我所法，卽緣生之前茅也；熾然分別無我我所法，卽入無生之利器也。又轉識成智，根稍利者，於逆境不難轉，惟觸順境，則受境轉，而不能措手腳矣。或根鈍者，於逆境初不易轉，如能拚命捱久轉得，後觸順境轉之不難也。若大利根人，於逆順境緣，如湯潑雪，無往而不自得耳。老龐曰："日用事無別，惟吾自偶諧，頭頭非取舍，處處勿張乖。"此便是大利根樣子也。邇來黑白之徒，器識浮淺，成羣逐隊，噇飽飯，裹暖衣，以爲佛法雖有宗教之別，不過<u>如來</u>與祖師發明衆生本有而已。忽有人把住拶曰：君本有，果發明，未發明耶？卽怒曰：這箇魔王，偏解無事生事。則<u>達磨</u>所傳之心，及<u>楞伽</u>治情之具，予知其必曰：此亦駕空鑿虛耳，我窺破久矣，又何煩勘我哉！果如是，而五家綱宗之説，彼聞而不信，不亦宜乎。四微合而地大成，三微合而水大成，二微合而火大成，一微立而風大成，四大合而世界成。故得般若菩薩，能碎世界而爲微塵，復能合微塵而爲世界。若屈伸一指，了無異同之見，異同之見不生，則何往而非入法界之門？故曰："一念不生全體現，六根纔動被雲遮。"由是而觀，則異同之見，是六根纔動之機，非一念不生全體境界也。但凡夫不了世界初本微塵合成，及碎世界而爲微塵，又不了微塵初本世界碎成。所以見世界便生一合相執，見微塵便生多散相執，成法界門終不能入。如見世界而不生一合相執，見微塵而不生多散相執，則迎賓待客，俯仰周旋，喫飯穿衣，屙屎放尿，無往而非法界也。若法界入法界，法界見法界，**法界示法界，法界悟法界，總是名有多一，而實無多一也。如實有多一，則多多一一者，豈能多一哉？**

聖人以爲書不盡言，言不盡意。故設象以寓其意，使學者玩象積久，智詘情枯，意得而象忘，則書與言不能盡者，我得之矣。一得永得，千古無疑。死生迭更，是非交錯，而我所得者，光潔堅固，了無污染損壞也。所謂象者，如龍象乾，馬象坤；如大鵬象止觀；如童男童女表真諦，如長者優婆夷表俗諦。故表卽象也，象卽表也。象則託物寓意，表則借事顯理。故意得則無象非意，理顯則無事非理。無象非意，我不欲忘象而象自忘；無事非理，我無心會理而理自冥。象忘則意難獨存，理冥豈事能礙者乎！夫事不能礙理，則觀精而止深；觀精而止深，則意不存而象無待。無待則無外，所以天地雖大，萬物雖衆，虛空雖無邊畔，然皆不能逃我無外之用者也。是故我欲天地萬物作虛空，我欲虛空作天地萬物，譬如一指屈信，我欲信即信，我欲屈即屈；我欲不屈不信，即不屈不信；我欲即信即屈，即屈即信，而信屈不相遇，信屈即不相遇。至於千變萬化，卷虛空入萬物，粉萬物爲虛空，如己指屈信，初無難也。而衆人執虛空無形，執天地萬物有形，所以有形者不能作無形，無形者不能作有形。苟能於無形有形之執，以觀精察，察此執情，爲從自生，爲從他生？若謂自生，則非他不自；若謂他生，則非自不他。非他不自，則自無自體；非自不他，則他無他體。自他之體，各各觀察，察精理開，理開情釋，情釋執空，執空心净，心净用圓。所以我欲有形則虛空受役，我欲無形則有形奉命。推其所以然之説，始因觀而入止，終則即止而用觀。因觀而入止，功在玩象而得意；即止用觀，功在意忘而象無待故也。故學者有志於道，則止之與觀。苟不精研玩象，則意不得。意不得，則象不忘；象不忘，則意在。意在則止不深，止不深則不能即萬化而寂寥。此意甚遠，非身心可到，惟即身心而忘身心者，似可彷彿。示學者精研止觀。

凡見心外有法者，皆謂之外塵邪執。如聞佛説法，不悟佛意，亦外塵邪執也，況餘聲色乎？然凡夫發菩提心，初不以外塵邪執爲弄引，則意言之境無由得入。意言之境不入，則唯識與法界皆無入路矣。又凡夫被外塵所轉，了不知塵本無體，自心所變，反執塵爲實有，塵復生心，則徧計熾然，心復生塵，則意言境起。菩薩了知一切境界，意言變起。意言無體，不出唯識；唯識無體，不出法界。故以法界觀唯識，唯識卽法界也；以唯識觀意言，意言卽唯識也；以意言觀外塵邪執，外塵邪執卽意言也，所以能物轉，不爲轉物耳。如博陵王問牛頭融曰：“境緣色發時，不言緣色起，云何得知緣，乃欲息其起？”博陵以謂意言之境，緣前五塵起，不言我緣前塵起，前塵亦不言我能發意言之境。不言卽不知也。謂有知則能言，無知則不能言，故能所皆無知。無知則無我，無我卽無自性也。能所既皆無自性，則境與色，孰爲能緣，孰爲所緣？此非緣生卽無生乎？緣生既卽無生，又教誰知緣，必欲令其息耶？故牛頭卽躡博陵意緒答曰：“境色初發時，此卽緣生也；色境二性空，此卽無生也。”本無知緣者，心量與知同，能所本皆無生，教誰知緣？既無知緣者，則心與量與知，皆無生也。蓋不照本，則能所撒然；照本，則根塵寂滅。故曰：“照本發非發，爾時起自息，抱暗生覺緣，心時緣不逐。”謂覺因暗生，覺生暗謝，暗謝覺湛，心無所緣。所緣既無，湛亦無寄。未生前本無色心養育，惟廓然無念。凡色心養育想受，皆言念生。生實無生，故曰起發未曾起。是時，不惟衆生無地，佛亦難泊。此蓋以理折情，融事爲理也。

夫婬習不難克，難在知婬之所以然。所以然明，則能尋流而得源矣。流譬心也，水喻性也，水本靜而流動。能了動外無靜，則心可以復性也。心既可以復性，率性而治習，猶殘雪撲紅爐之焰，習豈能久停者哉！雖然復性不易，苟非達心無體。全性爲心，其孰能之。

（以上選自金陵刻經處版紫柏老人集卷二）

夫飲食男女，聲色貨利，未始爲障道，而所以障道者，特自身自心耳。故昔人有言，功勞莫先於有智，大患莫若於有身。智卽妄心也，身卽妄身也。夫妄心者，託物而生者也；妄身者，假物而成者也。然唯真心，物生不生，物滅不滅；真身，氣聚不聚，氣散不散。物者何？前塵之謂也；氣者何？四大之謂也。所謂妄心者，觸境生情，好惡代謝，從生至老，從老至死，綿然不斷；於不净處，耽湎味著，如自髓腦，執吝不舍。雖有良師父兄善友，言以覺之，非唯不能頓然棄舍，改惡遷善，猶至於結恨者不少也。此縱妄心情識，順則歡然，逆則不悦。如此者，所謂人頭牛耳。又有勞勞勤勤，深謀遠慮，以養生爲計者，貧則冀富，富則冀貴，貴則冀壽，壽則冀仙，情波浩浩，無有窮已，此謂痴衆生也。究而言之，如此妄念，終朝汩汩，畢世辛勤，不過最初一點妄心不能空耳。我故曰：飲食男女，聲色貨利，非能障道也，障道者惟此妄心也。此妄心又名智者何哉？以其善謀能盡故也。若能廢此妄心，從前種種勤勞，如湯消冰，泮然蕩矣。然能廢此心者，非真爲死生漢子，英靈豪傑，未易易也。<u>金剛般若經</u>中，<u>須菩提</u>首以降心爲問者，蓋知此心苦海源頭生死根株故也。此心一廢，智識銷融，所謂真心者，如浮雲散而明月彰矣。明月照世，高低遠近，四海百川，行潦蹄涔，處處影見，然未嘗有心也。惟悟此心者，雖凡夫而即佛矣；不悟，佛亦凡夫也。妄心真心，並陳於此，有志出世者留心焉；妄身真身，不暇言矣。

　　能所分而不斷者，良以能本非所，所本非能；然則能不自能，所不自所。能不自能，由所故能；所不自所，由能故所。由所故能，則功屬於所矣；由能故所，亦功歸於能矣。功屬於所，則獨立者所也；功歸於能，則獨立者能也。凡謂獨立，則無待，故曰不分；不獨立，則有待，故曰分。知此，則得實相之用矣。實相者，毫無滲漏之謂也。

師曰：坐靜有三品：曰下劣坐、平等坐、增上坐。下劣坐者，但能舌拄齗齶，齒關謹密，雙手握拳夾脊，天柱挺豎不欹，以信力爲主；或持半偈，或持佛號及呪，上有嚴師護持，下有法侶夾輔，是謂下劣坐也。平等坐者，初以識破根塵識三界爲主，於三界始末，洞悉無疑；臨坐時，視身如雲影，視心如網風，別無作手，若能堅勁，昏散痛痒，自然剝落；或一坐半日，或兩三日，飲食不進，氣力仍舊，是謂平等坐也。增上坐者，是以洞徹本心爲事，或以古德機緣，關技癢者，自然凝結不化；若負戴天不共之仇，我不欲瞋悶，而瞋悶塞破虛空；直得依正聖凡，合下盡翻窠窟。有此等志氣力量，累足蒲團，以刻超劫，而無超劫之心。到此時昏散無渠栖泊處，盡十方三世都盧是一箇話頭，廻廻然在前塞煞眉眼，忽然心地有爆荳之機，不生欣喜。何以故？渠我故有，今適相逢，有何奇特，是謂增上坐也。

根塵非物，妄想成迷；妄想元空，根塵成滯。余以是知根塵非妄想而不有，妄想非根塵而本無。不有則山河非礙，本無則念慮非知。山河非礙，則無往而非身；念慮非知，則無往而非心。無往而非身，則塵塵剎剎皆功德之聚；無往而非心，則念念心心總妙應之機。情與無情，本來一片；佛與衆生，元非兩致。是以衆生笑語，卽如來圓極之談；諸佛梵音，卽衆生詼諧之語。或謂我但按指，海印發光；或謂我謦欬涕唾，皆西來意，真不我欺。自是衆生不了自心，非幻成幻。直下知歸，本來成現，雖然造斯玄極，功由慧力。譬夫觀語實相者，究語所從，若生於覺觀，外無匡郭，則音韻不成；若生於根器，內無覺觀，則鼓擊無由。反復推窮，兩端不有；二既不有，中又何來？當體無依，豁然獨露，如是則豈五目之能窺，四智之可測哉？示弟子。

發揮談論，是文字般若；能勘破身心迷情，是觀照般若；佛與衆生同體，是實相般若。

此來佛法大患，患不在天魔外道，患在育師資七大錯耳。一者，以爲禪家古德機緣可以悟道，悟道斷不在教乘上。我且問你，安禪師讀楞嚴破句悟道，永嘉看維摩經悟道，普庵肅禪師、莫邵武皆讀華嚴論悟道。你謂惟禪家機緣可悟道，教乘不可悟道，豈非大錯？二者，以爲知見理路，障自悟門，道不從眼耳入，須一切屛絕，直待冷灰豆爆，發明大事，始爲千了百當，一得永得。我且問你，當世黑白中，誰是有知見理路者？你若果檢點得一個半個出，我也不管他悟道不悟道，敢不惜之，只恐亦不多得。一日，王介甫問蔣山元禪師曰：“教外別傳，可得聞乎？”元曰：“公有障。且以教海資茂靈根，更一兩生來乃可耳。”今人去介甫遠甚，尚未解爬，先學走，豈非大錯？三者，以爲念佛求生淨土，易而不難，比之參禪看教，唯此着子最爲穩當。我且問你，淨土染心人生耶？淨心人生耶？半淨半染人生耶？全淨心人生耶？若染心人可生淨土，則名實乖，因果離背。若半染半淨生淨土者，吾聞古德有言，若人臨終之際，有芥子許情識念娑婆世，斷不能生淨土。若全淨心生者，心既全淨，何往而非淨土，奚用淨土爲？如是以爲念佛一着子，能勝參禪看教，豈非大錯？四者，有等瞎公雞，聞真雞啼，假雞啼，皆做效作種種聲，以爲動念即乖本體，思量便落鬼家活計，況復有言乎？我且問你，此等見識，爲是解，爲是行？解則何乖動念，何病思量？古人有五斗米飯熟後，方能酬一轉語，亦不乖本體，諸大禪老皆許其悟徹。又曰：“思之思之，鬼神將通之，非鬼神通之，心開而明也。”思量何傷？觀音聞思修三慧，熏化一切，你徧以思量爲病，豈非大錯？五者，人生未必無欲，有欲能制而弗隨，非賢者不能。又有縱而不制者，頗籍多生慧種，稍涉獵教乘，或得一知半解，卽眼空一切，以爲古人造理不過如此，本來無事，何必別參。於逆順境風之中，又東飄西蕩，作不得一毫主宰。我且問你，古人見得卽用得着，你這般没頭腦，卽見得用不得。尚未夢見，敢無慚無愧，莽撞説大話，徒招苦報，豈非大錯？六者，三教中人，各無定見，學儒未通，棄儒學佛，學佛未通，棄佛學老，學老未通，流入傍門，無所不至。我且問你，你果到孔孟境界也未？若已到，決不作這般去就；若未到，儒尚未通，安能學佛，佛尚未通，何暇學老？又有一等人，謂佛家道理，先是義利關頭，便見不明白，何況聖道？且其書汪洋汗漫，卒不能摸其邊微，不如各守己道，却不省事？我且問你，你悟佛心否？若悟佛心，心自無疑，無疑則無悔，無悔卽入信。今你不愧自己天機淺陋，反疑佛經，豈非大錯？七者，在家出家之人，較唐宋黑白，天淵不同。唐宋時人，若裴休、蘇軾，於宗教兩途，並皆有所悟入。或一句一偈，讚揚吾道，猶夜光照乘，千古之下，光不可掩，粲然與佛日爭明。卽吾曹或與之酬酢，若韜光禪師答白樂天偈，寂音尊者酬陳瑩中之古詩，亦自風致有餘。至於碑文經序，雖長篇短述不等，然與修多羅若合符契，非真得佛心者，孰能臻此。至本朝，自宋濂以來，能以語言文字讚揚吾道者，不道全無，敢謂亦少。蓋唐宋諸公與方外人遊，俱能超情離見，裂破俗網，置得失榮辱於空華之中。心心相照，如兩鏡交光相似，故其遺風餘烈，後人自不能附贅。嗚呼！以情求道，所謂首越而之燕也；去情求道，所謂離波而覓水也。若人於兩者之間，別有出身之路，不涉忌諱，管取不參禪，不看教，敢保他悟道有日。如以兩者之間立脚跟不定，不若做個長行粥飯人，豈不是好。又今之僧俗，或親師訪友，未見師友之心，便乃揣摩卜度，某師不過如此，某友亦不過如此。此心既生，則雖如來復起，亦不能利益渠矣，況其它乎。凡親師訪友，譬如摘桃，寧暇管其樹之曲直，唯在桃美而已。若然者，親師訪友，剛以情識求道，豈非大錯？如是七錯，我也是趁口胡説一上，不知黑白賢豪以爲如何。然此七錯，亦是醍醐，亦是毒藥。能善用之，毒藥未始非醍醐；不善用之，醍醐未始非毒藥。我又問你，此七錯，一念未生時着在何處？一念已生時着在何處？若人辨得出，老漢與他提鞋挈瓶有日在；如辨不出，不可草草，惹他明眼人笑你去。

（以上選自金陵刻經處版紫柏老人集卷三）

夫華嚴大典，雖文豐義博，實雄他經，然其大義，不過四分，四法界而已。一念不生謂之理法界，一念既生謂之事法界。未生不礙已生，已生不礙未生，謂之事理無礙法界。如拈來便用，不涉情解，當處現成，不可以理求之，亦不可以事盡之，權謂之事事無礙法界。行者能信此、解此、行此、證此，總謂之四分也。又事理無礙法界，自大典東來幾千載，而黑白諸豪傑，莫不以爲此經是根本法輪，皆研精殫思，疏之論之。至於事事無礙法界，則如子聞父名，終不敢稱，謂縱有强發揮者，亦不過以理融事，事始無礙。若然，則大雄氏於理事無礙外，設此法界，豈不徒然也耶？又帝心之與善慧，或曰“懷州牛喫禾，益州馬腹脹，天下覓醫人，炙豬左膊上”等語，乃不過旁敲耳。夫帝心、善慧皆文殊、彌勒再來，彼二大菩薩於事事無礙法界，亦惟旁敲，不敢正言。今子書是經於青山白雲之間，可謂大有勝緣也者。知子前三法界可以智識通之，末後一界子若不離智識而求之，則終不入矣。且離智識而可求之，則土木偶人亦可求之矣，何待子求？子若求而未通，未通之處正好猛着精彩，拚命求之，如命根忽斷。則子所書之經，譬如塗毒鼓，擊之發聲，有心無心，聞者皆不旋踵而死，死後復活，再來印可未晚也。示麟禪人。

净法界身，本無生死，瞥爾情動，十界昭然，由粗而精，由苦而樂。則地獄界因，十惡所感；餓鬼界因，慳妬所感；畜生界因，癡婬所感；人界因，持五戒所感；修羅界因，修善兼嗔詐所感；天界因，十善所感。此六界，謂之六凡。聲聞界因，四諦所感；緣覺界因，修十二因緣還滅所感；菩薩界因，修六度所感；佛界因，修無上菩提所感。此四界，謂之四聖。若由精而粗，由樂而苦，則不能入佛界者在菩薩界，不能入菩薩界者墮緣覺界，不能入緣覺界者陷聲聞界，不能入聲聞界者墮天界，不能入天界者墮修羅界。修羅界不能回心，則墮畜生、餓鬼及地獄界；人界不回心，亦墮畜生、餓鬼及地獄三界。嗚呼！一心未生，凡聖皆不可得，唯净法界身，圓滿無缺。一心既生，則聖凡判然，毫不可昧。是以修行之者，以十界鏡心。凡念頭起處，當知自己所入所墮之界，如掌中見紋理，條然明白。如於十惡境上生心，即知是地獄界因；於慳妬境上生心，即知是餓鬼界因；於癡婬境上生心，即知是畜生界因；於五戒境上生心，即知是人界因；於嗔詐善境上生心，即知是修羅界因；於十善境上生心，即知是天界因；於四諦境上生心，即知是聲聞界因；於十二因緣境上生心，即知是緣覺界因；於六度境上生心，即知是菩薩界因；於無上菩提境上生心，即知是佛界因。然而，地獄苦有輕重，餓鬼饑有淺深，畜生癡婬有厚薄，人道有富貴貧賤，修羅有強弱，天人有優劣，聲聞緣覺有巧拙，菩薩佛有差級，是皆衆生日用業力所感，如鏡照面，好醜宛然。然地獄衆生欣慕餓鬼，餓鬼欣慕畜生，畜生欣慕人道，人道欣慕天人，天人欣慕聲聞，聲聞欣慕緣覺，緣覺欣慕菩薩，菩薩欣慕諸佛，何啻泥蟠之龍之慕雲霄，蹄涔之蟲之慕滄海哉。乃有一種癡人，厭浮生有限，壽樂不常，欣慕仙道以圖長壽，享樂永久。殊不知，地獄衆生，一念能發無上菩提之心，乃至直超菩薩境界，況天之與人，修羅之與仙乎？如在人道中，不能發無上之心，培佛種子，則不若地獄中能一念發菩提心衆生遠矣。且地獄之苦不爲極苦，女身之苦最爲極苦。雖貴爲天子之母，自謂受福無上，殊不知訪道名山，參禪佛海，不若貧賤男子多矣。何者？女人障礙無量，嫌疑多種，一動一静，一出一入，凡百所爲，受人禁縛，不得如意。貧賤男子則不然，但發肯心，訪道名山亦由我，參禪佛海亦由我，遊行千萬里亦由我，深山静坐亦由我，高聲念佛亦由我，歡喜樂道，大笑幾聲亦由我。縱横自在，去來隨意。以此言之，則極貴女人，不如貧賤男子明矣。然要脱女身亦不難，但能信得善知識，言語透徹，反邪歸正，旁門小道一頓併掃，朝去暮來，歡喜煩惱，忙閒動静，昏沉散亂，種種關頭毫不放過，惟以毘舍浮佛頌爲根本話頭，於一切逆順境上綿綿不斷，歷歷不昧，持誦將去。如是做工夫，做得三年五年，若無效驗，當來若不脱女身，不惟我之舌根當破，則十方諸佛廣長舌根亦當破也。我發此誠實語，汝等不能信受，不能以十界照心，警策日用，墮大地獄，現在招苦，總怨不得善知識。咄！三塗一報五千刧，出得頭來是幾時。<u>示法燈</u>。

　　夫道心唯微，人心唯危。微之乘危，危之傾微，苟無志以持之，則微者幾不復矣。雖然，微果非危乎？危果非微乎？微乎危乎，危乎微乎！今有人於此，苟有志於道德功名之域，不能尊其所謂微者，寧惟所願弗克，將靡所不至焉。噫！萬類紛紜，唯人最靈，不能重此而重彼，非也！<u>勉馬大之</u>。

　　夫玄黃無咎，咎生於情，情若不生，觸目皆道。故情有理無者，聖人空之；理有情無者，衆人惑焉。古德云："一心不生，萬物無咎。"又曰："自心取自心，非幻成幻法。"由是而觀，則得心者千差皆如，膠境者一真紛擾。嗚呼！森羅萬象，一法之所印。所謂一法者，果

卽心而有耶？果離心而有耶？果非卽非離而有耶？學者於此，苟
能諦審觀察，觀久緣熟，爆然心開，則離亦如，卽亦如，非卽非離亦
如。若然者，無往而非如矣，豈可以萬盡之哉！<u>萬如</u>當痛持戒珠，
無爲五色糞之所埋没。勉之勉之！　示萬如禪人。

　　夫情未變之初謂之心，心之前謂之性。性體本具明静二德，以
性體無外，不能自覺，故强照生。强照生，則明静之德變而爲昏動
矣。昏動既作，則萬法生焉，而變化莫窮也。故名無知覺者，謂之依
報，謂之器界；有知覺者，謂之正報，謂之衆生。此自本而末也，又謂
之順流，謂其流逸前塵，陷於根界。夫根塵既備，有待鏗然，似不可
解矣，蓋由昏動昧之。動，散也，故又謂之昏散。嗚呼！昏散果何物
哉，置我於生死浩然之中！顚連長刼，痛苦歷窮，竟不能擺脱消解，
使我現前日用之際，如處覆盆之下，如盪飄風之中，無須臾明静者，
非天地，非鬼神爲之祟，究其所以，必使我當明反昏，當静反動。人
號萬物之靈，而昏散之權在彼而不在此，所以無我而靈者，埋没不
振，本明不明，本静不静，皆昏散主之也。有志於收放心者，苟不能
主昏散，而受昏散主，則收放之功，終難建矣。故曰：欲收放心，先究
昏散之所以然。昏散之所以然既明，則昏散之權在此而不在彼。然
昏散之所以然，亦不易明。如能明之，則由情而復心，由心而復性，
如掌中見紋理，鏡中見眉目。自此乘明治情，譬如挾天子而令諸
侯，孰敢抗命？故曰：率性治情，非見性者不能。又曰：聞道易，明
道難。又曰：大事未明，如喪考妣；大事已明，如喪考妣。真萬古之
名言也。苟非喪心病狂者，誰不信入。依此而行，功不虚棄，終歸
無所得，則昏散名定慧，不名明静者，聖人蓋欲不忘復性之功也。此
謂之逆流。蓋逆無明流，而入法性海。故曰：隨順無明起諸有，若不
隨順諸有離。此理昭著，雖至愚者，舉逆順梗概示之，亦必了然，况

智者乎！又，常居飲食後，不覺昏沉要睡，此斷不可縱情，必當以散
動倒治之則醒，醒後雖熟睡可也。其治散亂法亦同。良以眾生日
用，不昏即散，不散即昏，昏昏散散，散散昏昏，自無始以來，勞敝我
如此。又，一切病患皆生於昏散，故善治昏散者，百病輕減，亦不易
老。究其所以，不過要昏散之權，不屬昏散，而必屬我，要醒則醒，
昏之不得；要睡則睡，散之不得。始試之於飲食前後，終徵之於即
昏即散，而明止觀。由止觀而治昏散，昏散復本，則所謂明靜之德，
不待召而至也。如問性體，待汝鑄昏散成定慧後，再爲汝道未晚
也。**示醒季卓**。

（以上選自金陵刻經處版紫柏老人集卷四）

孔子没，發揮孔子者，孟子一人而已。夫何故？蓋孟子得孔子
之心也。孔子之心當如何求？求諸孟子而已。欲求孟子之心者，求
諸己而已。自心既得，孔孟之心得矣。自心如何求？當於日用中求
也。日用閒人欲雖衆，不出逆順昏昧放逸而已。何謂逆？凡不可意
處，皆謂之逆。順則反是。何謂昏昧？觸道義事，聞道義言，不聳然
奮爲，因循廢棄，皆謂之昏昧。何謂放逸？讀聖賢書，全不體認做
去，見善人君子，略不收斂，情馳欲境，神思飛揚，不生自返之心，皆
謂之放逸。汝等於此四種關頭，挺然精進做去，即經綸宇宙，整頓
蒼生，收功當世，垂芳千古，尚且不難，況目前一第哉？然求此放
心，貴在知心起處。起於道義，竭力充之；起於不道義，竭力制之。
制之之要，又在先悟自心，自心不悟，雖强制之，終難拔根。根既不
拔，工夫稍懈，則人欲之芽，勃然難遏矣！必於穿衣喫飯處，飲食男
女處，迎賓待客處，屙屎放尿處，百凡所爲，務審此心爲生於我耶？
生於物耶？若生於我，生於身中耶？生於身外耶？生於身中，如何
不見五藏？生於身外，則與自己了無交涉。如他人喫飯，我必不飽

也。若生於物，無我應之，心本自無。若無我應，而物能生心，則擊鍾磬於木偶人傍，胡不見其生心耶？心雖變幻不測，出入無時，然不出物我之閒。若離物我求心，卽如撥波覓水也。若卽物我是心，又成認賊爲子也。離不是心，卽不是心，畢竟如何是心？於此參之，真積力久，一旦豁然而悟，則<u>孟子</u>求放心效驗，不待求於<u>孟子</u>矣。<small>求放心說，示弟子。</small>

（以上選自<u>金陵刻經處</u>版<u>紫柏老人集</u>卷五）

千經萬論，說離身心。故覺有身心，卽是無明；不見有身心，卽是大智慧。噫！　無明智慧，初非兩事。但順情時，身心現前；情消時，身心廓落。身心現前，生死煩惱不待而來；身心不見，涅槃菩提非求卽證。<small>示懷慈。</small>

<u>易</u>戒有心，<u>老</u>亦戒有心。然觀其象而察其爻，亦未始無心也。<u>老</u>亦不敢爲天下先，而不敢者，寧非有心乎？故有心無心，唯聖人善用之，無入而不可也。自非聖人，不唯有心有過，卽無心亦未嘗無過。若然者，則初心之人，如何作功？能辨此者，可以讀<u>易老</u>。

夫梧葉落而知秋，葭灰動而知春。梧葉葭灰非可見者乎？春與秋非不可見者乎？然微可見之物，則不可見者終不見之矣。苟聖人不以可見之情見不可見之性，則性終不可見也。夫性不可見，則我固有之全失。固有之全失，則我欲立於大全之中而運其末，亦終不可得，而<u>易</u>之道亦幾乎息矣。<u>易</u>息而謂天地萬物存，則天地萬物皆<u>易</u>外有也，雖至愚不信。予以是知，性有性之體，性有性之用，性有性之相。何謂體？用所從出也。何謂用？相所從出也。何謂相？昭然而可接者也。如善惡苦樂之情，此相也；苦樂之情未接，

靈然而不昧者，此用也；外相與用，而昭然與靈然者皆無所自矣，此體也。昔人以性無善惡，情有善惡。殊不知性無性，而具善惡之用；用無性，而著善惡之相。若赤子墮井，而不忍之心生，此善之情也。此情將生未生之間，非吉凶有無可能彷彿者，乃不知其爲心，而遂認心以爲性。所以性命之學，於是乎晦而不明也。卽易之卦爻，有謂卦寓性，爻寓情，此亦認心爲性者也。夫卦六十有四，而吉凶之情具而未著也。具故，非無也；未著故，非有也。非無故，則不可謂之性；非有故，則不可謂之情。既不可謂之性與情，謂之心非乎？故六十四卦，心之所寓也；三百八十四爻，情之唐肆也。故內外之情，吉凶之機，雖錯變無常，然不出乎卦之內外，爻之奇偶也。內近親，外近疎，吉近善，凶近惡。親疎具而無我，心也；善惡具而有狀，情也。夫心與情，易之道窮於是矣。而心之前，有所謂性者，則非卦爻所能彷彿者也。然離卦爻而求之，則又離波求水也。然如之何？曰：非予所知也。知之者，非知之者也。是何故？良以性不知性，如眼不見眼故也。

　　皮毬子曰：有一事，則有一義。義，宜也。如地宜堅，水宜濕，火宜熱，風宜動。如堅者濕，濕者熱，熱者動，則非義矣。理則不然，堅可以爲濕，濕可以爲熱，熱可以爲動，動復可以爲熱，熱爲濕，濕爲堅。蓋宜者可以不宜，不宜者可以宜，譬如輪之始終，豈果有端哉？故地水火風又名曰四輪。然輪雖不可以始終窮，外鐵則輪何所有？ 義理辨。

　　　　　　　（以上選自金陵刻經處版紫柏老人集卷六）

　　夫木具火性，然不能自焚，必須假鑽燧而烟始生，然烟雖非火，乃火之前茅也。如鑽燧不休，火必繼烟而至矣。火則木盡成灰。嗟乎！木始由土而生，終還於土，此理勢然也。衆生佛性，木中火性也；諸佛教典，鑽燧之具也。具有而不得其人，則火終不發。火發而木然。衆生因佛教典，熏發觀照之火，焚五蘊木，終歸性土。此蓋卽情而復性之譬也。

（以上選自金陵刻經處版紫柏老人集卷七）

世儒每以知行合一爲妙，殊不知曾子述夫子之意，則曰："尊其所知，則高明矣；行其所知，則光大矣。"由是而觀，先知而後行明矣。不知而行者，又烏足道？然知有解悟之知，有修行之知，有證極之知。故無解悟之知，則修行之知無本矣；無修行之知，則證極之知無道矣。又證極之知，爲解悟修行之知之所歸宿也。

知行合一之旨可得聞乎？曰：行時非知時，證時非行時。到此地位，不可以智知，所知不能及。知既不能及，行亦不能及，知行路窮，不唯神仙失其靜篤，管取羅漢遺其空醉矣。若然者，畢竟如何卽是？回看雲樹杪，不覺月沉西。

（以上選自金陵刻經處版紫柏老人集卷八）

二、長松茹退

序

憨憨子，不知何許人。其應物之際，多出入乎孔、老之樊，然終以釋氏爲歇心之地。其所著書曰茹退者，乃自貶，非暴耀也。夫何故？立言不難，難於明理，明理不難，難於治情。能以理治情，則理愈明，理愈明，則光大，故其所立之言天下則之，鬼神尊而訶護之。**憖憖子**自知不能以理治情，以飲食不節而致病，病生復不畏死，猶妄著書，譬如牛馬，不能力耕致遠，枉費水草之餘，唯所退者存焉耳。名其書曰<u>茹退</u>，不亦宜乎。雖然迫而後應，與夫不扣而自鳴者，不可同日語也。<u>潯陽</u>有<u>匡石子</u>者，謂**憖憖子**曰：石兄<u>來慈</u>，搆長松館於此，有年數矣，徒廓然於青松白雲之間。<u>且岷江</u>濤生，聲襍鐘梵，境不可謂不幽也，然未得高人勝士，擊無生之磬，震緣生之夢，則夢者終不覺矣，豈至人之存心乎哉？**憖憖子**愀然久之，曰：敢不唯命。乃長<u>長松</u>爲牛馬焉。

諸法無生，何謂也？心不自心，由塵發知；塵不自塵，由心立塵。由塵發知，知果有哉？由心立塵，塵果有哉？心塵既無，誰爲共者？若謂無因，烏有是處？吾以是知，山河大地本皆無生，謂有生者，情計耳，非理也。故曰：以理治情，如春消冰。

千年暗室，一燈能明；一燈之明，微吹能冥，明暗果有常哉？如明暗有常，則能見明暗者非常矣。知此者可以反晝爲夜，反夜爲晝，而能晝夜者，初無晝夜也。明暗無代謝，謂有代謝者，隨分別始至也。如分別不生，明暗何在？悲夫！明則能見，暗則不能見，是謂塵使識，若識能使塵，則明暗在此，而不在彼矣。故曰：若能轉物，即同<u>如來</u>。

火性無我，寄於諸緣。外諸緣而覓火性，何異離波覓水者哉？火性既如此，彼六大獨不然乎？噫！道遠乎哉？觸事而真。聖遠乎哉？體之即神。今觸事不能真，體之不能神，蓋分別性未亡也，無塵智亦未明也。

明暗生晝夜，晝夜生寒暑，寒暑生古今。脫離吾現前一念，彼皆如石女生兒。故曰：十世古今，始終不離於當念。又曰：覓心了不可得。雖然，了不可得而有。如無可得，則不可得者，曷能獨存哉？

如來藏中不許有識，此古人之言也。吾則不然：衆人心中不許有如來藏。夫何故？凡聖皆獨立故。譬如一指屈伸，正屈時，伸何所有？正伸時，屈何所有？一現前，一不現前，固不同，而全露指體，本無優劣。故曰：師子遊行，不帶伴侶。

空外無色，色外無空，空兮色兮，根情而有，外情而觀，則空色奚寄。故曰：情爲化母，萬物皆子。母亡子隨，乃自然之勢也。或曰：有可情化，空豈能化？憨憨子曰：空待色有，色化空殞，此理之必然者也，子何獨疑？

道不生虛，則有形者何所置之？人心不虛，則無窮之善自何出焉？故曰：虛則能容，能容則大，大則無外，無外則獨立。而獨立者，在堯不加多，在紂不加少，然堯得之，紂失之也。

性變而爲情，情變而爲物。有能泝而上之，何物非性？五行相生，復能相克。天下好生而惡克，殊不知外生無克，外克無生。故達者知生生克，聞死不惑；知克生生，聞生不盈。

出者有隱者之心，處者有出者之情，皆惑也。夫出而不決，爲忠不徹；處而不果，是謂大惑。噫！大惑不除，雖處於幽巖深壑之間，何異市朝。

見水不能渡者，以其無筏；見空不能蹈者，以其無翼。然筏與翼，皆屬於木。木生於土。由是而觀，是見土不能渡，不能蹈也。古之人有知於此者，故能不筏而浮滄海，不翼而履太空。

我不待我而待於物，物不待物而待於我，兩者相待，而物我亢然。故廣土地者，見物而忘我；略榮名者，見我而忘物。一忘，一不忘，何異俱不忘？唯俱忘者可以役物我。

鳥能飛，魚能游，然微空水，則翼不可展，尾不能動。故野馬奔於遠郊，長風游於太虛，苟無肆足之地，容怒之天，則殆而已矣。故君子之處小人，若不能使之各得其所用而不棄，則君子聞道奚益於世？

待欲熾始乃治之，何異一杯之水救積薪之火也。唯爲之於未有，所謂未昏而我本明，未動而我本静，慎之可耳。如明極則照生，静窮卽動起，照爲昏媒，起爲動引。故聖人預知此，乃設止觀之藥，治昏動之病。一朝病除藥廢，則向我本明本静者，又不名明静，乃曰定慧者，蓋不欲忘其復性之功也。

飲食男女，衆人皆欲，欲而能反者，終至於無欲。嘻！唯無欲者可以勞天下，可以安天下。

身非我有，有之者愚也。破愚莫若智，智不徒生，必生於好學，學而能辨之，非智安至此。故曰：學非是道，然足以破愚。愚破智開，始可入道矣。

能病病者，病奚從生？以不能病病，我故病焉。然病之大者，莫若生心，心生則靡所不至矣，豈惟病哉！故曰：眼病乎色，耳病乎聲，心病乎我。唯忘我者，病無所病，可以藥天下之病。

松本無聲，風入濤生；銅本非鏡，鏡成生明。無情者，有情之待也。無聲者，亦有聲之待也。不明待明，明卽不明，聲卽無聲，情卽無情。故曰：有待無待者，皆無自體，唯自心建故。達心無我者，雖處吉凶之域，而吉凶不可得而惑。

無物不神，不神有心。心有而能無者，無豈能醉哉？無不能醉，有不能昧，可以顛倒天地，有無萬物。神耶？非神耶？

刻木爲魚，魚腹空虛，以物擊之，聲出於無。無能出聲，無果無乎？聲從無出，聲果有乎？噫！舉一類諸，何物能愚。

有形至大者莫若天地，無形至大者莫若虛空。有道者知彼二者皆自心影響，故見空不空，見形非形。

龍爲鱗蟲之長，孰不賓焉？然長而有欲，則人可以豢之。豢之者，犬豕也，今龍亦可豢之，豈真龍也哉？

"介然有知，唯施是畏。"此老氏之言耳。曹溪大鑑則曰："對境心數起，菩提作麼長。"則又若有知不乖無知也。老乎？曹乎？同乎？異乎？吾不得而知。付之副墨之子，俟來者辨之。

今有百人焉，異口而同音，使聽之者疑若一人焉。嗟夫！口異者，情之所感也，音同者，性之所出也。敢問性？對曰：音之前，心之初，唯無思者，可以契同耳。

世人見畫鳥以爲非真，見飛鳥則以爲真鳥也。殊不知人借五行爲身，析而觀之，身則不有，何況有人？人既不有，則畫鳥飛鳥獨能有哉？故曰：真待假有，假忘真隨忘。若然者，何真何假？

芻狗未陳，錦綉飾焉，既祭，收堅踐焉。夫芻之爲狗，芻不增多，狗復爲芻，芻不減少。由是而觀，狗徒有名，實唯芻也。或者見芻則以爲薪，見狗則以爲畜。狗能防盜，薪能傳火，盜能殺人，火能燒山，一相因，萬相因，以至無窮，竟不可以知識知。故曰：一波纔動萬波隨。

學所以破愚也。今有人於此，不以學破愚，而以學周欲。即此而觀，則聖人設教，本在藥衆人之病，今藥生病，則聖人之技窮矣。故曰：醍醐成毒藥也。

豆在瓶中，春至則能萌芽；人在欲中，覺生則能夢除。故曰：有大覺而後知有大夢也。夫大夢者，併夢覺而言也。夢覺則夢除，覺覺則覺除，覺夢俱除，始名大覺焉。

莊周夢爲蝴蝶，蝶夢爲莊周，此就有心而言也。吾則曰：我夢爲山河，山河夢爲我，此該有心無心而言也。噫！能有心，能該有心無心者，果夢耶？果不夢耶？

萬物本閒，鬧之者人耳。人而不鬧，天下何事。故垂衣裳而天下治者，非出有心也。

一盆之水，一拳之石，足以盡泰山滄海也。夫何故？大不自大,待小而大;小不自小,待大而小。待小而大,則天地可以置於芥子矣;待大而小,則毛孔可以容乎虛空矣。虛空無形,毛能容之,況天地萬物者乎? 故曰:毫釐非細,閒關其內;虛空非大,廣容無外。

種松所以棲鶴也,養鶴所以代風也。故列子泠然乘風而遊於八荒之外,返而失其故居,猶謂在八荒之外也。故曰:道非有無,豈可以方所求之哉? 道非遠近,豈可以去來疑之哉? 唯不求不疑者,非上智則下愚矣。

心有真心妄心。真心照境而無生,妄心則因境牽起者也。真心物我一貫,聖不能多,凡不能少。妄心則境有多種:或以有爲境,或以無爲境,或以諸子各偏所見爲境。故曰:心本無生因境有,六合之外,六合之內,羅籠盡矣。又,老氏以身爲大患,身無患無,而不言所以然之旨。曰:假借四大以爲身,則無身之所以然明矣。夫心本不勞,形累之勞,身遺則心無能勞之者。心果有乎? 昔人有言全神者,心將遺之,況於身乎? 故曰:有心則罪福有主,心忘主無,雖有罪福,孰主之哉?

我心未起,義路莫造,故窮天下之辨,盡天下之義,皆謂之以網張風,蹲龜之毛也。雖然,善行者無足跡,善言者無舌力。如是言,如是行,謂之不言而言,不行而行。不言而言者,言滿天下本無言;不行而行者,行徧天下本無行。故曰:不行而至,不言而信也。

衆人以爲高不過乎天,厚不過乎地,故曰天高地厚,無能匹者。殊不知天地雖高厚,亦有形之大者。夫有形離無形,形何所從;無形離有形,無形誰明? 明也者,有無一致之謂也。

勇而不義謂之暴,仁而不明謂之倒。倒也者,以小傷大之謂也。唯仁不仁,乃合乎道。

月在秋水,春着花容,雖至愚者,亦未有見之而不悦也。殊不知外我一心,則水無所清,月無所明,春無所呈,花無所榮。知此者,可與言卽物會心之大略也。

生公聚石爲徒,與之談涅槃大意,羣石皆點首而肯之。夫石本無心,豈有耳哉? 無心無耳,於意則肯首,於聲則能受。肯之,受之,心耶? 耳耶?

見欲忘身者,乃欲重於身也; 見身忘欲者,乃身重於欲也。欲重之人,雖多才奚爲? 唯聖人因其欲而用之,終使之無欲焉。重身之人,固能忘欲,身爲欲本,心則主之,而不能忘心,則身亦欲也。故曰: 唯忘心者,則身無所勞。

蛇可以爲龍,衆人可以爲聖。今衆人滿天下,而登聖者何稀焉? 噫! 風行於上,俗成於下,顧其鼓舞者何如耳。如鼓舞者不得其人,雖聖人滿天下,有若無也。

"稚子弄影,不知爲影所弄。"此譚子之言也。吾則曰: 影弄稚子,不知爲稚子所弄。譚言可以義求,吾言難以理通。譚兮,吾兮,孰先孰後,孰智孰愚,吾不得而辨,且付之無辨子焉。

吾讀莊子,乃知周非老氏之徒也。吾讀孟子,乃知軻非仲尼之徒也。夫何故? 老氏不辯,周善辯。仲尼言性活,軻言性死。辯則失真,死則不靈。失真不靈,賢者之大疵也。

羊不知驢,驢不知馬,馬不知龍。謂驢不能百里,謂馬不能千里,謂龍不能蜿蜒九霄,是皆以己盡人者也。夫人可以己盡,則道可以力得矣。何君至尊,臣不得而獻之? 父至慈,子不得而傳之耶? 故曰: 人不可以己盡,道不可以力得。唯舍己盡人者,無情不盡,無道不得也。

日高則羣陰自滅,雲厚則杲日失明。今有人於此,不以無生之水沃貪欲之火,而爍靈焚和,終無息矣。

晝想之,夜夢之,想想夢夢,積歲成刼。萬古一息,或謂之延,或謂之促。延兮促兮,有兮無兮,唯離念者乃知此也。

岷山而至石頭，從高而下也。岷山如在天，石頭如在淵。天上有水，魚龍藏焉；淵中有陸，人物寓焉。在上者不以陸低而設底脫之防，在下者亦不以水高而憂衝洗之患者，命也，業也。故曰：知見每欲留於世間，業運屢常遷於國土。

男見女喜悅，女見男亦喜悅。男女雖別，而喜悅未嘗不一也。噫！喜悅之初，有不累於喜悅者存焉。人能知此，則喜悅乃思無邪也。

儉可以積福，亦可以積禍。吾同衆人之儉，儉非吾儉，福必積矣。如儉人而不儉己，禍必積焉。故曰：同人之儉者，人雖餓死而不怨；儉人而不儉己者，雖溫飽而不懷也。

少而不老，老而不病，病而不死，則生者無媒矣。生而不少，少而不老，老而不病，則死者亦無媒矣。噫，死爲生媒，生爲死媒，譬如環輪，端從何起？故曰：生本無生，死本無死。或者橫生橫死耳。

吳人嗜鱸魚蓴菜，燕人嗜駝乳牛乳。蓴菜鱸魚，牛乳駝乳，味雖不同，嗜無兩種。鱸魚蓴菜，衆人以爲鮮；駝乳牛乳，衆人以爲羶。噫！如舌根不搖，識不嘗味，天雨甘露，地產甘肥，孰知嗜哉？

公之私之，皆自心出。公則天下喜之，私則天下怒之。喜則福生，怒則禍生。知福生於公，而不能以公滅私者，欲醉其心也。

制欲不難，唯自重難。人而能自重，雖高爵厚祿不能動之。果能昭廓不動，至於動而無欲，則幾於聖矣。古有節婦，謂餓死猶勝生失節，失節生猶死，遂餓而死。是以天下仰其遺烈，如月在寒空也。

皎如青天，忽爾生雲。吾清淨心中，念生忽然。念自生耶？固有生之者乎？生而能返，出而能歸者也。生而不返，流浪他鄉，泠瀯辛苦，朝之莫之，弗得暫安。如長風驅雲，雲雖無心，茫茫不能已者，風使之然也。故曰：境風浩浩，凋殘功德之林；心火炎炎，燒斷覺山之路。山上有天，誰得見之？

飲食之於人也，所以資其生耳。今有人於此，不以飲食資生，反乃傷之者，蓋不節之過也。飲食而能節之，小則可以資一身一家，大則可以資天下。故曰：智者能調五臟，充而用之，能調天下，非誇也。

昔之人，有力拔山者，氣吞天下者。人在地上，口在人面，而能拔山。山，地也；口，亦地也。謂之地拔地，地吞天下，於理則無悖。反是，雖有其辭，乃過壯之耳。

天下以美婦人譬好花，以好花譬美婦人。殊不知以人譬花，以花譬人，而能譬譬者，非花非人也。故曰：境緣無好醜，好醜起於心。

胡馬依北風，越鳥巢南枝，南人解乘舟，北人解乘馬。人物雖殊，便常則一也。故使農人揖讓於明堂之上，置縉紳於耕鋤之間，久習雖亦安之，終非其常也。是以聖人不以反常教天下，但以中庸教之者，率其常而已矣。常則久，久則遠，遠生大，大無不盡，何必反常？

桃李芳濃，遊蜂不待召而聚；花落，亦不待遣而散。殊不知花有榮悴，而樹無代謝。夫樹無代謝，則今日之零落，安知不爲異日芳濃之本與？昔人有方受相印而貴震天下，即題詩於館壁間曰：霜松雪竹鐘山寺，投老歸歟寄此生。噫！大悲菩薩手眼何多，果乃一些瞞他不得，良有以夫。

開眼見山水，合眼夢山水。開眼所見，世以爲真，合眼所見，世以爲不真。殊不知真與不真，離心無塵。塵尚非有，況山水乎哉？

聞鐘聲而能卜陰晴者，耳聰英於人者也；過萬馬一見而不忘其毛色者，目明雄於人者也。故世皆以爲極聰明之人也。雖然，合聰不聰，合明不明。聰之與明，果聰明歟？果不聰明歟？昔人有言曰：世人之耳非不聰，耳聰特向經中聾；世人之目非不明，目明特向經中盲。若然者，彼能卜陰晴之聰，辨馬色之明，豈真聰明也耶？

孟軻言性善，苟況言性惡，揚雄言性善惡混。夫言善言惡者，是析一爲二也；言善惡混者，是併二而爲一也。噫！性也者，非一非二，而一而二，孰能析之，孰能併之？吾以是知析之者併之者，皆畫蛇添足者也。

吾讀墨子，然後知其非大悖於孔子者也。吾讀楊子，亦知其非吝一毛而不拔者也。今曰墨子悖孔氏，楊朱吝一毛，是皆不讀楊、墨書者也。楊、墨骨已朽，而不朽者寓於書。然不讀其書，而隨人口吻以妄排之，假使楊、墨不死，聞其排語，寧不捧腹而絶倒歟！

十習六交，惡情所積，果熟徵報，所以誨因也。若夫十號具足，萬德周隆，亦善情所積，果熟誨因也。然惡積則受苦，善積則受樂，如一心不生，萬法何咎？人而知此，則將善不敢恃，況敢爲惡而甘受苦哉？故曰：善雖是美，惡固非善。善不藉惡，則爲善無資矣，惡不藉善，則爲善無師矣。今有人於此，必欲逐盡小人，然後天下始可治者，豈聖人之心也耶？

火勝水，水必成湯；水勝火，火必成涼。是故，易之泰卦，貴權在君子，亦使小人各得其所也。然聖人不病於臨，而病於大壯者，至泰且固守而不敢進。噫！非憂深慮遠者，孰能知此。

吾讀易，然後知六十四卦本無常性。故曰："周流六虛，上下無常。"所以性之情之，惡之好之，凶之吉之，循環無端，變化無窮矣。

中庸之未發，即易之未畫；發而皆中節，即易之已畫。或曰中，或曰和，或曰道，或曰易。中也者，未發不昧已發之謂也。和也者，已發不乖未發之謂也。先天謂之道，後天謂之易。故曰："形而上者謂之道，形而下者謂之器。"器成，則易行乎其中矣。外器而求易，猶外卦而求爻也，寧有是處。

深山大澤，龍蛇生焉；茂族巨姓，善惡出焉。苟不得有福慧者爲之長,折攝於未有,則滅族殺身之禍將必不可免矣。故曰:一微涉動境,成此頹山勢。

禍未至時,不知是福,禍至而追思無禍之日,真大福也。豈待必得萬鍾,然後爲福哉?

勤於善者,不知善之所積;甘於惡者,亦不知惡之所積。善之所積,以其不知,福莫大焉;惡之所積,亦以其不知,禍莫大焉。良以不知生於所忽,禍之始也。知而勤之,福之梯也。故曰:忽則昧心,知則不昧。

人之心慮,整之則熱惱將自洗落,而漸入清涼之域;忽而不能整,則衆苦不召而至矣。至則難遣,曷若整之於未至,用力少而收功多耶!故曰:諸天正樂,修羅方瞋,是皆心慮弗整,被其所覆也。覆則本心隱蔽,非明而勇者。心慮豈易整之哉?

轉識成智,非解圓而精於止觀者,未之能也。夫佛性有三:緣因,了因,正因是也。緣因不明,了因不生,了因不生,正因難冥。冥也者,所以復之也。今有人於此,欲復其性而忽了因,欲發了因而忽緣因,譬如不穀而欲苗,不苗而欲飪,安有是理乎?文始雖言轉識成智,而不言轉識成智之所以然,所以然不明,是有名無實也。或曰:敢問轉識成智之所以然?對曰:若能探釋氏唯識之書乎?若能悉緣因、了因、正因之旨乎?曰:未也,將能之矣。噫!若果能之,則轉識成智之所以然,乃在子而不在文始也。

文始轉識成智之説,但言其成,不言其所以成,所以成之説不明,則義由何精?凡義精,乃可以入神致用耳。雖然義有多塗,豈易言哉?性變而爲識,識有多種:曰含藏,曰傳送,曰分別,曰見識、聞聲、齅香、嘗味、覺觸、知法,總謂之八識。唯含藏前五,果轉非因轉也,六之與七,乃因轉非果轉也。然彼七識,皆坐轉非行轉也。行轉也者,唯分別事識之能事也。夫何故?以其量備心所備故也。

合理之謂比，謂比度而知，知而不謬於聖經。合轍故曰比量，不合則非量矣。現量也者，初無分別，照境無思也。是以有志於轉識成智者，苟非精辨事識，則轉識成智所以然之說，終不明矣。吾故曰：文始言其成，不言其所以成也。

吾讀文始，雖愛其文章精潔，光而且曠也。精則不裸，潔則清而無塵俗習，光乎其歘不可掩，曠乃包博沖遠，非淺識者可窺也。雖然精之、潔之、光之、曠之，其粗也，不可精、不可潔、不可光、不可曠者，豈精精潔潔，光焉曠焉而能暴之哉？吾以是知不能暴者，精而至於密者也。故其言曰：聖智造迷，鬼神不識，不可爲，不可致，不可致，不可測，不可分。強曰天、曰命、曰神、曰玄合、曰道者，亦密之之謂也。

饑飽無常法，故飽可以治饑，饑亦治飽。非但饑飽可以相治，生能治死，死能治生。死若不可治，則生生之道息矣；生若不可治，則生者不死矣。今乃生必有死，此天下之共見者也。吾以是知生本無生，死本無死，而謂禍福莫烈乎死生者，安知此乎？

般若總八部，雄文六百餘卷，若天風海濤，音出自然，文成無心，可謂出聖之智母，陶凡之紅爐也。而弘法大士乃束八部雄文成心經，字無三百，而顯密要領罄備之矣。或者再束心經歸一句，使反約精求者習化心通，則我法二空，無勞舉足，彼岸先登矣。雖然，二空之解未精，而入神致用之機豈易發哉。

初心學者，當先求精我空之解。曰：我之有我，根於五蘊，若離五蘊，我本無我。且彼聚而成我耶？散而成我耶？聚而成我，聚必有散，我豈真我？散而成我，我則有五。聚散求之，我終無我，是謂我空。彼五者，初唯識變而有，識如幻夢，精而觀之，識化法無，是謂法空。二解既成，依解起行，當於憎愛榮辱之地，死生聚散之場，力而行之，則又不在解而在行也。

吾讀棱嚴，始悟聖人會物歸己之旨。而古人有先得此者，則曰："若人識得心，大地無寸土。"又曰："我今見樹，樹不見我，我見何見。棱嚴文字之妙，委曲精盡，勝妙獨出。"此眉山之言也。

口腹累人，陽物多事。至於滅身敗國亡家者豈少哉？然得其機而制之不難，不得其機而强制之，非惟無益，亦足致狂。夫機者何？噫！心未生時，心將生時，心正生時，心已生時，機乎機乎，果在誰乎？知此，則口腹絶長蛇封豕之技，陽物無星火燒山之猛矣。

老氏宗自然。夫自然也者，卽無爲之異稱也，無爲卽不煩造作之謂也。若然者，則聖人設教，將教誰乎？何者？以善既自然，惡亦自然，則無往而非自然。果如此，則衆人之希賢，賢希聖，始從勉然，而終至於自然之説，老氏大悖也。故老氏但言其終，而略其始之説行，則薰惡爲善之教，將戰而不能全勝矣。夫始終一條也，故衆人希賢，賢希聖，此盡其始也；聖希天，盡其終也。盡始也者，以理治情之謂也；盡終也者，復其性也。復性，則向謂一條者，昭然在前矣，夫復何事。至此，則知自然，俱掉捧打月耳。

終天下之道術者，其釋氏乎？六合之外，昔人存而不論，六合之內，論而不議。非不可論，恐骇六合之內，非不可議，恐乖五常之意。今釋氏遠窮六合之外，判然有歸，近徹六合之內，畫然無混。使高明者有超世之舉，安常者無過望之争，是故析三界而爲九地，會四聖而共一乘。六合之外，唯不受後有者居之；六合之內，皆有情之窟宅也。能依者名之正報，所依者謂之依報。聖也，凡也，非無因而感，皆因其最初發心爲之地，有以緣生爲歸宿者，有以無生爲歸宿者。唯佛一人，卽緣生而能無生，卽無生而不昧緣生，遮之照之，存之泯之。譬如夜珠在盤，宛轉橫斜，衝突自在，不可得而思議焉。故其遠窮近徹，如見掌心文理，鏡中眉目也。吾故曰：終天下之道術者，其釋氏乎？

憨憨子正沐時，以背示匡石子，曰：若見廣長舌相乎？曰：不見。
噫！見生不見，善反不見。豈惟背有舌，眼有耳，將毛與髮，無往而
非見矣。

一條也者，初本不遠，在吾日用中耳；日用而不知者，外物累之
也。殊不知物不自物，待我而物，我若能忘我，物豈能獨立乎？故
曰：唯忘我者，不惟物不能累，物且爲之轉也。

一盆之水，奚異滄海？謂之盆謂之海者，情而已矣。如情忘，則
海尚不有，何況於盆？是時也，昭然現前者，盆乎？海乎？

通紅而告我者，熾炭也；飄白而告我者，飛雪也。紅白雖殊，告
我則一耳。色爲五塵之先，先者能告，則餘者寧弗告哉？雖然，具有
目目耳耳，以至意意者，亦惡能領旨乎？

緣明有見，是謂衆人；不緣明能見，是謂聖人。然而鴟鵂夜撮
蚤虱察秋毫，晝則瞑目而不見丘山。因暗有見，明成無見。又，虎
狼貓犬晝夜俱見，則與不緣明之見何別？嘻！虎狼有待則見，而聖人
有待亦見，無待亦見。故曰：聖人處明暗之域，開物成務，明暗不能
累焉。呼聖人，聖人應，呼衆人，衆人應，説者以聖人之應謂之唯，
衆人之應謂之阿。夫唯與阿皆應，而有不同者，情也。同者性也，
性與情相去不遠，故曰："性相近也，習相遠也。" 既近可以習遠，遠
者獨不可習近乎？吾以是知性本無常，情亦無常。性若有常，情何
所生？情若有常，性何所光？光則圓，圓則明，明卽覺也。圭山曰：
"統衆德而大備，爍羣昏而獨照，故名圓覺。"

水有蛟龍，山有虎豹，樵者不敢入焉，漁者不敢浴焉，以其有物
故也。知其有物而避之，不若忘我。忘我，物亦忘之。故古之人能
與蛇虎爲伍而兩相忘者，豈有他道哉！

風、雨、霧，一耶？三耶？謂之一，則風本非雨，雨本非霧，霧非
雨者。謂之三，非霧則風雨無本。故曰：霧醒成風，不醒成雨。三

卽一兮，一卽三兮。三卽一，三何所有；一卽三，一亦本無。知此者，可與言一心三觀之理也。

鑿地可以得泉，披雲可以見天。地也雲也，情之譬也；泉也天也，性之喻也。今有人於此，欲堅於地，濃於雲，且恣而弗制，不唯傷生，終必滅性也。

孟軻排楊墨，廓孔氏，世皆以爲實然，是豈知孟子者歟？如知之，則知孟子非排楊墨，乃排附楊墨而塞孔道者也。雖然孔氏不易廓，而能廓之者。吾讀仲尼以降諸書，唯文中子或可續孔脉乎。外通或有能續之者，吾不得而知也。

人身生蟣虱，則怒其呾我，輒捫死之。殊不思大道爲身，蟣虱天地，天地爲身，蟣虱萬物。人乃萬物中之一物耳，人能推其所自，則知離大道無天地，外天地無萬物。而所爲人者，特靈焉而已。卽形骸而觀之，蟣虱與人何異？以爲秒而捫之，非忘其所自者，孰能忍乎？

古皇徵慶喜曰：汝心果在内耶？對曰：心在身中。曰：果在中者，汝能見五臟六腑乎？曰：不見。愀然乃再徵之曰：汝處室中，見室中之物乎？曰：見。今汝言心在身中而不能見身中之物，法喻相悖，於理非通也。喜窮於内，必奔於外。殊不知内爲外待，外爲潛根待，潛根爲明暗待。反觀見内爲中間待，中間爲隨所合處待，隨所合處爲一切無着待，則徧計橫執，緣待而立七處也。天機深者，了内窮卽外窮，虧一喪兩，則餘處寧煩排遣然後省哉？

八者可還，皆前塵耳，唯能見八者不可還，見精也。卽此而觀，則見精本妙萬物而無累明矣。今有人於此，緣明則見，不緣明則不見，此果見精之咎乎？噫！明了不起，五根本妙，故眼可以聞聲，耳可以見色也。

如喜怒有常，既喜則終不能怒，既怒則終不能喜。以其無常，所以正喜時，忽聞不可意事，隨勃然而怒；正怒時，忽聞可意事，隨欣然而喜。故曰：喜不自喜，物役而喜；怒不自怒，物役而怒。嗚呼！物奴我主，我不能喜怒，物役之而喜怒，何異奴之役主？而人爲萬物之靈，竟不能役物，終爲物役，可不悲哉！

吾身至微，盈不六尺。六尺在大化之間，何異大海一漚？然是身所托者猶多焉。蓋以至微之身，毛孔有八萬四千，一毛孔中，一蟲主之。吾饑彼亦饑，吾飽彼亦飽，吾爲善彼皆蒙福，吾爲惡彼皆嬰禍。故有志於養生者，生不可輕。如果重生，先養其主。主者誰？主乎生者也。憶！能主乎生者，果有生乎？是以唯無我者可以養生。主生既無我，生果生乎？知此者可與言養生之道也。

智者老人以七喻，譬五欲之無益於人也。故其言曰：五欲者，得之轉劇，如火益薪，其燄轉熾；五欲無樂，如狗齧枯骨；五欲增諍，如鳥競肉；五欲燒人，如逆風執炬；五欲害人，如踐毒蛇；五欲無實，如夢所得；無（疑當作“五”）欲不久，假借須臾，如擊石火，學人思之，亦如怨賊。嗚呼！一微涉動，五欲生焉，五欲害人，七喻作焉。能善觀一微者，則於因成假中，了知五欲初無所從也。夫何故？未生五欲，正生五欲，五欲生已，四運精而推之，則一微非有。唯一微之前者，固自若也。

魚在水中不知水，人在心中不知心。如魚能知水，人能知心，魚果魚乎？人果人乎？是以滴水可爲六合之雲，微塵可容萬方之刹者，非龍非聖，人孰能之哉？吾以是知爲龍不難，魚知水難；爲聖人不難，人悟心難。故曰：日用而不知者，衆人也。

天地可謂大矣，而不能置於虛空之外；虛空可謂無盡矣，而不能置於吾心之外。故以心觀物，物無大小，以物累心，心不能覺。惟能覺者，始知心外無物也。故曰：諸法無法體，我説唯是心；不見於無心，而起於分別。

積字成句，積句成章，積章成篇，積篇成部，部所以能詮所以然之説也。所以然之説不明，則字字句句，章章篇篇，如蟲蝕木，偶爾成文。蟲豈有心，乃蝕之乎？蟲既無心，寧有義寓於文哉？義也者，心之變也。如喜怒未發，但謂之中，已發則曰仁、曰義、曰禮、曰智、曰信。仁有仁之宜，義有義之宜，禮智信亦各有其宜。如春宜溫，夏宜熱，秋宜涼，冬宜寒，冬而不寒，則謂之不宜也。是故會衆義，整而不紊謂之理；由理而行，無往不達謂之道；由道而造乎歸宿之地謂之德。德也者，如得字成句，得句成章，得章成篇，所以成部也。

吾讀洪範，乃知箕子聖人也。聖人而不在位，紂在位，商亡可知已。箕謂五福六極，唯敬天愛民者，天以五福應之，反是則以六極應之。由是而觀，則報復之理，因果之條，釋氏未東之日，而中國有欲治天下者，未始不嚴於此也。今謂因果之談，報復之唱乃釋氏鼓惑愚者之技，豈君子所當道哉？噫！是説也，不唯得罪於釋氏，亦箕子所當惡也。

畫屏花鳥，非不悦目也，如欲使之香，使之鳴，雖聖如神禹，吾知其不能也。今有人於此，智不能周一身，力不能縛一雞，衣之冠之，而周旋揖讓，非不悦目也，然使之爲上治民，何異使畫花香，畫鳥鳴乎？

水在釜中，非火不能熱也；種在土中，非春不能生也；愚在心中，非學不能破也。今天下學非不學也，所學在於周欲，而不爲破愚。是以世喪道，道喪世，世道交喪之風，扇之未已也。噫！扇之未已，則將有不可勝言者至矣。

伊蘭之臭，天下之至臭也，而得旃檀熏之，則可以爲香。今謂下愚者終不可教，何異伊蘭終不可使之香也。如伊蘭得旃檀而熏之亦可以爲香，則下愚何獨不可教之？但教而無倦爲難，果能教而不倦，則金石可貫。人雖至愚，知覺固有，卽其固有，熏之以教誨之香，久而至於熟，則其至愚之臭，亦熏而成香矣。故曰：教而無倦，惟聖人能之。

夜夢地裂，將欲逃之。逃前恐前裂，逃後恐後裂，逃左右恐左右裂。是時也，計無所出，猶逃心不能已，恐怖萬出。既春雪撲窗，春夢頓覺，則床前後，床左右，地本如故，裂何曾裂。橫謂裂者，乃徧計耳；如故者，依他也。噫！徧計雖忘，依他不忘，猶夢覺覺存。覺爲夢本，夢本不忘，豈真覺也耶？

本惟一觸，了觸非性，則謂之妙觸。受觸所轉，乃觸而已，妙則失焉。故曰：妙觸宣明。若然者，則廣長舌相不在口而搖於身矣。寧惟身哉？待身而觸。觸既爲入妙之階，則聲聲色色皆廣長舌相也。雖然，苟非聽之於踵，則音豈易領哉？

豎而趬者謂之人，能豎者亦可以橫，非有豎而非豎者，惡能豎豎橫橫？有知此者，可與言性之似也。

力不足生畏，理不明生疑。是故大言而欺人者，畏人者也；觸事生疑，無事謂事者，乃不明所致也。心既不明，則中無主，中無主，謂我能見能聞，聰明特羣，非愚而自欺者，惡至此歟？

孟軻見王公大人則藐之，藐之也者，有心乎？無心乎？如有心，非能藐人，乃自藐也；如我無心，奚用藐爲？彼王公大人一觸無心之人，將忘勢之不暇，何待藐之然後使之服耶？故曰：飄瓦撲人人不怒，虛舟觸人人亦不怒，知其無心故也。君子懷道而遊於諸侯之門，苟不以虛心應之，則無所不至矣。

惠不可妄受，受則當思惠之所自來，愛我而來耶？哀我而來耶？愛出於敬，哀出於憐。敬則我何德之有而當其敬？憐則既爲男子，豎趬於天地之間，使人憐我，我不能憐人，豈丈夫也哉？故曰：幣厚言甘，道人所畏。

牡丹諺謂之花王，蓋尊其艷麗之富耳。殊不知青松托根於白石之上，當風霜凜冽之時；爲雲濤於萬木之叢，使聽者低回而不能去，以爲海潮初鳴。夫松鳴使塵心蕩然，雷鳴能使羣蟄頓醒，鐘磬鳴能生人道心。以此言之，則牡丹之艷麗，惡能有青松勁節之風哉？

梅以香欺雪，雪以白欺梅，兩者各恃其所長而相欺，互不能降，故酣戰不已。噫！天風忽起，雪捲花飛，則向之所恃者安在？故曰：恃長而欺人者不能終。

海有大魚，背負萬山，山有大獸，尾占千里，衆人聞而不信。茲請實之：微四塵則大地不有，微三塵則大水不有，微兩塵則大火不有，微一塵則大風不有。然地以水浮，水以火浮，火以風浮，風以空浮，空以心浮。夫心也者，萬物一體，物我同根者也。以此而言，則焦螟可以負太山，螻蟻可以抗雷雨。魚大而背負萬山，獸大而尾拖千里，夫復何疑？

衆人愛富貴而惡貧賤，所以富貴貧賤之累，至於死猶不覺也。殊不知富貴貧賤本是一條，而一條之上強愛之、強惡之，豈理也哉？故曰：理有情無者，聖人得之，衆人失之。噫！得之者雖死生在前，直使爲一條，況富貴貧賤乎？

死生根於有我，有我根於無我。若然者，則有我乃無我之枝條也，而善反者卽枝條而求根本，譬如甕中捉鱉，囊中探物耳，奚難之有？雖然，衆人有我習熟，無我習生。熟而能生，生而能熟，非大明至勇者，豈易之哉？

有我無我，譬一指屈伸，屈伸無常，指無隱顯。今有人於此，見屈伸而忘指體，則在羲而不能加，在紂不能損者，終失之矣。

聖人衆人，本唯一光。然聖人不假日月燈之明，直用本光自照，所以處昏暗之中，而昏暗不能昧也。衆人則不然，本光固有而不能用，反緣日月燈之明，方始得見，此明一謝，則暗相現前。是時也，伸己指而不能見，況見天地萬物者哉？

滄海無際，冰凝千尺，一夕陽回，冰生微響，則冰復爲水，可立待也。吾觀復卦，一陽生於五陰之下，陽似不能勝陰，然機在陽而不在陰，則陰不勝陽多矣。如初發心大士，即成正覺。蓋衆人生於五欲火中，一旦心發清涼，非至明大勇者，孰能臻此？故因該果海，譬層冰之初泮，則知復水不久焉；果徹因源，蓋冰離水無體故也。噫！冰水似殊，故質礙之與融通，大相懸絕。然離冰無水，離水無冰，知此者，可與言襪花之大意矣。

老氏以爲五音可以聾耳，五色可以瞽目，介然有知，可以惑我無知。殊不知耳目無所有，有因身有，知亦無所有，有因境有。嗚呼！身心既有，則死生榮辱，好惡是非，靡所不至矣。是以大覺夫子，教天下以四大觀身，四蘊觀心。而八者現前，則身心並無所有。身心既無，則所謂死生榮辱，好惡是非，譬如片雪飛於紅爐之上，惡得有哉？然身心之執雖解，而八者猶未滌除，復教之以四塵觀四大，前境觀分別心。如天機深者，即了悟外四塵，則四大無所有；外四大，四塵亦無所有；外前境，則分別心亦無所有；外分別心，則前境亦無所有；能所互洗，物我蕩然。是時也，無身之身，無心之心，昭然在前矣。始知形充八極，大患莫能累焉；智周萬物，熱惱莫能焚焉。駕四弘之輪，乘十願之馬，飛行無際，碾窮色空，盡使博地含靈，頓躋覺地，乃大士之能事也。

心本無我而靈，故不可以有我求之，亦不可以無我求之。以有我求之，渠既無我，豈不乖渠耶？以無我求之，渠既靈然，豈不乖渠耶？既不可以有我求，復不可以無我求，則我終不可得渠耶？果如此，不唯衆人絕希聖之階，即聖人繼往開來之功，可得而泯已。但渠非有無可求，要在從緣會得，故曰：從緣薦得，永無退失。緣也者，如衆人以十惡五逆之緣熏之，則渠發現阿鼻之相，乃至以人緣熏之，聲聞大士之緣熏之，則九界發現之相，皎如日星，唯佛一人。

若不以無作之緣熏之，則渠且不能發現殊絕之妙相焉。由是而觀九界之相，既循緣業發現。今有人於此，能循緣業，沂而上之，則彼無我而靈者，不待召而至矣。

宗儒者病佛老，宗老者病儒釋，宗佛者病孔病李，既咸謂之病，知有病而不能治，非愚則妄也。或曰：敢請治病之方。曰：學儒而能得孔氏之心，學佛而能得釋氏之心，學老而能得老氏之心，則病自愈。是方之良，蒙服之而有徵者也。吾子能直下信而試之，始知蒙不欺吾子也。且儒也，釋也，老也，皆名焉而已，非實也。實也者，心也。心也者，所以能儒能佛能老者也。噫！能儒能佛能老者，果儒釋老各有之耶？共有之耶？又，已發未發，緣生無生，有名無名，同歟？不同歟？知此，乃可與言三家一道也。而有不同者，名也，非心也。

今有人於此，能讀四庫書，而約者不明，書多奚焉？夫約者，心也。心為萬化之主，反不能自信，乃勤朽骨糟粕，惑矣！或曰：敢問心所。曰：在眼能見，在耳能聞，如生心動念，即情也，非心也。噫！惟明心者，可與復性矣！

古有道戰、德戰、仁義戰、智勇戰。道戰無心，德戰懷恩，仁義戰乃所以安天下之生也，智勇戰乃所以強遂其志也。或有沒巴鼻戰者，不得無心而敵，敵則敗；不得有心而敵，敵則敗，畏敗而不敢敵者亦敗。噫！惟雲門德山，善戰之帥也。

（選自金陵刻經處版紫柏老人集卷九）

三、義井筆録

師説：你的性剛，一日遇諸般事，如何忍得過去？復問：如何方忍得？師説：看得自家大，自然忍得過去。復問：如何看得自家大，便忍得過去？師説：天地大，便能包容得萬物；虛空大，便包得天地；我本來真心大，便包得虛空。師又説：大端人不能容物，無他，爲物障礙，但自昧了真心，便自小了。楞嚴曰：空生大覺中，如海一漚發，有漏微塵國，皆依空所生，漚滅空本無，況復諸三有？大覺真心，本非有無可以形容得，纔昧此心，便有虛空世界矣。是故聖人處於死生禍福之域，而死生禍福不能累者，無別奇特，不過不昧心而已。然此心雖在日用之中，衆人不知，不知即是無明。無明者，謂真心本有而反不知，昧心而有虛空世界，却膠固不舍。

三界裏頭，總是一塊情，大家在情裏，要説超情之言。如達磨遭六毒，南岳思禪師遭十餘毒，蓋二老説話没偷心，便惹得許多好供養。偷心，情也；無偷心，性也。處於情中，而率性用事，自古及今，未始不遭魔外所害也。然向後去，害大則光愈大，故君子常喫虧，常得便宜。

師唤復，你豎起拳來。復豎拳。師問：你這拳是誰豎起？復對：是心豎起。師問：假若是没了此手，你的心何在？復罔措。師説：你要在這裏自家查考看，查考不出，真是苦。復求之不解，請師開示。師曰：人都愚在這裏，終日將個燈點到這裏，又去人家裏討火去。

不能忘利者，必不能任怨。

要想此身從何而有，此身從何而去。知其從何而有，則知其從何而去。

易曰："羣龍無首，吉。"此象也。如玩象得意，則活者在我。活者既在我，則死者亦活矣。至此，則孰爲意，孰爲象。故曰：若人識得心，大地無寸土。我則曰：若人識得意，意外本無象，無象則無物，無意則無我。無物無我，君子何怕多，存物存我，君子多不好。

宋之君子甚多，只是各有其首。首者，我相也。如各無意、無必、無固、無我，即王安石與諸攻安石者，皆君子也。

要心器利，無如甘澹泊；要身器利，無如閑勞勤。

身在心裹，所以運得身動，心在身裹，便運不動矣。何以故？如風箏在風裹，所以風吹得風箏起，如風在風箏裹，則箏大風小，小不能吹大也。心是箇非裹非外的，所以能裹能外，他若是有裹外，與裹外何異？既與裹外無異，自然裹外不能運裹外。如裹外能運裹外，金可博金，水可洗水矣。

心有知覺，氣無知覺。四大是一氣之變，一氣是四大之復，故莊子曰：氣聚則生，氣散則死。生生死死，不過氣之聚散耳。達人知其如此，所以方生方死之間，未嘗喜生畏死也。不然則此五尺之軀，便能拘限得這無邊無際之靈明矣。

如人以手運筆，筆始能畫。達者由畫推至於筆，由筆推至於手，由手推至於心，由心推至於無我而靈者。無我則無外。外者内之待也，我既無外，内亦窮矣，内窮則外不能獨立。内外之情既枯，則無内無外，而能内能外者現前矣。圓覺曰：一切眾生，皆證圓覺。其此謂乎？

心不自有，因境而有，此六塵緣影之心也。如此心不能查考徹了，則本有靈明之心，終不現前，譬如浮雲未淨，青天不露。又，世人論身時却褁心說，論心時却褁身說，所以身心頭腦，終是不清楚。如身心頭腦清楚了，則會生死身爲法身，會煩惱心爲菩提心，不異屈伸己指耳。

人是有形之鬼，鬼是無形之人。謂人鬼有兩心，無是理，只是有形無形差別耳。

學人先要斷婬欲。斷婬欲之道亦無多歧，但能識破自身，則眼前雖有西施之容，子都之貌，自然忘之矣。然識破是明，能忘是勇，如明而不勇，則多生染習，如油入麪，欲使之出，亦不易易。且道身如何識破得他？先當推我未生之前，是身果有耶？果無耶？有則何勞父母交媾而生，無則既本原無，如何無中忽有此身？如是推究，推究不已，則此身一旦洞然識破了。自身既識破了，則他身不待破而破矣。自他之身既破，且道將何物爲能所淫欲之具哉？若如此推究，未能識破自身，當次觀父母交媾時，母心先動耶？父心先動耶？父母心一齊動耶？父母心不動耶？父母心不動，兩俱無心，無心則無我。無我，誰生淫欲？父母心齊動，齊則一，一則亦無能所，淫心亦不能動。父母先後淫心動，先不是後，後不是先，本不相待，淫心亦無動。此以理推也，非情計也。又，父母交媾時，我無淫心，身因亦無，我有淫心，父母不交媾，身緣亦無，須因與緣三者合方有身。如三者合而果有身者，則父分多少，母分多少，我分多少？如是往復多少推之，推來推去，推去推來，推到情枯智訖處，則是身是有是無，不待問人而自知矣。知則明，明則不惑，不惑，則西施、子都皆我得無欲之前茅也。又，無我而靈者，性也；有我而昧者，情也。性變而爲情，性無邊際，情亦無邊際；情復而全性，情無邊際，性亦無邊際；如水廣冰多，冰厚水深也。

學問不多頭惱，不過窮靈極數而已。窮靈，則無我而靈者全矣；極數，則有我而昧者不能昧我矣。以數不能昧我，所以一爲多多，多多爲一，在我而不在數也。如形骸假五行而成，非數乎？如心，形骸成而不生，形骸敗而不死，可以爲數之主，數乃心之奴也。衆人則不然，主反爲奴，奴反爲主。或者謂，禪家但知性而不知命，道家但知命而不知性，此說非通也。靈，性也；數，命也。未有能窮靈而不能極數者，未有能極數而不能窮靈者。設有窮靈而不能極數，小乘是也；極數而不能窮靈，地仙是也。如曰：有物先天地，無名本寂寥，能爲萬象主，不逐四時凋。能爲萬象主者，非靈乎？萬象,非數乎?又,有心統性情之説。世皆知有此説,知其義者寡矣。夫情,波也;心,流也;性,源也。外流無波,舍流則源亦難尋。然此説不明,在於審情與心,心與性忽之故也。應物而無累者,謂之心;應物而有累者,謂之情;性則應物不應物,常虛而靈者是也。由是觀之,情即心也,以其應物有累,但可名情,不可名心;心即情也,以其應物無累,但可名心,不可名情。然外性無應與不應,累與不累耳。若然者,情亦性也,心亦性也,性亦心也,性亦情也,有三名而無三實。此乃假言語而形容之,至其真處,大非言語可以形容彷彿也。故曰:參須實參,悟須實悟。湼槃經有王者庫内之刀,是刀光潔明净,不惟削鐵如泥,亦可以照人姸醜。削鐵如泥非利乎?照人姸醜非明乎?利而明,非天下至寶乎?我心決斷是非,利於庫刀,照物姸醜,明如秦鏡。如見可欲,則利者不利,明者不明矣。故大丈夫常要胸中無物,眼前無欲。胸中無物,則心可以包太虛;眼前無欲,則眼可以窮象先。雖然,知則易,行則難。

　　復探策得五數。師曰:夫五者,無我之數也。無我而數,數而無我,得非窮靈而極數,極數而窮靈哉!何者?如四方纔定,則中央定,中央定,則四方定,未始有先中央而後有四方,先四方而後有中央者也。由是觀之,不惟中央無我,四方亦無我。但衆人昏而不察,理蔽於情,謂四方自四方,中央自中央。殊不知外四方而求中央,外中央而求四方,得非索龜之毛,求兔之角耶?又,身如中央,地水火風如四方,故金木水火若有我,則不必攬土而成體,土若有我,亦不能爲四行之資。所以土不自土,四行借而成體;四行不自四行,爲土所寄。如身不自身,可以復還四大,四大不自四大,可以假借成身。中央不自中央,須假借四方而爲中央;四方不自四方,須資中央而爲四方。噫!知此説者,則一理散爲萬事,萬事會歸一理。譬如鏡中見眉目,掌中視文理,復何疑乎!夫中四無我,理也;

無我而中中四四，事也。所以然者，外事無理，外理無事，猶外冰無水，外水無冰也。故曰：若人識得心，大地無寸土。紫柏則不然：若人會得理，萬物一任閙，我偏得清閒，逆順無煩惱。如二四六八十，此倚數也，非本數也。

地水火風，毫釐混不得，似乎有我，然合四者而爲身，則四者又無我。故知身若有我，亦不能復還四大，身若終不能復還四大者，則人有生無死矣。又，堅濕暖動如四方，中央如身，故外四方則中央不有，外中央則四方亦不有。外堅濕暖動則身決不有，外身則堅濕暖動亦不有。學者於飲食男女之場，勝負不決，猛作此觀，自然理水日深，人欲日淺矣。

有我而昧者舍得盡，則無我而靈者方得全。復問：三世一身有是事乎？師曰：有。良以身一而世三。如人行路，路有千里，而行惟一人，謂路千里，而人亦有千，此愚癡之説也。然此身非形骸生死聚散之身也，乃法身也。夫法身者，千古一瞬，萬劫一息，豈但三世一身而已乎？老人告汝曰：三世一身，此密示未甞死之機也，不可忽之，痛當自重，設遇扶顛伏猛之事，直肩負荷，勿得支吾。

兩人静坐，心皆清明，清則無擾，明則不昧，無擾而不昧，豈有待之心乎？適然喜境現前，則喜心生，不喜境現前，則不喜心生。如喜心是我固有之心，則不喜境現前，他只是喜，豈能成不喜心耶？三祖曰：能由境能，境由能境，欲知兩段，元是一空。

人要在是非患難裏滾得過，是非患難裏滾不過，則好人何來？故真金須火煅，好人須境煉。

顏子隳肢體，外形骸也；黜聰明，空妄心也。妄心空則真心露，形骸外則法身全。

離乃心之象也，如玩象而得意，則虛而明者，在我而不在文字語言。若一切文字語言，都從虛明流出，自然文天而機妙也。唐李長者，每以南無釋曩譯義，文字之師往往笑之，以爲長者不辯華梵。殊不知長者獨得華嚴事事無礙法界之旨。既曰事事無礙，即以梵語釋華言亦可，華言釋梵語亦可；以世間書釋出世間書亦可，以出世間書釋世間書亦可；以惡言明善言亦可，以善言明惡言亦可。言明則意得，意得，則至虛而明者常爲其君，一切染净、善惡、華梵、是非、好惡，皆臣妾也，皆語言三昧也。嗚呼！心本虛而明，世忽之而不究，皆我現前身與心，礙而不虛，昧而不明，反執者而不肯釋。殊不知礙而昧者能釋之，則虛而明者不待索而至矣。由是觀之，玩象得意之説，苟非嗜欲淺而天機深者，象亦不易玩，意亦不易得。復勉之。

壇經，曹溪六祖所説也。曹溪初不知文字語言，然聞金剛經而豁然大悟，遂造黄梅得衣鉢而歸嶺南，傳心宗於曹溪寶林寺，自是天下稱曹溪焉。其所説壇經，至於性相二宗，經之緯之，錯綜萬態，若老於文字語言三昧者也。此乃悟自心虛明之驗耳。人爲萬物靈，知有此而不痛求而求他，謂萬物靈可乎？

大丈夫得其機而已矣。機無多少，以用之不同，故似有多少耳。然象先之機，即象後之機，象後之機，即象先之機。謂之一機，則象先不是象後，謂之多機，則象後之機外象先之機。而機無別機，以乘時應物，故有象先象後之異也。

（選自金陵刻經處版紫柏老人集卷九）

四、義井語録<small>平湖西源居士陸基忠述</small>

師説：多讀書的人終是近真，以其被佛祖聖賢言語熏得此心熟了。熏得熟了，縱習氣不好，也漸漸熏得香。

師説：全要講透這個明心見性四字。你説心性是一是二？某請師開説。師説：心性原無二。衆人不見性，所以説百姓日用而不知也。至人能自見其性，豈非明心乎？見性則心自明，非是明了心方能見得性也。

師説：志公説："坐卧不知原是道，只麽忙忙受辛苦。"師又説：道如水，水中有魚大幾千里者，有魚小如毛髮者。大魚以爲我大，小魚以爲我小，此情也，非理也。理則魚無大小，皆全是水。作如是觀，此理也，非情也。情本無根，自性變而有之。無我而靈者，性也；有我而昧者，情也。衆人率有我而昧者應事，所以能通天下之情，而吉凶禍福不能累爾。説雖如此，名不檢則義不精，義不精則理不徹，理不徹則性不盡，性不盡欲至於命，無有是處。夫命，用也。此用現前，虛空可以卷舒，有無可以爲一條。佛説，有無二法，攝盡一切法。故至於命者，先天而天不違。天尚不違，萬物能違之哉？此等意思，口説滑然可聽，聞者易生歡喜。然要此用現前，熱惱根拔不盡，清涼夢不曾醒，謂之盡性則可，謂之至於命則不可。古德云："不是一番寒徹骨，怎得梅花噴鼻香。"夫寒徹骨者，如顔子墮肢體、黜聰明，亦是個小樣子。蓋肢體墮則身不可得，聰明黜則心不可得，身心既皆不可得，則情死而性活矣。性活只此肢體便是法身，只此聰明便是般若。法身則無有邊際，般若則智用萬物而不勞。若人説法身外有芥菜子許法，此便是外道，以其心外見法故也。又，身與心，身是積聚義，心是知覺義。以實言之，身卽是心，心卽是身。用他積聚便名身，用他知覺便名心。曹溪曰："吾有一物，無頭無尾。"此無頭無尾者見得徹了，謂之盡性；見徹了能用得，謂之命。我故曰：命，用也。

師飯畢説：晉肇法師得罪於姚興，興欲殺之，肇乞假七日，作一書名寶藏論訖。將死時，説偈曰："四大原非有，五蘊本來空，將頭臨白刃，一似斬春風。"又有一禪者，盜入室問："有寶否？"禪曰：
"有。"盜曰："將寶來！"禪一喝，盜斬其首。師問：此二人誰有受用？
某曰：死不作偈者有受用。師問曰：如何見得不作偈者有受用？某
曰：不涉廉纖。師曰：後禪不獨熟養，渠亦用得了。

　　師說：把手牽他入不得，惟人自肯乃方親。知人者智也，自知
者明也。

　　師說：道要知得，知得又要行得，行得又要證得，證得又要忘
得，忘得方纔用得。不知道者，一遇些小患難，即不能做主張，便垂
首喪氣。知道者值此，必有解脫之機，決不爲患難綁縛。知又有淺
深，有誠明而知者，有明誠而知者。誠明而知，得力終大；明誠而
知，得力終弱。

　　師說：學道先要沒偷心。

　　師又說偈曰：伏羲畫卦若有成，伏羲有死而無生；伏羲畫卦若
不成，伏羲無實而有名。惟其成與不成故，成成不成虛而靈。

　　師問：喜怒哀樂未發時，有我無我？若說無我，則成斷滅，故未
發不是死物。但未發不昧已發，始謂之中；已發不昧未發，始謂之和。

　　師說：易顯道神德行。道至微者也，德行至麤者也。如能通
易，則至微者我可以顯之，至麤者我可以神之。易豈可不讀乎！不
讀易則學問不通方。

　　師言，唯識界法、喻參合，理自曉然。其經文中道理，隨自家活
變發揮及輔敍，節奏亦自活變。前來所迷生起之由如此，伏歸元真
亦如此。文章馳騁也要活變，莫局死格。

　　師見某執筆隨問隨說隨抄，因謂之曰：不必抄說，你既在這裡
與我相逢，只要查考身心，有個下落處便了。

　　（選自紫柏尊者別集卷四，據續藏經本第一輯第二編第三十二
套第一册）

五、心經説

般若波羅蜜多心經者，實衆生大夜之明燈，諸佛之慧命也。梵語般若，此翻智慧；梵語波羅蜜多，此翻到彼岸。蓋謂有智慧者照破煩惱，不溺情波，生死超然，妙契本有，所謂登彼岸焉。心乃喻此經。如人一身，雖有百骸五藏，心爲主耳。此經文雖簡略，實六百卷雄文之心也。經者，古今不易常然，徑路，人得趣而進也。

觀自在菩薩者，謂此菩薩以如上智慧圓照空有，了無罣礙。肇公云："照不失虛，則涉有而無累；虛不失照，則觀空而不醉。"卽有無而離色空，所以能有能無，可空可色，故曰自在。若夫衆生執有，二乘尚無，各偏所見，不能圓通，便不自在。夫智慧之與聰明，大相懸絕。聰明則由前塵而發，智慧則由本心而生。故聰明有生滅，而智慧無依倚也，所以不生滅耳。行深般若波羅蜜多時者，謂此菩薩所修觀智不同二乘偏淺，乃深般若也。惟其深般若故，故能照徹色空，本無二致，元一實相。自是凡夫不了，見色而不見空；二乘偏執，見空而不見色。一如恒河之水，魚龍認爲窟宅，天人認爲琉璃，人間世認爲波流，餓鬼認爲猛燄。四者所見，不過皆情耳，惟悟心者了無此見。色既如是，受、想、行、識未嘗有異。故曰，受、想、行、識亦復如是。照見五蘊皆空，則一切苦厄盡矣。凡夫迷倒，不悟此身四大假合，執以爲實，故聞生則喜，聞死則悲。殊不知此身以四大觀之，本不可得，喚誰生死？身既乃爾，此心亦然。妄想攀緣影子，不過四蘊合成，若以四蘊觀之，是心亦不可得，喚誰煩惱？人不悟此，聞譽則懽然爲順，聞毀則戚然不悅，此乃恣情縱識，不以觀行，轉識而成智，則將飄淪苦海，逆浪千尋，出没無常，改頭換面，橫堅羽毛，寧有已哉？痛矣衆生！佛本現成，不肯承當；衆生分外，甘自擔荷，受此荼毒，猶未省悟。

舍利子，佛之高弟也，聰明絶倫，才辨超衆。佛呼其名而告之曰：菩薩以智慧照徹五蘊，大患永辭，長揖三界，汝知之乎？卽色之空而不廢涉世也，是諸法空相者。此空相照見五蘊之空也。此空本無生滅，本無垢净，本無增減。或以道前道中道後釋之，未必然也。何故？行人以智慧照五蘊時，色空坐斷，凡聖情盡，此時寶劍當陽，佛亦不能嬰其鋒鋩，況菩薩與凡夫耶？是故空中無色，無受、想、行、識，無眼、耳、鼻、舌、身、意，無色、聲、香、味、觸法。無眼界，乃至無意識界者，謂此菩薩以此智慧，豈惟照五蘊空耳，至於十二處，十八界，莫不皆空矣。何故謂五蘊卽十二處，十二處卽十八界？佛以衆生根器不同，隨機設教，有迷心不迷色者，爲説五蘊；有迷色不迷心者，爲説十二處；有心色俱迷者，爲説十八界。要而言之，蘊、處、界三，不出色心也。

無無明，亦無無明盡，乃至無老死，亦無老死盡，無苦集滅道，無智亦無得者，謂菩薩以智慧照之，此真空之中，非惟蘊入界本空，至於十二因緣流轉亦空。非惟流轉空耳，還滅亦空，非惟還滅空耳，苦集滅道皆空也；非惟種種皆空，卽此能空蘊入界三，乃至苦集滅道之智，亦不可得。蓋所既不有，能不單立故也。十二支及四諦，雖則聲聞緣覺，巧拙有異，要而言之，真空之中，無是事也。

菩提薩埵，依般若波羅蜜多故，心無罣礙；無罣礙故無有恐怖，遠離顛倒夢想，究竟涅槃。三世諸佛依般若波羅蜜多故，得阿耨多羅三藐三菩提者，謂此經不惟衆生宗之，度生死流而登彼岸，直饒諸佛菩薩，分真究竟，亦必本此也。此蓋讚勸流通此經，使諸衆生，依般若而進修，庶不遭魔外眩惑也。

永嘉曰："大丈夫兮秉慧劍，般若鋒兮金剛燄，非但空摧外道心，早曾落却天魔瞻。"大都有志於出世者，如此力量，如此風雲之思，如此激烈之懷抱。如大火聚，使萬物嬰之，直下灰飛烟滅可也。不然，則少見可欲，而兒女情生矣。

或云：師之論此經，不分因果，不列科章，似乎儱侗，不合古規，恐不宜也。余則應之曰：我佛所說千經萬論，五時不等，不過淘汰衆生情塵，洗滌其見地，苟情塵盡而見地正，則古規不合之中，實合之也，子胡多語乎？故知般若波羅蜜多是大神呪，是大明呪，是無上呪，是無等等呪，能除一切苦，真實不虛。此亦讚歎般若，尊重效驗耳。神則妙萬物而莫測，可測則不神矣；明則圓應萬有而無所累，累則不明矣；無上則更無過其上者，有過之者則不上矣；無等等，則無可與等者，圓滿充實，更無及者也。圭峰云："彌滿清净，中不容他，孰與等之？"已上皆顯説般若也。

然般若有三：所謂文字、觀照、實相也。蓋非文字無以起觀照，非觀照無以鑒實相，非實相則菩薩無所宗極也。極者何？證之謂也。夫證有淺深，淺則斷見思及塵沙耳；深則圓拔根本無明，直抵妙覺而後已。雖三觀一心，兼修並進，然斷見思，則空觀之力居多；斷塵沙無明，則假觀之力居多；斷根本無明，則中觀之力居首。夫見地明，而不修觀行者，何殊有田而不耕也。雖修觀行，而見地不明，又如盲人行路，非惟不能還家，我恐其將墮坑落塹也。

若人怕生死而厭煩惱，無如以四大觀身，四蘊觀心焉。夫四大觀身，四蘊觀心之旨，此如來剖心剜膽，指箇方便，冀衆生卽此臭軀殼上，攀緣影中，使卽妙悟此身此心，原一實相耳。然衆生流浪生死，輪轉苦趣，實非聲色貨利、飲食男女牽障也，特其不能以四大觀身，四蘊觀心，則見有身可得，有心可礙。有身可得，則生死宛然；有心可礙，則憎愛熾然。生死厚而憎愛深，則本有智慧光明埋没矣。佛與衆生豈兩箇耶？佛不過無死生、無愛憎人耳，衆生則有生死有憎愛佛也。

四大觀身者，凡行人行住坐臥，當以齋潔念頭，回觀此身皮肉筋骨本屬地大，血脉涕涶津液本屬水大，暖氣屬火，動轉屬風，諦審觀察，於我何有？今橫執之而不舍離，認以爲實，何殊兩鬼争臭屍焉！如是觀久，積習行深，生處漸熟，熟處漸生，至於練盡。綀之一字，不可忽也，苟非真爲死生漢子，逆順境臨，便擔荷不起矣！

四蘊觀心者，先觀受蘊究從何有，推而窮之，爲無因忽生耶？爲託境生邪？無因能生，則前境未感，本心寂寥靈徹，烏得有所謂妄想耶？托境而生，則前境遷變，心亦遷變，遷變之心，豈真我心？若真我心，天地以之建立，萬物以之爲本；若其遷變，安能爲天地根蒂，萬物之本乎？故知遷變者，特攀緣影子耳。夫真心，則塵生不生，塵滅不滅，照物而無累者也。故毘舍浮佛偈曰："假借四大以爲身，心本無生因境有，前境若無心亦無，罪福如幻起亦滅。"此偈，世尊大慈全提緣起無生綱領也。如能悟此，則心經之妙，盡於此矣。

夫緣起無生者，謂心不自生，生必由塵，塵不自顯，顯必由心。惟不自生，心無性也；惟不自顯，塵無性也。心塵無性，則無生現前；無性心塵，則緣生不廢。心塵既爾，萬法皆然矣。此旨在於華嚴，則謂之法界；在法華，則謂之實相。

或曰：此經以破相爲宗，談空爲趣，豈與華嚴、法華同轍而語哉？夫華嚴、法華皆顯示圓宗，而此經密譚實相，乃古德成言，非不佞臆度穿鑿也。噫！衆生疑情，不了此旨，於無身中妄見有身，於無心中妄見有心。殊不知無身之身，形充法界；無心之心，靈照羣品。夫此身此心，豈是高遠玄妙也耶？即吾日用之中，應緣之際，未始不昭昭然也。老洞華嚴曰："佛法在日用處，穿衣吃飯處，屙屎放尿處。舉心動念，即不是了也。"龐居士曰："日用事無別，惟吾自偶諧，神通並妙用，運水及搬柴。"然此旨有悟而未修者，有修而未成者，有證而受用者。今有人於此，微有小悟，即不修行，便謂已了，則修與證掉頭不顧，癡到臘月三十日，一塲懡㦬也。

不佞此論，非敢參入義黨，比因海陽居士偶叩及此，不覺率意而成，故無啓請三寶證明加被偈也。

揭諦揭諦，波羅揭諦，波羅僧揭諦，菩提薩婆訶者，此密説般若也。既謂之密，則不佞不敢强論矣。

（選自金陵刻經處版紫柏老人集卷十一）

六、釋金剛經

心外無法，如來實語，水外無波，聖人切喻。但衆生從無始以來，名言習氣，染深難化，故聞凡着凡，聞聖着聖，聞有着有，聞無着無，聞生死着生死，聞涅槃着涅槃，聞世界着世界，聞微塵衆着微塵衆。本心即隱没，被名言所轉執而忘返，埋没自性。所以如來於般若會上説金剛經，即世界而破微塵衆，即微塵衆而破世界堅習。堅習既破，微塵習除，虧一喪兩，一兩既喪，本心頓露。故六祖曰：“不思善，不思惡，阿那箇是明上座本來面目。”此老即善惡情上，指渠曉得箇無善惡的。這箇無善惡的，名有多種，曰本性，曰真心，曰佛性，曰本覺等。故天機深者，不受名言所染，能即名言而悟名言不及者。如此經，以世界微塵衆情上，如來宛轉方便，借微塵衆，破世界有名無實；借世界，破微塵衆有名無實。究竟兩者，名實無當，情消性復，即與六祖因善惡之情，悟無善惡本來面目，初無差別。即此而觀，若不能即名言了悟得名言染不得的，不惟世界即一合相，微塵衆亦一合相也。何以故？情未破故。吾故曰：虧一喪兩。兹衆位偶聚泖上，結金剛般若緣，此非就地抽苗，皆是多生曾親近諸

佛菩薩來，所以不期邂逅。道人與世泊然，初無他慕，今更深夜静，
白燭光中，不惜口業，世出世法，將高就低，種種辟喻，委曲剖析此
一分經。雖衆位根器生熟不同，或聞道人拈提，或有所入，或無所
入。解者，自今日後，由粗而精，既精則必入神，既能入神，則一切
名言，世界微塵，聖凡善惡，把柄在自手裏，彼名言安能轉我？未解
者，自今日後，必須要解，始不負堯峰中此翻邂逅。且老病不與人
期，流光不可把玩，世出世法，各須努力。

　　衆生情計，不此即彼，不聖即凡，故曰：聖凡情盡，體露真常。今
世界可碎，微塵可合，則世界與微塵，未始有常也。而衆生於未始
有常之間，計世界爲一，計微塵爲多，不一即多，不多即一，酣計而
不醒。從無始以來，至於今日，死此生彼，死彼生此，究其所以，不
過我見未空，隨處計着。故如來曰：一合相即不可説，凡夫貪着其
事。利根衆生，苟知合微塵而有世界，世界果有乎？碎世界而爲微
塵，微塵果有乎？嗚呼！此貴在自悟，不貴説破。所以如來於此
經，提無生之綱於緣生之中，真深慈大悲也。

　　夫碎世界而爲微塵衆，微塵果有乎？合微塵衆而爲世界，世界
果有乎？此兩者互爲主客，迭相蕩洗，而一多之情，豈煩天風海濤
鼓漱，然後滌除者哉！故善用其心者，終日處乎一多之中，而一多
不能累也。反是者，則不勝累矣。故此經曰："一合相者，即非一合
相，是名一合相。"而凡夫貪着其事者，是不達一多無常，主客無定
故也。如能達之，則一合相，未始非天人師焉。蘇長公有言曰：溪
聲便是廣長舌。吾則曰：一合相便是廣長舌也。或者以長公爲是，
以我爲非；以我爲是，以長公爲非。此所謂癡人前不可説夢也。

　　世界與微塵衆，往復研之，但有名言，俱無自體。謂世界合微
塵衆而有，謂微塵衆碎世界而有，皆衆生橫計也。然此橫計，不無
其因，始因於事不精理不徹而生。事精，則能了知事外無理；理徹，

則能了知理外無事。事外無理，事果有乎？理外無事，理果有乎？是以性宗不成，相宗始精；相宗不成，性宗始圓。精卽圓故，精而無思；圓卽精故，圓而歷然。無思，故卽事而契同；歷然，故卽理而彌照。此等受用，自他滿足，但因中易知而難證，果中易證而難忘。噫！因中卽受用，果中受用忘，此非披毛戴角者，不能也。

夫我人衆生壽者四見。初本一我見耳，以展轉橫計，遂成四見。若以智眼觀之，則一心不生，我尚不有，誰爲我見？我見既拔，則餘者不待遣而自空矣。又，我見者，無主宰中强作主宰之謂；人見則待我而生；衆生見卽循情分別，不能返照之謂；壽者見，不過貪生畏死之念也。用是觀之，則金剛經所說四見，實不在經，卽在吾人周旋日用逆順之間，與佛何干！雖然，若不是這瞿曇老漢，曲折點破，則茫茫大塊，終古不旦矣。

佛問須菩提曰：若人碎三千大千世界，而爲微塵衆，是微塵衆可謂多乎？須菩提曰：甚多。予以是知須菩提之意，以爲不但多耳，諦觀而察之，誠乃有名無實，故曰：卽非微塵衆，是名微塵衆。復次，世界之意，亦有名無實耳，故曰：卽非世界，是名世界。蓋微塵自無其體，必碎世界而有，世界亦無其體，必合微塵而成。故以世界觀塵，世現而塵不現，以微塵觀世，塵形而世不形。或計多碎相，則多碎相現，計一合相，則一合相現。多碎相卽微塵之別名，一合相卽世界之異稱耳。若當機頓了，多碎相與一合相，皆有名而無實，則一多之情不待掃而自盡矣。一多之情既盡，則我固有之心光，昭然現前矣。故曰：凡聖情盡，體露真常。又，此情緣一而起謂之一情，緣多而起謂之多情，緣凡而起謂之凡情，緣聖而起謂之聖情。故一一、多多、凡凡、聖聖，不過一情之橫計耳，又曰徧計，又曰前塵相想，又曰六塵緣影，皆此情之別名也。圭峰科此段義，謂證法界。有味乎哉！

　　夫有卷則有舒，有聚則有散，有合則有碎，此自然之理也。故如來呼須菩提而告之曰：若三千大千世界，可碎而爲微塵，是微塵衆，果多耶少耶？須菩提承佛而言曰：甚多。夫碎大千世界而爲微塵，以凡夫心量較之，則不勝其多矣，若如來所知，則不勝其少也。豈微塵多少之數，如來不知，乃待須菩提定耶？蓋如來逆知一切衆生，雖根有鈍利之不同，而執世界爲一合相，未始有不同者也。但利根衆生，一聞世界可碎而爲微塵，則不待須菩提言多微塵，即非微塵衆，是名微塵衆，然後悟世界必非一合相。奈鈍根衆生，須待須菩提密破其微塵多衆之執，然後知一合相初本非世界，假衆微塵合，而始成世界。世界既合微塵衆而始有者，則世界當一合相住時。住本無住，合本無合，豈待碎世界而爲微塵衆，然後一合相始破哉？又，須菩提以爲我與如來碎世界而爲微塵，合微塵而爲世界，合合碎碎，重叠翻騰，上根與中根固已皆悟世界本無，合微塵而有，微塵亦無，碎世界而有。至此，則一多之執情，不待觀空，然後破也。奈下根之難悟，所以須菩提復拈三千大千世界，即非世界，是名世界，顯告而曉之曰：若世界實有者，即是一合相，世界若是一合相，則如來往嘗又説："一合相，即非一合相，是名一合相。"此又何耶？如來與須菩提憫衆生執情之難破，味着此身，計爲實有，委曲翻騰，而下根衆生執解未盡，故如來呼須菩提而再告之曰："一合相者，即是不可説。"但凡夫之人，貪着其事，豈須菩提不知一合相，即非一合相，待如來再告之而後曉耶？蓋如來借須菩提而深責下根，執現前之身，橫謂實有而味着也。嗚呼！初碎世界而爲微塵，微微塵而非有，微塵非有，則世界無體。故須菩提不先破一合相之執，而先破多微塵之執。蓋多微塵既破，則一合相之執，不待破而破矣。何者？多爲一體，多破則一無體矣。一多情盡，則世界與微塵皆清浄法界也，指何物爲世界微塵耶？學者知此，則我如來父子翻騰剖析之苦心，方始知也。如果知之，則三千大千世界之堅，初碎而爲微塵，再合微塵而爲世界，何異一紙卷舒，浮雲之聚散者哉？

（選自金陵刻經處版紫柏老人集卷十一）

七、釋棱嚴經

　　吾嘗讀佛頂經，於七處徵心，初有疑焉，既而疑情忽消，始知如來之心，卽我之心也。吾之疑，卽阿難之疑也。吾疑既消，則阿難豈復疑之乎？凡學者，於七處徵心之辯，皆謂初處不難，餘者難耳。殊不知有內則有外，有外則立潛根，立潛根則立中間，立中間則立開眼見明，合眼見暗，立開眼見明，合眼見暗，則立隨所合處，立隨所合處，則立一切無着。若然者，則初徵內之辯，爲六者之尤也。得其尤，則餘黨自滅矣。且衆生之執情，特執心在內之情難破耳，如執內之情既破，餘者何難哉？吾以是知學者謂六者難，不謂初者難，實不經苦心故也。

　　夫明心是明何心？爲明真心耶？爲明妄心耶？若明真心，真外無妄，更教誰明真心耶？若明妄心，爲妄心有心可明以明之耶？爲無心可明以明之耶？有心可明，則阿難認能推窮者爲心，世尊直咄之不許。咄之不許者，非不許也。世尊之意，冀阿難回機反照，照此能推窮之心，爲在七處耶？爲不在七處耶？若在七處，則處處推心所在，皆一無所在。爲不在七處，則根境都無，心託何處？良以阿難於七處徵心時，推窮不精，呈答未了。以爲能推窮者，固卽七處推之無在，然知無在之心，又是何物？若初計心在七處之心，固依根塵而有二，推之無在，我已無疑，但現前能知無在者，又是何物？此物字較之前物字，又深一層矣。前物字是依根塵而有之心，後物字是離根塵而有之心。雖直下推之無在，而知無在者，是必我心，故阿難曰：我以能推窮者爲心。殊不知，未經七處推窮之心，是有在之心，既經七處推窮之後，則有在之心已了無在久矣。然有在之心，是託有境而有知，無在之心，是託無在而有託，有在而有之心，阿難已忘之矣。惟託無在而有之心，尚認爲心，此所以佛雖咄之，而阿難心終不死。至於見聞覺知俱離，而內守幽閒，猶爲法塵分別影事，故阿難心稍有肯處，然終不能全肯者。阿難似未悟法塵分別之影，此塵此影，即無在之異名故也。如阿難果知此塵此影，本無在之境，牽引而起，初無有性，則分別此影者，又轉而爲無塵智矣。夫無塵智者，從凡而至聖，從迷而至悟，苟微此智，則一切衆生終不可成佛矣。故此章題之曰明心，不亦宜乎？

佛頂經曰："因明有見，暗成無見，不明自發，則諸暗相永不能昏。"余悟此，始知孔老非同道也，乃同化也。自是，余之信心彌切，實以成佛自期矣。然此光，又豈待成佛而有耶？即吾現前日用，未嘗不炯炯然在也，特以橫計明暗之執未消，所以籍明塵則能見，不籍則不能見，故暗相可昏耳。如明暗執謝，於大夜之中，見不殊白日矣，而白日之中，光亦無增焉。嘉靖間，有書華嚴經者，以精誠堅至，妄念不生，情執不起，能於暗室書經如白晝。余不敢自祕，願與天下共，乃屬四明李生記之。

根塵之初，本光本自圓滿，於圓滿中，佛尚着不得，況衆生乎？以此光元無常性，瞥爾不覺，變起根塵，光陷其中，即名爲識。然識有六：在眼司色，謂之眼識，乃至在意司法，謂之意識。又七識亦名意識，而與此識不同，蓋名同體異耳。凡一切衆生，不以六塵爲前境作牽引，識總不生，若無六根，雖生亦無所托，故曰境有牽心之業用，根有托識之功能。心與識，名異體同，勿生別解。嗚呼！以根塵之初言之，堯與紂光無增減，以根塵既立言之，則堯與紂霄壤懸隔。蓋堯得之，紂失之耳。如緣見因明，暗成無見，此便是陷根塵的樣子。如不明自發，此便是廓落根塵的樣子。又，陷之與廓，本無常法，若得緣因佛性熏炙之，則根塵之初，圓滿本光，終必開解。解則會行，行則終證。設已解不行，習終不消；習既不消，根塵難脫。如解而能行，不惟根塵迥脫，即根塵皆復本光矣。此事說則容易，領略尤難，解尚難領，何況行哉！但得能行，何愁不證？既得之，自然發願廣大。良以同體之悲，稱性之慈，大且無待，寧局於小？如四弘誓，十願王等，皆痛同體而發者也。道人口門狹小，一時為汝一氣吐不盡，聊書此以作前茅。程子宜知好惡，努力精進。

緣見因明，見初非緣，明既非緣，暗豈為緣？我以是知有日月燈之明，則見萬物，無日月燈明，則不見萬物，以理準之，無有是處。何以故？以見暗在眼前者，暗既在前，能所昭然，兩非交涉，以暗較明，明亦如是。

夫因明而見物，明謝則不見矣，故曰：緣見因明，暗成無見也。不因明而見物，雖一切暗相現前，而我無待之見，本自昭然。故曰：不明自發，則諸暗相永不能昏也。雖然鴟梟夜撮蚤虱，察秋毫，晝則瞑目而不見太山。又，貓犬晝夜俱見，晝夜俱見，則與無待之見，又何別焉？夫貓犬根全則見，根不全則不見。惟聖人根全亦見，根不全亦見，至於頂亦見，足亦見，背亦見，腹亦見，周身四體八萬四千毛孔無不見者。故大悲菩薩八萬四千母陀羅臂，臂臂有手，手手有眼。良以書不盡言，言不盡意，聖人設象以盡其意。猶一人之身，身有六根，六根所待者，謂之六塵。今楞嚴會上，大覺聖人於六根之中，略舉眼根。因日月燈光之明塵，塵能發識，有識則見，此妄見也。真見則不待明塵，而本照徹無遺者是也。一根既然，餘根皆爾，故臨濟曰："汝等諸人，赤肉團上有一無位真人，在人之六根，乃能放大光明。汝若生心擬會，卽非真人矣。"

以手搔癢，謂有能所，以手把髻，身不離地，緣見因明，見如我手，癢如明緣。以此而觀，能所宛然，不明自發，獨立自待，不明自發。旨本符契，橫計忽生，千轉相因，因因無盡。識難窮究，惟得真法界者，不受識瞞，得惟識者，不受意言瞞。此皆據用徵照，苟非鵝王擇乳實難。

明暗自相代謝，見精本自湛然。

吾不見時，何不見吾不見之處？若見不見，自然非彼不見之相；若不見吾不見之地，自然非物。云何非汝？師曰：大慧禪師一日問禮侍者，喚作竹篦則觸，不喚作竹篦則背，如何？禮答不得，却曰：望和尚爲某作箇方便指示。大慧向他道：你是福州人，我說箇喻子向你，如將名品荔枝，和皮殼一時剝了，以手送在你口邊，只是你不解吞。達觀燈下看大慧語錄，至此不覺失笑。你衆人且道，笑箇恁麼？如薦得，不勞達觀饒舌，既薦不得，老漢爲汝說破此段經，也不妨礙。只如如來爲阿難，老婆心切至矣。何異大慧和皮殼剝了名品荔枝，送在禮侍者口邊？只是他不解吞。大底此事，苟不到智訖情枯之地，斷然承當不下。且道如何是智訖情枯的樣子？咄！泥牛夜半歸來遠，踏破前峰萬頃雲。

由彼覺明，有明明覺，失彼精了，黏妄發光。是以汝今離暗離明，無有見體；離動離靜；元無聽質；無通無塞，齅性不生；非變非恬，嘗無所出；不離不合，覺觸本無；無滅無生，了知安寄。汝但不循動靜、合離、恬變、通塞、生滅、明暗，如是十二諸有爲相，隨拔一根，脫黏內伏，伏歸元真，發本明曜，耀性發明，諸餘五黏應拔圓脫，不由前塵所起知見。明不循根，寄根明發，由是六根互相爲用。阿難！汝豈不知！今此會中，阿那律陀無目而見，跋難陀龍無耳而聽，殑伽神女非鼻聞香，驕梵鉢提異舌知味。舜若多神無身覺觸，如來光中映令暫現。既爲風質。其體元無，諸滅盡定，得寂聲聞。如此會中，摩訶迦葉久滅意根，圓明了知，不因心念。阿難！今汝諸根，若圓拔已，內瑩發光，如是浮塵，及器世間，諸變化相，如湯消冰，應念化成無上知覺。師曰：靈光寂照，彌滿清浄，中不容他，外此有法，無有是處。凡衆生見心外有法，皆瞥爾念生，念生卽有我，有我則有限量，所以有內有外。內則根識是，外則依報是。依報是無情，正報是有情。因有是是，有我我所，雖三細六粗，生起次第有別，究本言之，原是一箇圓常佛性。以衆生念起之後，了不覺悟，膠於根塵，識託其中，戀能戀所。能卽六根，所卽六塵，根塵能所，疆界確然。是以眼識則能司色，耳識則能司聲，餘四例然。所謂由彼明覺，有明明覺，覺明卽是真心，明覺卽是妄心。此妄心，卽真心迷轉者，非離真心外，別有妄心生。既迷於真，失彼精了，黏妄發光。根塵是所黏，識是能黏。譬如眼識不能自生，必由明暗二塵引起，纔有此識，若無前塵，識終不有。故心外見法者，則有前塵，有前塵則有妄識，既有妄識，六根次第應用，一點也差謬不得。此皆是情識封部故也。若能當下照此一念，原無起相，卽念本無，念尚不有，安得有前塵？凡有前塵爲留礙者，只是自家直下不能觀破此念。故清涼云："十世古今，終始不離於當念；無邊剎海，自他不隔於毫端。"蓋有念卽有自他，卽有古今，念他喚一尚不可，何處有二？由是觀之，天地萬物，一切含靈，不出我一念。又天台智者云："一念具三千，謂有念時；念息三千泯，謂無念時。"行者真發菩提心者，當於起念時，了不可得；念息時，洞照十虛。所以這一節經，最初不過迷了真心有妄心。因有妄心，卽有根塵；因有根塵，卽有疆界；因有疆界，便不能互用靈通。此就迷上説。若離暗離明，既無見體，難道就沒了見？若沒了見，卽是木偶人也。蓋因明暗而有見者，應物之識也；離明暗而有見者，真心之照也。此箇關頭，正是迷悟根本。悟得來，應物之識，卽是真見；悟不來，真心之照，卽是應物之識。却不是兩件，因迷悟斯有二致耳。一根如是，諸根亦然。真心發照，則不托於前塵而起；起不托塵，此是離物獨立而照；獨立則心外無法，心外無法，不知又喚恁麼作根塵。故雲門云："盡大地是沙門一隻眼。"雲門此意，卽是經云："今汝諸根，若圓拔已，內瑩發光。如是，浮塵及器世間，諸變化相，如湯消冰，應念化成無上知覺。"器世間是無情，衆生是有情，如何衆生悟了道，一切無情器世間，亦化成無上知覺。此箇竅子，不知在何處，尋得這箇竅子着，説無情器界成佛亦可，説有情衆生不成佛亦可。所謂拈頭作尾，喚尾作頭，權衡在手，褒貶由誰。到這裏，説無六根而有見聞亦可，有六根而無見聞亦可。上來雲門的話頭，有照處便有用，在經旨直饒會得，只是一箇照，用處又存乎其人，六根互用也不甚奇特。會得從緣薦得相應捷之句，卽便受用得來也。此節經雖由真起妄，會妄歸真，發許多作用，不過自家日用尋常事耳，以迷者謂之奇特。又古德云："靈光獨耀，迥脱根塵。"這等説話，只好爲未發心的人説，若少有見的，聞此定然鼻笑不已。既謂之靈光，是活漉漉地，説恁麼迥脱不迥脱？且他本無畔岸，這個軀殼子不過三五尺長，以三五尺長，置之無畔岸之中，且道是迥脱不迥脱？若道不迥脱，六尺軀殼子安能籠罩得無畔岸的靈光？若道迥脱，只今大衆莫不在軀殼上作窩坐。這箇窩坐，雖只有五六尺長，若不是箇真正英靈男子，且慢莫提起，説他迥脱不迥脱。若然如是，畢竟怎麼樣好，三途一報五千劫，得出頭來是幾時。

真心實不可以一體求，多體得，又不可以徧體知，亦不可以不徧測。離一離多，離徧不徧，所以又能一能多，能徧能不徧也。今阿難不悟真心，惟攀緣橫計，故如來知其病處，隨機付藥，究竟言之，了無實義，亦無定方。如難阿難云："若咸覺者，挃應無在，既挃一處，徧體多覺，斷無是理。"如來就阿難計處難之。意者，捏一支而四支咸覺，則捏者亦知，不捏者亦知，則可言捏者無捏矣。何則？以三支不捏有知，則一支捏者，可卽無捏也。

（選自金陵刻經處版紫柏老人集卷十一）

八、拈　　古（選錄）

　　夫瑜伽之秘密與西天初祖教外別傳之秘密，大有不同。而瑜伽之秘密，惟佛與佛乃能知之。若教外別傳之秘密，無論凡小，或因拈花而領悟，或因棒喝而明心。而悟入境界，斷非未悟之人所能測知，故名秘密。予以是知瑜伽之秘密，在佛則顯，在凡則密。惟教外別傳之秘密，在凡則顯，在佛則密。何以故？蓋教外別傳之宗，不惟不拘凡小，卽販夫竈婦，一悟其宗，便解橫拈豎弄，大震鼻祖之風。若江陵賣米餅漢，及凌行婆等。所謂教外別傳之秘密，在此等人分上，謂之直顯則可，謂之秘密則不免惹他鼻笑有分在。故曰：如來禪許師兄會，祖師禪則恐未夢見在。予故曰，瑜伽秘密，在佛則顯，禪宗秘密，在佛則密。此兩種秘密，苟非宗教精深者。決不可鹵莽舉似，有招罪咎。

　　肇論總有四篇，本無則直示無生之體。不遷卽示物外無真。般若無知則無所不知，無所不知，所以知無知也。不真空則無物不真，無物不真，物果真有哉？涅槃無名所以卽名本無名也。然四論分門，交相發光，照我日用逆順之衝，愛憎之口。可意則心竅發悅，不可意則毛孔生烟。故曰：一念瞋心起，百萬障門開。然此障，謂從境生耶？謂從心生耶？若從境生，境本無知，安能生障？若從心生，境若不觸，心非有障。推之於境，境生無理，推之於心，心生無理。心境既皆無理，凡謂從境生障，從心生障，從非心非境生障，此皆情之橫計，非達理之見也。故讀此論者，由讀而誦，由誦而持，持則精，精則入神，入神則根境若片雪之投紅鑪，我欲不化，安可得哉？果能至此，方不負立言之心，授言之慈也。然後本無卽不遷，不遷卽般若無知，般若無知卽不真空，不真空卽涅槃無名。涅槃無名卽不真空，不真空卽般若無知，般若無知卽物不遷，物不遷卽本無。頭而尾之，尾而頭之，縱亦可，橫亦可，交錯亦可，分條亦可。可不可，不可無不可。夜光在盤，宛轉橫斜，衝突之際，豈可以方隅測哉？但不出盤，我則不疑也。洞微如知此，則異日作吾道金湯。舍子而誰歟？洞微勉之。

迷性而爲情，則油水莫辨；卽情而悟性，始知油水不可以同住。同住，水見火則起，油見火則湛然。湛然者，可與火一，一則無敵。所以油不知火，火不知油，油火不相知，而始能相爲用。水則與火不一矣，所以見火則起耳。火喻誘情之境，水喻染境之情，油喻了境之智。然外境則情不生，外情則智無地。夫情與智，初非兩物，以其被境所轉，名之爲情，了境非有，名之爲智。是以智情同住，如油共水。情觸境則奔流莫返，智了境則能所無生，故智恒與理一，情恒與理乖，如油恒與火一，水恒與火乖。乖則成敵，敵必有勝負。如水不勝火，則終必負敗而起矣。卽此而觀，外境則無理，外情亦無智。學者知此，便會老龐日用事無別，頭頭自偶諧也。老龐初發身於火宅，沈家財於湘水，妻子團圞，共鍛無生，根塵蕭然，轉識成智，生死大事，一生了拔。排其所由，亦不過了達前境無性，根識蒂脫，乘理治情，逆順無間，動止一如。知得徹，行得到，自然臨臘月三十日，一家大小並應念而化，宜其然矣。如東坡作油水偈，勝妙精絕，非聞道而勇於行者，不能也。故有志於了辦生死者，長公之偈，不可不留意焉。拈東坡油水頌。

（選自<u>金陵刻經處</u>版<u>紫柏老人集</u>卷十六）

九、皮孟鹿門子問答

客有號<u>皮孟</u>者，謂<u>鹿門子</u>曰：<u>朱新安</u>不識佛心，兼不識<u>孔子</u>心，孟擬作一書以駁之，子以爲何如？<u>鹿門子</u>曰：<u>建安沈內翰</u>著書十四篇，雖論解辨之不同，然駁世儒不識佛心者罄矣，不獨駁<u>新安</u>也，子又何駁哉？雖然，<u>內翰</u>之駁<u>新安</u>，豈<u>內翰</u>能駁之，乃<u>新安</u>自駁耳。

<u>孟</u>聞<u>鹿門子</u>語，愕然曰：凡所謂駁者，必有一人駁一人，方始成駁。譬如兩掌，拍則有聲，孤掌則不能鳴也。子謂<u>新安</u>自駁，僕實不解，願先生諭之。<u>鹿門子</u>曰：大概立言者根於理，不根於情，雖聖人復出，惡能駁我？若根於情，不根於理，此所謂自駁，寧煩人駁歟？夫何故？理無我而情有我故也。無我，則自心寂然；有我，則自心汨然。寂然，則感而遂通天下之故；汨然，則自心先渾。亦如水渾，不見天影也，況能通天下之故哉？聖人知理之與情如此，故不以情通天下，而以理通之也。凡彼此勝負，皆情有而理無者也。<u>朱新安</u>不識佛心與<u>孔子</u>心，乃以衆人之心，推<u>孔佛</u>之心，何嘗天淵相隔哉？蓋衆人不善用其心，日用何往而非情；聖人了知心外無法，則心無所待，所以我隨理化，而物亦無待。故物物皆我，我我皆物，以物通物，以我通我，理徹而情空，則何情不可通哉？譬之水無自相，所以隨器而方圓矣。<u>新安</u>以情立言，<u>建安</u>以理立言，以無我而攻有我，則攻無不破。苟以有我攻無我，我尚不有，誰當我攻？予故曰，<u>新安</u>自駁，非<u>建安</u>駁之也。

<u>皮孟子</u>聞<u>鹿門子</u>之教，再拜而稽首曰：理之攻情，何情不破，情

之攻理，誰當其攻？雖聖人復生，不能易子之言也。

（選自金陵刻經處版紫柏老人集卷二十一）

十、解　易

　　先天有常，則後天何始？後天有常，則先天何復？唯先天無常，而後天始開；唯後天無常，而先天可復也。如伏羲未畫之先，豈無易哉？然非伏羲畫之，則天下不知也。予讀蘇長公易解，乃知六十四卦，三百八十四爻，雖性情有殊，而無常則一也。何者？乾若有常，則終爲乾矣，離自何始？坤若有常，則終爲坤矣，坎自何生？故乾坤皆無常，而離、坎生焉。至於一卦生八卦，一爻生六十四爻，不本於無常，則其生也窮矣。此就遠取諸物而言也。如近取諸身，則一身有四體，手與足也。總手與足而數之，不過二十指。就一指觀之，可屈可伸，若指有常，則屈伸之路塞矣。若屈伸有常，則指終不得復爲指矣。吾以是知，先天之易，初無有常，則後天之路不窮也；後天之易無常，而先天之途本自通也。苟性若有常，情何從生？情若有常，性何從明？唯性無常，則道可爲器也；唯情無常，則器可復爲道也。聖人知其然，所以卽情而復性，而不廢耳目之用；卽性而攝情，而本無物我之累也。所以開物成務，多方變化，使天下沾其化，而情消性復者，如春陽之在萬物，物無不化也，如嚴冬之藏萬物，物無不復也。然易有理事焉，性情焉，卦爻焉，三者體同而名異。何哉？所在因時之稱謂異也。苟神而明之，理可以爲事，事可以爲理，則性與情，卦與爻，獨不可以相易乎哉？如易之數，爻情是也，如易之理，卦性是也。數明，則吉凶消長之機在我而不在造物也；理通，則卷萬而藏一，雖鬼神之靈，陰陽之妙，亦莫吾陶鑄也。

．．．．．．．．．．．

　我觀易之噬嗑，乃知人之情若水火也。蓋水不至下，則不止也；火不至空，亦不止也。以下與空，水火之極也。……嗚呼！唯君子玩象而得意，得意而知戒。持理而折情，情折而理充，理充而日造乎無我之域。故有犯而能容，容則大，大則無外，無外則天地萬物皆可以範圍之。豈可當噬嗑之時，我無術以禦之哉！

　夫井不自井，由人而井，故井雖不可改，而可夷也。然井不自夷，亦由人而夷。卽此觀之，井夷不夷，井潔不潔，皆由人而已，井何預哉？……又，卦不自卦，合六爻而後有卦；爻亦不自爻，分一卦而後有爻。然合六爻而爲卦，則心在而情不存矣；分一卦而爲六爻，則情在而心不存矣。夫情果有情哉？心果有心哉？但應物而有累，則謂之情；應物而無累，則謂之心。故情與心，名焉而已，若其實也，亦存乎其人耳。故曰："周流六虛，上下無常。"無常者，情也；六虛者，爻也。爻乃虛位，忽吉忽凶，皆情之所致。故曰，吉凶以情遷。設一心不生，六虛不遊，則應物而累，與無累者全矣。全則謂之卦，卦則無我而靈者寓焉；爻則有我而昧者寓焉。心則又寓乎卦爻之間，故可以統情性。統，通也。蓋善用其心，則情通而非有，性通而非無。故老龐曰："但願空諸所有，愼勿實諸所無。"良有以也。

　"艮其背不獲其身，行其庭不見其人"。此十四字本一義耳。蓋人之有我，以有身也，身之有人，以相待也。身既不獲，誰復我名？我既無我，人又誰見？故吾曰，此十四字是一義也。

　咸之四爻，吾知之矣。如有心而應之，終不甚光大也；無心而聽天，則未光者亦光大也。噫！吾纔生心，則性變而爲情矣。性無我而靈，故能通天下之情，情通則無事不吉；不通則有我而滯，故以之圖事，吉亦變凶也。

一日，文侍者問余咸艮之旨，余將柱杖撾其足，失聲叫疼。余徵之曰：汝知咸艮之旨乎？對曰：弗知。余復示之曰：汝知之乎？汝若不虛，撾卽不應；汝若不止，撾亦不知。唯止資虛，所以應之不窮；唯虛資止，所以智之不倦。所謂咸艮者，在於日用，非在語言文字也。

智鑑曰：“一心不生，萬法無咎。”廬山曰：“一微涉動境，成此䫫山勢。”予聞二老之言久矣，然終不大明了，及讀易至漸卦，始於二老之言，了無所疑。蓋卦寓性，爻寓情。如“一心不生，萬法無咎”者，卽卦之意也。如“一微涉動靜（境），成此䫫山勢”者，卽爻之意也。大都一心不生，則吉凶無地，一微涉動，則吉凶生矣。故漸之六爻，一微未涉之初，有其位而無其人；一微涉動之後，則有是位而有是人矣。唐李長者以漸卦六爻寓十信升進之意。蓋十信自初至十，皆以生滅心，聞法悟解，以解始染，尚屬生滅，未入無生滅位，至入初住，則分得無生滅矣。

予讀易繫辭，至“在天成象，在地成形，變化現矣”處，覺象與形，皆在在之蓮廬，而非在在象象形形者也。如得在在象象形形者，則象象形形一指之屈伸耳。噫！金之未銷也，塊然而已，及其旣銷也，則融然而已。然外塊然而求融然，外融然而求塊然，吾知神聖亦無如之何也。

予觀易至泰卦，不覺掩卷長歎久之。夫大壯之與夬卦，當是時也，小人愈衰，而君子愈盛矣。然而聖人獨安夫泰者，以爲世之小人，不可勝盡，必欲迫而逐之，使其窮而無歸，其勢必至於爭。爭則勝負之勢未有決焉，不若獨安乎泰，使君子常居中而制其命，而小人在外不爲無措，然後君子之患無由而起。噫！聖人之見遠矣！後世君子，不體聖人之意，一得其位，必欲盡逐小人，飽快所懷。殊不知君子小人邪正不同，固雖天淵，然而共以天地爲父母。天地之於子也，賢不肖豈不自知哉？知而容之，以爲既生之矣，以其不肖而逐之，則父母之心，亦有所不忍也。但當使賢者制其命，不肖者聽其令，則君子不失包荒之度，而小人亦得以遂其所生。若必欲盡逐小人，而都用君子，雖聖人復生，不能行也。知不能行而强行之，謂之悖天之民，苟使其人得其位，行其志，而國家元氣不至大壞，蒼生不受其荼毒，未之有也。

　　　　　　　　　（選自金陵刻經處版紫柏老人集卷二十二）

十一、與湯義仍

一

　　浮生幾何，而新故代謝，年齒兼往，那堪躊躇。靜觀前念後念，一起一滅，如環無端。善用其心，則粗者漸妙；不善用其心，則妙者漸粗。妙者漸粗，粗將不妙，於不妙處，了不覺知，是身存而心死矣。所以古德云："乍時不到，便同死人。"夫身存而心死，則不當存者，我反存之，不當死者，我反死之。老氏曰："我有大患，爲我有身。"又曰："介然有知，惟施是畏。"卽此觀之，大患當除，而我不能除，真心本妙，情生卽癡，癡則近死，近死而不覺，心幾頑矣。況復昭廓其癡，馳而不返，則種種不妙，不召而至焉。至人知其如此，惟施是畏。顏子墮肢體，得非除大患乎？黜聰明，得非空癡心乎？大患除而癡心空，則我固有法身，本妙真心，亦不待召而至矣。曹溪聞應無所往而生其心，則根塵迴脫，妙心昭然。故溈山曰："靈光獨露，迥脫根塵，體露真常，不拘文字。"至此則粗者復妙矣，遠者習近矣！人爲萬物之靈，於此不急而他急，此所謂不知類者也。寸虛受性高明，嗜欲淺而天機深，真求道利器。第向來於此路頭，生疎不熟，或言及此，未見渴仰，此點消息乃羽毛鱗甲之媒，三塗四生之引。故曰："一微涉動境，成此癩山勢。"此半偈三假全備。三假者，因成假，相續假，相待假是也。如上根利器，纔入因成，覺不隨流，謂之不遠復；如天機稍淺，流入相續，慚愧知返，謂之流復；於相續中尚不驚覺，勢必流入於相待矣。既流入於相待，則以習遠爲重，反以習近爲輕。夫近者性也，遠者情也，昧性而恣情，謂之輕道。如唐德宗不能自反，迷而不悟，終致大盜以亂天下。此遠公所謂"成此癩山勢"者也。又因成是何義？蓋妄心不能獨立，必因附前境而生。故智鑑曰："能由境能"。此能乃妄心之始，我相之根。我相乃不善之前茅。仲尼曰："顏氏之子，有不善未嘗不知，知之未嘗復行。"果如此，謂之"不遠復，無祇悔"，不亦宜乎！毘舍浮佛，此言自在覺，其傳法偈曰："假借四大以爲身，心本無生因境有，前境若無心亦無，罪福如幻起亦滅。"昔有貴人以上妙素帛，求黃魯直書平時得意之詩。魯直曰："庭堅亦凡夫耳，詩縱得意亦不妙。"遂書此偈遺之。且囑之曰："七佛偈乃禪宗之源，今天下黑白譁然，望流迷源。庭堅旁觀，不禁書之贈公，願公由讀而誦，由誦而持，由持而入，由入而化，則自在覺在公日用，而不在此偈也。"山谷，楚人，寸虛亦楚人，茲以楚人引楚人則似易。倘吳人引楚人，則楚人以謂吳人似不知楚人也。若相續假以因成，錯過本來面目，便將錯就錯。不惟不知因成之前，心本獨立，初非附麗，卽其照無中邊之光，初不夢見彼照，而應物偶然忘照，流入因成。以不知是因成，復流入相續，相續流入相待。相待是何義？謂物我對待，兀然角立也。嗚呼！相待不覺，則三毒五陰，亦不明而迷矣。故知"能由境能"，則能非我有；能非我有，豈境我得有哉？此理皎如日星。理明則情消，情消則性復，性復則奇男子能事畢矣！雖死何憾焉。仲尼曰：

"朝聞道，夕死可矣_」"爲是故也。如生死代謝，寒暑迭遷，有物滾動，人之常情。衆人迷常而不知返，道終不聞矣。故曰：反常合道。夫道乃聖人之常，情乃衆人之常。聖人就衆人而言，故曰反常合道耳。據實言之，衆人之常，豈果真常耶？野人追維往遊<u>西山雲峰寺</u>，得<u>寸虛</u>於壁上，此初遇也。至<u>石頭</u>，晤於<u>南皋齋</u>中，此二遇也。辱<u>寸虛</u>冒風雨而枉顧<u>棲霞</u>，此三遇也。及<u>寸虛</u>上疏後，客瘴海，野人每有<u>徐聞</u>_{時寸虛方謫徐聞尉}之心，然有心而未遂。至買舟絕<u>錢塘</u>，道<u>龍游</u>，訪<u>寸虛</u>於<u>遂昌</u>。<u>遂昌唐山寺</u>，冠世絕境，泉潔峰頭，月印波心，紅魚誤認爲餌，虛白吐吞。吐吞既久，化而爲丹，衆魚得以龍焉。故曰，龍乃魚中之仙。<u>唐山</u>，<u>禪月</u>舊宅，微<u>寸虛</u>方便接引，則<u>達道人</u>此生幾不知有<u>唐山</u>矣_」然此四遇也。今<u>臨川</u>之遇，大出意外，何殊雲水相逢，兩皆無心，清曠自足，此五遇也。野人久慕<u>疎山石門</u>，並<u>龍象禪窟</u>，冒雨犯風，直抵<u>石門</u>，黎明入寺。然寺有名無實，故址雖存，草萊荆棘，狐蛇淵藪。四顧不堪，故不遑拋瓣香熏<u>圓明</u>而行。<u>圓明</u>，<u>山谷</u>最敬之，每歎<u>東坡</u>不遑一面。然<u>圓明</u>敬<u>東坡</u>，不在<u>山谷</u>之下。今<u>石門</u>狼狽至於此，使<u>東坡</u>、<u>山谷</u>有靈，亦其所不堪者也。大都真人大士之遺跡，乃衆生開佛知見之旗鼓也。蓋旗能一目，鼓能一耳，耳目既一，目即耳可也，耳即目可也。目可以爲耳，則旗非目境；耳可以爲目，則鼓非耳境。旗鼓固非耳目之境，而耳目之用不廢，此謂六根互用也。然以一精明爲君，六和合爲臣，臣奉君命，無往不一。無往不一，謂之獨往獨來。獨往獨來，此即妙萬物而無累者也。此意悼<u>西兒</u>名序中，亦稍泄之。嗚呼_」野人與<u>寸虛</u>必大有宿因，故野人不能以<u>最上等人</u>望<u>寸虛</u>，謂之瞞心。<u>馮山</u>曰："但不瞞心，心自靈聖。"且<u>寸虛</u>賦性精奇，必自宿植。若非宿植，則世緣必濃。世緣一濃，靈根必昧。年來世緣，逆多順少，此造物不忍精奇之物，沉霾欲海，暗相接引，必欲接引<u>寸虛</u>了此大事。

野人一遇於石頭時，曾與寸虛約曰：十年後，定當打破寸虛舘也。楞嚴曰："空生大覺中，如海一漚發。"卽此觀之，有形最大者天地，無形最大者虛空；天地生於空中，如片雲點太清；虛空生於大覺中，如一漚生大海。往以寸虛號足下者，蓋衆人以六尺爲身，方寸爲心。方寸爲心，則心之狹小可知矣。然衆人不能虛，重以日夜而實之爲貴。寸虛稍能虛之，且畏實而常不自安。近野人望寸虛以四大觀身，則六尺可遺，以前塵緣影觀心，則寸虛可遺。六尺與寸虛既皆遺之，則太虛卽寸虛之身與心也。至此以明爲相，以勇爲將，破其釜而焚其舟，示將相於必死，拚命與五陰魔血戰一場。忽然報捷，此野人深有望於寸虛者也。顧寸虛不以野人道淺學少，略其元黃而取其神駿。神駿者，卽野人望寸虛之癡心也。又野人今將升寸虛爲廣虛，升廣虛爲覺虛。顧廣虛不當自降。吳臨川，野人往字以始光，蓋取佛放眉間白毫相光，照東方萬八千土。東爲動方，能以眉光照之，則不必釋動以求靜，動本靜耳。蓋方有十，舉東一方，則餘九方不待舉而可知矣。方有十而知則一，知卽"能由境能"之能。方卽境也，境有動靜，能無動靜。能若是動，則不知動；能若是靜，則不知靜。惟能非動非靜，所以能知動靜耳。肇公曰："知有有壞，知無無敗。"野人則曰：知動動壞，知靜靜敗。動靜壞敗，有無都遺，則始光大而爲圓光矣。此圓光在堯不加多，在紂不加少。然光有邪正，善用則謂之妙光，不善用則謂之黏妄發光。如吳臨川，已知野人動靜，廣虛當以此書附達之。如是，則不惟野人不負五遇之緣，亦廣虛不負五遇之緣也。

二

屢承公不見則已，見則必勸僕，須披髮入山始妙。僕雖感公教愛，然謂公知僕，則似未盡也。大抵僕輩披髮入山易，與世浮沉難。

公以易者愛僕，不以難者愛僕，此公以姑息愛我，不以大德愛我。昔二祖與世浮沉，或有嘲之者，祖曰："我自調心，非關汝事。"此等境界，卒難與世法中人道者。惟公體之，幸甚。又年來有等闡提，忌僕眼明多知，凡所作爲，彼謂終瞞僕不得。殊不知，僕眼亦不甚明，智亦不甚深，此輩窺僕不破，徒橫生疑忌耳。如其一窺破之，縱使有人教其疑忌僕，彼亦自然不生疑忌矣。但彼以未窺破，浪作此伎倆也。且僕一祝髮後，斷髮如斷頭，豈有斷頭之人，怕人疑忌耶？

（選自金陵刻經處版紫柏老人集卷二十三）

十二、與趙乾所

一

禍福莫烈乎死生。故至貧賤之人，聞得生則喜，若登天；聞得死則悲，若入淵。然皆情也。如能率性觀死生榮辱之境，不惟死生榮辱之境不得奪我之志，且彼境密爲我不請友也。故大丈夫平居無大苦迫楚之時。理不可不窮，性不可不盡耳。如此一着子，忽略放過，於平居時，猛涉不可意事，交錯在前，則我之志，管取全被境奪矣。卽李卓吾，雖不能從容脫去，而以速死爲快，竟舉刀自刻，權應怒者之忿，亦奇矣。今直心之事，終不至喪身失命，極處不過放歸田里而已。又造物以逆境成就我，未可知也。由是而觀，則竭計酷謀，排陷我之輩，恐造物使之然。此等意思，若以衆人之心領會，便錯過矣。直以佛祖聖賢之心，虛懷平氣，勉强領會，一有肯首處，則無我而靈者，頭面露焉。如此際不信聖賢，而信衆人，則我終莫闻道也。人忝物靈，道不闻可乎？願熟思之。

·············

二

古今禍福，皆初無常，直以天理與人情，折斷臧否，無不驗者。若以天理折斷人情，則公道明；設以人情折斷天理，則私念重。方私念重時，則中外防閑布置。彼之用心未必不周密，於私念周密之中，而念者且衆，決死生之機何如？此非人力可以陰挽也。然直心必無傷命之理。自然老蒼亦不忍，事後或徵耳。

三

凡禍福人我之根，根於已發。若以未發照察之，則禍福人我之根，本無有地也。已發，情也；未發，性也。故以情觀禍福人我之事，則有我而昧者愈重矣。重則厚，厚則深，深則畜，畜則決難輕泄。故報復人我，百千萬刼卒不能了，此必然之事。而愚人不曉此理，於人我禍福之根，不但不能拔，反着力栽種之，恨未能深，殊可痛也。故佛祖聖賢，要人聞道見性，別無他意，不過要拔斷衆人之情根而已。情根一拔，則向之禍福人我之事，皆漸漸化爲妙用矣。以妙用慧眼，觀衆人禍福人我爭競，殊不足怪也。直心於今日人我塲中，若不能開心洞肺，受野朽之教，則汝墜墮，但可流涕也。思之思之！又功名富貴根於身，此身極壽，長不過百年。而百年中，享富貴快樂，又被愁多喜少占大半去了。故百年中享富貴快樂，亦不多時，何苦爲不多時，禍福人我之情，便甘把本性昧却？至人以本性觀是非榮辱，不異太虛中微雲散聚耳，奚暇介懷哉！汝於今日多故之際，野朽不惜口業，種種開解直心情抱。如於野朽口業中，錯過這些慈悲熱腸，則直心受苦時刼，正方長在。咄！大丈夫情性關頭，若認得真了，則今日與直心爭競，害直心者，皆我善知識也。苟有此見，何妨惡衣惡食，了我生死大事去，豈弗樂乎！汝名<u>法復</u>，正爲今日耳。

四

天力、地力、佛力、法力、僧力，皆外力也。惟自心之力，乃内力。外力是助，内力是正。如正力不猛，助力雖多，終不能化凶爲吉。故曰：“先天而天不違。”又曰：“自心之力，可以顛倒天地。”設信此不過，別尋外助，斷無是處。野朽凡遇禍害，更無他術，但直信自心之外，安有禍害？一涉禍害，皆自心所造，還須自心受毒。此理直平，<u>法復</u>思之思之！

五*

別來甚久，思念甚深。不知近來一切境界，或有意，或無心，種種交衝，能以觀音大士，大悲大智，鑄逆順爲自受用三昧否？此三昧，初貴知得透，次貴行得堅，再次必期證而後已，又再次證而能忘，忘而用始全矣。大丈夫何暇論儒論<u>釋</u>論<u>老</u>，是皆古人已用過了，不殊已陳芻狗耳，豈有閑精神理會他！雖然，若自家本有無生之心，倘未知得透，則儒<u>釋老</u>白文，要緊經書，又不可不痛留神會之。貧道每於好山水行坐時，未始不觸勝思<u>廣虚</u>也。又思初與<u>南皋</u>、<u>勺原</u>、<u>寸虚</u>聚首<u>石頭</u>光景，邈不可得。比<u>趙乾初</u>亦嘗披晤，但渠氣勝於理，則不免逆順境風搖蕩，亦可憫，然忠直不減古人也。

八

大都人情時事，於可意不可意之間，必有業使之然。業卽命

---

*　按，此信中有“比<u>趙乾初</u>亦嘗披晤”語，當非致<u>趙乾初</u>書，而誤置於此。<u>徐朔方</u>．<u>湯顯祖</u>年譜謂，此信乃與<u>湯義仍</u>（<u>顯祖</u>）書，當是。

也。倘信情而不信命，則感激百出矣。故至人知人情時事變幻，奪人之志，所以必先於窮理。理窮則見定，見定則人情時事之變幻，不能奪其志矣。志既有定，所謂生死榮辱交錯於前，雖未能無心應之，而持吾志，順理制情，力用不怯，則情自消而理日開。理日開，性必徹。徹，盡也。故曰：“窮理盡性。”此一路話頭，向曾數提直心，直心以爲別有口訣不傳，將此澹話塞人，公置之而弗究。及觸不可意事，即不堪人作賤，便欲拚命與人決個雌雄，豈大君子之所爲哉？故曰：“有我我在天地中，無我天地在我中。”直心若不能諦信無我而靈之理，力制有我而昧者，則昧終不旦矣。思之至此際，野朽猶提此澹話，恐澹中有不澹者存焉。

（選自金陵刻經處版紫柏老人集卷二十四）

〔附〕　德清：達觀大師塔銘

夫大地死生，顚暝長夜。以情關固閉，識鎖難開，有能蹶起一擊而碎之，掉臂而獨往者，自非雄猛丈夫，具超世之量者，未易及也。歷觀傳燈諸老，咸其人哉！久不復作，頃於達觀禪師見之矣。

師諱真可，字達觀，晚號紫柏。門人稱尊者，重法故也。其先句曲人，父沈連，世居吳江太湖之攤缺，師其季子也。母夢異人，授以附葉大鮮桃，寤而香滿室，遂有娠。師生五歲，不語，時有異僧過其門，摩頂而謂其父曰：此兒出家，當爲人天師。言訖忽不見，師遂能語。先時見巨人跡下於庭，自是不復見。師髫年，性雄猛，慷慨激烈，貌偉不羣，弱不好弄，生不喜見婦人，浴不許先。一日，姊誤前就浴，師大怒。自後，至親戚婦女，無敢近者。長，志日益大，父母不能拘。嘗有詩曰：屠狗雄心未易消，蓋實錄也。

年十七，方仗劍遠遊塞上，行至蘇州閶門，遊市中，天大雨，不前，偶值虎丘僧明覺，相顧盼。覺壯其貌，知少年不羣，心異之，因以傘蔽之，遂同歸寺。具晚飱，驩甚相得。聞僧夜誦八十八佛名，師心大快悅。侵晨，入覺室曰：吾兩人有大寶，何以污在此中耶？卽解腰纏十餘金授覺，令設齋，請薙髮。遂禮覺爲師，是夜卽兀坐達旦。每私語，三歎曰：視之無肉，喫之有味。時覺欲化鐵萬斤，造大鐘。師曰：吾助之。遂往平湖巨室門外趺坐，主人見，進食，師不食。主問何所須，師曰：化鐵萬斤造大鐘，有卽受食。主人立出鐵萬斤於門外。師笑，食畢徑載回虎丘。歸卽閉戶讀書，年半不越閫。嘗見僧有飲酒茹葷者，師曰：出家兒如此，可殺也。僧咸畏憚之。年二十，從講師受具戒，嘗至常熟，遇相國嚴養齋翁，識爲奇器，留月餘。之嘉興東塔寺，見僧書華嚴經，乃跪看，良久歎曰：吾輩能此足矣！遂之武塘景德寺，掩關三年，復回吳門。一日，辭覺曰：吾當去行脚諸方，歷參知識，究明大事也。遂策杖去。

　　一日，聞僧誦張拙見道偈，至"斷除妄想重增病，趨向真如亦是邪"，師曰：錯也！當云"方無病"、"不是邪"。僧云：你錯他不錯。師大疑之，每至處，書二語於壁間，疑至頭面俱腫。一日齋次，忽悟，頭面立消。自是凌躒諸方。嘗曰：使我在臨濟德山座下，一掌便醒，安用如何如何。過匡山，窮相宗奧義。一日行二十里，足痛，師以石砥脚底，至日行二百里乃止。師遊五臺，至峭壁空巖，有老宿孤坐，師作禮，因問一念未生時如何。宿豎一指。又問既生後如何，宿展兩手。師於言下領旨。尋迹之，失其處。師至京師，參徧融大老。融問：從何來？曰：江南來。又問：來此作麼？曰：習講。又問：習講作麼？曰：貫通經旨，代佛揚化。融曰：你須清凈説法。師曰：只今不染一塵。融命褫師直裰，施傍僧，顧謂師曰：脱了一層還一層。師笑頷之，遂留挂搭。時知識嘯巖法主、遍理諸大老，師皆及門。去九年，復歸虎丘省覺，乃之淞江掩關百日。至吳縣，適聊城傅君光宅爲縣令，其子利根，命禮師，子不憚。子一日搦二花問師云：是一是二？師曰：是一。子開手曰：此花是二，師何言一？師曰：我言其本，汝言其末。子遂作禮。之天池，遇管公東溟，聞其語，深器之。師因拈薔薇一蒂二花問公，公曰：此花同本生也。師分爲二，復問公，公無語。因罰齋一供，遂相與莫逆。

時上御極之三年，大千潤公開堂於少林，師結友巢林、戒如輩往參叩。及至，見上堂講公案，以口耳爲心印，以帕子爲真傳。師恥之。嘆曰：西來意固如是邪？遂不入衆。尋卽南還，至嘉禾，見太宰陸五臺翁，心大相契。先是有密藏道開者，南昌人，棄青衿出家，披薙於南海，聞師風，往歸之。師知爲法器，留爲侍者，凡百悉委之。郡城有楞嚴寺，爲長水疏經處，久廢，有力者侵爲園亭。師有詩弔之曰：明月一輪簾外冷，夜深曾照坐禪人。志欲恢復，乃屬開公任恢復之事，而屬太宰爲護法。太宰公弟雲臺公，施建禪堂五楹。既成，請師題其柱，師爲聯語曰：若不究心，坐禪徒增業苦；如能護念，罵佛猶益真修。謂當以血書之，遂引錐刺臂，流血盈碗，書之。自是接納往來，豪者力拒，未完局。後二十餘年，適太守槐亭蔡公，始克修復，蓋師願力所持也。

師見象季法道陵遲，惟以弘法利生爲家務。念大藏卷帙重多，致遐方僻陬，有終不聞佛法名字者，欲刻方冊，易爲流通，普使見聞，作金剛種子，卽有謗者，罪當自代。遂倡緣，時與太宰光祖陸公，及司成夢禎馮公、廷尉同亨曾公、冏卿汝稷瞿公等定議，各翻然，願贊佐。命弟子密藏開公董其事，以萬曆己丑創刻於五臺，屬弟子如奇綱維之，居四年，以冰雪苦寒，復移於徑山寂照庵。工既行，開公以病隱去。其事仍屬奇，協弟子幻予本公，本尋化，復請澹居鎧公終其役。始，司成具區馮公，意復化城爲貯板所，未克。初桐城用先吳公，爲儀曹郎，參師入室，從容及刻藏事，師遽曰：君與此法有大因緣。師化後，吳公出長浙藩，用馮司成初議，修復化城，爲徑山下院，藏貯經板，且蠲俸散刻藏數百卷。固吳公信力，亦師預識云。師先於嘉禾刻藏有成議，乃返吳門省前得度師覺公。時覺已還俗，以醫名，聞師來，惜甚。師偽爲買人裝，僵臥小舟中，請覺睒視。覺見師，大驚懼。師涕泣曰：爾何迷至此耶？今且奈何？覺曰：唯命是聽。師卽命薙髮，載去。覺慚服，願執弟子禮，親近之。師來之日，覺夕飡，飯盂忽墮地迸裂，其誠感如此。師初過吳江，沈周二氏聚族而歸之。時至曲阿、金沙，賀孫于王四氏，合族歸禮。師於于園書法華經，以報二親，顏書經處曰墨光亭，今在焉。師以刻藏因緣議既成，聞妙峯師建鐵塔於蘆芽，乃送經安置於塔中，且與計藏事。未偕，復之都門，乃訪予於東海，時萬曆丙戌秋七月也。是時，予以五臺因緣，有聞於內，因避名於東海那羅延窟。適遇慈聖皇太后，爲保聖躬、延國祚，印施大藏十五部，皇上頒降海內名山，勅僧諷誦，首及東海，予以謝恩入長安。師正攜開公走海上，至膠西，值秋水泛漲，衆懷必不能渡，師解衣先涉，疾呼衆，水已及肩，師躍然而前。既渡，顧謂弟子曰，死生關頭，須直過爲得耳，衆心欽服。時予在長安，聞之，亟促裝歸，日夜兼程。至卽墨，師已出山，在脚院，詰朝將長發。是夜一見，大歡笑。明發，請還山，留旬日，心相印契。師卽以予爲知言，許生平矣。

　　師返都門，訪石經山，禮隋琬公塔。念琬公慮三災劫壞，正法漸滅，創刻石藏經，藏於巖洞，感其護法深心，淚下如雨。琬公塔院已歸豪右，矢復之而未果。乃決策西遊峨嵋。由三晉，歷關中，跨棧道，至蜀禮普賢大士。順流下瞿塘，過荆襄，登太和，至匡廬，尋歸宗故址，唯古松一株。寺僧售米五斗，匠石將伐之，丐者憐而乞米贖之，以存寺蹟，師聞而興感。其樹根底，爲樵者剝斲過半，勢將折，師砌石填土，呪願復生，以卜寺重興兆。後樹日長，寺竟復，其願力固如此。時江州孝廉邢懋學，禮師，延居長松館，執侍最勤，師爲説法語，集名長松茹退。先是鄒給諫爾瞻、丁大參勺原，素雅重師，意留駐錫匡山，未果。遂行，過安慶，阮君自華請遊皖公山馬祖庵，師喜其境超絶，屬建梵刹。江陰居士趙我聞，謁請出家，遂薙髮於山中，師詔名曰法鎧，所謂最後弟子也。師復北遊，至潭柘。慈聖聖母聞師至，命近侍陳儒致齋供，特賜紫伽黎。師固讓曰：自慚貧骨難披紫，施與高人福倍增。儒隨師過雲居，禮石經於雷音寺，啓石室佛座，下得金函，貯佛舍利三枚，光燭巖壑。因請佛舍利入内，供三日，出帑金重藏於石窟。以聖母齋襯餘金贖琬公塔，遂拉予偕往瞻禮，屬予作記。回寓慈壽，同居西郊園中，對談四十晝夜，目不交睫，信爲生平至快事。時徧融老已入滅，因爲文弔之，有嗣德不嗣法之語。師在潭柘，居常禮佛後方食。一日客至，喜甚，誤先舉一食。乃對知事曰：今日有犯戒者，命爾痛責三十棒，輕則倍之，知事驚不知爲誰。頃師授杖知事，自伏地於佛前，受責如數，兩股如墨。乃云：衆生無始習氣，如油入麪，牢不可破，苟折情不痛，未易調伏也。

師與予計，修我朝傳燈録。予以禪宗凋敝，與師約，往濬曹溪，以開法脈。師先至匡山以待，時癸巳秋七月也。越三年乙未，予初以供奉聖母賜大藏經，建海印寺成。適以別緣觸聖怒，詔逮下獄，鞫無他辭，送法司擬罪，蒙恩免死，遣戍雷陽，毀其寺。時師在匡山，聞報，爲予許誦法華經百部，冀祐不死，即往探曹溪回，將赴都下救予。聞予南放，遂待於江滸。是年十一月，會師於下關旅泊庵，師執予手嘆曰：公以死荷負大法。古人爲法，有程嬰、公孫杵臼之心。我何人哉！公不生還，吾不有生日。予慰之再三。瀕行，師囑曰：吾他日即先公死，後事屬公，遂長别。予度嶺之五年，庚子，上以三殿工，榷礦税，令中使者駐湖口，南康太守吳寶秀不奉令，劾奏被逮，其夫人哀憤，以繯死。師時在匡山，聞之曰：時事至此，倘閹人殺良二千石及其妻，其如世道何？遂策杖赴都門。吳入獄，師至多方調護，授吳公毘舍浮佛半偈，囑誦滿十萬，當出獄。吳持至八萬，蒙上意解，得末減。吳歸，每念師輒涕下。師以予未歸初服，每歎曰：法門無人矣。若坐視法幢之摧，則紹隆三寶者，當於何處用心耶？老憨不歸，則我出世一大負；礦稅不止，則我救世一大負；傳燈未續，則我慧命一大負。若釋此三負，當不復走王舍城矣。癸卯秋，予在曹溪，飛書屬門人之計偕者，招師入山中。報書直云：捨此一具貪骨。居無何，忽妖書發，震動中外，忌者乘間劫師，師竟以是罹難。先是，聖上以輪王乘願力，敬重大法，手書金剛經，偶汗下漬紙，疑當更易，亟遣近侍曹公質於師。師以偈進曰：御汗一滴，萬世津梁，無窮法藏，從此放光。上覽之大悅，由是注意。適見章奏，意甚憐之，在法不能免，因逮及。旨下，云著審而已。及金吾訊鞫，以三負事對，絕無他辭，送司寇。時執政欲死師，師聞之曰：世法如此，久住何為？乃索浴罷，囑侍者山道人性田曰：吾去矣，幸謝江南諸護法。道人哭，師叱之曰：爾侍予二十年，仍作這般去就耶！乃説偈訖，端坐安然而逝。御史曹公學程，以建言逮繫，問道於師，聞之急趨至，撫之曰：師去得好！師復開目微笑而別。時癸卯十二月十七日也。師生於癸卯六月十二日，世壽六十有一，法臘四十有奇。

噫！師生平行履，疑信相半，卽此末後快便一着，上下聞之無不歎服。於戲！師於死生，視四大如脱敝屣，何法所致哉？師常以毘舍浮佛偈示人，予問曰：師亦持否？師曰：吾持二十餘年，已熟句半，若熟兩句，吾於死生無慮矣，豈其驗耶！師化後，待命六日，顏色不改，及出，徙身浮葬於慈慧寺外，次年春夏，霖雨及秋，陸長公西源，欲致師肉身南還，啓之安然不動。予弟子大義奉師龕至，經潞河，馬侍御經綸，以感師與李卓吾事，心最慟，因啓龕拂面，痛哭之。至京口、金沙、曲阿諸弟子，奉歸徑山，供寂照庵。以刻藏因緣，且推沈中丞重建大殿，乃師遺命。以師臨終有偈云：怪來雙徑爲雙樹，貝葉如雲日自屯。以是故耳。時甲辰秋九月也。越十一年乙卯，弟子先葬師全身於雙徑山後，適朱公國楨禮師塔，知有水，亟囑弟子法鎧啓之，果如言，復移龕至開山。乃與俗弟子繆希雍謀得五峯內，大慧塔後，開山第二代之左，曰文殊臺，卜於丙辰十一月十九日荼毘，廿三日歸靈骨塔於此。予始在行間，聞師訃，卽欲親往弔，因循一紀，未遂本懷。頃從南嶽數千里來，無意與期會，而預定祭日，蓋精神感乎，亦奇矣。師後事予幸目擊，得以少盡心焉。

　　於戲！師生平行履，豈易及哉！始自出家，卽脅不至席，四十餘年。性剛猛精進，律身至嚴，近者不寒而慄。常露坐，不避風霜。幼奉母訓，不坐閾則盡命，立不近闈。秉金剛心，獨以荷負大法爲懷。每見古刹荒廢，必志恢復。始從楞嚴，終至歸宗、雲居等，重興梵刹一十五所。除刻大藏，凡古名尊宿語錄，若寂音尊者所著諸經論文集，皆世所不聞者，盡搜出刻行於世。晚得蘇長公易解，大喜之。室中每示弟子，必令自參，以發其悟，直至疑根盡拔而後已。性耽山水，生平雲行鳥飛，一衲無餘，無容足地。嚴重君親忠孝之大節。入佛殿見萬歲牌必致敬，閱曆書，必加額而後覽。師於陽羨，偶讀長沙志，見忠臣李貴（帝），以城垂陷，不欲死於賊，授部將一劍，令斬其全家，部將慟哭奉命，既推刃，因復自殺。師至此，淚直迸灑，弟子有傍侍者不哭，師呵曰：當推墮汝於崖下。其忠義感激類如此。師氣雄體豐，面目嚴冷，其立心最慈。接人不以常情爲法，求人如蒼鷹攫兔，一見卽欲生擒，故凡入室不契者，心愈慈而恨愈深，一棒之下直欲頓斷命根。故親近者希，淒然暖然，師實有焉。

於戲！師豈常人哉！卽其見地直捷穩密，當上追古人。其悲願利生，弘護三寶，是名應身大士。有人問：師何如人？予曰：正法可無臨濟德山，末法不可無此老也。師每慨五家綱宗不振，常提此示人。予嘗歎曰：綱宗之不振，其如慧命何？原其曹洞，則專主少林；溈仰圓相久隱；雲門自韞大伯後，則難見其人；法眼大盛於永明，後則流入高麗；獨臨濟一派，流布寰區，至宋大慧中興其道，及國初，楚石、無念諸老。後傳至弘正末，有濟關主，其門人爲先師雲谷和尚，典則尚存。頃五十年來，師弦絕響，近則蒲團未穩，正眼未明，遂妄自尊稱臨濟幾十幾代。於戲！邪魔亂法，可不悲乎！予以師之見地，誠可遠追臨濟，上接大慧，以前無師派，未敢妄推。若據堯舜之道，傳至孔子、孟軻，軻死不得其傳，至宋，濂雒諸儒遙續其脈。以此證之，師固不忝爲轉輪真子矣。姑錄大略，以俟後之明眼宗匠，續傳燈者采焉。以師未出世，故無上堂、普說、示衆諸語，但就參請機緣開示，門人輯之，有內外集若干卷行於世。入室緇白弟子甚多，而宰官居士尤衆。師生平行履，不能具載，別有傳，乃爲之銘。銘曰：

佛未出世，祖未西來，擊塗毒鼓，誰其人哉！鷲嶺拈花，少室面壁，只道快便，翻成狼藉。黃梅夜半，老盧竊逃，誰料嶺南，有此獦獠。南嶽青原，擦膿涕漢，多少癡人，被他誆賺。五家手快，如撫舜琴，南熏條至，辨者知音。兒孫惡辣，觸者先亡，但放一線，其家永昌。門戶孤單，命存一絲，有救之者，定是嫡兒。如漢張良，爲韓報仇，縱然國破，宗祧可求。是生吾師，如石迸筍，出則凌霄，孰知其本。爲法力戰，通身汗血，大似李陵，空拳不怯。身雖陷虜，其心不亡，千秋之下，畢竟歸王。師金剛心，盡化爲骨，逼塞虛空，豈在山麓。師不知我，誰當知師，一死一生，春在花枝。

時萬曆四十四年嘉月朔旦，前海印住山沙門，辱教德清稽首讜。

（選自金陵刻經處本紫柏老人集卷首，並以
江北刻經處本憨山老人夢遊集卷二十七同
文參訂）

傳　燈

　　【簡介】　傳燈，號無盡，俗姓葉，衢州(今浙江衢縣)人。傳燈爲明萬曆天啓間人，年七十五而卒，詳細生卒年已不可詳考。他少年時從進賢映庵禪師出家，後隨百松法師習天台教理，得傳法衣。萬曆十五年(一五八七年)入天台山，住幽溪高明寺，立天台祖庭，被譽爲“中興天台”的人，世稱幽溪大師。

　　傳燈宣揚天台思想的主要著作有天台傳佛心印記註二卷、天台山方外志、性善惡論六卷等。其中性善惡論一種，着重闡發了宋以來天台宗所謂“性惡法門”的思想。其中心思想爲：“蓋台宗之言性也，則善惡具，言修也，而後善惡分。乃本具佛界爲性善，本具九界(指菩薩、聲聞、緣覺及六道：天、人、修羅、地獄、畜生、餓鬼)爲性惡；修成佛果爲修善，修成九界爲修惡。”同時，他反復强調天台宗性具善惡論與儒家性善、性惡之論的不同。

　　傳燈同時兼研淨土、禪宗。他所著淨土生無生論融會天台三觀之旨，闡揚淨法門，又有淨土法語一篇，均受到明代淨土學者的高度稱贊。此外，他的著作尚有：維摩經注、楞嚴經玄義、楞嚴經圓通疏、阿彌陀經略解圓中鈔等。

一、性善惡論(選錄)

序

　　談偏空者，治世之道乖；宗緣起者，湟槃之路隔。由是，所知沙聚，見愛河深。落見愛，則洄澓生死之波；障所知，則汨没無爲之穽。庸詎知淤泥卑濕,常生瑞世之分陀;終嘅夫陸地高原,未產應時之優鉢。此妙有法門,釋迦如來所以捉麈三復而談;諸大菩薩,所以擊節再賡而和也。何則?蓋一言其有,則萬行因得以芬披,而至人之化導行;一言其妙,則真如以之而寥廓,而凡夫之生死絕。方有而妙,則妙不自妙;方妙而有,則有不自有。有不自有,則窮年行度,一道清净以忘緣;妙不自妙,則終日袪情,萬法森羅而建立。夫如是,則妙有恒卽而不卽,恒離而不離,吾何獨妙其妙,而獨有其有哉?此諸佛菩薩大人作略,故不可得而思議也。第有非緣有,微性具無以建其宗;具非偏具,微十界無以盡其旨。修性緣是以分,善惡因之以辨。是故,假托賓主,以性善惡而立論焉。然以道該儒釋,理別偏圓,各有攸歸,曷容槩與?世出世間之旨,不得不霄壤以分庭;大小頓漸之宗,不得不霄泥而立壺。兼之修性駢舉,法喻重伸,援事援人,證經證論,言將六萬,矢筆以記,而安得乎絕妙好辭。門列八科,率意而宣,聊契乎妙覺明性。下筆於皇明天啓建元之初年,季夏中澣,書成于仲秋之哉生明。閣筆故序。天台山幽溪沙門無盡傳燈和南撰于楞嚴壇東方之不瞬堂。

(據續藏經本第一輯第二編第六套第四册)

〔附 王立轂序〕

性惡,外典所諱也,而台宗揭真性之所具,而神用之專用,是爲家珍。苟非習於其教者,雖老宿沙門,聞而掩耳走矣。余讀有門大師性善惡論,而歎四依菩薩,慈悲良深重焉!何則?我輩衆生,與三毒如惡叉聚,歷生浩刼住修惡中,反而之善,艱謬良多。制伏强,則醉静慮之酒;厭離極,則墮無爲之穽,所謂謬也。懸觀清净,初心絕分,歷别修證,積刼難成,所謂艱也。揆其所由,良以惡異善故,不有性具法門,雙融善惡。何由知十界之同如,悟衆生之卽佛?一切現成，至圓至頓，豈有過此者乎！故談佛性者，不難言善而難言具也。故曰：台衡二師，慈悲深重也。武津性染，翻起信惟净之旨；智者理毒，闡維摩二卽之談。雖復以具立宗，而意主於觀惡融通，任運攝善。妙宗建立，揭惡緣了，謂勝他宗，此秘始顯。海寶之如意，衆願之德瓶，山外諸師不得與焉。故談台宗者，不難言具而難言惡也。故曰：四明以來諸師，慈悲深重也。西來一宗，指屎尿爲法身，示薦取於聲色，印合山家，寧盡鳥唧。然言前句外，專待上根，至如天台一家，文字總持，如雨普潤，婆心婆舌，若惟恐其說之不詳，與其解之不晰。大師此論，更旁引曲證，原始要終，設之以辨，贅之以說，示之以事，繫之以圖。雖以余縠之不敏，向於君子，皆能蛄蟪究竟之旨，茫若望洋，卒業此憬然有入焉。故談性惡者，不難於言惡，而難於言之，言之必使人洞胸澈髓，如開户見其家藏而後已也。故曰：師之慈悲深重也。論成，而冠儒者頗用非孟以相徵詰。余曰：唯唯，否否。三教聖賢言性，皆同而異，孟嘗言備物矣，備善而遺惡，詎可言皆？修多羅處處稱本來成佛，佛弟子何必不言性善？顧世教嚴於防惡，出世間教妙於融善，適時逗機，各有攸當也。卽儒者言性，寧渠皆善相近，不移不隱，然一性具耶。宣尼言具，騶孟言善，然騶孟言善，姚江又言無善無惡，而聖學愈明。如來言善，台衡言具；然台衡言具，四明諸祖以及大師又具言善惡，而佛心彌暢。姚江一派，儒宗至今研味不休，師論既出，後五百歲中，稱見性津梁者，非此其誰也。三教聖賢，皆貴有賢子孫哉，貴有賢子孫哉！天台門弟子香光居士王立穀合十書於圓伊室。

（同上）

卷　一（選錄）

夫性者理也。性之爲理，本非善惡。古今之立論，以善惡言者,無乃寄修以談性,借事以名理,猶緣響以求聲,緣影以求形。性之爲理,豈善惡之足言哉! 客有冠儒冠以心佛心者,過余幽谿以問之曰: 聞師台教,每以性惡法門爲一大旨歸,有之乎? 余對曰: 有之。客曰: 夫善善,惡惡,人之常情。三教聖人,建言立論,尊賢疾不肖,不啻如好好色,常恐其不及; 如惡惡臭,常恐其有餘。今台宗學者,故以是而立論,囿物爲善 訓人之道安在哉? 余對曰: 至理驚人,至言恐聽,苟以人間區區之訓,以疑出世間深玄之理,惑耳驚心,又何足怪? 刻此宗立論,但云只一具字,彌顯今宗。以性具善,他師亦知,具惡緣了,他皆莫測,何嘗定言惡而不言善? 蓋台宗之言性也,則善惡具; 言修也,而後善惡分。乃以本具佛界爲性善,本具九界爲性惡; 修成佛界爲修善,修成九界爲修惡。他宗既但知性具善,而不知性具惡,則佛界有所取,九界有所舍, 不得契合浄名經:“生死卽涅槃,煩惱卽菩提”,平等不二之旨。故立圓理以破偏宗,且欲援九界修惡之人,不須轉側,以達性惡。性惡融通,無法不趣,任運攝得佛界性善,以爲直指人心,見性成佛妙門,正囿物爲善,訓人之大道。從事斯教者,所以立言而無畏也。客又問曰: 夫性善之言,本出於孟子; 性惡之言,本出於荀子; 善惡混之言,本出於揚子。今台宗之言性具,而曰其於性也則善惡具,其言修也則善惡分,豈非兼三家而有之,以爲超勝之説乎? 余對曰: 三子之説,各言性之一偏,固爲聖門之不取,然皆卽才情以言性,非卽性以言性也。況是卽人道才情之間以言之,非吾教本具十法界之爲性善性惡也,恐君於吾道,猶有所未深。試爲約世教而略言之,然後約本教詳言之,委曲言之,廣引證以發明之,庶幾知性具法門,深有功於圓教,大有益於圓修。如食乳糜,餘無所須; 如得摩尼,不事他求也 。

客曰: 世教何如? 余曰; 觀夫孔聖之著書,而罕言性,故門人之稱其師曰: "夫子之文章可得而聞也, 性與天道不可得而聞也。"然亦少嘗言之, 曰: "性相近也, 習相遠也。"而未嘗以善惡斷。至於其孫子思之立論, 然後而微言之曰: "天命之謂性, 率性之謂道, 修道之謂教。"又曰: "喜怒哀樂之未發謂之中, 發而皆中節謂之和。"夫子思之謂中, 非天命之謂性乎? 和, 非率性之謂道乎? 至於論率性之道, 但曰: "夫婦之愚, 可以與知焉, 及其至也, 雖聖人亦有所不知焉。夫婦之不肖, 可以能行焉, 及其至也, 雖聖人亦有所不能焉。"故夫聖人之道, 造端乎夫婦之所能知, 而極乎聖人之所不能知; 造端乎夫婦之所能行, 而極乎聖人之所不能。是以天下無不可學, 而極乎聖人之所不能知, 是以學者不知其所窮。夫如是, 則惻隱足以爲仁, 而仁不止於惻隱; 羞惡足以爲義, 而義不止於羞惡。性善之義, 隱而發之者如此, 亦未嘗以善惡斷也。後世之爲善惡紛紛之論者, 實始於孟子。而孟子之言人之性善, 皆出於其師子思之書, 子思之書皆孔聖微言篤論, 孟子得之而不善用, 能言其道, 而不知其所以爲言之名。舉天下之大, 而必之以性善之論, 昭昭乎自以爲的於天下, 使天下之過者, 莫不欲援弓而射之。故孟子之既言性善也, 而荀子好爲異論, 不得不言人性惡, 謂桀紂性也, 堯舜僞也。又曰: "亂天下者, 子思、孟軻也。"意其爲人, 必剛愎不遜, 自許太過, 故喜爲異説而不讓, 敢爲高論而不顧。荀卿既言性惡矣, 而揚雄又兼二者而有之, 曰: "人之性善惡混, 修其善則爲善人, 修其惡則爲惡人。"夫論性至於善惡混, 固已近之矣。若曰人皆可以爲堯舜, 非修其善而爲善人乎? 獨不可曰人皆可以爲桀紂, 非修其惡而爲惡人乎? 論者謂, 揚子不知, 夫善惡者性之所能之, 而非性之所能有也。且夫言性者, 安以其爲善惡哉! 夫揚子既以爲善惡混矣, 而韓愈者又取夫三子之説, 而折之於孔子之論, 離性以爲三, 曰: "中人可以上下, 而上智與下愚不移。"以爲三子者, 皆出乎其中, 而遺其上下。則中人可以上，非孟子之性善耶；可以下，非荀子之性惡耶，可以上下，非揚子之性善惡混耶！而遺其上智爲善之不移，下愚爲惡之不遷。離性爲三，以爲超勝之說，不知夫子之言中人可以上下，而上智與下愚不移者，論才也，非論性也。然亦不獨愈之言也，卽天下舉古今之人而言性，皆雜乎才以言之，是以紛紛而不能一也。韓愈之說，又不獨此也，甚至於離性以爲情，而合才以爲性。離性以爲情，則饑寒之患，牝牡之欲皆情也，非性也。情而非性，則必以泊然而無爲者爲性矣。而韓愈每以闢佛老爲己任，至於言性，又不覺不知流入於吾教小乘說中。是故，其論終莫能通。蓋儒之言性，與吾佛教異。既言善惡矣，則所謂情者，乃儒所謂性也。惟聖人無是無由以爲聖，而小人無是無由以爲惡。聖人以其喜怒哀懼愛惡欲七者，御之而之乎善；小人以是七者，御之而之乎惡，豈非善惡者性之所能之，而非性之所有之乎？蓋嘗原之世之立言，有好爲私說者，則造爲異論，惟務勝人，而全不顧其負處，則荀子創爲性惡是也。有喜爲公論者，則後之說者，理必勝前，如孟子既言性善，而荀子又言性惡矣，則揚子不得不兼二子而有之，曰：人性善惡混。若夫韓子者，不過捨揚子之遺餘而折衷乎聖人之成言，離性以爲三品。雖欲勝之，不知有離性爲情，合才爲性之失。要知四子之說，惟楊子人性善惡混爲近理。蓋善惡之論，有性也修也，於性之未形，固不當以善惡論，若以修而觀乎性，孰有無體之用，異性之修乎？是故約修以論性，修既有善惡矣，而性豈得無之？但於修，須論乎三義，曰：才也，智也，情也。若夫子之言中人可以上下者，此論人之才能可以爲堯舜，可以爲桀紂爾。若曰人皆可以爲堯舜，而竟爲之，則賢智也，卽修善也。性苟不具乎善，則何以能而何以爲？則性之具善明矣！若曰人皆可以爲桀紂，而亦竟爲之，此愚情也，卽修惡也。性苟不具乎惡，則何以能而何以爲？則性之具惡又明矣。雖聖人,未嘗以善惡而明言之。若子思者,固嘗發其義端於中庸矣。其曰:"喜怒哀樂之未發謂之中",非以言其性乎?"發而皆中節謂之和",非以言其善乎?雖不言惡,獨不可曰:"發而不中節謂之不和",非以言其惡乎?又曰:"君子之中庸也,君子而時中;小人之中庸也,小人而無忌憚也。"時中則善也,無忌憚則惡也。夫喜怒之和不和,莫不自性之所發,豈非性之本具善惡乎?惟聖人惜夫人性之具乎善,可以爲堯舜,爲聖人,爲賢人,爲君子,是以諄諄設教,以勸之勉之。聖人懼夫人性之具乎惡,可以爲桀紂,爲凡夫,爲下愚,爲小人,是以諄諄設教,以懲之誡之。故夫子之於詩與春秋也,其始終本末,各有條貫。正以王化之本,始於天下之易行,何也?蓋天下固知有父子也,父子不相賊,而足以爲孝;天下固知有兄弟也,兄弟不相奪,而足以爲悌。孝悌足而王道備,此固非有深遠而難見,勤苦而難行。故詩之爲教也,使人歌舞佚樂,無所不至,要在不失正焉而已。雖然,夫子固有所甚畏也。一失容者,禮之所由廢;一失言者,義之所由亡。君臣之相攘,上下之相殘,天下大亂,未嘗不始於此道。是故春秋力爭於毫釐之間,而深明乎疑似之際,截然其有所必不可爲也,此夫子勸善懲惡之教大略也。然則,孟子深於詩與春秋者也,第發明乎祖父道統之傳,而力教人以爲善可也。至於論性,則舉天下之人如此之多,而必之以性善之説,則不可也。宋儒張橫渠又謂:有天地之性,氣質之性。天地之性則善而無惡,氣質之性則有善而亦有惡。意言,孟子言性善者,獨指天地之性也。諸子言善惡混者,雜指氣質之性也。余謂:性以不變爲義,豈有天地之性與氣質之性異哉?且人禀天地五行以成形,而天地之性亦以賦焉。是則天地者體也,氣質者用也。有體而後用,豈有體獨而用兼乎?以此而言,則橫渠之言亦非是也。

客曰:世教論性之略已聞命矣,出世之教論性差別之義如何?

余曰: 吾教差別論者,釋迦如來説法四十九年,而有五時八教: 一、華嚴時,二、阿含時,三、方等時,四、般若時,五、法華涅槃時。八教者: 一、頓教,二、漸教,三、秘密教,四、不定教,此之四教, 名爲化儀,如世藥方; 一、藏教,二、通教,三、別教,四、圓教,此之四教, 名爲化法,如辨藥味。但化儀四教,無別體相,乃以化法四教而爲其相。今於化儀四教,未暇辨之,惟約五時所説化法四教,以明性之善惡具與不具。第一華嚴時者,此時兼別教以明圓教。其所兼別,雖具明十界,若言性具,但言具佛界之善,不具九界之惡。以彼所明真如佛性,如雲外月,迥出二邊,必須斷除九界之惡,方顯佛界之善。若彼正説圓滿修多羅教,則備明十界皆是性具。本具九界名爲性惡,本具佛界名爲性善; 修成九界名爲修惡,修成佛界名爲修善。故晉譯華嚴云: "能隨染净緣,遂分十法界。"又云: "心如工畫師,造種種五陰。一切世間中,無不從心造,如心佛亦爾,如佛衆生然,心佛及衆生,是三無差別。"又云: "若人欲了知三世一切佛,應觀法界性,一切惟心造。"第二阿含時,即三七日如來於華嚴頓後,脱舍那珍御之服,着丈六弊垢之衣,於十二年中,説四阿含經,名爲漸初,惟説小乘三藏之教。此教雖有佛與菩薩,觀其所證,惟破見思,證偏空理,與二乘同。是則破去三界六凡法界,出三界外,入無餘涅槃,寂滅而已。界惟有八,但云構造,豈論性具十界。第三方等時,於十二年後, 八年之中,説維摩、楞伽、楞嚴、圓覺等諸大乘經。此時彈偏斥小,歎大褒圓,三根普潤,四教並談。佛於此時,説性具與夫性惡法門處,至爲周足。如净名經云: "生死即涅槃,煩惱即菩提。"又云: "眼耳鼻舌入諸根皆是净土。"又云: "有增上慢者,説離婬怒癡,名爲解脱; 無增上慢者, 婬怒癡即是解脱。"又云: "六十二見爲如來種。"無行經云: 貪欲即是道,恚癡亦復然。如是三法中,具一切佛法。"楞伽經云: "如來藏爲善不善因。"如是之義,散在方等,不一而足。至於圓覺、楞嚴，其於性具善惡之旨，又極所發明。凡此諸經,專談性具者,皆屬圓頓之教,若不及此者,乃方等圓教中所對藏通,及所對別教而已。第四般若時,說般若經,共二十二年。論此時以空慧之水,淘汰三乘執情,似不談乎性具。若曰般若談空,八十法門具顯,是則正以真空破情,而不破法,則彼時帶通別二。正說圓教,一以性具而爲之主。第五法華涅槃時,此時說法華,凡經八年,說涅槃繞一日半夜,合此二經爲第五時法。而法華者,乃如來談性具,終圓究竟畢萃之時也。蓋如來於前四時爲實施權者,爲此性具一實之道,以施不具之三權,以顯法華圓具之實也。廢權立實者,廢前四時三教不具之權,以立法華圓具之實也。至於本門三法,莫不皆然。是故方便品初,如來出定,歎權實二智曰："諸佛智慧甚深無量,其智慧門難解難入。"及其下文,乃曰："惟佛與佛,乃能究盡諸法實相。所謂諸法,有如是相,如是性,如是體,如是力,如是作,如是因,如是緣,如是果，如是報，如是本末究竟等。"正以十法界十如是諸法,皆是實相,惟佛與佛，具足究竟權實二智,方能究盡實相之實,諸法之權。所以經中開人天之權云："一低頭,一合掌,一彈指,一散華等,皆成佛道。"開聲聞之權云："聲聞聞此法,疑網皆已除,千二百羅漢,悉亦當作佛。"聲聞領解云："我等今者真是聲聞,以佛道聲,令一切聞。我等今者真阿羅漢,普於其中,應受供養。"至於調達受記,龍女作佛,莫非開九界之權,顯佛界之實。或開修善,而究竟乎性善; 或門修惡,而究竟乎性惡。惟佛與佛,乃能究盡,不在兹乎! 至於涅槃,則專談性惡,故曰："闡提、善人,二人皆有佛性。" 名爲善惡緣因。具在彼部,不能具引。是則,欲明如來出世一大事因緣者,苟不知性具善惡之旨,如無目夜遊,何以爲直指人心,何以爲見性成佛! 苟非天台一宗教觀發明此旨,則圓頓教理幾乎絕滅矣。虎谿懷則師云："只一具字,彌顯今宗。以性具善，他師亦知；具惡緣了，他皆莫測。”正此謂也。是故欲從事於<u>如來圓頓法門</u>者，則性具之道，是不可不知，而不可不學；卽弘是道者，亦不可不講，而不可不廣也。故今對君，凡立八大科以發明之。一、真如不變十界冥伏門，二、真如隨緣十界差別門，三、不變隨緣無差而差門，四、隨緣不變差而無差門，五、因心本具毫無虧欠門，六、果地融通一無所改門，七、隨淨圓修全修在性門，八、隨淨圓證舉一全收門。

（以上選自卷一）

卷　　六（選錄）

客曰：弟子初然狃於常聞，悞以人間修惡而爲性惡，且不知性惡乃佛性異名，故一聞台教性惡之名，駭耳驚心，生種種疑難。今蒙多方開示，方知修惡之爲言，其包也廣，下至地獄，上至菩薩；修善之言，其攝也博，漸於人天，而極於佛。若夫性善之極，則惟在於佛，性具之惡，則遍該於九。雖言善惡，實不分而分，分而不分，故得性善性惡其理融通。是則，九界性惡遍處，卽佛界性善遍處。故九種法界，從性惡以起修惡。若菩薩，若聲聞，若緣覺，若天人阿修羅，地獄餓鬼畜生，所有正報之身，依報之國土，上及於天，下及於地，山河國土，艸芥人畜，皆修惡也，莫不全性之所起也，然則，修惡遍處，卽性惡遍。莫不全冰以爲水，冰還卽水；全波以爲水，水本具波；全空以投器，器器皆空；以至全陽春而發生萬物，而物物皆春。是則，日用之間，見聞之際，頭頭物物，事事心心，莫不皆修惡也，卽性惡也。性惡融通，任運攝得佛界性善，不須轉側以明此心而見此性。在人卽人，謂之真人可也；在天卽天，謂之義天可也；在聲聞卽聲聞，以佛道聲令一切聞，謂之真聲聞可也；在羅漢卽羅漢，普於其中應受供養，謂之真羅漢可也；在菩薩卽菩薩，充擴其六度萬行之心，務使覺行圓滿，謂之真菩薩可也。至於垂形惡趣，乃菩薩大權之能事，將來果成，稱性施設，皆非分外。今且務使其卽修惡，以卽性惡，以爲己躬履踐。若夫全性惡，而起妙用，以神通而駭動，智辨以宣敭，謂之性惡法門者，弟子則雖有其心，而未有其胸，目前且發空願，以師此論而爲人演說之，剞劂以流通之。使人人悟性，各各知歸，庶幾將此深心奉塵刹，是則名爲報師恩也。合十槃譚瞻仰而退。

（以上選自卷六）

二、淨土生無生論

　　稽首能仁圓滿智無量壽覺大導師，所説安養大乘經了義，了義至圓頓。妙德、普賢、觀自在、勢至、清净大海衆、馬鳴、龍樹及天親，此土廬山蓮社祖、天台智者並法智，古往今來弘法師，我今歸命禮三寶，求乞冥加發神識，敬採經論秘密旨，闡明净土生無生，普使將來悟此門，斷疑生信階不退。將造論，立十門：一、一真法界門，二、身土緣起門，三、心土相卽門，四、生佛不二門，五、法界爲念門，六、境觀相吞門，七、三觀法爾門，八、感應任運門，九、彼此恆一門，十、現未互在門。

初、一真法界門

　　一真法性中，具足十法界，依正本融通，生佛非殊致。

　　論曰：一真法界卽衆生本有心性，心性具無量德，受無量名。云何具無量德？謂性體性量性具。性體者，此心性離四句，絶百非，體性堅凝，清净無染，不生不滅，常住無壞。性量者，此心性豎窮三世,橫徧十方;世界有邊,虛空無邊,虛空有邊，心性無邊；現在有邊,過未無邊,過未有邊,心性無邊,無盡無盡,無量無量。性具者,此心性具十法界,謂佛法界、菩薩法界、緣覺法界、聲聞法界、天法界、修羅法界、人法界、畜生法界、餓鬼法界、地獄法界；此是假名,復有正報,謂佛五陰,乃至地獄五陰;此是實法,復有依報，謂佛國土,乃至地獄國土。令易解故,作三分別。得意爲言，卽性具是性體性量。性體離過絕非，卽性具十界離過絕非。性體堅凝清凈無染,不生不滅,常住不壞，性具十界亦然。性量豎窮橫徧，無盡無盡,無量無量,性具十界亦然。正報五陰同性體性量,清凈周徧,依報國土亦然。此之三法,亦名三諦,性體卽中諦,性量卽真諦,性具卽俗諦。楞嚴云:如來藏妙明元心,非心非空,非地水火風,非眼耳鼻舌身意,非色聲香味觸法,非眼界,乃至非意識界,非無明，乃至非老死,非無明盡,乃至非老死盡,非苦集滅道,非智非得非檀那,乃至非般剌若,非怛笒阿羯,非阿羅訶,非三藐三菩,非常樂我凈,此卽性量無相,是爲真諦。如來藏元明心妙,卽心卽空，卽地水火風,卽六凡卽二乘,乃至卽如來常樂我凈,此卽性具十界,是爲俗諦。如來藏妙明心元,離卽離非,是卽非卽,此卽性體統攝,是爲中諦。又云:如來藏性色真空,性空真色,清凈本然,周徧法界，地水火風空見識莫不如是。地水火風空見識卽性具也，清凈本然卽性體也,周徧法界卽性量也。又地水火風空,清凈本然,周徧法界,卽依報國土性體性量也。見識清凈本然,周徧法界,卽正報五陰性體性量也。云何受無量名? 此心性或名空如來藏,或名真如佛性,或名菴摩羅識，或名大圓鏡智，或名菩提涅槃。性體性量名空如來藏,卽性具十界五陰國土名空如來藏，乃至性體性量名菩提涅槃,卽性具十界五陰國土名菩提涅槃。故曰:一真法性中具足十法界,依正本融通,生佛非殊致。問: 一真法界爲初心是後心是, 若初心是,應無七名;若後心是,應無九界。初後俱墮立義不成？答:此正顯初心是。以初心是,方有後心是。如果地依正融通,色心不二,垂形九界,方便度生,悉由證此因心所具。故曰:諸佛果地融通,但證衆生理本,故得稱性施設,無謀而應。不然,何異小乘外道,作意神通？故法智大師云:六即之義,不專在佛,一切假實,三乘人天,下至蚊蟻地獄色心,皆須六即。辯其初後,所謂理蚊蟻,乃至究竟蚊蟻,以論十界皆理性,故無非法界。一不可改,故名字去,不唯顯佛,九亦同彰,至於果成,十皆究竟。又,後心是方顯初心是,由後心果地全證衆生理本,故果地七種名目悉是衆生性德美稱。但衆生在迷,性稱不顯尅論,性德豈可言無？初後俱善,立義成矣。

二、身土緣起門

一真法界性,不變能隨緣,三身及四土,悉由心變起。

論曰:一真法界性,即前文所明性體性量性具也。教中說,真如不變隨緣,隨緣不變者,正由性體性量即性具故。晉譯華嚴云:"能隨染净緣,具造十法界。"謂真如性中所具九法界,能隨染緣造事中九法界;真如性中所具佛法界,能隨净緣造事中佛法界。性若不具,何所稱能？並由理具,方有事用,此之謂也。是知,事中十法界、三身四土,悉由真如隨緣變造。既曰真如,不變隨緣,隨緣不變,則事中染净身土,當體即真,無絲毫可加損者。楞嚴見八識見分與見緣八識相分。見相二分皆依他起性,並所想相此不了依他而起徧執,如虛空華,本無所有,此見及緣,元是菩提妙净明體是也。若然,則娑婆極樂,此世衆生當生九品,彌陀已成吾心,當果悉由心性之所變造。心具而造,豈分能所？即心是佛,即佛是心;即心是土,即土是心;即心是果,即果是心。能造因緣及所造法,當處皆是心性,故明此宗而求生樂土者,乃生與無生兩冥之至道也。

三、心土相即門

西方安樂土，去此十萬億，與我介爾心，初無彼此異。

論曰：彌陀經從是西方過，十萬億佛土，有世界名曰極樂。百億日月須彌大海及鐵圍山名一佛土，一土已自廣大，況億佛土乎？況十萬億乎？是則，極樂去此甚遠博地，凡夫念佛求生，彈指即到者，由生吾心所具之佛土也。凡夫念佛刹那之心至微至劣，故稱介爾。十萬億土，居凡夫介爾之心，即心是土，即土是心。故曰：初無彼此異。問：介爾之心居於方寸，何能包許遠佛土？答：介爾之心昧者謂內，達人大觀，真妄無在。蓋此妄心全性而起，性無在，心亦無在。性如大海，心似浮漚，全海爲漚，漚還帀海。蓋真如不變隨緣，而隨緣端即不變。既隨緣不變，豈以真妄而分大小哉？

四、生佛不二門

阿彌與凡夫，迷悟雖有殊，佛心衆生心，究竟無有二。

論曰：阿彌陀佛果人也，成就三身四智十力，四無所畏，十八不共等功德。凡夫因人也，具無量恆沙煩惱，造無量恆沙業繫，當受無量恆沙生死迷悟之相。譬彼雲泥，而言究竟無二者，謂據相則不二而二，約性則二而不二。蓋諸佛乃悟衆生心內諸佛，衆生乃迷諸佛心內衆生。悟者悟衆生本具性體性量性具也，迷者迷諸佛所證性體性量性具也。心性之妙，豈受其迷？迷而不迷，斯言有在，故衆生本有性體，即諸佛所證法身，性量即報身，性具即應身。四智十力，四無所畏，十八不共等功德，會合可知。古德云：諸佛心內衆生，塵塵極樂；衆生心內諸佛，念念證真。故彌陀即我心，我心即彌陀；未舉念時早已成就，纔舉心念即便圓成。感應道交，爲有此理，故念佛人功不唐捐。

五、法界爲念門

法界圓融體，作我一念心，故我念佛心，全體是法界。

論曰：行者稱佛名作佛觀，行主伴依正餘觀，修三種淨業，一心不亂。散心稱名，以至見思浩浩，恆沙煩惱，凡此有心，皆由真如不變隨緣而作，全體即法界。故法智大師云：法界圓融不思議體，作我一念之心，亦復舉體作生作佛，作依作正。若然者，餘心尚是，況念佛心乎？是故念佛之時，此心便是圓融清淨寶覺。以此妙心，念彼阿彌，則彼三身，何身不念？求彼四土，何土不生？但隨功行淺深，品位高下耳。問：餘心是法界，何必念佛？答：餘心是而逆，念佛是而順，以順翻逆，故須念佛，非法界有異也。

六、境觀相吞門

十六等諸境，事理兩種觀，彼此互相吞，如因陀羅網。

論曰：境觀相吞者，事事無礙也。事事所以無礙者，由法界圓融不思議體，作我一念之心，亦復舉體作生作佛，作依作正，既皆全體而作，有何一法不即法界！故曰：一塵法界不小，刹海法界不大，多亦法界，少亦法界。是以，西方十六諸境，吾心事理二觀，一一無非法界全體，如帝釋宮中因陀羅網。雖彼此各是一珠，而影入衆珠，雖影入衆珠，而東西照用有別。境觀亦然。以境爲事則觀爲理，理能包事，是爲觀吞境；以觀爲事則境爲理，理能包事，是爲境吞觀。若觀若境，或一爲事，餘爲理，或一爲理，餘爲事，彼此互各相吞，故如因陀羅網。若然者，我作觀時，西方依正已在我觀內，我今身心已在依正之中。了此而求生安養，可謂雁過長空，影沉寒水，雁絕遺蹤之意，水無留影之心。

七、三觀法爾門

能觀爲三觀，所觀卽三諦，全性以起修，故稱爲法爾。

論曰：三諦者，真俗中也；三觀者，空假中也。忘情絶解，莫尚乎真；隨緣應用，莫尚乎俗；融通空有，莫尚乎中。虛靈不昧，吾心自空也；物來斯應，吾心自有也；空有相卽，吾心自中也。此性也，非修也，三諦也，非三觀也。修之者，稱性照了也。體達此心空洞無物，謂之空，照了此性具足萬法，謂之假；融通二邊，不一不異，謂之中。然則，卽虛靈而應物也，卽應物而虛靈也。空卽假中也，假卽空中也，中卽空假也。是稱性而修也，絶待而照也，不思議之三觀也，首楞大定之司南也。別論如此，若總論者，或以吾心虛靈爲空，以所觀萬物爲假，以心境不二爲中。物，吾心之物也，何假而不空？心，萬物之心也，何空而不假？卽心卽物，卽物卽心，何中而不空假？是以，觀極樂依正，以吾心一觀之三觀，照彼一境之三諦，無不可者，以吾三觀之一心，照彼三諦之一境，亦無不可者。虎溪大師云：境爲妙假，觀爲空，境觀雙忘卽是中。忘照何嘗有先後，一心融絶了無蹤，尚何三觀之不法爾乎？

八、感應任運門

我心感諸佛，彌陀卽懸應，天性自相關，如磁石吸鍼。

論曰：諸佛衆生，同一覺源，迷悟雖殊，理常平等。故曰：諸佛是衆生心內諸佛，衆生是諸佛心內衆生。迹此而言，諸佛衆生心精，無時而不通滔。但諸佛無時不欲度生，衆生念念與之迷背。故云：一人專憶，一人專忘，若逢不逢，若見非見。然衆生心憶佛念佛，現前當來必定見佛，去佛不遠。正由一理平等，天性相關，故得任運，拔苦與樂，況無量壽佛因中所發四十八願誓，取極樂攝受有

情。今道果久成，僧那久滿，凡百衆生，弗憂佛不來應，但當深信憶
念，數數發願，願生西方，如磁石與鍼，任運吸取。然磁石能吸鐵，
不能吸銅，鍼能合磁，不能合玉，猶佛能度有緣，不能度無緣，衆生
易感彌陀，不易感諸佛，豈非生佛誓願相關者乎？求生淨土者，信
願行缺一不可。

九、彼此恆一門

若人臨終時，能不失正念，或見光見華，已受寶池生。

論曰：往生傳張抗爲翰林學士，課大悲呪十萬遍，願生西方。一
日寢疾，唯念佛號，忽謂家人曰：西方淨土秖在堂屋西邊，阿彌陀佛
坐蓮花上，翁兒在花池金沙上禮拜嬉戲。良久，念佛而化。翁兒，
抗之孫也。蓋西方極樂世界，乃吾心之一土耳，娑婆世界亦吾心之
一土耳。約土有十萬億彼此之異，約心而觀，原無遠近。衆生自受
生來，爲五陰區局真性，不契心源。念佛之人，果報成熟，將捨現
陰，趣生陰時，淨土蓮花忽然在前，唯心境界，非有去來彼此之相。
故楞嚴云：臨命終時，未捨暖觸，一生善惡，俱時頓現。純想卽飛，
必生天上，若飛心中，兼福兼慧。及與淨願，自然心開，見十方佛，
一切淨土，隨願往生。法智師云：垂終自見坐金蓮身，已是彼國生
陰，亦此意也。

十、現未互在門

行者今念佛，功德不唐捐，因中已有果，如蓮華開敷。

論曰：圓頓教人頓悟心性，無修而修，修彼樂邦，性中所具極
樂，由修顯發。而此心性，豎貫三際，橫裹十虛，佛法生法，正法依
法，因法果法，一念圓成。是以，念佛名爲全性起修，全修在性。全
性起修雖名爲因，全修在性因中有果。以所具因法與所具果法，同

居一性，心性融通，無法不攝。如蓮花開敷，花中有果。況此心常住，無生滅去來。卽今念佛之心，便是當來華池受生時。故初發心人，極樂寶池已萌蓮種，若精進不退，日益生長，華漸開敷，隨其功德，大小煒燁。其或懈退悔雜，日漸憔顇；若能自新，華復鮮麗。其或不然，芽焦種敗。且此蓮華人誰種植，現未互在，斯言有歸也。

〔附　成時跋〕

此論以現前一念心，無法不具爲本初門，具則必造二門，故佛土佛身皆卽我心三門、四門。今卽以此本不可思議之一念念佛五門，而西方依正圓妙三觀，生佛感應，曠劫誓願因緣，總不出我現前念佛之一念六門、七門、八門。如是，則十方彼此，三世因果，凡小偏邪，種種諸疑，可以悉斷矣九門、十門。後學成時識。

（選自續藏經本第一輯第二編第十三套第五册淨土十要卷九）

袾　宏

【簡介】　袾宏，字佛慧，別號蓮池，俗姓沈，生於公元一五三五年（明世宗嘉靖十四年），死於公元一六一五年（明神宗萬曆四十三年），仁和（今浙江杭州）人。他十七歲補諸生，以孝行著稱，然雅好佛理，志在出世。年三十二，毅然出家爲僧，受具足戒後，卽雲游四方，徧參名師。曾入京師參華嚴宗匠徧融和禪門耆宿笑巖等。晚年居杭州雲棲寺，故世亦稱爲雲棲大師。

袾宏是明末四大名僧之一。他以淨土念佛法門爲歸，以“持名”爲中心，認爲：“持名念佛之功，最爲往生淨土之要。”（普示持名念佛三昧）他所倡導的持名念佛，曾風被一時，故後世尊他爲蓮宗第八祖。袾宏十分注重僧人戒律，他的寺規森嚴，律制有度，制訂了寺院的日常課誦儀式，一直爲後世所遵循。德清在其所作蓮池大師塔銘中稱譽袾宏：“戒足以護法”，“規足以救弊”，真乃“法門之周孔。”

袾宏雖以淨土爲歸，但仍十分重視禪教。他對當時禪宗的流弊進行了尖銳的批評，如說：“古人棒喝，適逗人機，一棒一喝，便令人悟，非若今人，以打人爲事。”（雲棲遺稿答問）他認爲，參禪就是要“精研妙明”，卽是“體究、追審之意。”（雲棲遺稿示閩中李居士）他也十分重視經教著作，曾說：“余一生崇尚念佛，然勤勤懇懇勸人看教。何以故？念佛之說，何自來乎？非金口所宣，明載簡册，今日衆生何由而知十萬億刹之外有阿彌陀也。”（竹窗隨筆經教）因此，念佛不能離經教。同樣，參禪也不應離經教。他說：“其參禪者,藉口教外別傳,不知離教而參是邪因也,離教而悟是邪解也。饒汝參而得悟,必須以教印證,不與教合,悉邪也。……是故,學佛者必以三藏十二部爲楷模。"(同上)他還説:"通宗不通教,開口便亂道。"(雲棲遺稿答問)在理論上,袾宏主張融合性相二宗,説:"性者何?相之性也;相者何?性之相也。非判然二也。"所以説"不惟不當爭,而亦無可爭也。"(竹窗三筆性相)但於中,袾宏還是偏重於性,以性爲根本,以相爲枝葉。如他説:"是故偏言性不可,而偏言相尤不可。偏言性者,急本而緩末,猶爲不可中之可;務枝葉而失根原,不可中之不可者也。"(同上)

袾宏是由儒入釋的,他一方面承認儒釋是根本不同的,一方面又竭力主張調和、融通儒釋。如他説:"儒佛二教聖人,其設化各有所主,固不必岐而二之,亦不必强而合之。何也?儒主治世,佛主出世。"(竹窗二筆儒佛配合)但同時他又説:"覈實而論,則儒與佛不相病而相資。"佛有"陰助王化之所不及者",而儒也有"顯助佛法之所不及者"。所以儒與佛"不當兩相非,而當交相贊也"。(竹窗二筆儒佛交非)他還鼓吹三教一家,理無二致,以調和儒釋道之間的矛盾。特別值得提出的是,袾宏對當時剛傳入的天主教教義提出了批評。他前後寫了四篇天説,以駁斥"天主"之説,但由於他對天主教教義毫不了解,又只是以佛教理論進行辯駁,因此十分膚淺無力,在理論上無可取之處。然對於了解天主教傳入後思想界的反映,則有一定的歷史意義。

袾宏的著作很多,主要的有:阿彌陀經鈔四卷、楞嚴經摸象記一卷、遺教經論疏節要一卷、梵網菩薩戒疏發隱七卷、沙彌律儀要略一卷、禪關策進二卷、直道録一卷山房雜録二卷、竹窗隨筆三卷、雲棲遺稿三卷等。他的弟子們,將這些著作匯編爲雲棲法彙一書。

一、梵網經心地品菩薩戒義疏發隱（選錄）

序

　　聞夫心佛衆生，一而已矣。生本卽佛，佛本卽心。心自不生，戒將焉用？自迷心而起於惑海，浩爾難窮，乃因心而建以法門，茫乎無量。然而法必有紀，事斯可循，緣是無量而約以恒沙，恒沙而約以八萬，又約之則從萬而千，又約之則從百而十，又約之則六度張其大目，又約之則三學總其宏綱，而復融會乎三，捃束爲二。雙配故云定慧，單舉則號毘尼。斯蓋遡流及源，全歸此戒；緣名覓體，惟是一心。心攝也，遊念歛而湛寂生；心寂也，定力深而慧光發。三學既備，六度自修，無量法門，皆舉之矣。大哉戒也，其一切法之宗歟！顧本其類也，有小乘，有大乘；而別其戒也，曰聲聞，曰菩薩。一則清修外慎，而身絕非爲；一則正觀內勤，而心無愿念。一則守己，便名無犯，澤匪旁兼；一則利他方表能持，道非有我。一則隨事設匡維之制，漸就良模；一則當時陳畫一之規，頓周善法。一則精嚴分齊，局爲僧尼；一則剖破藩籬，統該緇素。一則依制止稱制止，遵故轍而明近功；一則卽律儀超律儀，運神機而樹偉績。體既如是，用胡不然？其滅惡也，或如朝曦泮冰，遲久而堅凝未動；或如紅爐點雪，刹那而影迹無存。其生善也，或如嬰兒學語，片言而謇吃連朝；或如大造回春，萬卉而萌芽一旦。其度生也，或如流螢燭地，光生跬步，而僅爲蟻徑之資；或如杲日麗天，暉暎虛空，而普作人寰之益。霄壤不足評其勝劣，日劫何所喻其高卑？故知欲入如來乘，必應先受菩薩戒。緣此戒而發舒萬行，則普賢願王；緣此戒而廓徹孤明，則文殊智母。諸佛所同揚之標幟，千賢所共履之康莊，大哉菩薩戒也，其一切戒之宗歟！是以舍那面授，妙海親聞，千華之上慈尊，枝枝衍秀；七佛而來譯主，字字傳音。惜乎雖具全經，未彰妙疏，緬惟智者，始創微言，洎我愚夫，重披隱義。曠劫波靈臺之祕典，何幸躬逢；數聖人道岸之芳塵，深慚踵接。惟冀流通授受，拂古鏡以維新；遞互承繩，續先燈而廣照。各各悟惟心之佛，而恒以戒攝心；人人了是佛之生，而竟以生成佛。若僧若俗，是人是神，不簡惡道幽途，無論異形殊類，但知聞法，齊登梵網法門，凡厥有心，盡入舍那心地云爾。時萬曆十五年歲次丁亥二月八日菩薩戒弟子杭雲棲寺比丘袾宏謹識。

卷　第　一（節錄）

初列五品

別教五十二位，次第修行。圓教圓修，一心具萬行，異於次第行也。外凡五品位：

一初隨喜心。若人宿植深厚，或值善知識，或從經卷，圓聞妙理，一法一切法，一切法一法，非一非一切，不可思議，起圓信解。信一心中具十法界，如一微塵有大千經卷，欲開此心，而修圓行。圓行者，一行一切行，略言爲十：謂識一念平等具足，不可思議；傷己昏沉，慈及一切；又知此心常寂常照；用寂照心破一切法，即空、即假、即中；又識一心諸心，若通若塞；能於此心，具足道品，向菩提路；又解此心正助之法；識己心，及凡聖心；又安心不動，不墮不退不散；雖識一心無量功德，不生染着。十心成就，其心念念，悉與諸波羅蜜相應也。

〔發隱〕此明隨喜者，妙悟圓理，該羅圓行，非偏聞淺信之謂也。一多相即，不可思議者，中道圓理也。於此信解，是爲圓信解。則知一念具十法界，十復具十，成百法界，一界具三十種世間，百界成三千世間。故曰：介爾有心，三千具足，推之無盡，不離一心。微塵大經，又何疑哉？依此而修，豈非圓行？且圓心雖不可分，略舉亦有十種：一、解平等心，二、傷己愍物，三、知心寂照，四、妙觀破惑，五、知心通塞，六、具足道品，七、明曉正助，八、了達聖凡，九、安心堅固，十、不着知見。此十心成就，豈不念念皆圓，度一切苦厄耶？初心順理，慶己慶人，故名隨喜。此十心，亦名十乘觀法，詳見止觀教義。

二、讀誦者。圓信始生，善須將養，涉事紛動，令道芽破，惟得內修理觀，外則讀誦大乘，聞有助觀之力，內外相藉，圓信轉明，十心堅固，如日光照，見種種色也。

〔發隱〕此明讀誦者，外假薰聞，內資理觀，非文字口耳之謂也。圓心乍發，力尚尫羸，若非聖教冥資，恐為動境惑亂。相藉者，繫心契教，假教明心，麗澤交滋，云相藉也。前雖喜悅在懷，孤明未廣；今則見聞增益，開闡無窮。日光喻聖教，見種種色，喻法法皆明也。世有小獲輕安，大縱歡喜，撥置聖教，確守癡禪，盲瞽一生，誠可嘆矣！又或偏耽卷帙，不復禪思，咕嗶終身，空數他寶。大集月藏第一經云：若有眾生，惟依讀誦，欲求阿耨菩提。是人多喜着於世俗，尚不能調己心煩惱，何能調伏他人煩惱？是故善星比丘，誦十二部經；提婆達多，誦六萬法聚。而此二人，不修方便道中，真佛性觀、四念處等，起大逆罪，俱入地獄。此又讀誦者，所當知也。

三、說法者。內觀轉強，外資又著，圓解在懷，弘誓薰動，更加說法，如實衍布。但以大乘法答，設以方便，終令悟大。隨說法淨，則智慧淨，說法開導，是前人得道全因緣。化功歸己，十心三倍轉明也。

〔發隱〕此明説法者，廣演大乘，普積功德，非無解謬説之謂也。本圓解以説法，故如實相理，開衍流布。彼以小來，此以大答，縱有時答小，乃逗機方便，權爲接引，終令捨小得悟大也。然説法利人，何關自己？良以説法净，則智慧净。純説大乘，無有雜説，名説法净。夫人心口，往往相資，辨論日益精明，則知見日益增長。外宣妙義，内照靈心，互相資也。聞説得道，雖屬聽人，以法成人，功歸説主。是則誦教明心，已超隨喜；弘經利物，彌益光輝。過前二位，故曰"十心三倍轉明"也。問：此觀誠勿領徒，台衡皆曰損己，今之説法，何以成益？答：有師言三軌具足，方許領徒；四安樂行，乃可説法。此固一義，但南嶽、天台，恐狂愚妄效，借己警人，未可以是而少二師。而説法一端，自分二種：一者證理而説，二者解理而説。末法未必盡證，要在説者何如耳！如其内守觀心，自當獲益。設使外貪名利，必有重愆，其害不可勝言，豈特爲他損己？正法念處三十一經云：不以善心爲人説法，惟爲財利，不能自身如説修行，如是法施，縱生天上，作智慧鳥，口説偈頌，是名下施。爲名聞故，爲勝他故，爲欲勝餘大法師故，如是法施，生人天中，得中果報，是名中施。以清净心不爲財利等事，惟欲衆生住於正法，增長智慧，如是法施，自利利人，無上最勝，乃至涅槃，其福不盡，是名上施。又大威德陀羅尼經謂，求食説法，名爲販賣佛語。願説法者，擇於上中下三，毋爲販賣，戒之戒之！

四、兼行六度。上來前熟觀心，未遑涉事，今正觀稍明，即傍兼利物。能以少施，與虚空等，使一切法趣檀。檀爲法界，事相雖少，運懷甚大。理觀爲正，事行爲傍，故言兼行。事福資理，十心彌盛也。

〔發隱〕此明兼行六度者，事偏心圓，行一該萬，非傍門小道之謂也。內觀之時，無暇外涉，故云"未遑"。今正觀稍明，堪宜涉事。惟明也，不可不利物；惟稍明也，不可全利物；故曰"兼行"也。般若，謂離相布施，福如虛空，故小施，能等大空也。當爾之時，一切法皆趣於檀。蓋法界爲萬法所歸，施旣等空，施卽法界。是故以戒趣卽曰捨戒，捨諸毀犯故；以忍趣卽曰捨忍，捨諸剛暴故；以進趣卽曰捨進，捨諸懈怠故；餘各例此。以大懷運少施，如飯犬投醪是也。正行理觀，傍兼事相，則前惟講説其言，今乃踐履其實。理得事彰，十心彌盛也。

五、正行六度。圓觀稍熟，事理欲融，事不妨理，理不隔事，具行六度，權實二智，究了通達，治生產業，皆與實相不相違背，具足解釋佛之知見，而於正觀，如火益薪，力用光猛也。

〔發隱〕此明正行六度者，理事圓通，權實無礙，非有爲事相之謂也。事理欲融者，以圓觀稍熟，故事理欲融，言雖未能渾化，而其勢兩相和合，將融會爲一也。是以涉事，則百爲紛若，而一理恒如，與理何妨？入理，則一念湛然，而萬法俱備，與事何隔？其於六度，非少分兼行，乃全體具足。言施則三輪空寂，財法無畏，身肉手足，三界依正，一切捨故；言戒則不見戒相，性遮止作，五部重輕，威儀細行，悉無犯故；餘各例此。是則終日世法，終日實相，佛之知見通達無礙也。前兼行如火始燃，今正行如火大熾。前之十心至此，則資力强盛，妙用輝煌，功德巍巍，故曰光猛也。

二明七位

第一，內凡十信。圓聞圓信，修於圓行，善巧增益，五倍深明，因此圓行，得入圓位。善修平等法界，卽入信心；善修慈愍，卽入念心；善修寂照，卽入進心；善修破法，卽入慧心；善修通塞，卽入定心; 善修道品, 即入不退心; 善修正助, 即入回向心; 善修凡聖, 即入護心; 善修不動, 即入戒心; 善修無着, 即入願心。是名圓教鐵輪十信位。圓教似解, 六根清净也。

〔發隱〕圓聞圓信, 而修圓行, 此五品位也。縣此增進倍倍深明, 得入圓位, 圓位十信也。前隨喜十心, 正解已具, 特未善修, 是故一念平等, 不可思議, 第一心也。善修此心, 便能常住法界, 純真無妄, 即入信心。善修云者, 非別有作爲, 即此圓心方便滋培, 權巧磨鍊耳。此初信, 與藏教初果齊, 通教八人見地齊, 別教初住齊, 證位不退也。善修慈愍者, 大悲貫徹, 能於三世憶念不忘, 故入念心。善修寂照者, 止觀雙運, 進趣中道, 無所雜糅, 故入精進心。善修破法者, 以妙止觀, 雙破有無, 妄盡純智, 故入慧心。善修通塞者, 別識心體, 隨宜闔闢, 寂妙常凝, 故入定心。善修道品者, 道品具足, 速入菩提, 有進無退, 故入不退心。善修正助者, 緩急主賓, 妙得其宜, 回佛慈光, 向佛安住, 故入回向心。善修凡聖者, 知佛衆生, 體同位別, 保持不失, 故入護法心。善修不動者, 對境常寂, 安住無爲, 得無遺失, 故入戒心。善修無着者, 於法不染, 一切自在, 能於十方, 所去如願, 故入願心。言鐵輪者, 借輪王統御之大小, 喻菩薩階位之淺深, 此信位, 正配鐵輪也。似解者, 凡聖交際, 相似解生, 彷彿欲同, 猶未真實, 故曰相似。六根清净者, 雖未得天耳眼等, 即父母所生六根, 清净無染, 具諸功德也。此名道種智, 與別教向位齊, 行不退也。

第二, 聖位。前明十住, 真中智也。初發心住, 發時三種心發: 一、緣因善心發, 二、了因慧心發, 三、正因理心發。即是境智行妙, 三種開發。緣因心發, 即是住不可思議解脱, 首楞嚴定。了因心發, 即摩訶般若, 畢竟空也。正因心發, 即是住實相法身, 中道第一義諦也。華嚴云：初住所有功德，三世諸佛嘆不能盡。初發心時，便成正覺，了達諸法真實之性，所有聞法，不由他悟。淨名云：知一切法是坐道場，亦是入不二法門。大品：從初發心，即坐道場，轉法輪，度衆生。謂如佛阿字門、一切法初不生也。

〔發隱〕聖位承上內凡，今始入聖也。前明者，先明住，後及行向也。住次信者，從信趣入，生如來家，依無住智，永不退還，名之曰住。真中智者，秘密不定二教，以藏通別圓爲當體，體真中爲所依體。今則以對似言真，對偏言中，圓修言智。良繇此十住乃入聖始事，位位證一分真如中道，智能證此體，曰真中智也。境智行妙者，正因理心屬境，了因慧心屬智，緣因善心屬行，三心圓發，故稱妙也。緣因發者，衆生無量劫來，低頭合掌，彈指散花，發菩提心，慈悲誓願，布施持戒，忍辱精進禪定等善心，一時開發，一心具足諸波羅蜜，一心具萬善，故曰"不思議解脫，首楞嚴定"也。了因發者，衆生無量劫來，聞大乘經，乃至一句一偈，受持讀誦，解說書寫，觀行修習，所有智慧，一時開發，成真無漏，真無漏智成，故曰"摩訶般若，畢竟空"也。正因發者，衆生無始以來佛性真心，常爲無明之所隱覆，緣了兩因力，破無明暗朗然圓顯也。佛性真心圓顯，故曰"住實相中道"也。便成正覺者，初發心時，成佛已竟，一位具一切位也。不繇他悟者，自心自悟，無假於外，是真悟也。即坐道場者，證即成正覺也。一切法不生者，阿字義也。四十二字，初阿後茶，以阿字表初住，此初住斷一品無明，證一分三德，名發心住，念不退也。次從二住至十住，各斷各證，與別教十地齊也。此九住義，備見華嚴、楞嚴等經，恐煩不釋，行向準此。

第三，明十行者，即是十住後實相真明，不可思議，更十番智斷，破十品無明。一行一切行，念念進趣，流入平等法界海。諸波羅蜜，任運生長，自行化他，與虛空等也。

〔發隱〕行次住者，即此實相體上自然明覺，具足不可思議妙用，更加以十番智慧斷惑，便能繁興萬行，自利利人，以修圓行。一行一切行者，如修一行即通萬行，故名圓行。以此爲因，是以念念趣入平等果海，如百川勢向東流，必涓涓趣入滄海也。任運者，猶自然也。與虛空等者，廣大無盡也。此皆圓行致之也。清涼云：隨緣順理，造修名行，亦此意也。此經中又名十長養，以長養五根故，故云初行與別教等覺齊，二行與別教妙覺齊，三行以去別教之人，不知名字矣，何況伏斷1

第四，十回向者，十行之後，無功用道，不可思議，真明念念開發。一切法界，願行事理，自然和融，回入平等法界海。更證十番智斷，破十品無明，故名回向也。

〔發隱〕向次行者，十行以去，任運設施，無功用道也。此道廣大，猶如虛空，不可思議，其中真明，自然念念開發，令其所作，願行事理，悉皆和融，流入法界。斯乃更以十番智斷，破十分無明，故能回真向俗，回智向悲，使真俗圓融，智悲不二，到於菩提實際，名回向也。

第五，十地者，即是無漏真明，入無功用道。猶如大地能生一切佛法，荷負法界衆生，普入三世佛地。又證十番智斷，破十品無明也。

〔發隱〕地次向者，言此十地，即是前十向中，無漏真智之明，任運而入，積集廣厚，如大地也。生起佛法則無窮，荷負衆生則無盡，普入三世諸佛一切智地。又十番證智破惑，深而又深也。問：十品十品，次第而斷，圓義安在？答：孩子頓具百骸，何妨歲歲增長1歲有所增，似存次第，生時具足，焉得非圓也耶？

第六，等覺地者，觀達無始無明源底邊際智滿，畢竟清浄，斷最後窮源微細無明，登中道山頂，與無明父母別，是名有所斷者，名有上士也。

〔發隱〕等覺次十地者，上來雖破無明，猶有纎存，是未盡其源，未窮其底，雖云證智，未圓滿也，雖云清浄，未究竟也。兹復觀察了達無始無明，窮盡源底，於是智極邊際，靡不圓滿，體極清浄，無復染污。所以然者，以其斷最後至微細之無明故也。夫斷一分無明，證一分中道，今則登中道之頂巔，別無明之父母矣。有所斷者，言此斷惑已極，何以不名妙覺？良繇既有所斷，是乃見有惑在，我從斷之，故爲等覺，名有上士。蓋等者，比擬之辭，未能爲一，猶有上也。

第七，妙覺地者，究竟解脱，無上佛智，故言無所斷者，名無上士。此卽三德不縱不橫，不並不別，究竟後心大涅槃也。一切大理、大誓願、大莊嚴、大智斷、大徧知、大道、大用、大權實、大利益、大無住，卽是十觀成乘圓極，竟在於佛，過荼無字可説。盧舍那，名浄滿，一切皆滿也。南嶽師云：四十二字門，是佛密語，何必不表四二十位？諸學人執釋論無此解，多疑不用，但論本文千卷，什師九倍略之，何必無此解？深應冥會。何者？經云：初阿後荼，中間四十二字門，具諸字功德。華嚴云：從初一地，具足諸地功德。此義卽同阿字門。諸法初不生故，此豈非圓教初住？初得無生忍，過荼無字可説，豈非妙覺無上無過？廣乘品，明一切法皆是摩訶衍竟，卽説四十二字門，豈非圓？菩薩從初發心得諸法實相，具一切法，至妙覺地，窮一切法底，此義與圓位，甚是分明。

〔發隱〕妙次等者，言究竟於一切解脱，窮極於最上佛智，無惑可斷，天中天，聖中聖，無上士也。此卽一心三德，縱之莫知其前後，橫之不辨其東西，並之忽見其非同，別之難析其爲異。蓋究竟金剛後心，深入大涅槃海，至妙至元，不可復加之極果也。問：此圓妙覺，方名盡斷無明，云何教義，別妙覺中，亦曰無明習盡？答：彼習盡者，十二品無明習盡，非今教四十二品無明也。別教斷至十二，其斷已極，無復更斷，各就所極，皆稱盡也。大理者，一念即空假中也。大誓者，發無作四宏誓也。大莊嚴者，寂照安心也。大智斷者，一心三觀斷諸惑也。大徧知者，諸法通塞無不達也。大道者，無作道品一一調停，隨宜而入也。大用者，善修事助，以開圓理驅魔障也。大權實者，知位次不增上慢也。大利益者，遇境不動，策進五品，而入六根。大無住者，不住十信，相似之道也。繇此十觀，成就圓乘，至此則一切滿，更無虧少，故名舍那也。千卷九略者，釋論卷有其千，今十存一，此四十二字配位之説，安知不在所略中耶？始阿字門表初住，終荼字門表妙覺，此明釋論與經合，故云與圓義甚自分明。廣乘品，釋論品名也。問：天台論圓教以十信爲內凡，十住即爲聖位；論別教以十信爲外凡，住行向爲內凡，謂之三賢，至十地乃名聖位。而華嚴五十二位，正與別同，遂有以別議華嚴者。夫清涼贊天台四教，曰理致圓備。而己所宗，則賢首小始終頓圓五教也。五教之終，正準四教之別，奈何繇終而頓而圓，地位遠隔，而反同於別乎？若以賢聖行布爲別，則華嚴初發心時，便成正覺，住位也，何礙賢之不聖？凡夫心中，有如來安坐不動，凡聖尚融，何礙賢之不聖？大師止謂華嚴兼別，未嘗以兼別病華嚴之不圓也，別議華嚴，失大師意矣。

初無無作

戒體者，不起而已，起即性。無作假色，經論互説，静論有無，一云：都無無作，色心假合，共成衆生。善惡本緣心起，不應別有頑善頑惡。皆是指心，誓不爲惡，卽名受戒。瓔珞經云：一切聖凡戒，盡以心爲體。心無盡故，戒亦無盡。或言教爲戒體，或云真諦爲戒體，或言願爲戒體，無別無作。大經聖行，觀析無常。阿闍世王觀析境界，但明色心，不道無作。五陰名教通大小乘，惟有一色四心。小乘引接小根，恐其輕慢因果，權言重惡，口能別生，一法無作牽報，善法須行，惡法須止，行一則有兩力，豈可不慎？方便假説，適會一時，直如論主一生成四果法，勝別有凡夫法，豈可依此便是實耶？若因中別有頑善共爲佛因，佛地亦別有此善共爲佛果。當知心爲因果，更無別法。

　　〔發隱〕而已之而訓則，言此戒體，不起則已，起卽是性。性起交成，所謂全性是修，全修是性，故有無作，而此無作，須假色法以爲之表見也。所以者何？蓋戒雖非形礙之物，而止持作犯，亦屬色法故也。以互諍無作有無，不得不辨，今先舉無無作者言也。頑善頑惡者，言戒卽是心，更無頑然善惡。制爲止行而名曰戒也。權言重惡者，言經中止説色心，並無無作。小乘以惡口爲戒者，爲防輕慢而權言之耳。行一兩力者，言行善兼能止惡，此一時方便之説，非真實語。假如論主身證四果，自謂權法差勝凡夫，安可依此言便爲實耶？論主，或云指慈氏也。頑善佛因者，言頑善既可作佛因，亦可作佛果矣。明不然也，故曰心爲因果，更無別法，安得離心，更有無作？

二有無作

二云：大小乘經論，盡有無作，皆是實法。何者？心力巨大，能生種種諸法，能牽果報。小乘明此別有一善，能制定佛法，憑師受發，極至盡形；或依定，依道品別生，皆以心力勝用。有此感發，成論有無作品，云是非色非心聚。律師用義，亦依此説，若毘曇義。戒是色住，無作是假色，亦言無教，非對眼色。

〔發隱〕此明小乘有無作也。心力能生諸法牽果報，非單特一心也。如無無作，何云生諸法牽果報耶？別有一善者，指無作。此無作戒力，能制定佛法，不廢壞也。此戒或憑師受發，或依定道別生，皆因心力巨大，有此勝用，安得無無作也。成論以無作屬非色非心聚，則亦言有。古今律師，多同此説，明可信也。亦言無教者，此無作亦名無教也。非對眼色者，非與眼相對之色，明與常色不同。

大乘所明戒是色法，大論云：多少思是心數。云何言多少耶？觀論意以戒是色，即問此是數義。大乘云：何而用數義？解云：若用非色非心，復同成實，還是小乘。今言數自家是數，色大乘色，何關數家？中論云：語言雖同，其心則異。今大乘明戒是色聚也，大乘情期極果，憑師一受，遠至菩提，隨定隨道，誓修諸善，誓度含識，亦以此心力大，別發戒善，爲行者所緣，止息諸惡。優婆塞戒經云：譬如有面有鏡，則有像現，如是因作，便有無作。大論解戒度云：罪不罪不可得，具足尸羅。此是戒度正體。復云：云何名戒？以心生口言，從今受息身口惡法，是名爲戒。既有能持所持，則別有法，即無作也。地持戒品云：下軟心犯後四重，不失律儀，增上心犯，則失律儀。若不捨菩提願，不增上心犯，亦不失律儀。若都無無作，何得言失？梵網大本，即大乘教，下文云：若不見好相，雖佛菩薩前受，不名得戒。又云：若有七遮，雖發心欲受，不名得戒。若直以心爲戒，發便是戒，何故言不得？大經云：非異色因果。又念戒中雖無形色，而可護持；雖無觸對，善修方便，可令具足。又如刀劍灰汁，脚足橋梁，若即心爲戒，何假言無形色無觸對？故知別有無作，能持戒心，以爲真戒。聖行與世王中，不道觀析無作，直舉色心者，是易觀者耳。亦不言無無作，小乘説四果，大乘開之是權法，勝説凡夫法，跋摩明其非有，未有大乘經開無作是權，又卽頑善作佛因，此自非妨，如無常善，亦作常善因卽其例也。

〔發隱〕此明大乘有無作也。戒是色法者，大論雖舉心數，意在色法，故言非色非心及數者二俱未是。何以故？非色非心，仍屬小乘，數自屬數家。今是大乘，其所指自在色，何關數家？蓋大乘説戒是色法，不説戒是數法也。語同心異者，就使大乘説數，心異何妨，況今大乘，自明戒是色聚耶？面鏡者，喻因緣和合而有像生，像不以無因生。戒亦如是，必因作得，則有無作明矣。大論先言罪不罪不可得，似無無作，既而言以心口受息惡法，則心口爲能持，息惡法爲所持，安得無無作也？下軟增上者，凡犯戒，所犯之罪爲小，能犯之心爲大，重心犯輕戒罪重，輕心犯重戒罪輕也。又捨戒不捨大願，破戒不破正見，斯人終得復還清净也。無觸對者，非如眼色耳聲之類也。然人猶有視於無形，聽於無聲者，善修方便，豈不能令戒體具足？且如湼槃諸喻，刀劍能令斷物，灰汁縣之浣污，脚足賴以行趣，橋梁可使濟渡，世事亦資方便，戒體何獨不然，安得無無作也？聖行品闍王品所以不説觀析無作者，是舉色心之易觀者言耳，非謂無無作也。四果權法者，言大乘開四果爲權，跋摩故云非有，又焉有開無作是權之理乎？頑善佛因者，言無常善，可作常善因，則色法頑善而爲佛因，亦何礙也。

三折静論

然此二釋，舊所静論，言無於理極會，在文難愜；言有於理難安，在文極便；既皆有文，何者當道理耶？然理非當，非無當，當無當皆得。論理教義，若言無者，於理爲當；若言有者，於教爲當。理則爲實，教則爲權，在實雖無，教門則有，今之所用，有無作也。

〔發隱〕此揀定諍論，斷其必有無作也。理者超情離見，理無是故非當。理無非，故非無當。當亦可，無當亦可，故云皆得也。理既如是，故單言理，則有無非所論；雙言理教，則言無合理，言有合教，理無爲而教有迹也。實須假權以行，無必因有而顯，弘法利生，彰軌化物，焉得終無而已乎？故今所用者，有無作也，非無無作也。問：既是無作，何更云有？若有無作，還同有作。答：心雖無爲，戒雖無像，而以無爲心，受無像戒，豈得云無？然前云如是因作，便有無作，則一作之後，任運止惡，任運持善，功德自然增長，無作而作，作實無作也。

（選自明崇禎刻本雲棲法彙釋經第一册）

二、菩薩戒問辯

恭誦發隱，語語放光，言釋迦之欲言，發天台之未發。精透處夢士頓醒，懇切處石人下淚，音圓旨遠，信法寶之神珠，事核詞工，誠青囊之妙藥，敢不欽奉，又何異同？妄現魔身，輒爾饒舌，指玉體而問瘢疣，知其失眼；向金鎞而求抉剔，意在復明。伏惟發矇，人天有賴。匆匆草草，冀恕其狂。淳熙稽首。

一問：齋戒交神，姬孔之大法；垂戒訓俗，聖王之宏規。今學者已遵三戒，（謂色、鬥、得）兼體四毋，（謂意、必、固、我）則終身可行一心無累。況五經五行，各符五戒，爲出假菩薩之所修習，如天台智者之所稱揚，亦已至矣。何必背儒童之教，束護明之律耶？

答：儒釋禁戒，大略相似，而疏密不同。如五戒，一曰不殺，謂絕無所殺也。而儒止言無故不殺牛羊犬豕，不言不殺；止言釣不綱、弋不宿，不言不釣弋。是知，儒戒成世間善，佛戒成出世間善。儒受佛戒，自古有之，無足異者。且出假菩薩，先曾入真，既從真而假，則世出世間，隨所欲行，罔弗如意。不背儒章，兼持佛律，亦復何礙？

二問：道藏既竊佛藏，則道戒亦同佛戒矣。受彼金科，猶吾梵網；犯他青律，即我吉羅。雖淨明塗炭，北斗太微，例若小乘，似難概取，餘固宜任之也。

答：道之爲戒，與世律似遠而實同，與佛律似近而實異。蓋天上天下，統御之勢不殊；世出世間，聖凡之分迥別。且道戒雖亦止惡行善，要其所歸，惟是藉静養而固氣潛神，積功行而留形住世。是以，持道戒則飛昇九霄，持佛戒乃超出三界，梵網、金科，不可同日語明矣。

三問：大明律令，監前代之科條；聖祖聰明，晰人情之隱伏。王難烈于地獄，見報速于來生，奈何不遵，又敷別戒？

答：現報者今世之殃，來生則苦輪無盡；王難者色身之慘，地獄則慧命俱沉。況政刑止懲治凡民，在世道尚爲末務，而梵網正成全開士，於佛教尤屬大乘，不可同日語，又明甚矣。

四問：舊戒出無佛之世，名爲尸羅，性戒本當人之心，不拘持受。必受，則滋五陰之稠林，從新，又廣衆生之異見。固當寂寂，安取紛紛？

答：若高談無佛之世，直論當人之心，則不但老瞿曇絶口毘尼，優波離羞稱羯磨，即使束五部置之高閣，裂三衣懸之樹端，未足爲過。如或不然，法林惟恐不稠，正見惟患不廣耳，何紛紛之足厭？

五問：持如空之戒相，龐老斥爲迷人；能觀空而得道，天台許其具足。具足已超智讚自在，迷人豈異缺破雜穿？而又云：空見擾心，破其定共。空心邪僻，壞我律儀，將安取衷，不流惡見？且經云：若有得空者，終不破于戒，復何指耶？

答：空有二，契真空則萬法俱備，何須更習毘尼？墮頑空則衆善皆墮，豈不有傷戒品？執莽蕩輕軌儀，其失大矣。

六問：發心許破戒，大乘容犯戒，此或與其能權，恣其攝化耳。乃若持陀羅尼者已為具戒，持了義經者已為具戒，習禪定者能救四重五逆之遮戒，則一定一慧，反在式叉之先，一咒一文，足省堅持之力矣。豈各有宗旨歟？

答：發心，菩薩持戒之心，過於聲聞百千萬億倍，安有許容破犯之理？良繇菩薩見機行權，利生益物，不狥故跡，暗合成規，似破非破，正持戒之極也。走杖不云叛父，引裾豈曰慢君？亦忠孝之極也。若夫經咒之齊戒力，則亦如來隨時偏讚，因事特標，說法之常規耳。故時而崇律，百行總隸毘尼；時而尚禪，萬法皆趣正受。主賓互換，權實雙流，不可拘常，輒生異議。若據一代時教門庭，則因戒生定，因定發慧，自是不易常法。

七問：在家出家，何取形跡？得無所得，安問後先？欲表淨戒，輒言早離塵緣；將策深心，因是壯年成道。佛語足證，前史難憑，可得作此解否？

答：略形跡，泯後先，此理論則然耳。既已示現同凡，則誕生有時，出家有日，成道有候，說法有期，烏容混耶？非身現身，身必擬於常形；非時現時，時必合乎世歷。且孔曰儒童，老曰迦葉，亦示現耳。然而昌平李下，函谷杏壇，始末端繇，歷歷可指，即其例也。

八問：無心犯戒，既從末減。求末減者，皆學無心，不簡不羈，任情任意。習忘而真忘，似非故作；如夢而復夢，應是業因。

答：故求末減，減則不能，纔學無心，心便成有。如斯犯戒，罪烏可逃？真修行人，自不應爾。

九問：佛心喜捨，取其物者，稱其心；劫事堪懲，掠其剩者，減其罪。此乃上求下化，胡爲與盜同科？若以法身觀，劫物卽佛物，佛物卽世物，時時爲盜，那得不犯。

答：佛無吝物之意，而偷盜者自爾成愆；父本愛子爲懷，而忤逆者必然獲罪。理應如是，佛亦何心？若夫取劫賊物，則有二別：出慈心者，無過而且多功；出貪心者，比例而均作盜。質之經疏，有定論矣。

十問：勃荷豬驅豕就屠，示定業而殺輪且止；吉祥佛列俎受享，分罪報而寃氣將沉；大烹以養聖賢，聖賢能使烹者不怨。是或解寃之道，意亦菩薩之權？

答：菩薩之現殺，則所謂剥割斬剉，而未嘗惱害一微細生靈者也。聖賢之享烹，則所謂食是大夫禄不食是大夫福者也。果能殺而無害，方可行權。若知福有所歸，自宜慎口，方丈萬錢，智者不爲矣。

十一問：一心一切心，一切心一心；一心一切戒，一戒一切心；一切心一戒，一切戒一心；而曰何戒定出何心，似爲不偏。按經第一輕戒，則標孝順心慈心；十三謗毀戒，則標孝順心；慈悲心之類，蓋宜標而標，何須補入耶？

答：總觀心地本體，則體惟一念，本自圓成，細析心地法門，則門有萬殊，不妨分屬，故云三十心者皆一毛頭也。復以一二分屬戒相者，毛頭之上更出毛頭也。譬天王雖名大主，亦應列任六曹，六曹猶未徧周，豈不重開百職？經始標某心某心者，六曹之謂也。今復增某心某心者，百職之謂也。如取義之相近，亦令餘可例推，便初學易知簡行，在智者神融意會而已。

十二問：心地自合理，心地自得宜。佛性之性，是人性之性，佛性常住，是人性常住。爲當先從心地發光，佛性起用，何理不合，何事不宜？奚必斂睫而借目于迦文，按圖而索驥于戒本？資他五十八寶，用盡則貧，隱己千百億珠，漫藏無益耶。

答：心雖體含萬法，賴教方知；地雖種具千華，乘時乃發。笑貧人之借寶，不知善用則富室可成；羡力士之懷珠，不知莫指則奇珍竟隱。然則，圖非是驥，識驥必假良圖；眼不屬人，因人能開瞽眼。卽心爲戒，固盡理之玄談；因戒攝心，實救病之良藥也，烏可忽諸？

十三問：不願不誓，不習學佛，我則昏矣。僻教僻說，不化衆生，人則昏矣。以其昏昏，使人昏昏，豈止倚肆而酤？何異指佛而謗？但名輕垢，實所未知。

答：不誓不願等，非全不知進道也。勇猛之心未發，則美業難成，僻教僻說等，非全不知利物也。引導之方未精，則化功莫就，不開重過，止列微愆，固有縣矣。

十四問：出家之法，不向國王禮拜而求法，不向父母禮拜而求法。法不在，六親不必敬；法不在，鬼神不必禮；但知法師語可信，有百里千里向之禮拜而求法者。法師云云，當作如是釋也。今疏曰：率土之濱皆王臣，民無二王，卽世尊矣，可不拜乎？經曰：護佛戒如事父母，四衆下座如孝順父母矣，可不拜乎？又大經廣孝道而慢親，大衆首國王而慢君，果稱佛旨否乎？假令君父受戒成道，拜之豈便損福？不然，以佛禮佛是常不輕，何須辨而又辨如東林遠乎？

答：僧之爲名，名曰出家；僧之爲道，道曰出世。出家則不當拘以家人父子之規，出世則不當局以世法君臣之禮，蓋是君父敬佛而及彼僧徒，決非僧徒恃佛而慢于君父。若夫道在君父而禮，自名禮道；衆生卽佛而禮，自名禮佛，斯亦無不可者。其在今日，當如之何？亦隨時而已。時以佛法爲重，優容我等曰勿拜，則遵內教可也。時以人倫爲重，定爲成式曰當拜，則遵王制可也。此何所據？薩婆多論云：比丘違王制者得罪。諸經要集謂：愚人妄行法教，展轉教他，不聽禮父母尊親，此不合聖意，反招無知之罪。經論屢開，斯足據耳。"然則遠祖非歟？"曰："爾時拜禮未定，下僧俗議，而遠正論不阿，理應如是，何過之有？"

十五問：是戒也，受之者必其有心有情，犯之者等於木石木頭矣。又云：一切地水是我先身，一切火風是我本體，亦得傳戒及乎先身，受法逮乎本體歟？美人草聽歌按節，或是婬緣，生公石聞經點頭甯無佛性？請得度之。

答：地水火風之說，止是發明物我稟同，痛癢機一，故殺他即是殺己，殺畜無殊殺人也。豈謂木石類，均解思惟修？假使聖僧再講石前，未必不成強項；狂客重歌草畔，豈能更學敲檀？若夫一人發真，虛空消殞，乃至無情說法，無情作佛，歷有明文。又云：若人識得心，大地無寸土。土既即心，水火與風，亦如是矣，本來成佛，何以度爲！

十六問：看病信屬孝慈之心，然我身亦是聖賢之器，念盲龜逗孔之不易，思扁鵲洞垣之爲難，肯施無益之撫摩，用染必死之疫癘，凡菩薩人，應知方便。

答：福田無上，仁人固以看病爲先；慧海多門，智者甯無保身之哲？或親己，或使人，或用財，或効力，皆可也。釋尊運兜羅而愈疾，撫摩未必無功；孔兒處危地以全身，疫癘何能必染？蓋是救人爲急，欲罷不能，非比冒難故行，可已不已。且古之悲田，今之養濟，皆聖主良臣看病之大慈也，豈必以吮疽按癩爲救療，嘗藥哺食爲慇勤耶？

十七問：賣男女而供衆，鬻弟子而行慈，彼爲法來，安忍貨取？設彼菩提已發，是我輕垢罪成。道人而可以輕販，南詢之士寒心；父母而隨之覓求，受供之人同獄。一何無善，巧至此乎？

答：古人懇語垂訓，危言示誠，有其辭則然而其實不盡然者。感恩之極，而曰銘肌刻骨，豈真有事錐刀？攄衷之至，而曰瀝膽披肝，未必揪翻臟腑。就使捨身爲法，竭命尊賢，亦大士之常法耳。携妻挈子而事梵志，九男二女而養耕夫，古有高模，今無繼跡云爾。

十八問：善慧自稱大士，誌公自表觀音，溫陵反戒焚身，大慧曲求蔭姪，皆犯輕戒，乃得重名，豈各有合理處耶？

答：塵中凡士，或可常評；格外奇人，毋容迹論。初生而指天指地，不妨我是如來；將死而默囑默傳，何礙自名菩薩。預稱慈氏，遠指圓通，奚不可者？且溫陵善發藥王隱義，自不唐棄色身，杲老不減臨濟宗風，豈得未除恩愛？蓋宜晦則晦，宜彰則彰，或守經常，或行權變，不應以自讚毀他共視，豈得以違理犯法同條者哉？

十九問：五夏以前，專精戒律；五夏以後，聽教參禪；此通小乘，非指大器。今乃六時持誦，疑防（疑作妨）教門禪門，當是一法融通，無間心地性地乎？

答：非常大器，過量圓人既不拘夏後夏前，自相應即小即大。纔持戒品，已達教相全文；正受毘尼，便悟禪宗妙旨。建立則繁興萬法，不礙六時；掃蕩則屏絕纖塵，奚存一念？遠公常禮有定，永明自行不虧，豈被小根！故爲細事。凡我後學，願各深思。

二十問：佛心徹于三際，大光滿于十方，豈不知經入支那，法流震旦？香油辛味，並沿五印之土風；戒品律儀，未盡九州之垢罪。憎之則謗，任之則寬，佛隴南山，既爾闕然，儒典王章，似應相濟。

答：佛心雖徹三際，救弊則姑據一時；佛光雖滿十方，取信則專從本土。待夫時至遠被，自合比例旁通，是以儒典王章，似難並用，情宜勢便，豈病雙行？法固與世相推，禮亦憑義可起。或曰：毘尼與修多羅異，譬世律令，制自一人，舍利目連，所不得與。然雖如是，金口洪音。凡夫贅片辭而莫得，袞衣寸缺，巧者補一線以何妨？神而化之，與民宜之，學佛者不可不知也。

二十一問：經稱國賊，如操、懿、溫、莽之流。爲國賊使命，是亦國賊也。或是戒其從逆否？如下文言，又似降虜之人矣。

答: 使命者,非必爲賊使命也。通二國之情,合兩軍之戰,危彼社稷,害彼人民,故云約與國,戰必克。今之所謂良臣,古之所謂民賊也。

二十二問: 盜聽説戒,力士之杵冥加; 廣施經文,惡人之目難掩,得無相礙,願折羣疑。

答: 説戒者,非平日講説之説,蓋半月誦説之説也。凡半月共行布薩,乃衆僧自舉愆尤,示彼惡流,必生異謗,故惟除國主,不許餘人。若夫布衍經文,宣揚義趣,又何過焉? 薦導先亡,祓除患難,皆曰至心讀誦,不聞掩帙秘藏,以此利人,正契佛心,是名法施。

(選自明崇禎刻本雲棲法彙釋經第五册)

三、淨土疑辯

或問: 浄土之説,蓋表法耳,智人宜直悟禪宗,而今只管讚説浄土,將無執著事相,不明理性? 答: 歸元性無二,方便有多門,曉得此意,禪宗浄土,殊塗同歸,子之所疑,當下冰釋。昔人於此遞互闡揚,不一而足。如中峰大師道:“禪者浄土之禪,浄土者禪之浄土,而修之者,必貴一門深入。”此數語尤萬世不易之定論也。故大勢至菩薩得念佛三昧,而曰:“以念佛心入無生忍。”普賢菩薩入華嚴不思議解脱,而曰:“願命終時生安樂刹。”是二大士,一侍娑婆教主,一侍安養導師,宜應各立門户,而乃和會圓融,兩不相礙,此皆人所常聞習知,那得尚執偏見。且爾云浄土表法者,豈不以浄心即是浄土? 豈復更有七寶世界? 則亦將謂善心即是天堂,豈復更有夜摩忉利? 惡心即是地獄,豈復更有刀劍鑊湯? 愚癡心即是畜生,豈復更有披毛戴角等耶? 又爾喜談理性,厭説事相,都緣要顯我是高流，怕人說我不通理性。噫！若真是理性洞明，便知事外無理，相外無性，本自交徹，何須定要捨事求理，離相覓性？況土分四種，汝謂只有寂光土，更無實報莊嚴等土乎哉？若一味說無相話以爲高，則資性稍利者，看得兩本經論，記得幾則公案，卽便能之，何足爲難！且汝既了徹自心，隨處淨土，吾試問汝，還肯卽厠溷中，作住止否？還肯就犬豕馬牛，同槽而飲啖否？還肯入丘塚與臭腐屍骸，同睡眠否？還肯洗摩飼哺，伽摩羅疾膿血屎尿，諸惡疾人，積年累月否？於斯數者，歡喜安隱（疑作穩），略不介意，許汝說高山平地總西方。其或外爲忍勉，内起疑嫌，則是淨穢之境未分，憎愛之情尚在，而乃開口高談大聖人過量境界撥無佛國，蔑視往生，可謂欺天誑人，甘心自昧。苦哉，苦哉！又汝若有大力量，有大誓願，願於生死海中，頭出頭沒，行菩薩行，更無畏怯，則淨土之生，吾不汝強。如或慮此土境風浩大，作主不得；慮諸佛出世難值，修學無緣；慮忍力未固，不能於三界險處，度脱衆生；慮盡此報身，未能永斷生死，不受後有；慮後有既在，捨身受身，前路茫茫，未知攸往，則棄淨土而不生，其失非細。此淨土法門似淺而深，似近而遠，似難而易，似易而難，他日汝當自知。汝今參禪念佛，不妨隨便，一門深入，但忌認鍮作金，得少爲足，便以管窺小解，恣意妄談，非詆淨土。喻如癡狂之子，罵斥父母，父母慈憐，雖不加責，其如天理之不容，王法之必戮！何彼妄談者，報亦如是。可懼也夫！可悲也夫！

（選自明崇禎刻本雲棲法彙釋經第十册）

四、竹窗隨筆（選錄）

心　喻

心無可爲喻。凡喻心者，不得已而權爲彷彿，非真也。試舉一二: 如喻心以鏡, 蓋謂鏡能照物。而物未來時, 鏡無將迎; 物方對時, 鏡無憎愛; 物既去時, 鏡無留滯。聖人之心, 常寂常照, 三際空寂, 故喻如鏡, 然取畧似而已。究極而論, 鏡實無知。心果若是之無知乎? 則冥然不靈, 何以云妙明真體? 或喻寶珠, 或喻虛空, 種種之喻, 亦復如是。

悟　　後

　　潙山和尚云: 如今初心, 雖從緣得一念頓悟自理, 猶有無始曠劫習氣, 未能頓凈, 須教渠凈除現業流識, 即是修也, 不道別有法教渠修行趣向。潙山此語, 非徹法源底者不能道。今稍有省覺, 便謂一生參學事畢者, 獨何歟?

對　　境

　　人對世間財色名利境界, 以喻明之。有火聚於此, 五物在傍: 一如乾草, 纔觸即燃者也; 其二如木, 噓之則燃者也; 其三如鐵, 不可得燃者也, 然而猶可鎔; 其四如水, 不惟不燃, 反能滅火者也, 然而隔之釜甕, 猶可沸也; 其五如空, 然後任其燔灼, 體恒自如, 亦不須滅, 行將自滅也。初一凡夫, 中屬修學, 漸次最後, 方名諸如來大聖人也。

思　惟　修

　　禪那者, 此云思惟修, 故稱禪思比丘, 是貴思也。經又言: 有思惟心, 終不能入如來大涅槃海。又言: 是法非思量分別之所能及。是病思也, 所以者何? 蓋思有二: 一正思惟, 一邪思惟。無思之思, 是正思惟也; 有思之思, 是邪思惟也。又思有二: 一從外而思內, 背塵合覺者也; 一從內而思外, 背覺合塵者也。從內思外者, 思之思之，又重思之，思無盡而真彌遠也；從外思內者，思之思之，又重思之，思盡而還源也。繇思而入無思，即念佛者，繇念而入無念也。

良　知

新建創良知之說，是其識見學力深造所到，非強立標幟，以張大其門庭者也。然好同儒釋者，謂即是佛說之真知，則未可。何者？良知二字，本出子輿氏。今以三支格之，良知爲宗，不慮而知爲因，孩提之童無不知愛親敬長爲喻，則知良者美也，自然知之而非造作者也。而所知愛敬，涉妄已久，豈真常寂照之謂哉？真之與良，固當有辨。

寂　感

慈湖，儒者也。不觀仲尼之言乎？“操則存，舍則亡”。出入無時，莫知其鄉，則進於精神矣，復進於良知矣。然則，是佛說之真知乎？曰：亦未也，真無存亡，真無出入也，莫知其鄉，則庶幾矣，而猶未舉其全也。仲尼又云：“無思也，無爲也，寂然不動，感而遂通天下之故。”夫泯思爲而入寂，是莫知其鄉也。無最後句，則成斷滅，斷滅則無知矣。通天下之故，無上三句，則成亂想，亂想則妄知矣。寂而通，是之謂真知也。然斯言也，論易也，非論心也，人以屬之蓍卦而已。蓋時未至，機未熟，仲尼微露而寄之乎易，使人自得之也。甚矣！仲尼之善言心也，信矣！仲尼之爲儒童菩薩也。然則，讀儒書足了生死，何以佛爲？曰：佛談如是妙理，徧於三藏，其在儒書，千百言中而偶一及也。仲尼非不知也，仲尼主世間法，釋迦主出世間法也。心雖無二，而門庭施設不同，學者不得不各從其門也。

物不遷論駁

有爲物不遷論駁者，謂肇公不當以物各住位爲不遷，當以物各無性爲不遷。而不平者反駁其駁，或疑而未決，舉以問予。予曰：爲駁者，固非全無據而妄談；駁其駁者，亦非故抑今而揚古，蓋各有所見也。我今平心而折衷之。子不讀真空般若涅槃三論，及始之宗本義乎？使無此，則今之駁，吾意肇公且口掛壁上，無言可對，無理可伸矣。今三論發明性空之旨，罔不曲盡，而宗本中，又明言緣會之與性空一也，豈不曉所謂性空者耶？蓋作論本意，因世人以昔物不至今，則昔長往，名爲物遷，故卽其言而反之。若曰：爾之所謂遷者，正我之所謂不遷。此名就路還家，以賊攻賊，位不轉而易南成北，質不改而變鍮爲金，巧心妙手，無礙之辯才也。故此論非正論物不遷也，因昔物今物二句而作耳。若無因自作，必通篇以性空立論，如三論矣。茲徑以不曉性空病肇公，肇公豈得心服？是故求向物於昔，於昔未嘗無；責向物於今，於今未嘗有。此數言者，似乖乎性空之旨，然昔以緣合不無，今以緣散不有，緣會性空，既其不二，又何煩費辭以辯肇公之失哉？或問：何故彼論通篇不出此意？曰：以有緣會不異性空之語，在宗本中，觀者自可默契耳。若知有今日，更於論尾，增一二語，結明此意，則駁何緣生？吁！肇公當必首肯，而不知爲駁者之信否也。

空所空盡

或曰：老子清靜經云："觀空亦空，空無所空"等語，卽楞嚴空所空盡之義。予謂楞嚴初云："動靜二相，了然不生"，今以清靜名經，是動相不生而靜相猶生也。靜且未空，尚何論空空？

發真歸元

楞嚴云：一人發真歸元，十方虛空，悉皆消殞。而中庸以喜怒哀樂未發爲中，既而曰：致中則天地位。會通儒釋者，謂中卽真元也。然歸元則世界消，致中則世界立，胡因同果異如此？蓋喜怒哀樂，屬乎意根第六識耳。今止意識不行，尚餘末那、賴耶。洪濤息而微波在也，曾未歸元，如何得虛空消殞？

經　教

有自負參禪者，輒云：達磨不立文字，見性則休！有自負念佛者，輒云：止貴直下有人，何必經典！此二輩人，有真得而作是語者，且不必論。亦有實無所得，而漫言之者，大都不通教理而護惜其短者也。予一生崇尚念佛，然勤勤懇懇勸人看教。何以故？念佛之説，何自來乎？非金口所宣，明載簡册，今日衆生，何繇而知十萬億刹之外有阿彌陀也。其參禪者，藉口教外別傳，不知離教而參是邪因也，離教而悟是邪解也。饒汝參而得悟，必須以教印證，不與教合，悉邪也。是故，學儒者必以六經四子爲權衡，學佛者必以三藏十二部爲模楷。

禪佛相爭

二僧遇諸途，一參禪，一念佛。參禪者謂“本來無佛，無可念者，佛之一字，吾不喜聞”。念佛者謂“西方有佛，號阿彌陀，憶佛念佛，必定見佛”。執有執無，爭論不已。有少年過而聽焉，曰：兩君所言，皆徐六擔板耳。二僧叱曰：“爾俗士也，安知佛法？”少年曰：“吾誠俗士，然以俗士爲喻，而知佛法也。吾梨園子也，於戲場中，或爲君，或爲臣，或爲男，或爲女，或爲善人，或爲惡人。而求其所謂君臣男女善惡者，以爲有，則實無，以爲無，則實有。蓋有是即無而有，無是即有而無，有無俱非真，而我則湛然常住也。知我常住，何以爭爲？”二僧無對。

果　報　一

經言萬法唯心。錯會者，謂無心則無因無果。故不患有業，唯患有心，有業無心，閻老子其奈我何？遂安意造業，無復顧忌。不知無心有二：如理思惟，用心之極而自然入於無心三昧者，真無心也；起心造業，又起心制心，强制令無，似得無心，心恰成有。心有則業有，閻老子鐵棒，未放汝在。

果　報　二

又經言：具足智慧菩薩，脱使墮落，在畜生中，畜生中王；在餓鬼中，餓鬼中王。錯會者，謂有智則能轉業，故不患有業，唯患無智，有業有智，閻老子其奈我何？遂安意造業，無復顧忌。不知經稱智慧，非等閑世智之謂也。且汝智慧，得如文殊、身子否？縱不及此，次而下之，得如善星、調達否？善星博學十八香象所載法聚，調達得羅漢神通，而俱不免生陷地獄，況汝智慧未必勝此二人乎？杯水不能熄車薪之火，螢光不能破幽谷之昏，今之小智，滅業幾何？閻老子鐵棒，未放汝在。

道　原

或問：道德經云："吾不知其名，字之曰道。"則道之一言，自老子始，而萬代遵之。佛經之所謂道者，亦莫之能違也。則何如？曰：著於易則云"履道坦坦"，紀於書則云"必求諸道"，咏於詩則云"周道如砥"，五千言未出，道之名已先立矣。況彼之所謂道者，乃法乎自然，如其空無來原，自然生道，則清涼判爲無因；如其本於自然，方乃生道，則清涼判爲邪因。無因邪因，皆異計耳，非佛之所謂道也。佛道則萬法絲乎自心，非自然，非不自然。經言："阿耨多羅三藐三菩提者，是無上正覺之大道也。”尚非自然，何況法自然者？

（選自明崇禎刻本雲棲法彙手著第三册）

五、竹窗二筆（選錄）

儒童菩薩

相傳孔子號儒童菩薩。或曰："吾夫子萬代斯文之祖而童之，童之者幼之也，幼之者小之也，彼且幼小吾師，何怪乎儒之闢佛也！又僧號比丘，丘，夫子諱也；比者，並也。僧，佛弟子，而與夫子並，彼且弟子吾師，何怪乎儒之闢佛也！"是不然，童者純一無僞之稱也。文殊爲七佛師，而曰文殊師利童子；善財一生得無上菩提，而曰善財童子。乃至四十二位賢聖，有童眞住，皆嘆德之極，非幼小之謂也。故曰大人者，不失其赤子之心者也。若夫比丘者，梵語也。梵語比丘，此云乞士，亦云破惡，亦云怖魔。比非比並之謂，丘非丘陵之謂，蓋僅取音，不取字也。例如梵語南無，此云歸命，南不取南北之南，無不取有無之無也。噫！使夫子而生竺國，必演揚佛法以度衆生，使釋迦而現魯邦，必闡明儒道以教萬世，蓋易地則皆然。大聖人所作爲，凡情固不識也。爲儒者不可毀佛，爲佛者獨可毀儒乎哉？

儒佛交非

自昔儒者非佛，佛者復非儒。予以爲佛法初入中國，崇佛者衆，儒者爲世道計，非之未爲過。儒既非佛，疑佛者衆，佛者爲出世道計，反非之亦未爲過。迨夫傅、韓非佛之後，後人又彷效而非，則過矣。何以故？雲既掩日，不須更作烟靄故。迨夫明教、空谷非儒之後，後人又彷效而非，則過矣。何以故？日既破暗，不須更作燈火故。覈實而論，則儒與佛，不相病而相資。試舉其畧，凡人爲惡，有逃憲典於生前，而恐墮地獄於身後，乃改惡修善。是陰助王化之所不及者，佛也。僧之不可以清規約束者，畏刑爵而弗敢肆。是顯助佛法之所不及者，儒也。今僧唯慮佛法不盛，不知佛法太盛，非僧之福。稍制之抑之，佛法之得久存於世者，正在此也。知此，則不當兩相非，而當交相贊也。

喜怒哀樂未發一

予初入道，憶子思以喜怒哀樂未發爲中，意此中卽空劫以前自己也。既而參諸楞嚴，則云："縱滅一切見聞覺知，內守幽閒，猶爲法塵分別影事。"夫見聞泯，覺知絕，似喜怒哀樂未發，而曰法塵分別者何也？意，根也；法，塵也。根與塵對。順境感而喜與樂發，逆境感而怒與哀發，是意根分別法塵也。未發則塵未交於外，根未起於內，寂然悄然，應是本體，不知向緣動境，今緣靜境。向固法塵之粗分別也，今亦法塵之細分別也，皆影事也，非真實也，謂之幽閒，特幽勝顯，閒勝鬧耳。空劫以前自己，尚隔遠在，此處更當諦審精察，研之又研，窮之又窮，不可草草。

喜怒哀樂未發二

慈湖楊氏，謂灼見子思孟子病同原。然慈湖自敍靜中所證，空洞寂寥，廣遠無際，則正子思所謂喜怒哀樂未發時氣象也。子思此語，以深經微細窮究，故云猶未是空劫以前自己。若在儒宗，可謂妙得孔氏之心法，其言至精至當，何所錯謬，而慈湖病之。慈湖既宗孔氏，主張道學，而乃病子思，則夫子亦不足法矣，將誰宗乎？倘慈湖於佛理妙悟，則宜直言，極論儒佛同異，亦不應混作此語，似乎進退無據。

念佛不礙參禪

古謂參禪不礙念佛，念佛不礙參禪。又云：不許互相兼帶。然亦有禪兼净土者，如圓照本、真歇了、永明壽、黄龍新、慈受深等諸師，皆禪門大宗匠，而留心净土，不礙其禪。故知參禪人雖念念究自本心，而不妨發願，願命終時，往生極樂。所以者何？參禪雖得箇悟處，倘未能如諸佛住常寂光，又未能如阿羅漢不受後有，則盡此報身，必有生處。與其生人世而親近明師，孰若生蓮花而親近彌陀之爲勝乎？然則，念佛不惟不礙參禪，實有益於參禪也。

參　禪

僧有恒言曰：小疑小悟，大疑大悟，不疑不悟。疑之爲言參也。然參禪二字起於何時？或曰經未之有也。予曰有之。楞嚴云："當在此中，精研妙明。"又曰："內外研究。"又曰："研究深遠。"又曰："研究精極。"非參乎？自後尊宿教人看公案，起疑情，皆從此生也。而言之最爲詳明者，莫如鵝湖大義禪師。其言曰："若人静坐不用功，何年及第悟心空？"曰："直須提起吹毛利，要剖西來第一義。"曰："若還默默恣如愚，知君未解做工夫。"曰："剔起眼睛豎起眉，反覆看渠渠是誰。"如是言之，不一而足，參禪人當書諸紳。雖然，若向語句中推測穿鑿，情識上卜度搏量，則又錯會所謂用功，所謂剖，所謂反覆看之意矣；則與静坐默默者，事不同而其病同矣。不可不辯。

儒佛配合

儒佛二教聖人，其設化各有所主，固不必岐而二之，亦不必强而合之。何也？儒主治世，佛主出世。治世，則自應如<u>大學</u>格致誠正修齊治平足矣，而過於高深，則綱常倫理，不成安立。出世，則自應窮高極深，方成解脫，而於家國天下，不無稍疎。蓋理勢自然，無足怪者。若定謂儒卽是佛，則<u>六經論孟</u>諸典，璨然備具，何俟<u>釋迦</u>降誕，<u>達磨</u>西來？定謂佛卽是儒，則何不以<u>楞嚴法華</u>理天下？而必假<u>羲農堯舜</u>，創制於其上，<u>孔孟</u>諸賢，明道於其下。故二之合之，其病均也。雖然，圓機之士，二之亦得，合之亦得，兩無病焉，又不可不知也。

净土不可言無

有謂唯心净土，無復十萬億刹外更有極樂净土。此唯心之說，原出經語，真實非謬，但引而據之者錯會其旨。夫卽心卽境，終無心外之境；卽境卽心，亦無境外之心。卽境全是心，何須定執心而斥境？撥境言心，未爲達心者矣。或又曰：“臨終所見净土，皆是自心，故無净土。”不思古今念佛往生者，其臨終聖衆來迎，與天樂異香、幢旛樓閣等，惟彼一人獨見，可云自心；而一時大衆悉皆見之，有聞天樂隱隱向西而去者，有異香在室多日不散者。夫天樂不向他方，而西向以去；彼人已故，此香猶在，是得謂無净土乎？<u>圓照本</u>禪師，人見其標名蓮品，豈得他人之心，作<u>圓照</u>之心乎？又試問汝，臨終地獄相現者，非心乎？曰：“心也。”其心墮地獄乎？曰：“墮也。”夫既墮地獄，則地獄之有明矣。净土獨無乎？心現地獄者，墮實有之地獄，心現净土者，不生實有之净土乎？寧說有如<u>須彌</u>，莫說無如芥子。戒之戒之！

人患各執所見

析理不得不嚴爲辯別，入道不得不務有專門。然而，執己爲是，概他爲非，又不可也。此在昔已然，於今尤甚。執一家者，則天臺而外，無一人可其意；而執簡便者，又復詆天臺爲支離穿鑿，非佛本旨。執理性者，則呵念佛爲着相；而執净業者，又復但見不念佛人便目之曰外道。乃至執方山者，病清涼分裂全經；執持咒者，疑顯教出後人口。如斯之類，種種未易悉數。矛盾水火，互相角立，豎壁固守，牢不可轉。吾深慨焉。奉勸諸仁者，曷若各捨其執，各虛其心，且自研窮至理，以悟爲則，大悟之後，徐而議之未晚也。

（同上　第四册）

六、竹窗三筆（選録）

講　宗

宗門之壞，講宗者壞之也。或問：講以明宗，曷言乎壞之也？予曰：經律論有義路，不講則不明；宗門無義路，講之則反晦，將使其參而自得之耳。故曰：任從滄海變，終不爲君通。又曰：我若與汝説破，汝向後罵我在。今講者翻成套子話矣。西來意不明，正坐此耳。

肇　論

空印駁肇公物不遷論，予昔爲之解。今復思之，空印胡繇而爲此駁？其繇有二：一者不察來意，二者太執常法。不察來意者，若人問物何故不遷，則應答云：以性空故。今彼以昔物不至今爲物遷，而漫然析以性空，性空雖是聖語，然施於此則儱統之談，非對機破的之論也。得無似作文者，辭句雖佳，而不切於本題者乎？太執常法者，僧問大珠，如何是大涅槃，珠云：“不造生死業”，此常法也。

又問如何是生死業，珠云："求大涅槃，是生死業。"在常法，必答以隨妄而行，是生死業矣。今乃即以求大涅槃爲生死業，與肇公即以物不至今爲不遷意正同也，故無以駁爲也。又空印謂圭峯不當以達磨直指之禪，爲六度之一。圭峯何處有此語？其所著禪源詮云："達磨未到，諸家所解，皆是四禪八定之禪。南嶽天臺，所立教義雖極圓妙，然其趣入門戶次第，亦只是前之諸禪。唯達磨所傳，頓同佛體，迥異諸門。"其説如此明顯，而曰以直指禪爲六度禪，則吾所未諳也。雖然，空印駁肇公之論不遷，呵圭峯之議初祖，則誠過矣；至其謂圭峯不當以荷澤爲獨紹曹溪，天臺門下所論，或多不出於大師之口，此二説者，確論也。

心　意　識

講者數輩，爭論心意識不决，予乃爲稽諸古：文殊問經云："心者聚義，意者憶義，識者現知義"；俱舍論云："集起名心，籌量名意，了別名識"；密嚴經云："藏是心，執我名意，取諸境界爲識。"如是等説，皆小異而大同者也。永嘉云：損法財，滅功德，莫不繇兹心意識。是故教乘中，須一一究審，不可混淆，宗門直指心源，則一念不生全體現，又何必瑣瑣分別爭論爲也。

禪宗淨土遲速

一僧專修念佛法門，一僧以禪自負，謂念佛者曰：汝念佛必待生西方已，見阿彌陀佛，然後得悟。我參禪者，見生便得悟去。遲速較然矣，汝罷念而參可也。僧莫能决，舉以問予。予曰：根有利鈍，力有勤惰，存乎其人，則彼此互爲遲速，未可是此而非彼也。喻如二人同趣寶所，一人乘馬，一人乘船，同日起程，而到之遲速，未可定也，則利鈍勤惰之説也。參禪念佛，亦復如是。語其遲，念佛人有累劫蓮花始開；參禪人亦有多生勤苦不能見性者矣。語其速，參禪人有當下了悟，不歷僧祇獲法身；念佛人亦有見生打徹，臨終上上品生者矣。古云：如人涉遠，以到為期，不取途中，強分難易。

六祖壇經

六祖示不識字，一生靡事筆研，壇經皆他人記錄，故多訛誤。其十萬八千東方西方等說，久已辯明，中又云："但修十善，何須更願往生。"夫十善，生天之因也。無佛出世，輪王乃以十善化度衆生，六祖不教人生西方見佛，而但使生天可乎？其不足信明矣。故知執壇經而非淨土者，謬之甚者也。

佛　　性

經言蠢動含靈，皆有佛性。孟子之闢告子也，曰："然則犬之性、猶牛之性，牛之性猶人之性歟？"有執經言而非孟子，予以為不然。皆有佛性者，出世盡理之言；人畜不同者，世間見在之論，兩不相礙。是故極本窮源，則螻蟻蠛蠓，直下與三世諸佛平等不二。據今見在，則人通萬變，畜惟一知，何容並視！豈惟人與畜殊，彼犬以司夜，有警則吠。若夫牛，卽發扃鑽穴，踰墻斬關，且安然如不聞見矣。犬牛之性，果不齊也，而況於人乎！萬材同一木也，而梧檟枳棘自殊；百川同一水也，而江湖溝渠各別。同而未嘗不異，異而未嘗不同者也。如執而不通，則世尊成正覺時，普見一切衆生成正覺，今日何以尚有衆生！

李卓吾一

或問：李卓吾棄榮削髮，著述傳海內，子以為何如人？答曰：卓吾超逸之才，豪雄之氣，吾重之。然可重在此，可惜亦在此。夫人具如是才氣，而不以聖言爲量，常道爲憑，鎮之以厚德，持之以小心，則必好爲驚世矯俗之論，以自媮快。試舉一二：卓吾以世界人物，俱肇始於陰陽，而以太極生陰陽爲妄語。蓋據易傳有天地，然後有萬物，而以天陰地陽，男陰女陽，爲最初之元本，更無先之者。不思易有太極，是生兩儀，同出夫子傳易之言，而一爲至論，一爲妄語，何也？乃至以秦皇之暴虐爲第一君，以馮道之失節爲大豪傑，以荆軻聶政之殺身爲最得死所，而古稱賢人君子者，往往反摘其瑕類。甚而排塲戲劇之説，亦復以琵琶、荆釵，守義持節爲勉强，而西廂、拜月爲順天性之常。噫！大學言，好人所惡，惡人所好，災必逮夫身，卓吾之謂也。惜哉！

李卓吾二

或曰：子以成敗論人物乎？曰：非然也。夫子記子路不得其死，非不賢子路也，非不愛子路也，行行兼人有取死之道也。卓吾負子路之勇，又不持齋素而事宰殺，不處山林而遊朝市，不潛心內典而著述外書，卽正首邱，吾必以爲倖而免也。雖然，其所立遺約，訓誨徒衆者，皆教以苦行清修，深居而簡出，爲僧者當法也。蘇子瞻譏評范增，而許以人傑，予於卓吾亦云。

南嶽誓願文

大藏有南嶽禪師立誓願文，末後言願先得丹而後得道。蓋欲留形住世長生不死，而現世之中便得成果，不待他生。南嶽應化聖賢，若果出其口，必自有故，非凡近所測。若後人所增，則不可信。下士觀此，或起異見，是願文誤之也。神鸞焚仙經而修觀經，南嶽修丹道以求佛道，何兩不相合如是？彼南嶽止觀，於起信論增一惡字，而曰具足一切善惡，此必非南嶽之意。而後人爲之者，惡字可增，今文何可遽信！其亦禪門口訣之類也夫。

天台傳佛心印

大藏又有智者大師傳佛心印一卷。夫佛心印，曰天台傳之可也；謂天台獨傳，而達磨諸師皆不得與焉，不可也。謂師子遇害，其傳遂止；而六代傳衣，俱無其事，不可也。師子之色身可害，而道不可害也；師子之説法已竟，而傳法未竟也。皆後人所爲尊天台，而不知所以尊也。又後人之言曰：法華，根本也；華嚴，枝葉也。天台何曾有是言也？又曰：性具之旨惟一家有，非諸家所能及。一家之説亦何示人以不廣也！夫性具之理，見於諸經，發於諸祖，不知其幾，而獨擅一家，非天台所樂聞也。天台，聖師也，望道而未之見者也。其自處也，曰損己利人，止登五品，而後人過爲稱揚，失天台不自聖之心矣。合前一事觀之，故古云：盡信書，則不如無書。

性　　相

相傳佛滅後，性相二宗，學者各執所見，至分河飲水，其爭如是，孰是而孰非歟？曰：但執之，則皆非；不執，則皆是。性者何？相之性也；相者何？性之相也，非判然二也。譬之一身然，身爲主，而有耳目口鼻，臟腑百骸皆身也。是身者，耳目等之身；耳目等者，身之耳目等也。譬之一室然，室爲主，而有樑棟椽柱，垣壁户牖等，皆室也。是室者，樑棟等之室；樑棟等者，是室之樑棟等也。夫豈判然爲二者哉？不惟不當爭，而亦無可爭也。或謂永嘉云："入海算沙徒自困"，又曰："摘葉尋枝我不能"，似乎是性而非相矣。曰：永嘉無所是非也。性爲本而相爲末，故云但得本不愁末，未嘗言末爲可廢也。是故偏言性不可，而偏言相尤不可。偏言性者，急本而緩末，猶爲不可中之可；務枝葉而失根原，不可中之不可者也。

天　說　一

一老宿言：有異域人，爲天主之教者，子何不辯？予以爲教人敬天，善事也，奚辯焉？老宿曰：彼欲以此移風易俗，而兼之毀佛謗法，賢士良友多信奉者故也。因出其書示予，乃畧辯其一二。彼雖崇事天主，而天之說，實所未諳。按經以證，彼所稱天主者，忉利天王也，一四天下，三十三天之主也。此一四天下，從一數之，而至於千，名小千世界，則有千天主矣。又從一小千數之，而復至於千，名中千世界，則有百萬天主矣。又從一中千數之，而復至於千，名大千世界，則有萬億天主矣。統此三千大千世界者，大梵天王是也。彼所稱最尊無上之天王，梵天視之，畧似周天子視千八百諸侯也。彼所知者，萬億天主中之一耳，餘欲界諸天，皆所未知也。又上而色界諸天，又上而無色界諸天，皆所未知也。又言天主者，無形、無色、無聲，則所謂天者，理而已矣，何以御臣民，施政令，行賞罰乎？彼雖聰慧，未讀佛經，何怪乎立言之舛也」現前信奉士友，皆正人君子，表表一時，衆所仰瞻以爲向背者，予安得避逆耳之嫌，而不一罄其忠告乎？惟高明下擇蒭蕘而電察焉。

（選自明崇禎刻本雲棲法彙手著第五册）

七、山房雜錄（選錄）

寶積二會序

寶積二會者，大寶積經多會之二也。品第隔，辭致異，聯而峽之者，何也？闡淨土之幽旨也。蓋淨土一門，有事有理，而事外無理，理外無事，事理一，則心外無土，土外無心也。岐而二之，互執而不融者，皆非也。其云無量壽佛會者，捨穢取淨，事也，是即理之事也。其云文殊般若會者，無淨無穢，理也，是即事之理也。即理，故土一心也，衆寶莊嚴而不滯於相也。即事，故心一土也，一真凝寂而不淪於虛也。以無淨穢之心而取捨，熾然取捨，而寂然無所取捨也。生淨土者，生自心之淨土；悟自心者，悟淨土之自心也。知此之謂正解，依此而修之之謂正行，前會主行，後會主解，此其大較也。融而通之，則前以了法無我，而生樂邦；後以隨順實相，而住佛國；其解同也。前以繫念彼佛爲往生正因，後以專稱名字爲一行三昧，其行等也。從解起行，行起解絶，即解即行，亦二而不二也。況彌陀號無量壽，文殊稱不動智，無量故久而恒如，不動之謂也；不動故寂而能久，無量之謂也。無智外如，無如外智，即智即如，亦二而不二也。願諸仁者，誦其文，毋低昂其間，深體味之，而得旨於言外，夫然後知淨土唯心，唯心淨土。茲寶積意也，茲性海居土合二會意也。

（選自明崇禎刻本雲棲法彙手著第七册）

偈　頌

慈聖皇太后遣內侍問法要敬以偈對

尊榮富貴者，繇宿植善因，因勝果必隆。今成大福聚，深達罪福相，果中更植因，喻如錦上花，重重美無盡。如是修福已，復應慎觀察。修福不修慧，終非解脫因。福慧二俱修，世出世第一。衆生真慧性，皆以雜念昏。修慧之要門，但一心念佛。念極心清淨，心淨土亦淨，蓮臺最上品，於中而受生，見佛悟無生，究竟成佛道，三界無倫匹，是名大尊貴。

僧大文求偈字無外號含空

萬象之中，唯空爲大。空在我心，眇如一芥。大哉心乎，誰與對待？ 無對待故，是以無外。

（選自明崇禎刻本雲棲法彙手著第八册）

八、答蘇州曹魯川邑令

　　久不奉面命欵欵，乃時時獲翻刻教，迪我孔多，慰謝慰謝。南企法雲，殊切瞻依，適敝郡斷凡悟上人，祗趨壇下，爲求法故，附此候安。不佞繆迂，近守東魯，遠宗西竺，乃於儒釋之書，爲蠹魚者，四十年於兹矣。亦嘗奉教於諸達者，有所蓄積，冀正之於大善知識，兹因斷凡之來布之也。夫釋尊有三藏十二部教，所謂於廣大海，張衆多網，又所謂大囷小囷也者，祗宜譚大以該小，詎可舉一而廢多？ 比吾黨中有倡爲歷劫成聖，必漸無頓之説者。夫漸亦聖説，未嘗不是，而以漸廢頓，左矣。尊者内秘頓圓，而外顯净土法門，諸佛有然，無足疑者。豈近來聽衆，不無如法華所説，初聞佛法，遇便信受，思惟取證者，直欲以彌陀一聖，而盡廢十五王子；以净土一經，而盡廢三藏十二部？ 則不佞之所不願聞者也。時雖末法，而斯人之機，豈無巧鈍？ 有如釋尊爲迦葉，爲憍陳如，其説如此；爲善財，爲龍女，其説如彼。二十五聖，各證圓通，文殊所稱，又如彼。正所謂昨日定，今日不定。又所謂説我是空，且不是空；説我是有，且不是有。此所以爲善無常主，活潑潑地如水上按葫蘆然，非死殺法也。儻釘椿守窟，焉利人天？ 所願尊者爲大衆衍净教，遇利根指上乘，圓融通達，不滯方隅，俾鵬鷃並適，不亦盡美盡善乎哉！ 又佛華嚴，乃無上一乘圓教，如來稱性之極談。非教非宗，而卽宗卽教；不空不有，而無垢無净，是在法華，猶較一籌。若餘乘，似難與之絜長比短也者。尊者乃與彌陀經並稱，已似未妥，因此遂有著論騰之，架净土於華嚴之上者，朱紫遞淆之謂何？鹿馬互指又何説也？此而無人言之，天下後世必有秦無人焉之嗤？亦願尊者爲净土根人，説净土；爲華嚴根人，説華嚴；毋相誚，亦毋相濫，乃爲流通佛乘，乃爲五教並陳，三根盡攝，奈之何必刻舟而求劍，且彈雀而走鵬也？若夫華嚴一經，有信解行證四法，善説此法者，宜莫如方山，今其言具在，可覆也。爰有清涼，人號爲華嚴菩薩，而實不會華嚴義旨，草草將全經裂爲四分，以隸四法，舍那妙義，委之草莽矣。亦願尊者，辨黑白，分涇渭，揭杲日於義天，嗟嗟！今之時，縉素中高流，日就彫謝，不佞之所仰重於尊者，如泰嵩然，故不以讚而以規。知尊者無我，而不佞亦非爲我，故諄諄言之，惟尊者亮之。

久聞居士精意華嚴，極懷敬仰，兹接手教殷勤，直欲盡法界衆生，而納之一乘性海，是普賢大願也。然不肖雖崇尚净土，而實則崇尚華嚴，不異於居士。夫華嚴具無量門，求生净土，華嚴無量門中之一門耳。就時之機，蓋繇此一門而入華嚴，非舉此一門而廢華嚴也。又來諭謂不肖以彌陀，與華嚴並稱，因此遂有著論，駕净土於華嚴之上者。此論誰作乎？華嚴如天子，誰有駕諸侯王大臣百官，於天子之上者乎？然不肖亦未嘗並稱也。疏鈔中特謂華嚴圓極，彌陀經得圓少分，是華嚴之眷屬流類，非並也。古稱華嚴之與餘經，喻如杲日麗天，奪衆星之耀；須彌橫海，落羣峯之高。夫焉有並者，此不待論也。又來諭謂宜隨機演教，爲宜净土人説净土，爲宜華嚴人説華嚴。此意甚妙，然中有二義：一者，千機並育，乃如來出世事，非不肖所能，故曹溪專直指之禪，豈其不通餘教；遠公擅東林之社，亦非止接鈍根。至於雲門、法眼、曹洞、潙仰、臨濟，雖五宗同出一源，而亦授受稍別，門庭施設，理自應爾，無足怪者，況不肖凡品乎？若其妄效古人，昨日定今日不定，而漫無師承，變亂不一，名曰利人，實誤人矣。何以故？我爲法王，於法自在，平民自號國王，不可不愼也。二者，説華嚴則該净土，説净土亦通華嚴，是以説華嚴者自説華嚴，説净土者自説净土，固並行而不相悖。今人但知華嚴廣於極樂，而不知彌陀即是遮那也。又來諭清涼不會華嚴義旨，而裂全經爲四分，以屬四法。夫信解行證，雖貫徹全經，而經文從始至終，亦有自然之次第，非清涼強爲割截也。其貫徹也，所謂圓融；其次第也，所謂行布。即行布而圓融，四分何害？使無行布，圓融何物？必去行布而圓融，則不圓融矣。且信住行向地，以至等妙，佛亦自裂全經爲五十二段乎？何不將五十二段一句説盡，而爲此多卷之文乎？因該果海，果徹因源，因果未嘗不同時，而亦未嘗不因自因、果自果也，何必定執八十卷經，束作一塊都盧，是箇無孔鐵鎚，而後謂之圓融乎？定執一塊，不許分開，即死殺法，即釘椿，即守窟，安在其爲活潑潑也？方山之論，自是千古雄談。而論有論體，疏有疏體，統明大義，則方山專美於前，極深探頤，窮微盡玄，則方山得清涼而始爲大備。豈獨方山，即杜順而至賢首諸祖，亦復得清涼而大備。豈獨華嚴諸祖，即三藏十二部，百家論疏，亦復得清涼而大備。温陵解華嚴以方山爲主，清涼爲助，已爲失宜，而居士顧瞽之，此不肖之所未解也。又龍樹於龍宮誦出華嚴，而願生極樂；普賢爲華嚴長子，而願生極樂；文殊與普賢同佐遮那，號華嚴三聖，而願生極樂；咸有明據，皎如日星，居士將提唱華嚴，以風四方，而與文殊普賢龍樹違背，此又不肖之所未解也。況方山列十種净土，極樂雖曰是權，而華嚴權實融通，理事無礙，事事無礙故，淫房殺地，無非清净道場，而況七寶莊嚴之極樂乎？婆須無厭，皆是古佛作用，而況萬德具足之彌陀乎？居士遊戲於華嚴無礙門中，而礙浄土，此又不肖之所未解也。不肖與居士同爲華嚴莫逆良友，而居士不察區區之心，復欲拉居士爲蓮胎骨肉弟兄，而望居士之不我外也。居士愛我，不讚而規，今妄有所規，亦猶居士之愛我也。病筆略申梗概，殊未盡意，惟鑒之諒之。

又

敝郡斷凡上人，索書上謁，附致悃愫，顧承來翰，規切究竟，殷殷亟也。荷荷謝謝。來翰云：華嚴具無量門，求生浄土，華嚴無量門中之一門，就時之機，緣此一門而入華嚴，非舉一門而廢華嚴。又謂華嚴圓極，無可駕於其上者，並爲確論。第華嚴是法身佛説，一乘妙義，迥異諸經，而人多與釋迦經一目之，故疏此經者，賢首爰肇其端，方山深契其旨，在清涼則擇焉而弗精，在溫陵則語焉而未詳，至有譔爲綸貫者，抑末矣。溫陵云：方山爲正，清涼爲助。此見最倬，而尊者以爲失宜，似未知溫陵，亦未知方山者。諸不了義經論，及別行普賢行願品、與起信等論，皆稱説浄土，此豈無因？然華嚴經中未嘗及之，即方山所第十浄土更晰也。法華鱗差，十六王子，内有彌陀，未嘗定爲一尊。其讚持經功德，旁援安樂，實説女人因果。首楞嚴二十五聖證圓通，文殊無所軒輊，但云方便有多門，又云順逆皆方便，然繼以遲速不同倫，則於無軒輊中，又未嘗無所指歸也者。故要極於普門，而不推詡夫勢至，更加貶剥，曰無常，曰生滅。若夫釋尊，祇説大小彌陀不啻足矣，胡爲乎紛紛然，三藏十二部爲乎？賢首、清涼諸師，亟標小始終頓圓五教，僉以爲允，而未嘗品及浄土。心宗家流，尤所蕩掃，大鑒之言，且未及詮。更拈一二，如誌公曰："智者知心是佛，愚人樂往西方。"如齊己禪師曰："惟有徑路修行，依舊打之遶，但念阿彌陀佛，念得不濟事。"又曰："你諸人日夕在徑路中往來，因恁麼當面蹉過阿彌陀佛？"又曰："其或準前捨父逃去，流落他鄉，東撞西磕，苦哉阿彌陀佛！"此之三言，或以爲苟，然豈無謂而彼言之？亦必有道矣。古德云："一切衆生自己迷悟不同，迷心外見，修行覓佛，未悟自性，卽是小乘。"又有云："直下頓了此心，本來是佛，無一法可得，此是無上道，此是真如佛，學道人祇怕一念有，與道隔矣。"又有云："目前無法，意在目前，他不是目前法，若向佛祖邊學，此人未具眼在，何不向生死中定當，何處更擬佛擬祖？替汝生死，有智人笑汝在，所以達者丞道，祇劫辛苦修行，不如一念得無生法忍。"又道一念緣起無生，超出三乘權學，況毋論三乘一乘，要之無我我所。今之往生净土也者，我爲能生，土爲所生，自他歷然，生滅宛然，忻厭紛然。所未及悉，顧從來譚蓮乘者，必曰華開見佛悟無生，蓋必待往生而見彌陀。始從觀音，若勢至，抑或彌陀誨以無生，此時方悟。豈其上品絕少，中下滋多？滯在祇劫，似爲迂遲。矧欲修净土，亦須先修有無等，四四十六觀門。試問所觀者是何軌則，能觀者還有幾人？所以念佛者如牛毛，往生者如麟角，何似反而求之，自有餘佛在也。彼寒山之朂豐干，謂往五臺禮文殊，不是我同流，此在通達佛道者，出詞吐氣自別。且也一切佛道，以金剛般若爲入門，以佛華嚴爲究竟。金剛則曰："實無少法可得"，而佛華嚴所稱佛地二愚：一則曰微細所知愚，一則曰極微細所知愚。所以阿難自道，不歷僧祇獲法身，識者猶且呵之，故或曰佛瘡，或曰佛魔。文殊瞥起佛見，未免貶向二鐵圍。嗟嗟！見河能飄香象，智主不受功德，道人心無住處，蹤跡不可尋，故不歷權乘，獨秉一乘，此則不佞之所爲惓惓者也。彼諸佛諸祖，爲一分執著我識，下劣衆生，以及小乘弟子，惟依一意識，計以現在色心等，爲染净依者，憫其四大既離，一靈無歸，如失水魚，躑躅就斃，故不得不將錯净土而安置之，此亦化城之類也，傳有之。若能悟法性身、法性土，要歸於無物，是真佛土。若華嚴性海所現全身，如人身中有八萬四千毛孔，東藥師，西彌陀，各各在一毛孔中説法度生，人若換毛孔，徹全身，未嘗不可。儻抛撮全身，入一毛孔，不但海漚倒置，而蠅投窗紙，其謂之何？昨不佞手疏所云：爲宜净土人説净土，爲宜華嚴人説華嚴。自謂不悖諸佛法門，亦是爲尊者赤心片片。尊者乃欲携我蓮胎，則昔人所云，若捉物入迷津，與夫棄金擔草之謂矣。更稽之古人有云："若欲究竟此事，須向高高山頂立，深深海底行。若閭閻中，軟暖物捨不得，有恁麽用處？"又有云："諸經所稱無嗔恨行，此之嗔恨，非凡情可比。"恨者，恨一切衆生，皆有如來智慧福相，而不自覺；嗔者，嗔吾度脱之未至也。以故自覺覺他，有世間智，有出世間智，有世出世間上上智，舉以語人，得無遮拒，庶幾能利益於人，邈昔三教聖人，出興於世，無不爲一大事。且觀時節因緣，偏者補之，弊者救之，微者顯之，要之以心性開示於人已耳。以今天下拘儒，株守傳註，曠士溺意虛玄，餘之手木檛而口彌陀者，自通道大都，迨窮村僻巷，居相望而肩相摩也，尊者又從而和之，非所謂順世情之教，波隨而風偃者乎？是在不佞，不能無疑。而來翰乃稱雖崇净土，實尚華嚴；又云繇此净土一門，而入華嚴。此如古德所云："但爲弘實，而衆生不信，須爲實施權，以淺助深。"又云："用與適時，口雖説權，內不遠實。"但使含生得權實諸益也者，則不佞誠契之，衹領之，且羨且慰矣。乃會下聽衆，自杭過蘇者，時時有之，岡弗津津九品，間與之言，少涉上乘，則駭心瞠目，或更笑之，此其過在弟子耶？在師耶？大丈夫氣宇沖天，而度生爲急。若出世矣，開堂矣，敷座矣，不具大人作略，祇作閭巷老齋公齋婆舉止。忽被伶俐人問着，或明眼人拶着，擬向北斗裏潛身耶？抑鐵圍山裏潛身耶？不見道若是大鵬金翅鳥，奮迅百千由旬，躡影神駒，馳驟四方八極，斷不取次啗啄，亦不隨便埋身，且總不依倚。佛法大事，非同小可，願尊者重厝意焉。來翰又云：彌陀不異遮那是也。第化境化儀，各各差殊，蓋諸佛教義通宗因緣，既墮因緣，豈無大小？定有深淺。故謂諸佛爲異，則千佛一佛，不可謂異；謂諸佛爲同，則徧照能仁，二尊亦自不同。古人以爲一切諸法，同異重重，不可一向全同，不可一向全異，不可以全同作全異，不可以全異作全同，迷此同異二門，則智不自在。如云：擬向白雪蘆花處覓，則以溫州橘皮作火得乎？首山念有云：“夫爲宗師，須具擇法眼始得。”所以古來有拈古頌古，又有別古懲古。如云：“至道無難，唯嫌揀擇。”又云：“至道最難，須要揀擇。”所以華嚴第八地曰：寂滅真境現前矣，猶云應起無量差別智”，又云：“觀察分別諸法門。”此非作而致其情也，我之鑑覺自性，本自圓明，如大寶鏡，胡漢不分而分；如如意珠，青黃不異而異。若是於諸法中，不生二解人，何嘗離却揀擇，別求明白？這些道理，便是揀擇不揀擇，所謂善巧分別清淨智非耶？方山爲論，清涼爲疏，皆綜佛乘，共闡圓宗，雖論有論體，疏有疏體，然惟其義，不惟其文，文或殊而義則一耳。如以其義，則見地迴別。清涼演說諸經，真善知識，惟於華嚴其句訓而字釋，豈無補於舍那？其挈領而引維，實弗逮夫棗栢，清涼棗栢之區別弗明，則盧舍那經之旨要終晦，所謂信解行證四法，裂全經而瓜豆之。此其大者，自餘更多，不佞謂之擇焉弗精，非無以也。儻以爲未然，請更質之於棗栢大士。

辱惠書纍纍及二千言，玄詞妙辯，汪濊層疊，誠羨之仰之。然竊以爲愛我深，而辭太費也。果欲揚禪宗抑净土，不消多語，曷不曰："三世諸佛被我一口吞盡，既一佛不立，何人更是阿彌陀？"又曷不曰："若人識得心，大地無寸土，既寸土皆無，何方更有極樂國？"只此兩語，來諭二千言攝無不盡矣。兹擬一一酬對，則恐犯鬭争，不對則大道所關，不可終嘿，敢略陳之。來諭謂清涼擇焉而未精，愚意不知清涼擇華嚴未精耶？抑亦居士擇清涼未精耶？又來諭謂不了義經，乃談説净土，而以行願品起信論當之，起信且止，行願以一品而攝八十卷之全經，自古及今，誰敢議其不了義者。居士獨尚華嚴，而非行願，行願不了義，則華嚴亦不了義矣。又來諭謂，法華記往生净土，爲女人因果。則龍女成佛，亦只是女人因果耶？謂彌陀乃十六王子之一，則毘盧遮那，亦止是二十重華藏之第十三耶？居士獨尊毘盧，奈何毘盧與彌陀等也。又來諭謂楞嚴取觀音，遺勢至，復貶爲無常生滅，則憍陳如悟客塵二字，可謂達無常，契不生滅矣，何不入圓通之選？誠曰觀音登科，勢至下第，豈不聞龍門點額之喻，爲齊東野人之語耶？又來諭謂齊己禪師，將古人念佛偈，逐句著語。其曰："惟有徑路修行，則著云依舊打之遶"；其曰："但念阿彌陀佛，則著云念得不濟事。"居士達禪宗，何不知此是宗師家，直下爲人解粘去縛，乃作實法會而死在句下耶？果爾古人有言，踏毘盧頂上行，則不但彌陀不濟事，毘盧亦不濟事耶？此等語言，語録傳記中百千萬億，老朽四十年前亦曾用以快其唇吻，雄其筆劄，後知慚愧，不敢復然，至於今猶赧赧也。又齊己謂求西方者，捨父逃逝，流落他鄉，東撞西磕，苦哉阿彌陀佛！往應之曰："即今却是，如子憶母，還歸本鄉，捨東得西，樂哉阿彌陀佛！"且道此語與齊己所説，相去多少？又來諭謂多劫修行，不如一念得無生法忍。居士已得無生法忍否？如得，則不應以我爲能生，以土爲所生。何則？

卽心是土，誰爲能生？卽土是心，誰爲所生？不見能生所生，而往生，故終日生而未嘗生也，乃所以爲眞無生也。必不許生，而後謂之無生，是斷滅空也，非無生之旨也。又來諭謂必待花開見佛，方悟無生，則爲迂遲。居士達禪宗，豈不知從迷得悟，如睡夢覺，如蓮華開？念佛人有現生見性者，是花開頃刻也；有生後見性者，是花開久遠也。機有利鈍，功有勤怠，故花開有遲速，安得概以爲迂遲耶？又來諭謂遮那與彌陀不同，而喻華藏以全身，喻西方以毛孔，生西方者如撮全身入毛孔，爲海漚倒置。夫大小之喻則然矣，第居士通華嚴宗，奈何止許小入大，不許大入小，且大小相入，特華嚴十玄門之一玄耳。舉華藏，不可説，不可説，無盡世界，而入極樂國一蓮華中，尚不盈華之一葉，葉之一芥子地，則何傷乎全身之入毛孔也。又來諭謂荒山僧，但問以上乘，便駭心瞠目。居士向謂宜華嚴者，語以華嚴；宜淨土者，語以淨土；今此鈍根輩，正宜淨土，何爲不與應病之藥，而強聒之耶？又來諭謂老朽既出世開堂，不具大人作略，而作閭巷老齋公齋婆舉止，設被伶俐人問着，明眼人拶着，向北斗裏潛身耶？鐵圍裏潛身耶？老朽曾不敢當出世之名，自應無有大人之略，姑置弗論，而以修淨土者，鄙之齋公齋婆，則古人所謂非鄙愚夫愚婦，是鄙<u>文殊</u>、<u>普賢</u>、<u>馬鳴</u>、<u>龍樹</u>也。豈獨<u>文殊</u>、<u>普賢</u>、<u>馬鳴</u>、<u>龍樹</u>，凡遠祖<u>善導</u>、<u>天台</u>、<u>永明</u>、<u>清涼</u>、<u>圭峰</u>、<u>圓照</u>、<u>真歇</u>、<u>黃龍</u>、<u>慈受</u>、<u>中峰</u>、<u>天如</u>等諸菩薩，諸善知識，悉齋公齋婆耶？<u>劉遺民</u>、<u>白少傅</u>、<u>柳柳州</u>、<u>文潞公</u>、<u>蘇長公</u>、<u>楊無爲</u>、<u>陳瑩中</u>等諸大君子，悉齋公齋婆耶？就令齋公齋婆，但念佛往生者，卽得不退轉地，亦安可鄙耶？且齋公齋婆，庸呆下劣，而謹守規模者是也，愚也。若夫聰明才辯，妄談般若，喫得肉已飽，來尋僧説禪者，魔也。愚貴安愚，吾誠自揣矣，寧爲老齋公，老齋婆，無爲老魔民，老魔女也。至於所稱伶俐人、明眼人者來問着、拶着，則彼齋公齋婆，不須高登北斗，遠覓鐵圈，只就伶俐漢咽喉處安桌，明眼者瞞人上敷座。何以故？且教伊暫閉口頭三昧，回光返照故。抑居士尚華嚴，而力詆净土；老朽業净土，而極贊華嚴；居士静中試一思之，是果何爲而然乎？又來諭謂勸己求生净土，喻如棄金擔麻，是顚倒行事，大相屈辱也。但此喻尚未親切，今代作一喻，如農人投刺於大富長者之門，延之入彼田舍，聞者皆笑之。農人不知進退，更掃徑謀重請焉。笑之者曰："主人向者不汝責幸矣，欲爲馮婦乎？"農人曰："吾見諸富室，有爲富而不仁者，有外富而中貧者，有未富而先驕者，有典庫于富人之門而自以爲富者，且金谷、郿塢于今安在哉？而吾以田舍翁享太平之樂，故忘己之卑賤，憐而爲此，今知過矣，今知過矣！"於是相與大笑散去。

（選自明崇禎刻本雲棲法彙手著第九册）

九、答聞谷廣印

　　問：古人已稟單傳直指，後修净業而欲往生者，爲是悟後隨願起行耶？爲是未悟二行兼修耶？若兼修者，墮偷心岐路心，工夫那得成片耶？若已悟，則塵塵華藏，在在蓮邦，十方無不可者，何獨樂生西方耶？

　　答：真信净土决志往生者，不論已悟未悟。其從事單傳直指而未悟者，雖日以參禪爲務，不妨發願往生，以未能不受後有，畢竟有生處故，不是偷心岐路心也。其已悟者，古人云："汝將謂一悟便可上齊諸佛乎？"故普賢爲華嚴長子，雖塵塵華藏，在在蓮邦，而行願品，必拳拳乎以往生安樂爲言也。已悟尚然，未悟可知矣。

　　問：參禪貴一心不生，念佛貴净念相繼，兹參究念佛一門，意在妙悟而得往生也。今念時雖心佛分明，參時卽二俱坐斷，斷故參功漸勝，念力漸微，則他時焉得亦悟亦生耶？

答：一念不生，是禪非參，起念下疑，乃名曰參。楞嚴云"又以此心，反覆研究"等是也。念時參時，俱屬有念，亦不相悖。

問：卽心卽佛，不外馳求之理，信得及，見得徹了，爲便隨緣消業，勿造新殃，任運騰騰，以待夫識乾自得耶？爲當更起疑情、窮參力究，以求妙悟耶？

答：卽心卽佛，若眞信得及，眞見得徹，千了百當，更無疑滯者，方可任運過時，如其不然，未可放參。

問：參禪暫有諸念不生時，其話頭便提不起，亦亞不落。及應緣時，若管帶，又被古人斥呵，任之不能相續。只此動靜兩間，如何提究，疾得相應？

答：暫時念止，非爲究竟，話頭提不起，仍要提起，水未窮，山未盡，不得捨舟楫而駐車馬也。

問：永嘉云："誰無念？誰無生？"雲居齊云："不斷分別，不捨心相。"此似悟後有念想也。又，涌泉不許走作，仰山鬼神不知，及石霜一念萬年等，竟是悟後無想也。豈應緣有而離緣無耶？有無二義，願垂一決。

答：大悟則有念亦可，無念亦可，所謂"入息不居陰界，出息不涉衆緣"是也。

問：永明云："先以聞解信入，後以無思契同，一入信門，便登祖位。"夫祖位甚深，聞解便可登乎？況雲門已透法身，洞上必令盡識，是證非解也。茲解位稱祖，當必有深義耶？

答：永明説先以聞解信入，却又説後以無思契同，契同，則法身透矣，情識盡矣，是亦解亦證，紹祖位不亦宜乎！

問: 初祖示楞伽以印心,黄梅令讀金剛而見性,乃至俱胝準提,首山法華,似參禪不礙于持誦,而藥山不許看經,趙州不喜念佛,迺至高峯曰:"話頭綿密便是一卷不斷頭的經。"又似禁絶誦持,而貴在單提。印,從來以參話爲主,兼持華嚴,及念佛爲課。今欲止其課,一其參,惟存願力,未知得否?

答: 不礙持誦,不許持誦,古人因時制宜,隨機施教,迺各有見,不可相非。今欲止其課,一其參,何不可之有?

問: 但愁不作佛,莫愁佛不解語,古訓也。又,切勿斷却言語,燒得舍利多,不如答我一轉語,亦古訓也。今之學者,不務實修,而務機鋒轉語,誠過矣。然自知未悟,時切提撕,只因見地未明,恐是盲修瞎煉,故于師資道友間,問答酬唱,此亦無傷乎? 倘學地不通商量,必俟悟後吐語,則見地尚虧,從誰起行耶? 況陶鎔理性,決擇是非,如三登九上,一句千山,俱悟前耶?

答: 不務實修實證,而以口頭三昧,逞機鋒,鬪勝負,此言語不可有也。真爲生死,心地未明,而互相辯論,互相酬唱,此言語不可無也。三登九上,一句千山,不論未悟以前,卽既悟以後,尚有最後重關,參求決擇之功未可便止。

問: 見自性者,得自繇於生死; 作得主者,能轉業于臨終。彼諸祖,得自繇者弗論。其草堂青、承天印禪師等,那隔世便迷耶? 豈悟有淺深,習有重輕乎? 抑亦大悲增上,本高迹下,而人自不知乎? 不然,學者奚取信于見性法門耶?

答: 草堂輩,畢竟是見性尚未到大了當處。古人云:"識心見性,當如南泉、趙州; 履實踐真,當如雪峯、玄沙。"此諸大老,寧有後身墮落者乎? 誠如來問,當是悟有淺深,未可作本高迹下,故爲示現論。

十、答何武巷給諫

問: 本來受病處,作何剷除? 目前下手處,有何方法?

答: 知病是幻,不須剷除,無下手處,正好下手。

問: 法門有戒定慧,如何謂無下手? 初學必求下手之方, 斯可
繇漸入頓。且居官者,刑殺在所不免,此皆佛家所禁, 今欲皈依三
寶,宜棄職歸山否?

答: 下學上達, 則攝心爲入門之要, 心净而病自除矣。見機得
殺,經有明文,帶職悟心,古多高士。

問: 帶職修行, 除念佛外, 以何者爲攝心之要? 心有昏瞶散亂
二種難除,再求明教。

答: 經云:"歸元無二路,方便有多門。"略開爲三,隨意行持:

念佛門　　　念佛一門,止觀雙備。

止觀門　　　以止止散,以觀觀昏。

參禪門　　　以悟爲則,而止觀亦具其中。

十一、答郡伯襲溪余公

問: 金剛經盛言受持讀誦,爲人解説, 功德勝如供養百千萬億
那由他佛。今因是語, 而一涉于目,稍形于論, 便自執爲功德,然此
經以無相無住爲宗,專爲破除一切功德相故。梁武諸人,自謂功德
無量,達磨直以無功德斷之矣。若謂一誦解間,功德勝佛,似非經
之本旨。意者,經中之言,所以欣動末世衆生耶? 抑經之玄旨, 別

有說耶？有謂金剛經發明心地，又謂看金剛經便明艮背四言，又謂本元真實，不剝不蝕，謂之金剛。是耶？非耶？伏願剖悉示之。

答：初疑持經功德，如是最勝，乃至過于供養諸佛。不見經中道："一切諸佛，及諸佛阿耨多羅三藐三菩提法，皆從此經出"，則此經是諸佛之母，功德豈不最勝？又疑以無相無住爲宗，不應讚嘆功德，似乎住相，不知此功德，乃無功德之功德，是之謂真功德也。又疑達磨呵武帝所作功德，然達磨所呵是福德，非功德也，福德功德有別。帝問："朕即位以來，造寺寫經等，不計其數，有功德否？"達磨云："實無功德，此是人天小果，有漏之因，功德在法身中，不在修福。"則福德功德自判然矣。而復有持戒修福之語者何？良繇作福不住福相，即福便成功德，不得等之事福。故經中破除事福，不破除功德也。但知此功德，亦不住着，則依舊不失無相無住宗旨耳。且所謂讀誦此經者，不是念得一卷兩卷句字；所謂解說此經者，不是講得一座兩座文義，便喚作受持也。若真受持，其功德惡可思議！此是如理實說，非是歆動世人，亦非故立玄旨。此金剛者，不垢不淨，不增不減，不去不來，不一不異，即是本元真實，即是本來心地。於此悟徹，無一不徹，豈獨艮背四言而已？夫艮其背，不獲其身，止是無我相；行其庭，不見其人，止是無人相；尚有衆生壽者，則知金剛賅艮背四言，艮背得金剛半偈。而昔人謂看一部華嚴經，不如看一艮卦，可謂失言矣。夫華嚴具無量法門，金剛般若雖至精至妙，猶是華嚴無量法門中一法門耳。華嚴如天子，金剛般若者，文武百職中之一職也。而艮卦未盡般若，乃欲勝乎華嚴，是猶小臣未與卿相之列，而謂超乎天子，其失可勝言哉？葛藤且止，只今此經，畢竟在甚麼處？

（選自明崇禎刻本雲棲法彙手著第十册）

十二、示閱藏要語

大藏經，所詮者不過戒、定、慧而已。然閱藏者，二種過失：一者執文字而迷理致，二者識理致而不會心。徒廢光陰，祇成緣種耳。若能體達戒定慧熏修，則一大藏經教，所謂念念常住，卽念百千萬億卷經者此也，亦復識此戒定慧，卽是念佛法門。何也？戒乃防非爲義，若能一心念佛，諸惡不敢入，卽戒也。定乃除散爲義，若一心念佛，心不異緣，卽定也。慧乃明照爲義，若觀佛聲，字字分明，亦觀能念所念，皆不可得，卽慧也。如是念佛，卽是戒、定、慧也，何必隨文逐字，閱此藏經？光陰迅速，命不堅久，願諸人以淨業而爲急務，甚勿以予言爲非，而弗聽也。

十三、雜問一章

問：永嘉集引恰恰用心時，恰恰無心用，解者謂學人用心之際，又要無心，師言此處未說工夫，且顯心體，義猶未明，望爲詳論。

答：凡看經教，不可先看註脚，宜先熟翫正文，十句二十句乃至百句，務令首尾貫通，然後以註和會。今見學者讀正文畢，卽便看註致令理不圓徹，皆由於此。所問二句，今詳論之。夫修行人所以不成聖道，流入偏見者，都緣不識心之本體故耳。執心是有者落常見，執心是無者落斷見，離此二路，雖知有無兼帶，然又以爲有而後無，無而後有，此亦未達心之玄妙者也。豈知恰恰用心時，恰恰無心用。恰恰，俗言恰好也，不差前後，不隔絲毫，恰恰正好之謂也。

恰好正用心時，恰好無心可用，蓋正當念慮起處，你試反觀，誰爲念慮？誰是念慮者，猶云當處出生隨處滅盡，不是用心已畢，少時却乃無心。即時用心，即時無心，不差前後，不隔絲毫，即有而無，乃見心之妙處。若是有智慧人，不執死句便可再叠二句云：恰恰無心時，恰恰有心用。古人語中自具此意，今不言者省文耳。故曰："無心恰恰用，常用恰恰無也。"故又曰："今説無心處，不與有心殊也。"惟其心體本來如是，是以下面方説惺寂工夫，兩不可廢。偏於寂寂，是不知無心恰恰用之理也。偏於惺惺，是不知常用恰恰無之理也。故首四句直出心體，立下文止觀之張本，以見止觀之法，全是本地風光，不是於心體之外，別立一法，不過用止觀以復其寂照之本體耳。此恰恰二字下得極妙，分明畫出心體，非有千鈞筆力，不能及此。若不精思默會，只麼隨文逐句，草草看過，千載而下，辜負古人之苦心矣。以後聽教，切須細心，雖在講筵無忘禪觀，庶使心光內灼，而臨文之辨益精；聖教外熏，而資神之力彌固；學悟兼濟，定慧交通，入理妙門無越於此矣。

（同上）

〔附〕　德清：古杭雲棲蓮池大師塔銘

慾海橫流，三毒熾然，孰能過狂瀾以清烈燄，自非應身大士，又何能醒顛暝而朗長夜？時當後五百年，尤難其人，是於雲棲大師，深有感焉。

師諱袾宏，字佛慧，別號蓮池，志所歸也。俗姓沈氏，古杭仁和人。世爲名族，父德鑑，號明齋先生，母周氏。師生而穎異，世味澹如。年十七，補邑庠，試屢冠諸生，以學行重一時，於科第猶掇之也。顧志在出世，每書"生死事大"四字於案頭，從遊講藝，必折歸佛理，業已棲心淨土矣。家戒殺生，祭必素，居常太息曰："人命過隙耳，浮生幾何！吾三十不售，定超然長往，何終身事齷齪哉？"前婦張氏，生一子殤，婦亡，卽不欲娶，母强之，議婚湯氏。湯貧女齋蔬。有富者，欲得師爲佳婿，陰間之，師竟納湯，然意不欲成夫婦禮。年二十七，父喪。三十一，母喪。因涕泣曰：親恩罔極，正吾報答時也。至是，長往之志決矣。嘉靖乙丑除日，師命湯點茶，捧至案，盞裂。師笑曰："因緣無不散之理。"明年丙寅，訣湯曰："恩愛不常，生死莫代，吾往矣，汝自爲計。"湯亦灑然曰："君先往，吾徐行耳。"師乃作一筆勾詞，竟投性天理和尚祝髮，乞昭慶寺無塵玉律師就壇受具。居頃，卽單瓢隻杖遊諸方，遍參知識。北遊五臺，感文殊放光，至伏牛隨衆煉魔，入京師，參徧融、笑巖二大老，皆有開發。過東昌，忽有悟，作偈曰："二十年前事可疑，三千里外遇何奇？焚香擲戟渾如夢，魔佛空爭是與非。"師以母服未闋，乃懷木主以遊，每食必供，居必奉，其哀慕如此。至金陵瓦官寺，病幾絕，時卽欲就茶毗，師微曰："吾一息尚存耳。"乃止。病間，歸。越中多禪期，師與會者五，終不知鄰單性字。

　　隆慶辛未，師乞食梵村，見雲棲山水幽寂，遂有終焉之志。山故伏虎禪師刹也。楊國柱、陳如玉等爲結茅三楹以棲之。師弔影寒巖，曾絕糧七日，倚壁危坐而已。村多虎，環山四十里，歲傷不下數十人，居民最苦之。師發悲懇，爲諷經施食，虎患遂寧。歲亢旱，村民乞師禱雨，師笑曰："吾但知念佛，無他術也。"衆堅請，師不得已出，乃擊木魚循田念佛，時雨隨注，如足所及。民異之，相與纍纍然，挈材木，荷鋤钁，競發其地，得柱礎而指之曰：此雲棲寺故物也，師福吾村，吾願鼎新之，以永吾福。不日成蘭若，外無崇門，中無大殿，惟禪堂安僧，法堂奉經像，餘取蔽風雨耳。自此法道大振，海內衲子歸心，遂成叢林。師悲末法，教網滅裂，禪道不明，衆生業深垢重，以醍醐而貯穢器，吾所懼也。且佛設三學以化羣生，戒爲基本，基不立，定慧何依？思行利導，必固本根。第國制，南北戒壇久禁不行，予卽願振頹綱，亦何敢違憲令。因令衆半月誦梵網戒經，及比丘諸戒品，由是遠近皆歸。師以精嚴律制爲第一行，著沙彌要略，具戒便蒙，梵網經疏發隱，以發明之。初，師發足參方，從參究念佛得力，至是遂開净土一門，普攝三根，極力主張，乃著彌陀疏鈔十萬餘言，融會事理，指歸唯心。又，憶昔見高峰語録，謂自來參究此事，最極精銳，無逾此師之純鋼鑄就者，向懷之行脚，惟時師意，併匡山永明而一之。更録古德機緣中喫緊語，編之曰禪關策進，併刻之，以示參究之訣。蓋顯禪净雙修，不出一心，是知師之化權微矣。

　　萬曆戊子，歲大疫，日斃千人，太守余公良樞請公詣靈芝寺禳之，疫遂止。梵村舊有朱橋，潮汐衝塌，行者病涉，余公請師倡造，師云：“欲我爲者，無論貧富貴賤，人施銀八分而止。”獨用八者，意取坤土以制水也。或言“工大施微恐難峻事”。師云：“心力多，則功自不朽。”不日累千金，鳩工築基，每下一椿，持咒百遍，潮汐不至者數日，橋竟成。昔錢王以萬弩射潮，師以一心力當之，何術哉？師道價日增，十方衲子如歸，師一以慈接之。弟子日集，居日隘，師意不莊嚴屋宇，取安適，支閣而已。其設清規益肅，衆有通堂，若精進、若老病、若十方，各別有堂；百執事各有寮，一一具鎖鑰，啓閉以時；各有警策語，依期宣説。夜有巡警，擊板念佛，聲傳山谷，卽倦者，眠不安，寢不夢。布薩羯磨，舉功過，行賞罰，凜若冰霜。卽佛住祇桓尚有六羣擾衆，此中無一敢静而故犯者。不盡局百丈規繩，而適時救弊，古今叢林，未有如今日者，具如僧規約，及諸警語，赫如也。極意戒殺生，崇放生，著文久行於世，海内多奉尊之。曾講圓覺經於净慈，聽者日數萬指，如屏四匝，因贖寺前萬工池爲放生池。師八十誕辰，又增拓之。今城中上方、長壽兩池，歲費計百餘金。山中設放生所，救贖飛走諸生物，充牣於中，衆僧減口以養之，歲約費粟二百石。亦有警策守者，依期往宣白。卽羽族善鳴噪者，聞木魚聲，悉寂然而聽，宣罷，乃鼓翅喧鳴。非佛性哉？噫！佛說孝名爲戒，儒呵有養無敬，師於物養而敬，且有禮者也，非達孝哉？師道風日播，海內賢豪，無論朝野，靡不歸心感化。若大司馬宋公應昌、大宰陸公光祖、宮諭張公元忭、司成馮公夢禎、陶公望齡，次第及門問道者，以百計，皆扣關擊節，徵究大事，靡不心折，盡入陶鑄。監司守相，下車伏謁，及賢豪候參者，無加禮，不設饌，皆甘糲飯，卧敗蓆，任蚿緣蚊唼，無改容，皆忘形屈勢，至則空其所有，非精誠感物，何能至是哉？侍郎王公宗沐問：“夜來老鼠唧唧，說盡一部華嚴經。”師云：“猫兒突出時如何？”王無語。師自代云：“走却法師，留下講案”。又書頌曰：“老鼠唧唧，華嚴歷歷，奇哉王侍郎，却被畜生惑。猫兒突出畫堂前，床頭說法無消息。無消息，大方廣佛華嚴經，世主妙嚴品第一。”侍御左公宗郢問：“念佛得悟否？” 師曰：“返聞聞自性，性成無上道，又何疑返念念自性耶！ ” 仁和令樊公良樞問：“心雜亂如何得静？”師曰：“置之一處，無事不辦。”坐中一士曰：“專格一物，是置之一處，辦得何事？”師曰：“論格物，只當依朱子豁然貫通去，何事不辦得？”或問師：“何不貴前知？”師云：“譬如兩人觀琵琶記，一人不曾經見，一人曾見而預道之，畢竟同觀，終場能增減一齣否？”今上慈聖皇太后，崇重三寶，偶見師放生文，甚嘉歎，遣內侍賷紫裓裟齋資往供，問法要，師拜受，以偈答之。師極意悲幽冥苦趣，自習焰口，時親設放，嘗有見師座上，現如來相者，蓋觀力然也。師天性朴實簡淡，無緣飾，虛懷應物，貌温粹，弱不勝衣，而聲若洪鐘，胸無崖岸，而守若嚴城，禦若堅兵，善藏其用，文理密察，經濟洪纖，不遺針芥。卽畫叢林日用，量施利，酌厚薄，嚴因果，明罪福，養老病，公衆僧，不滲滴水。自有叢林以來，五十年中，未嘗妄用一錢。居常數千指，不設化主，聽其自至，稍有盈餘，輒散施諸山，庫無儲蓄。凡設齋外，別持金銀作供者，隨手散去，施衣藥，救貧病，略無虛日。偶檢私記，近七載中，實用五千餘金，不屬常住，則前此歲歲可知已。師生平惜福，嘗著三十二條自警，垂老自浣濯，出溺器，亦不勞侍者。終身衣布素，一麻布幃，乃丁母艱時物，今尚存，他可知已。總師之操履，以平等大悲，攝化一切，非佛言不言，非佛行不行，非佛事不作。佛囑末世，護持正法者，依四安樂行，師實以之。歷觀從上諸祖，單提正令，未必盡修萬行。若夫卽萬行以彰一心，卽塵勞而見佛性者，古今除永明，惟師一人而已。先儒稱寂音爲僧中班、馬，予則謂師爲法門之周、孔，以荷法卽任道也。惟師之才，足以經世；悟，足以傳心；教，足以契機；戒，足以護法；操，足以勵世；規，足以救弊。至若慈能與樂，悲能拔苦，廣運六度，何莫而非妙行耶？出世始終無一可議者，可謂法門得佛之全體大用者也。非夫應身大士，朗末法之重昏者，何能至此哉？

　　臨終時，預於半月前，入城別諸弟子，及故舊，但曰："吾將他往矣。"還山，連下堂，具茶湯設供，與衆話別，云："此處吾不住，將他往矣。"中元設盂蘭盆，各薦先宗，師曰："今歲我不與會矣。"有簿記，師密題曰："雲棲寺直院僧，代爲堂上蓮池和尚，追薦沈氏宗親"云。過後始知其懸記也。七月朔晚，入堂坐，囑大衆曰："我言衆不聽，我如風中燭，燈盡油乾矣。只待一撞一跌，纔信我也。"明日要遠行，衆留之。師作三可惜，十可嘆，以警衆。淞江居士徐琳等五人在寺，令侍者送遺囑五本。次夜入丈室，示微疾，瞑目無語，城中諸弟子至，圍繞，師復開目云："大衆老實念佛，毋捏怪，毋壞我規矩。"衆問誰可主叢林，師曰："戒行雙全者。"又問目前，師曰："姑依戒次。"言訖面西念佛，端然而逝，萬曆四十三年七月初四日午時也。師生於嘉靖乙未，世壽八十有一，僧臘五十。師自卜寺左嶺下，遂全身塔於此。其先耦湯氏，後師祝髮，建孝義庵，爲女叢林主，先一載而化，亦塔於寺外之右山。師得度弟子廣孝等，爲最初上首，其及門授戒得度者，不下數千計，在家無與焉。縉紳士君子及門者，亦以千計，私淑者無與焉。其所著述，除經疏，餘雜錄如竹窗三筆等，二十餘種，行於世，率皆警發語。師素誡弟子，貴真修，勿顯異，故多靈異不具載。嗚呼！我聞世尊，深念末法衆生難度，恐斷慧命，靈山會上，求護正法者，即親蒙授記，亦不敢入，惟地湧之衆力任之，且曰：我等末世持經，當具大忍力，大精進力，即有現身此中，亦不自言其本，泄佛密因，但臨終陰有以示之耳。觀師之行事，潛神密用，安忍精進之力，豈非地湧之一乎？抑自淨土而來乎？不然，從凡夫地，求自利尚不足，安能廣行利他，護持正法，始終無缺者乎？予有感而來，略拾師之行事，以昭來世，其他具諸別傳，乃爲之銘曰：

三毒焰熾，五熱周章，孰能藥石，頓使清涼？慾海橫流，波浪滔天，誰能濟度，駕大法船？惟我大師，實乘願力，放身其中，隨宜調適。盡斷愛根，如獅脫索，纔出塵勞，便露頭角。開淨土門，張法界網，撈漉三根，其赴如響。以金剛鎞，刮瞖眼膜，根本不生，枝葉自落。大冶紅鑪，慈悲忍力，入此陶鎔，癡狂頓息。毛孔光明，通身手眼，從無用中，法輪常轉。若非付囑，定是地湧，豈屬尋常，具大勇猛？師從空來，亦從空去，雖善藏身，欲隱彌露。鐘鼓交參，雲霞綺互，塔影高標，法身常住。

（選自江北刻經處本憨山夢遊集卷二十七）

德　清

【簡介】德清，字澄印，號憨山，俗姓蔡，生於公元一五四六年，（明世宗嘉靖二十五年），死於公元一六二三年（明熹宗天啓三年），全椒（今安徽全椒）人。年十二，投南京報恩寺，意欲出家，住持西林見他聰穎，命俊公教他讀法華經，並爲延師教讀四書、易經、詩賦等。十九歲，他決意出家，往投攝山棲霞寺雲谷法會，並獲讀中峯（明本）廣論，決意學禪。同年又從無極明信聽講華嚴玄談，並受具足戒。因仰慕唐清凉澄觀，故自號澄印。二十六歲時北游參學，在北京參華嚴宗師徧融真圓和禪門耆宿笑巖德寶等，請示禪要，並聽講法華、唯識等。同時結識了一批當時的名士。萬曆四年（一五七六年），袾宏游五台山，德清特意趕往晤談，深受袾宏禪净兼修思想的影響。他與達觀真可的關係亦很深，互相傾慕。他也是明末四大名僧之一。

萬曆十一年（一五八三年），他赴東海牢山（今山東勞山）結廬安居。萬曆十四年（一五八六年），明神宗印大藏經十五部，分送全國名山，慈聖太后特送一部與東海牢山。因置貯藏經，太后又施財修寺，稱海印寺。後來，神宗因不滿於皇太后爲佛事耗費巨資，即借口遷罪於德清，逮捕下獄，並以私創寺院罪名充軍廣東雷州，直至萬曆三十四年（一六〇六年），逢大赦，才得以復僧服。

德清在佛教上雖宗禪宗，但也極力提倡禪净兼修，特別是到晚年更爲突出，他說：“念佛參禪兼修之行，極爲穩當法門。”（憨山老人夢遊集卷五示劉存赤）在禪净兼修中，他又調和禪、净而使其一致，認爲：“今所念之佛，即自性彌陀；所求净土，即唯心極樂。諸人苟能念念不忘，心心彌陀出現，步步極樂家鄉，又何必遠企於十萬億國之外，別有净土可歸耶₁"（同上卷二示優婆塞結念佛社）但這實際上是以禪宗的明心見性，見性成佛的理論去改造净土往生佛國的思想。同時，德清也十分重視教門理論，認爲禪不離教，而教卽是禪。他說，他所作楞伽筆記、楞嚴懸鏡等經注，"是皆卽教乘而指歸向上一路"。（同上卷一九刻起信論直解序）因此，他也極力調和禪教、性相的對立，認爲"雖性相、禪教皆顯一心之妙"，"是則毀相者不達法性，斥教者不達佛心"。（同上卷二五西湖净慈寺宗鏡堂記）

　　德清學通內外，對儒家思想和道家思想都有一定的了解，他竭力鼓吹三教一理，三聖同體，調和儒、佛、道思想。他曾說："嘗言爲學有三要，所謂不知春秋，不能涉世；不精老、莊，不能忘世；不參禪，不能出世。此三者，經世、出世之學備矣，缺一則偏，缺二則隘，三者無一而稱人者，則肖之而已。"（同上卷三九學要）他以佛教理論來解釋儒、道思想，所作觀老莊影響論、道德經解、莊子內篇注，以及大學直指、中庸直指、大學綱目決疑等，都有一定的影響，他甚至認爲："孔、老卽佛之化身也。"（同上卷四五道德經解發題）"三聖無我之體，利生之用皆同。"（同上）"若以三界唯心，萬法唯識而觀，不獨三教本來一理，無有一事一法不從此心所建立。"（同上觀老莊影響論）

　　德清一生著作甚多，主要的注疏有：華嚴經綱要八十卷、法華擊節一卷、金剛經決疑一卷、圓覺經直解二卷、般若心經直說一卷、大乘趙信論疏略四卷、大乘起信論直解二卷、肇論略注六卷、觀楞伽經記八卷等。著述方面，除前面已提及者外，重要的尚有性相通說二卷、春秋左氏心法一卷、憨山緒言一卷，以及夢遊詩集、曹溪通志等。這些著作由其弟子編集爲憨山老人夢遊全集，共五十五卷，其中部分經疏因另出單行本，故全集中祇列目而未收文，故缺，實有五十卷半。

一、法　語（選錄）

答鄭崐嚴中丞

若論此段大事因緣，雖是人人本具，各各現成，不欠毫髮，争奈無始劫來，愛根種子，妄想情慮，習染深厚，障蔽妙明，不得真實受用，一向只在身心世界妄想影子裏作活計，所以流浪生死。佛祖出世，千言萬語，種種方便，説禪説教，無非隨順機宜，破執之具，元無實法與人。所言修者，只是隨順自心，净除妄想習氣影子，於此用力，故謂之修。若一念妄想頓歇，徹見自心，本來圓滿光明廣大，清净本然，了無一物，名之曰悟。非除此心之外，别有可修可悟者。以心體如鏡，妄想攀緣影子，乃真心之塵垢耳。故曰想相爲塵，識情爲垢。若妄念消融，本體自現，譬如磨鏡，垢净明現。法爾如此，但吾人積劫習染堅固，我愛根深難拔。今生幸托本具般若，内薰爲因，外藉善知識引發爲緣，自知本有，發心趣向志願，了脱生死，要把無量劫來，生死根株，一時頓拔，豈是細事！若非大力量人，赤身擔荷，單刀直入者，誠難之難。古人道：如一人與萬人敵，非虚語也。大約末法修行人多，得真實受用者少；費力者多，得力者少。此何以故？蓋因不得直捷下手處，只在從前聞見知解言語上，以識情摶量，遏捺妄想，光影門頭做工夫，先將古人玄言妙語藴在胸中，當作實法，把作自己知見。殊不知此中一點用不著，此正謂依他作解，塞自悟門。如今做工夫，先要劃去知解，的的只在一念上做，諦信自心，本來乾乾净净，寸絲不掛，圓圓明明，充滿法界，本無身心世界，亦無妄想情慮。即此一念，本自無生，現前種種境界，都是幻妄不實，唯是真心中所現影子。如此勘破，就於妄念起滅處，一覷覷定，看他起向何處起，滅向何處滅，如此著力一拶，任他何等妄念，一拶粉碎，當下冰消瓦解，切不可隨他流轉，亦不可相續，永嘉謂要斷相續心者，此也。蓋虛妄浮心，本無根緒，切不可當作實事，橫在胸中。起時便咄，一咄便消，切不可遏捺，則隨他使作，如水上葫蘆。只要把身心世界撇向一邊，單單的的提此一念，如橫空寶劍，任他是佛是魔，一齊斬絕，如斬亂絲，赤力力挨拶將去，所謂直心正念真如。正念者，無念也。能觀無念，可謂向佛智矣。修行最初發心，要諦信唯心法門。佛説三界唯心，萬法唯識，多少佛法，只是解説得此八個字，分明使人人信得及。大段聖凡二途，只是唯自心中迷悟兩路，一切善惡因果，除此心外，無片事可得。蓋吾人妙性天然，本不屬悟，又何可迷。如今説迷，只是不了自心本無一物，不達身心世界本空，被他障礙，故説爲迷。一向專以妄想生滅心，當以爲真，故於六塵境緣，種種幻化，認以爲實。如今發心趣向，乃返流向上一著，全要將從前知解，盡情脱去，一點知見巧法用不著。只是將自己現前身心世界，一眼看透，全是自心中所現浮光幻影，如鏡中像，如水中月。觀一切音聲，如風過樹，觀一切境界，似雲浮空，都是變幻不實的事。不獨從外如此，即自心妄想情慮，一切愛根種子，習氣煩惱，都是虛浮幻化不實的。如此深觀，凡一念起，決定就要勘他箇下落，切不可輕易放過，亦不可被他瞞昧。如此做工夫，稍近真切。除此之外，別扯玄妙知見巧法來逗湊，全没交涉。就是説做工夫，也是不得已。譬如用兵，兵者不祥之器，不得已而用之。古人説參禪提話頭，都是不得已。公案雖多，唯獨念佛審實的話頭，塵勞中極易得力。雖是易得力不過如敲門瓦子一般，終是要拋却，只是少不得用一番。如今用此做工夫，須要信得及，靠得定，咬得住，決不可猶豫，不得今日如此，明日又如彼。又恐不得悟，又嫌不玄妙，者些思算，都是障礙，先要説破，臨時不生疑慮。至若工夫做得力處，外境不入，唯有心內煩惱，無狀橫起，或慾念橫發，或心生煩悶，或起種種障礙，以致心疲力倦，無可奈何。此乃八識中，含藏無量劫來習氣種子，今日被工夫逼急，都現出來。此處最要分曉，先要識得破，透得過，決不可被他籠罩，決不可隨他調弄，決不可當作實事。但只抖擻精神，奮發勇猛，提起本參話頭，就在此等念頭起處，一直捱追將去。我者裏元無此事，問渠向何處來，畢竟是甚麼，決定要見箇下落。如此一捱將去，只教神鬼皆泣，滅跡潛踪，務要趕盡殺絶，不留寸絲。如此著力，自然得見好消息。若一念捱得破，則一切妄念，一時脱謝，如空華影落，陽燄波澄。過此一番，便得無量輕安，無量自在。此乃初心得力處，不爲玄妙。及乎輕安自在，又不可生歡喜心。若生歡喜心，則歡喜魔附心，又多一種障矣。至若藏識中習氣愛根種子，堅固深潛，話頭用力不得處，觀心照不及處，自己下手不得，須禮佛誦經懺悔，又要密持呪心，仗佛密印以消除之。以諸密呪，皆佛之金剛心印，吾人用之，如執金剛寶杵，摧碎一切物，物遇如微塵，從上佛祖心印秘訣，皆不出此。故曰：“十方如來，持此呪心，得成無上正等正覺。”然佛則明言，祖師門下恐落常情，故秘而不言，非不用也。此須日有定課，久久純熟，得力甚多，但不可希求神應耳。

凡修行人，有先悟後修者，有先修後悟者，然悟有解證之不同。若依佛祖言教明心者，解悟也。多落知見，於一切境緣，多不得力，以心境角立，不得混融，觸途成滯，多作障礙，此名相似般若，非真參也。若證悟者，從自己心中樸實做將去，逼捱到水窮山盡處，忽然一念頓歇，徹了自心，如十字街頭見親爺一般，更無可疑，如人飲水，冷暖自知，亦不能吐露向人，此乃真參實悟。然後卽以悟處融會心境，净除現業流識，妄想情慮，皆鎔成一味真心，此證悟也。此之證悟，亦有深淺不同。若從根本上做工夫，打破八識窠臼，頓翻無明窟穴，一超直入，更無剩法，此乃上上利根，所證者深。其餘漸修，所證者淺。最怕得少爲足，切忌墮在光影門頭。何者？以八識根本未破，縱有作爲，皆是識神邊事。若以此爲真，大似認賊爲子。古人云："學道之人不識真，只爲從前認識神，無量劫來生死本，癡人認作本來人。"於此一關最要透過。所言頓悟漸修者，乃先悟已徹。但有習氣，未能頓净，就於一切境緣上，以所悟之理，起觀照之力，歷境驗心，融得一分境界，證得一分法身，消得一分妄想，顯得一分本智。是又全在綿密工夫，於境界上做出，更爲得力。

凡利根信心勇猛的人修行，肯做工夫，事障易除，理障難遣，此中病痛，略舉一二：

第一，不得貪求玄妙。以此事本來平平貼貼，實實落落，一味平常，更無玄妙。所以古人道："悟了還同未悟時，依然只是舊時人。"不是舊時行履處，更無玄妙，工夫若到，自然平實。蓋由吾人知解習氣未净，内熏般若，般若爲習氣所熏，起諸幻化，多生巧見，綿著其心，將謂玄妙，深入不捨。此正識神影明，分別妄見之根，亦名見刺，比前粗浮妄想不同，斯乃微細流注生滅，亦名智障，正是礙正知見者。若人認以爲真，則起種種狂見，最在所忌。

其次，不得將心待悟。以吾人妙圓真心，本來絕待，向因妄想凝結，心境根塵，對待角立，故起惑造業。今修行人，但只一念放下身心世界，單單提此一念向前，切莫管他悟與不悟，只管念念步步做將去，若工夫到處，自然得見本來面目，何須早計！若將心待悟，即此待心，便是生死根株，待至窮劫，亦不能悟，以不了絕待真心，將謂別有故耳。若待心不除，易生疲厭多成退墮，譬如尋物不見，便起休歇想耳。

其次，不得希求妙果。蓋衆生生死妄心，元是如來果體，今在迷中，將諸佛神通妙用，變作妄想情慮，分別知見；將真淨法身，變作生死業質；將清淨妙土，變作六塵境界。如今做工夫，若一念頓悟自心，則如大冶紅鑪，陶鎔萬象。卽此身心世界，元是如來果體；卽此妄想情慮，元是神通妙用；換名不換體也。永嘉云：無明實性卽佛性，幻化空身卽法身。若能悟此法門，則取捨情忘，欣厭心歇，步步華藏淨土，心心彌勒下生。若安心先求妙果，卽希求之心便是生死根本，礙正知見，轉求轉遠，求之力疲，則生厭倦矣。

其次，不可自生疑慮。凡做工夫，一向放下身心，屏絕見聞知覺，脫去故步，望前眇冥，無安身立命處，進無新證，退失故居。若前後籌慮，則生疑心，起無量思算，較計得失。或別生臆見，動發邪思，礙正知見，此須勘破，則決定直入，無復顧慮。大概工夫做到做不得，正是得力處，更加精采，則不退屈，不然則墮憂愁魔矣。

其次，不得生恐怖心。謂工夫念力急切，逼拶妄想一念頓歇，忽然身心脫空，便見大地無寸土，深至無極，則生大恐怖。於此若不勘破，則不敢向前。或以此豁達空，當作勝妙。若認此空，則起大邪見，撥無因果，此中最險。

其次，決定信自心是佛。然佛無別佛，唯心卽是，以佛真法身，猶若虛空。若達妄元虛，則本有法身自現，光明寂照，圓滿周徧，無欠無餘，更莫將心向外馳求。若捨此心別求，則心中變起種種無量夢想境界，此正識神變現，切不可作奇特想也。然吾清淨心中，本無一物，更無一念，凡起心動念，卽乖法體。今之做工夫人，總不知自心妄想，元是虛妄，將此妄想，誤爲真實，專只與作對頭，如小兒戲燈影相似，轉戲轉沒交涉，弄久則自生怕怖。又有一等怕妄想的，恨不得一把捉了，拋向一邊，此如捕風捉影，終日與之打交滾，費盡力氣，再無一念休歇時。纏綿日久，信心日疲，只說參禪無靈驗,便生毀謗之心,或生怕怖之心,或生退墮之心,此乃初心之通病也。此無他,蓋由不達常住真心,不生滅性,只將妄想認作實法耳。者裏切須透過。若要透得此關,自有向上一路,只須離心意識參,離妄想境界求。但有一念起處,不管是善是惡,當下撇過,切莫與之作對,諦信自心中,本無此事。但將本參話頭,著力提起,如金剛寶劍,魔佛皆揮。此處最要大勇猛力,大精進力,大忍力,決不得思前算後,決不得怯弱。但得直心正念,挺身向前,自然巍巍堂堂,不被此等妄想纏繞,如脫韝之鷹,二六時中,於一切境緣,自然不干絆,自然得大輕安,得大自在,此乃初心第一步工夫得力處也。

已上數則,大似畫蛇添足,乃一期方便語耳。本非究竟,亦非實法。蓋在路途邊,出門一步,恐落差別歧徑,枉費心力,虛喪光陰,必須要真正一門,超出妙莊嚴路,所謂行步平正,其疾如風,其所行履,可以日劫相倍矣。要之,佛祖向上一路,不涉程途,其在初心方便,也須從者裏透過始得。

示洞聞乘禪人

洞聞法乘,夙負上根,初脫塵緣,遇水潦鶴。頃覺其非,遂棄去。入天目山,與性融首座輩,結庵居之,切磋己躬下事,堅忍數載。復參達觀禪師,親近有日,以厭喧求寂之念未忘,遂辭去,隱於羅溪。茲特謁老人於瘴鄉,求心地法門,老人遵梵網經,爲授金剛寶戒。乘五體投地,如泰山崩,爲法之勤,一至於此。老人以久飲瘴烟,四大違損,乃閉關匿跡,習靜以休。乘亦禮拜歸山,請授戒法。因示之曰:三世諸佛,歷代祖師,與一切衆生鱗介羽毛,乃至地獄三途,以極空散銷沈,靡不眉毛廝結,不隔纖毫。其所同者,金剛心地;所異者,情想愛憎耳。由佛祖善用其心,故轉穢邦成净土,化刀山爲寶林,卽劇苦辛酸,皆爲極樂真境。此無他術,**蓋於此心中**

情想不生，愛憎無寄，譬如净目，徹見晴空，又何顛倒幻華，自生起滅哉！衆生返此，無怪乎種種顛倒，自取其咎耳。佛祖憐愍此輩，特特出世一番，並無剩法與人，不過直指此心，令一切衆生，當下知歸。故毗盧老子，初坐菩提場，亦不過宣明過去十方三世諸佛此戒法耳。千華臺上，葉葉釋迦，亦不過稟明諸佛此心，宣傳此戒法。即四十九年搖唇鼓舌，波波挈挈，爲人委曲周旋者，亦不過普令衆生，信受此戒法。及至末後拈花，天人瞪目而不知者，亦只迷此心戒耳。金色頭陀，破顏微笑，乃至二十八傳，遞代授手，達磨西來，神光立雪，無言無説，蓋亦分明直指此心戒耳。展轉六傳，至老盧俗漢子，柴擔下聞金剛經云，應無所住而生其心，蓋乃頓悟此戒。不從人得，不因師授，性自具足者也。又更有何奇特哉！乃至黃梅印正，即解道"本來無一物，何處惹塵埃。"因此，黃梅老人亦不奈伊何，只得無語歸方丈。即三更密付，大似烏豆換人眼睛，豈此外更有奇特哉！從此兒孫滿目，遍滿寰中，得之者死，失之者生。千七百人，鼓簧播弄，亦不過遞相發明此心地法門，豈此心外別求妙悟耶？若離此外別求，即墮外道邪徑。故梵網經云："盧舍那佛心地，初發心中所誦，一名戒光明金剛寶戒，是一切佛本源，一切菩薩本源，佛性種子。一切衆生皆有佛性，一切意識色心，是情是心，皆入佛性戒中。"又云："衆生受佛戒，即入諸佛位，位同大覺已，真是諸佛子。"故五十五位進修，未見佛性，皆墮塗程，及至末後等覺位中，乃云："是人始獲金剛心中，初乾慧地，到此直入佛性海中。"由是觀之，從凡入聖，成佛作祖之要，捨此金剛心外，豈復更有剩法耶？是知，此戒不易悟，悟則名爲住位；不易行，行則名爲行位；不易通，通則名爲向位；不易净，净則名爲登地位；不易忘，忘則名爲入佛位矣。法乘今日誠當自揣，以何心爲出家？以何心爲參師訪友？以何心爲樂求佛法？以何心而願受此戒？苟得其心，則三世諸佛，歷代祖師，普及一切衆生，一齊向老人一毛端頭放光動地，則汝二六時中，與諸聖凡眉毛厮結也。此則是名真持戒者，否則險，險則墮。參參參！（洞聞初禮鐵嘴蘭風爲師，此云水潦鶴者，指蘭風也。）

（以上選自江北刻經處本憨山老人夢遊集卷一）

示優婆塞結念佛社

惟吾佛住世，説法利生，四衆人等，各皆得度，隨機教化，各有方便，普令獲益。譬若時雨，三草二木，無不蒙潤，隨分充足，各得生長。是故法有千差，源無二致。然以佛性而觀衆生，則無一生而不可度；以自心而觀佛性，則無一人而不可修。但衆生自迷而不知，又無真正善知識開導，故甘墮沈淪，枉受辛苦耳。所以盧祖初至，黃梅問何處人？答曰：嶺南人。黃梅道：獦獠亦有佛性耶？祖曰：人有南北，佛性豈有二耶？自此一語，如雷驚蟄蟄，流布人間，知之者希，悟之者鮮，是則嶺南爲禪道佛法之源頭。爰自盧祖演化，道被中原，而門庭之前，竟埋荒草，寥寥幾千載矣。談者皆謂非善根地，是不達佛性之旨耳。余蒙恩遣雷陽以丙申春，至秋來五羊，壘壁閒注楞伽經完。戊戌夏，即爲諸來弟子演説，每一座中，見諸善男子輩，亹亹而來，余深嘉之。未幾有善士十餘人作禮，願乞教授優婆塞五戒法，余欣然應請，即爲羯磨。自是歸心日誠，聽法彌篤。余哀其未悟，愍其不達進修自度工夫，因授以念佛三昧，教以專心净業，痛厭苦緣，歸向極樂。月會以期，立有規制，以三時稱名禮誦懺悔爲行，欲令信心日誠，罪障日消，必以往生爲願。果能此道，雖在塵勞，可謂生不虛生，死不浪死，豈非真實功行哉！然佛者覺也，即衆生之佛性，以迷之而爲衆生，悟之即名爲佛。今所念之佛，即自性彌陀；所求净土，即唯心極樂。諸人苟能念念不忘，心心彌陀出現，步步極樂家鄉，又何以遠企於十萬億國之外，別有净土可歸耶？所以道心净則土亦净，心穢則土亦穢。是則，一念惡心起，刀林劍樹樅然；一念善心生，寶地華池宛爾。天堂地獄，又豈外於此心哉！諸善男子，各諦思惟，應當痛念生死事大，無常迅速，一失人身，萬劫難復。日月如流，時不可待，儻負此緣，當面錯過，大限臨頭，悔之何及！各宜努力，珍重珍重。

示真遇禪人

禪人真遇，生長盧陵，棄妻子出家，樂遠離行，志向名山，參訪知識。幻人以幻業遷訛至嶺海，禪人因得來參。頃辭往普陀禮達觀師，授以毗舍浮佛偈，復持來五羊。幻人於幻化場中，作如幻佛事，開諸幻衆，説如幻法門，禪人作禮請益。幻人乃依如幻三昧，爲説一切諸法皆如幻夢境界，而開示之曰：善哉佛子！當善思惟，一切諸佛依幻力而示現，一切菩薩依幻力而修持，一切二乘依幻力而趣寂，一切外道依幻力而昏迷，一切衆生依幻力而生死。若夫天宮净土依幻力而建立，瓊林寶樹依幻力而敷榮，鐵牀銅柱依幻力而施設，鑊湯鑪炭依幻力而沸騰，鱗甲羽毛依幻力而飛潛，蠢蝡蛸翹依幻力而動息。以極三世諸佛之所證，六代祖師之所傳，總不出此幻網三昧，禪人安得而逃之耶？汝試諦思，何因而落生死？何因而入母胎？何因而泪没愛纏？何因而願出沈淪？何因而發足超方？何因而參訪知識？何因而履名山登福地，穿叢林入保社？今年而南海，明年而五臺，後年而峨眉，汝將遍歷寰中，縱經塵劫，窮盡十方微塵國土，承事十方諸大知識，總皆不出幻化門頭，非究竟真實處也。然雖如是，喚作迷頭認影，不訪（疑應作妨）就路還家。苟能一步踏斷幻結，則無邊幻網，一時頓裂；無涯幻海，一時頓枯；無量幻業，一時頓消；無邊幻行，一時頓得；無量幻生，一時頓度。此則是名以幻修幻，所謂衆生幻心，還依幻滅者也。其或未然，則縱經三生六十劫，以文殊爲父，觀音爲母，普賢爲師，而欲恃此親因，以求出生死事，遠之遠矣。汝諦思惟，其無謂我爲幻化人，非真實語也。參參。

示本淨貴禪人

禪人寶貴，以守護佛法爲心。初書金字法華諸經，募造旃檀釋迦、彌陀二聖像成，居端州之鼎湖，時往來五羊，稽首請益。予示之曰：吾佛有言，諸法從緣生，諸法從緣滅。是知一切諸法，緣會而生。緣會而生，則未生無有。未生無有，則雖有而性常自空。性空則諸法本無自性矣。故曰：知法常無性，佛種從緣起，能達緣起無性者，則爲成佛真種矣。善哉佛子！汝之所書諸經者法也，所造旃檀如來者佛也，以汝之信力爲因，托諸所化爲緣，是則佛從緣起而法亦從緣起，於法性中法卽佛，而佛卽法也。第不審果了此法性空乎？性不空乎？若言其性空，則現見佛之相好莊嚴，畢竟光明熾盛，艷如寶山，而華嚴八十一卷靈文，三十九品之次第，五周因果之行布，四十二位之森嚴不欠一字，法華之三周授記，懺法之諸佛洪名，不少一人，燦然滿目，煥乎全彰，謂之性空無物可乎？若言其性不空，方其緣之聚也。則紙自紙，墨自墨，金自金，而香自香。如是紙墨，皆爲世諦流布；如是金香，皆屬惡業莊嚴。如是佛法之名，又何從而有耶？求其本無，則性自空矣。方其今之緣聚也，卽以世諦之金香而爲佛，卽以世諦之紙墨而爲經。然紙墨之相不異當時，體不增於昔日，而佛法之名既彰，則敬慢之心懸隔。其助成之人，雖不改於故武，而善惡之機天淵矣。由是觀之，則一切諸法，本無自性，從緣會而生者明矣。斯則能達此佛此法，本無自性，則爲成佛真種矣。而汝所作種種諸勝緣，不審達無性而作耶？不達無性而作耶？由作而後得無性耶？若達無性而作，則佛法在己而不在物。

若不達無性而作，則佛法在物而不在己。若由作而後達無性者，則己與物皆無性矣。達己無性，則無能作之人；達法無性，則無所作之法；人法雙空，是非齊泯，則己與物皆無跡矣，又從何而分別耶？如是，則功德不可思議，菩提亦不可思議。佛子，如是而知，則爲真知；如是而作，則爲妙行。否則，以思惟心而作難思之佛事，譬如手把螢火而燒須彌，祇益自勞，又何從而究竟耶？善哉佛子！諦觀法王法，法王法如是，應如是作，應如是持，可謂善超諸有矣。

（以上選自江北刻經處本憨山老人夢遊集卷二）

示靈洲鏡上人

余昔遊海門，登妙高峰，入無際三昧，入楞伽室，覩東坡老人代張方平手書楞伽經，與佛印禪師留作金山常住。是時，舉身毛孔，熙怡悅豫，如春生百草，不自知其所以然也。及後覽教乘印證，乃知爲習氣橫發於中，熏然不自覺耳。自爾行腳雲水間，此海闊天空虛明昭曠之境，時時如大圓鏡，懸於眉睫間也。頃爲幻業所弄，直走瘴鄉，舟行過曹溪口，下湞陽峽，經小金山，而抵羊城，未暇登眺。戊戌秋日，始得覽其勝，與鏡心上人，過東坡堂，讀悟前身詩，又爽然自失，恍然若覩舊遊。是知天地一幻具，萬法一幻叢，出沒一幻蹟，死生一幻場，江山一幻境，鱗甲羽毛一幻物，聖凡一幻衆，爾我一幻遇耳。上人降心白法，日誦金剛經以爲定課，舊染頓袪，心光漸朗，蓋肯於刮垢磨光，非汎汎波流業海者比也。頃持卷索法語，爲進修之資，老人猛思昔遊海門故事。今此地見東坡如前身，因歎人生生死幻化，去來夢事。若以法界海慧照之，則三際十方，當下平等；天宮净土，一道齊平；心佛衆生，了無差別；鑊湯鑪炭，實際清凉。草樹庭莎，風帆沙鳥，煙雲變狀，日月升沈，舉目對揚，無非普現色身三昧也。吾學道人，所貴金剛正眼，爍破無明癡暗，煥發本有智慧光明，拈向現前日用，欬唾掉臂，揚眉瞬目之際，拈匙舉筯之間，頓顯自性無垢法身，是稱爲得解脫人。即如空生悟般若時，涕淚悲泣對佛，自謂實無有得名阿羅漢也。一切世間，所有諸法，豈有過此般若者哉！然般若非他，即吾人心鏡之光耳。永嘉云："比來塵鏡未曾磨，今日分明方剖析。"上人號曰鏡心，是以心爲鏡耶？是以鏡照心耶？若以心爲鏡，則老盧道："明鏡亦非臺"，非臺則無鏡可寄。若以鏡照心，心本無相，又何從而照之耶？如此非心則非鏡，非鏡則非心，心鏡兩非，名從何立？如此則上人名是假名，名假則真亦非真。是則，所讀之般若，又豈有文言字句，寄於齒頰之端耶？上人苟能悟此法門，則江光水色，鳥語潮音，皆演般若實相；晨鐘暮鼓，送往迎來，皆空生晏坐石室見法身時也。如此，則東坡之所書棱伽，佛印之殺青灾木，與老人今日荷三生之緣，重過此山，上人偶拈此卷以請益，莫道又是前身夢語也。經云："一切有爲法，如夢幻泡影，如露亦如電，應作如是觀。"上人苟能不昧本因，當習氣橫發，試取此卷讀之，不覺妄想顛倒情塵，自然冰消瓦解矣。

（選自江北刻經處本憨山老人夢遊集卷三）

示容玉居士

予居雷陽之三一庵，化州王居士容玉請曰：弟子歸心於道久矣，第志未專一。念生爲名教，以忠孝爲先，愧未能挂功名以忠人主，博儋石以孝慈親，心有未安，故難定志。余曰：然哉！夫忠孝之實，大道之本，人心之良也。安有捨忠孝而言道，背心性而言行哉！世儒概以吾佛氏之教，去人倫捨忠孝以爲背馳，殊不知所背者跡，所向者心也。傳曰："思事親不可以不知人，思知人不可以不知天，人者仁也，性之德也。"由是觀之，論事親而不知人，不名爲孝；論知人而不知天，不名知人；言知天而不見性，則天亦茫然無據矣。是则心性在我，则爲本然之天真也。能知天性之真，则爲真人，以天真之孝，则爲真孝子；能以見性之功自修，则爲真修，以性真之樂娛親，则爲妙行。以是爲孝，孝之至矣，猥云以敬爲重，而口體爲輕者，抑又末矣。玉曰：弟子服膺明誨，見性之功誠大矣，以此娛親固所願也。第望洋若海，渺無指歸，捷徑之功，乞師指示。余曰：古德有言，唯有徑路修行，但念阿彌陀佛。梵語阿彌陀，此云無量壽。佛者覺也，乃吾人本然天真之覺性，尤見性之第一妙門也。原夫此性，先天地不爲老，後天地不爲終，生死之所不變，代謝之所不遷，直超萬物，無所終窮，故稱無量壽。此壽，非屬於形骸修短，歲月延促也。吾人能見此性，即名爲佛。且佛非西方聖人之稱，即吾人自性之真。而堯舜禹湯，蓋天民之先覺者，斯則天民有待而能覺，聖人生之而先覺，此覺豈非佛性之覺耶？孟子所謂堯舜與人同耳，所同者此也。能覺此性，则人皆可以爲堯舜。人既皆可以爲堯舜，则人人皆可以作佛明矣。嗟嗟！世人拘拘一曲之見，未遇真人之教，而束於俗學，以耳食爲至當，無怪乎茫然而不知歸宿矣。玉曰：弟子蒙開示，信知自心是佛。自心作佛，不假外求，但不知作佛之旨，下手工夫，願求示誨。余曰：吾人苟知自心是佛，當審因何而作衆生。蓋衆生與佛，如水與冰，心迷则佛作衆生，心悟则衆生是佛，如水成冰，冰融成水，換名不換體也。迷则不覺，不覺即衆生；不迷则覺，覺即衆生是佛。子欲求佛，但求自心；心若有迷，但須念佛。佛起即覺，覺则自性光明挺然獨露，從前妄想貪瞋癡等，當下冰消。業垢既消，则自心清净脱然無累。無则苦去樂存，禍去而福存矣。真樂既存，则無性而不樂，天福斯現，则所遇無不安。惟此真安至樂，豈口體之能致，富貴之可及哉！此所謂心净则佛土净，事心之功無外乎此，净土之資，亦不外於是。玉曰：弟子聞教心目開朗，如見歸家道路，了無疑滯，第以念佛爲孝，何以致此孝耶？是所未安，願師指示。余曰：昔有孝子遠出，其母有客至，望子不歸，口嚙其指，子卽心痛，知母憶念，遂卽旋歸。且母嚙指而子心痛，以體同而心一也。子能了見自心，恍然覺悟自心卽母心也。以己之覺，以覺其母，以己之念，願母念之，母既愛子之形，豈不愛子之心耶？母若愛子之形，則形累而心苦；母若愛子之心，則形忘而心樂矣。且母子之心體一也，昔母念子，嚙指而子心痛；今子念母忘形，而母心豈不安且樂耶？第恐子事心之功不篤，忘形之學不至，不能如母念子之切，感悅其母之心耳。故古之孝子，不以五鼎三牲之養，而易斑衣戲彩之樂，孝之大者在樂親之心，非養親之形也。世孝乃爾，儻能令母之餘年，從此歸心於淨土，致享一日之樂，猶勝百年富貴。使母時懷戚戚之憂也，是則彼雖富貴而親不樂，卽樂而有所以不樂者存。今子以念佛而能令母心安且樂，樂且久，豈非無量壽耶？1母壽無量，子壽亦無量，是淨土在我而不在人，佛在心而不在跡矣。子其志之。

示鄧司直

　　佛祖出世，說般若之法，教人修行，必以般若爲本。般若，梵語，華言智慧。以此智慧，乃吾人本有之佛性，又云自心，又云自性。此體本來無染，故曰清淨；本來不昧，故曰光明；本來廣大包容，故曰虛空；本來無妄，故曰一真；本來不動不變，故曰真如，又曰如如；本來圓滿無所不照，故曰圓覺；本來寂滅，故曰涅槃。此在諸佛圓證，故稱爲大覺，又曰菩提。諸佛用之，故爲神通妙用；菩薩修之，名爲妙行；二乘得之，名爲解脫；凡夫迷之，則爲妄想業識；發而用之，則爲貪瞋癡愛驕諂欺詐；造之爲業，則爲婬爲殺爲盜爲妄。所取之果，則爲刀爲鋸爲鐵爲磨，乃至鑊湯鑪炭種種苦具，皆從此心之所變現。正若醒人無事，種種樂境，皆在目前，少時昏睡沈著，忽然夢在地獄，種種苦具事，一時備受辛酸楚毒，難堪難忍。正當求捄而不可得，時堂前坐客喧譁未息，隨有驚覺，呻吟而起，視其歡娛之境居然在目，而酒尚溫餚尚熱也。枕席之地未離，苦樂之境頓別。要之，樂向外來，苦從中出。由是觀之，天堂地獄之說，宛然出現於自心，又豈爲幻怪哉！是皆迷自心之所至耳。經云："自心取自心，非幻成幻法。"又曰："三界上下法，唯是一心作。"以此觀之，豈獨佛法說一心，從上聖賢乃至一切九流異術，極而言之，至於有情無情，無不從此一心之所建立，但有大小多寡善惡邪正明昧之不同，所用之各異耳。故曰：山河大地，全露法王身；鱗甲羽毛，普現色身三昧。此皆般若之真光，吾人自心之影事也。吾人本有之心體，本來廣大包容，清淨光明之若此。目前交錯褥沓陳列於四圍者，種種境界色相，又皆吾心所現之若彼。吾人有此而不知，固可哀矣，而且誤取自心，以爲貪愛之樂地。目悅之於美色，耳悅之於婬聲，鼻悅之香，舌悅之味，身悅之觸，心悅之法，又皆自心所出。又取之而爲歡爲樂，爲貪瞋癡，爲婬殺盜妄，而造作種種幻業。又招未來三途之劇苦，如人夢遊而不覺，可不大哀歟！以其此心與諸佛同體無二，歷代祖師悟明而不異者，獨吾人具足而不知，如幻子逃逝而忘歸，父母思而搜討之。所以<u>釋迦</u>出世，<u>達磨</u>西來，乃至<u>曹溪</u>所說三十餘年，諸方流衍千七百則指示於人者，盡此事也。豈獨<u>老盧</u>，即老人今日爲司直所說者，亦此事也。司直與諸現前共聞見者，亦此事也。經云："唯此一事實，餘二則非真。"是知此一事外，皆成魔說，爲戲論耳。是則諸佛全證若不出世，則辜負衆生；諸祖悟之而不說法，則辜負諸佛；凡有聞者，而不信不解不受不行，則辜負自己。負衆生者慢，負諸佛者墮，負自己者癡。斯則佛祖可負，而自己不可負，以其本有而不求，具足而不善用，譬如持珠作丐，可不謂之大哀歟！司直今者，身嬰塵海，心墮迷途，忽然猛省，回頭尋求此事，是猶持珠之子，恥與丐者爲伍，心心向人求自足之方，老人頓以此法直指向渠，儼若指示衣底神珠，原是司直固有，亦非老人把似，以當人情世態也。然此如意寶珠，隨求而應，種種事業受用境界，無不取足。至若求其隨應之方，又在司直自心善巧精勤，尅苦之力耳。若果能自肯，極力自求，一旦豁然了悟，則將山河大地鱗介羽毛，與夫三世諸佛，歷代祖師，及堯舜周孔事業，一口吸盡，不假他力。否則，依然一夢想顛倒衆生耳，又何以稱爲大丈夫哉！司直，司直，寧可上負佛祖，下負老人，萬萬不可自負、負君、負親也。老人今日所説般若，皆從上佛祖心地法門，即與六祖大師最初所説，不差一字。第最初聞者，唯爾一人，既以一人而當昔日千二百衆，老人歡喜不禁，故亦爲説般若之法。如吾佛祖所云："如爲一人，衆多亦然。"鄧生持此自利利他，未必不爲廣長舌也。

示周暘孺

周子請益法相宗旨，老人因揭六祖識智頌曰："大圓鏡智性清净，平等性智心無病，妙觀察智見非功，成所作智同圓鏡。五八六七果因轉，但轉名言無實性，若於轉處不留情，繁興永處那伽定。"此八句，發盡佛祖心髓，揭露性相根源，往往數寶算沙之徒，貪多嚼不爛，概視此爲閒家具，曾無正眼覷之者，大可憫也。咸謂六祖不識字，不通教，何以道此？殊不知佛祖慧命，只有八個字包括無餘，所謂"三界唯心，萬法唯識"。以唯心故，三界寂然，了無一物；以唯識故，萬法樅然，蓋萬法從唯識變現耳。求之自心自性了不可得，所以佛祖教人，但言心外無片事可得，即黃梅夜半露出本來無一物。即此一語，十方三世諸佛，歷代祖師，盡在裏許擘不破，故衣鉢止之。即二派五宗，都從此一語衍出，何曾有性相之分耶？及觀識智頌略爲注破。若約三界唯心，則無下口處，因迷此心變而爲識，則失真如之名，但名阿賴耶識，亦名藏識。此識乃全體真如所變者，斯正所謂生滅與不生滅和合而成，乃真妄迷悟之根，生死凡聖之本。楞伽云："藏識海常住，境界風所動，洪波鼓冥壑，無有斷絶時。"既云藏識卽阿賴耶，而又云常住，則本不動也。然所動者非藏識，特境界風耳。偈云："前境若無心亦無"，是則取境界者，非藏識乃生滅心耳。此生滅心強名七識，其實是八識之動念，所謂生機。若此機一息，前境頓空，而六識縱能分別，亦無可寄矣。若前五識原無別體，但是藏識應緣之用，獨能照境，不能分別，故曰同圓鏡。其分別五塵者非五識，乃同時意識耳。故居有功，若不起分別，則見非功矣。由是觀之，藏識本真，故曰性清淨。其過在一念生心，是爲心病。有生則有滅，惟此生滅，如水之流，非水外別有流也。但水不住之性，見有流相，有流則非湛淵之水明矣。故楞伽二種生住滅，謂相生住滅，流注生住滅。此二種生滅，總屬藏識。生滅不滅，則前七識生；生滅若滅，則唯一精真；其真如之性自茲復矣。復則識不名識而名智，故曰心無病。六祖大師所頌，約轉八識而成四智。大圓鏡智藏識所轉，平等性智七識所轉，妙觀察智六識所轉，成所作智前五識轉，以妄屬藏識之用，故真亦同圓鏡，然六七二識因中先轉，五八一體至果乃圓。如此觀之，識本非實，而妄有二用，故曰但轉名言而已，換名不換體也。且此體不在禪定修行，唯在日用一切；聖凡同時轉之，唯在留情不留情之間；故有聖凡迷悟之別。周子有志於此，諦向日用轉處著眼，試定當看。

示舒伯損

舒生伯損，有志於道，請益。因示之曰：老氏有言；"爲學日益，爲道日損，損之又損，以至於無爲。"學者增長知見，以當進益，殊不知知見增而我見勝，我見勝則氣益驕，氣益驕則情愈蕩，情蕩則慾熾而性昏矣。性昏而道轉遠，是故爲道者，以損爲益也。吾人性本清净，了無一物，所謂纖塵不立性之體也。由是習染濃厚，發而爲貪爲瞋爲癡爲慢，故縱情物欲，物欲厚而性日昏，所謂有餘之害也。今之爲道者，但損其有餘，以復性之所不足。性體若足，則道日光，由是發之，而爲忠爲孝爲仁爲義。推而廣之，以治天下國家，則其利溥而德大，以致功名於不朽者，皆損之之益也。故在易卦損上益下曰益，損下益上曰損。苟不自知所損，徒以增長知見爲學，則損益倒置，又何能以盡性哉？是故志道者損之爲貴。

　　　　　　　（以上選自江北刻經處本憨山老人夢遊集卷四）

示袁大塗

　　世之士紳有志向上，留心學佛者，往往深思高舉，遠棄世故，效枯木頭陀以爲妙行。殊不知佛已痛呵此輩，謂之焦芽敗種，言其不能涉俗利生。此政先儒所指虛無寂滅者，吾佛早已不容矣。佛教所貴在乎自利利他，乃名菩薩。梵語菩薩，此云大心衆生。以其能入衆生界，能斷煩惱，故得此名。菩薩捨世間無可修之行，捨衆生無斷煩惱之具，所以菩薩資藉衆生，以斷自性之煩惱，如"他山之石，可以攻玉"耳。煩惱者乃貪瞋我愛見慢種種惡習，而爲自性光明之障蔽，非世間衆生一切逆緣境界，不能磨礪以治斷之，如詩所云切磋琢磨者此也。且佛制五戒，即儒之五常：不殺，仁也；不盜，義也；不邪淫，禮也；不飲酒，智也；不妄語，信也。但從佛口所說，言別而義同。今人每發心願，持佛戒，乃自脱略其五常，是知二五而不知十也。又推禪定爲上乘，以其能明心見性，而不知儒亦有之。顏淵問仁，子曰："克己復禮爲仁。"己者，我執也，豈非先破我執爲修禪之要。一日克己，天下歸仁，豈非頓悟之妙。以天下皆物與己作對待障礙，若我執一破，則萬物皆己，豈非歸仁乃頓悟之效耶？及直請其目，乃曰："非禮勿視聽言動"，以所視聽言動者，皆物而非禮，則我障也。今言勿者，謂不被聲色所轉也，於一切處不墮非禮，豈非入禪以戒爲首耶？但佛多就出世説，至其所行，原不離於世間，即菩薩住世所行，亦不外此。佛者覺也，能覺此心即名爲佛，非離此净心之外，別求一佛也。良由衆生惡習障重，心難清净，故設念佛方便，求生净土法門。且曰心净則佛土净，是知念佛固净心之妙行也。然念佛本爲净心，苟念佛而其心不净，何取於念？持戒而背五常，何取爲戒？袁生有志向道，結友同修净業，蓋夙習善根所發，參見老人堅請授戒，老人示之曰：戒本自性具足，若諦信老人之言，自净其心，則戒已受，禪已修，净土已入，菩薩妙行世出世法，二利具足，概不出此。生其勉之。

（選自江北刻經處本憨山老人夢遊集卷五）

示斷陽宗遠庵歸宗常公

常公有志向上事，專持法華經，聞老人至匡山，匍匐而來，相見於東林。自陳誦法華經，於十方佛土中，唯有一乘法，除佛方便説，但以假名字，引道於衆生，於此懷疑，不知如何是一乘，如何是方便假名，願垂開示。老人謂之曰：所云一乘者，乃一切衆生之本心，吾人日用現前知覺之自性也。以此心性，是一切聖凡之大本，故説爲乘。乘者是運載義。故曰："三界上下法，唯是一心作。"除此心外，無片事可得。即吾人日用六根門頭，見聞不昧，了了常知，不被塵勞妄想之所遮障，光明普照，靈覺昭然，即此一心是佛境界，則運至於佛。若以此心廣行六度，攝化衆生，不見有生可度，亦不見有佛可成，如是一心，即菩薩境界，則運至菩薩。即以此心觀諸四諦，能斷愛染煩惱苦因，高超三界證寂滅樂，如此便是二乘境界，則運至二乘。若以此心精修梵行，四禪八定，則是四聖四禪境界，則運至梵

天。能修十善斷上品惡，則感六欲諸天境界，則運至諸天。若迷此一
心，恣殺盜婬，斷佛種性，則感三途劇報，則運至三惡道中。是故佛
說三界唯心。除此一心，無片事可得。唯此一事，更無餘事，故說
一乘。非此心外，別有一法可說也。若心外有法，是爲外道邪見，
非正法也。若了此心，則知三賢十聖，及一切衆生，皆一心之影響。
道是假名，則知佛所說三乘十二分教，隨機施設，皆是假名引導衆
生，元無實法與人也。種種方便，皆爲開示此心，不是更有異法爲衆
生說也。不唯佛是方便，即末後拈華，迦葉微笑，及達磨西來，單傳
心印，亦是方便，所言直指人心，見性成佛，若言直指早是曲矣。末
法學人，不達自心，專向外求，到底絕無真實受用。及有志參究向
上事，不知本來無法，不了自心一味真實，更要別求玄妙，如此用心
不唯正眼不明，抑且墮落外道邪見，名雖學道，不知翻成地獄種子，
豈不哀哉！老人嘗謂"學人直貴真實用心，自淨煩惱習氣、業識種
子"。破得一分業識，便露一分佛知見，達一分佛境界；斷得十分業
識，便是十分佛境界。豈有心外別將巧法，逗湊將來，可爲佛境界
乎？禪人更莫狐疑，但只了知自心，即是一乘。若悟諸法但有假
名，便是真實工夫。直須一切處不迷，如此著力做工夫，不必更作
一種思量較計，都是邪見種子也。

示古愚拙禪人

　　古愚禪人自浮梁來參金輪，請益做工夫。老人因問：汝日用如
何用心？答云：作唯心觀。又問：汝作觀時，還見有境否？答曰：到
這裏總不見有境。老人曰：既不見有境，將什麼唯心？禪人曰：某
甲只是不忘能。老人曰：汝說唯心，是以知見做工夫，其實未達唯
心境界。古德云："未達境唯心，起種種分別；達境唯心已，分別即
不生。"汝於現前境界，還生分別否？若作觀時，似乎忘境，逢緣依

然分別，逐境生心，如此捺硬説唯心，終是不得實證。縱是忘得前境，若執著唯心，則是不能忘心，乃忘所未忘能。故心境不得混融，是名智礙，況未得忘境，強説唯心，以作實法者乎？古德云："絲毫未透，如隔千山。"直饒做到心境兩忘，一法不立，猶知見邊事，況以思惟心，作究竟想，豈不爲自瞞者乎？禪人今去南嶽萬峰深處，諦觀水流風動，鳥語山光，觸目盈耳，了無身心世界之相，打成一片，只這唯心二字，亦須拋向十方世界外，更有事在？若墮唯心窠臼，依然無出頭分。

示參禪切要

禪門一宗，爲傳佛心印，本非細事。始自達磨西來，立單傳之旨，以棱伽四卷印心。是則禪雖教外別傳，其實以教應證，方見佛祖無二之道也。其參究工夫，亦從教出。棱伽經云："静坐山林，上中下修，能見自心，妄想流注。"此實世尊的示做工夫之訣法也。又云："彼心意識，自心所現，自性境界，虚妄之相。生死有海，業愛無知，如是等因，悉以超度。"此是如來的示悟心之妙旨也。又云："從上諸聖，轉相傳受，妄想無性。"此又的示秘密心印也。此黄面老子教人參究之切要處。及達磨示二祖云："汝但外息諸緣，内心無喘，心如牆壁，可以入道。"此達磨最初示人參究之要法也。傳至黄梅求法嗣時，六祖剛道得"本來無一物"，便得衣鉢，此相傳心印之的旨也。及六祖南還示道明云："不思善，不思惡，正恁麼時，阿那箇是明上座本來面目？"此是六祖第一示人參究之訣也。是知，從上佛祖，只是教人了悟自心，識得自己而已，向未有公案話頭之説。及南嶽青原而下，諸祖隨宜開示，多就疑處敲擊，令人回頭轉腦便休，即有不會者，雖下鉗鎚，也只任他時節因緣。至黄檗始教人看話頭，直到大慧禪師，方纔極力主張，教學人參一則古人公案，以爲巴鼻,謂之話頭,要人切切提撕。此何以故？只爲學人八識田中，無量劫來惡習種子,念念內熏,相續流注,妄想不斷,無可奈何,故將一則無義味話,與你咬定,先將一切內外心境妄想,一齊放下。因放不下,故教提此話頭,如斬亂絲,一斷齊斷,更不相續,把斷意識,再不放行。此正是達磨外息諸緣,內心無喘，心如牆壁的規則也。不如此下手,決不見自己本來面目。不是教你在公案語句上尋思,當作疑情,望他討分曉也。即如大慧,專教看話頭,下毒手,只是要你死偷心耳。如示衆云："參禪惟要虛卻心,把生死二字,貼在額頭上,如欠人萬貫錢債相似,晝三夜三,茶裏飯裏,行時住時，坐時臥時,與朋友相酬酢時,静時鬧時，舉個話頭：'狗子還有佛性也無？'州云"無"。只管向個裏看來看去,沒滋味時,如撞牆壁相似,到結交頭,如老鼠入牛角,便見倒斷也。要汝辦一片長遠身心,與之撕挨,驀然心華發明,照十方刹,一悟便徹底去也。"此一上是大慧老人尋常慣用的鉗錘,其意只是要你將話頭堵截意根下妄想,流注不行,就在不行處,看取本來面目,不是教你向公案上尋思,當疑情,討分曉也。如云："心華發明,豈從他得耶？"如上佛祖一一指示,要你參究自己,不是向他玄妙言句取覓。今人參禪做工夫,人人都説看話頭,下疑情,不知向根底究,只管在話頭上求。求來求去,忽然想出一段光景,就説悟了,便説偈呈頌,就當作奇貨,便以爲得了，正不知全墮在妄想知見網中。如此參禪,豈不瞎卻天下後世人眼睛。今之少年,蒲團未穩,就稱悟道,便逞口嘴,弄精魂,當作機鋒迅捷,想着幾句沒下落胡言亂語,稱作頌古。是你自己妄想中來的,幾曾夢見古人在!若是如今人悟道這等容易,則古人操履,如長慶坐破七箇蒲團,趙州三十年不襍用心,似這般比來,那古人是最鈍根人,與你今人提草鞋也沒用處。增上慢人,未得謂得,可不懼哉! 其參禪,看話頭,下疑情,決不可少。所謂小疑小悟,大疑大悟,不疑不悟,只是要善用疑情。若疑情破了，則佛祖鼻孔自然一串穿卻。只如看念佛的公案，但審實念佛的是誰，不是疑佛是誰。若是疑佛是誰，只消聽座主講阿彌陀佛，名無量光，如此便當悟了，作無量光的偈子幾首來，如此喚作悟道，則悟心者如麻似粟矣。苦哉苦哉！古人說話頭如敲門瓦子，只是敲開門要見屋裏人，不是在門外做活計。以此足見依話頭起疑，其疑不在話頭，要在根底也。只如夾山參船子，問云：“垂絲千尺，意在深潭，離鈎三寸，子何不道？”山擬開口，師便一橈打落水中。山纔上船，師又云：“道！道！”山擬開口，師又打。山大悟，乃點頭三下。師曰：“竿頭絲線從君弄，不犯清波意自殊。”若是夾山在鈎線上作活計，船子如何捨命爲得他？此便是古人快便善出身路也。在昔禪道盛時，處處有明眼知識，天下衲子參究者多，到處有開發，況云不是無禪，只是無師。今禪家寂寥久矣，何幸一時發心參究者多，雖有知識，或量機權進，隨情印證，學人心淺便以爲得。又不信如來聖教，不求真正路頭，只管懵懂做，卻便以冬瓜印子爲的決，不但自誤，又且誤人，可不懼哉！且如古之宰官居士，載傳燈者，有數人而已。今之塵勞中人，粗戒不修，濁亂妄想，仗己聰明，看了幾則古德機緣，箇箇都以上上根自負，見僧便鬥機鋒，亦以自己爲悟道。此雖時弊，良由吾徒一盲引衆盲耳。老人今遵佛祖真正工夫切要處，大家商量，高明達士，自有以正之。

示顧山子

予居雙徑之寂照，居士顧山子來參，扣其業，曰事形家。次至化城，因指點山水，談造化之精妙，超乎形氣，蓋得其精而遺其粗者。因詰之，謂嘗見悟一篇。是篇乃予門生周子所述，予嘗序之曰：“一乃萬物之本，造化之蘊也。故曰：天得一以清，地得一以寧，聖人得一以爲天下正。”正則不滑於邪，而固其本也。然人與物，理與氣，心與形，均一也。一得而衆理歸之。語云："識得一，萬事畢。"故吾徒參玄之士，必曰："萬物歸一，"一歸何處？斯則歸一可知，一之所歸則不可知也。今夫人者萬務交固，萬慮攻心，紛紛擾擾，竟莫之寧，乃不識一之過也。居士既能觀天地造化之歸一，而不識身心性命之歸一，是知二五而不知爲十也。苟知性命之歸一，則萬化備在於我矣。可不務哉？

（以上均選自江北刻經處本憨山老人夢遊集卷六）

示恒河智禪人持法華經

禪人出家浮渡，久執侍澄公，得任持法門，居化城有年。化城乃刻大藏地，爲海内法窟。禪人力任常住，綱維百務。老人適來雙徑，禪人作禮請益，願持法華經。老人因示之，曰：佛爲一大事因緣，故出現於世，所謂開示一切衆生佛之知見，令其悟入。所言佛知見者，乃衆生本有之佛性也。今被無明封錮，而爲妄想知見，故日用見聞知覺，隨情造業，以取生死之苦，不自覺知。我釋迦大師，特特出世一番，單爲開示此事，使之悟其本有，不假外求。若悟此本有，則日用六根門頭應緣作用者，皆佛智現前，名佛知見，非衆生妄想知見也。若悟此知見，則頭頭法法，皆真實用心，凡一切動用諸行，皆真實妙行，都爲成佛真因矣。故經云：乃至舉一手，或復小低頭，乃至一香一華，以此供養佛，皆已成佛道。微因小善，皆成佛真因，況身任衆務，捨命爲法，豈非成佛之真種乎？吾佛教人持法華經者，入如來室，著如來衣，坐如來座。如來室者，大慈悲心是；如來衣者，柔和忍辱心是；如來座者，一切法空是。禪人能奉如來三者之教，乃名真持經人。若不能入此三法門，則單持安樂行品，念念思惟，心心願入，晝夜不忘，如此則六萬餘言，字字光明，現於六根門頭矣。若不入此法門，縱能持百千萬部，但是與義作讐家，豈真持經者耶？若不信老人，更當請問文殊彌勒。

示玄津壑公

公受業淨慈，乃永明禪師唱道地。初薙髮，禮永明塔於荒榛，凡事一遵遺範，手自行錄。爲師承卜，遷師塔於宗鏡堂。後誓不募化，唯行法華懺儀，堅持其願，而集者如雲。塔工既成，修宗鏡堂築三潭放生池，皆永明本願也。余弔雲棲大師，將往淨慈，公料理宗鏡堂爲駐錫所。予入門禮永明大師塔，觀其精妙細密，經畫如法，纖悉毫末，咸中規矩。予留旬日，繞千百衆，人人充足法喜，内外不遺，諸凡井井，頤指適可，如不經意。予以是見公才堪經世，慈足利生，不獨有深心實具，無方妙行，非乘宿願未易能也。予既行，公送別請益，予因示之曰：爲佛弟子，人有真僞，行有理事，才有體用，心有廣狹。均名僧也，而就中不同如霄壤。故菩薩利生之門，有其多種，佛呵聲聞爲名字羅漢，斥非真也。佛所最重者，唯末世中護慧命者爲極難。其人以處剛强濁世，自救不暇，安能爲法門乎？周身不給，安肯愛護衆生乎？諸大乘教中，皆稱能護法者爲真佛弟子，以能克荷其家業耳。佛憂滅度之後，求持經者爲難，然經卽佛之法身慧命，非紙墨文字也。且法身流轉五道而爲衆生，是知能護衆生，卽護佛慧命。故般若教菩薩法，以度衆生爲第一，以不住衆生相爲妙行。所謂滅度無量無數衆生，實無一衆生可度，是了衆生相空也。然我卽衆生之衆生也，衆生既空，我亦何有？我人皆空，中間事業，誰作誰受，物我兩忘，中間自寂，三輪若空，則實相如如，平等一照，菩提涅槃，皆如幻夢，又何有佛法之可說，禪道之可修，萬行之可作哉！所以法華會上，讚持經者，曰舉手低頭，皆已成佛。是乃以已成之佛心，作現前之衆行，故一一行皆是佛行，行之妙者無踰於此，如此是名真佛弟子矣。佛言：慈悲所緣，緣苦衆生。若無

衆生則無菩提，所以菩薩如大地心，荷負衆生故；如橋梁心，濟渡衆
生故。毗盧以普賢爲身，普賢以衆生爲身。若以衆生爲心，是爲荷
擔如來矣。公試觀予言，以印證其心，若見自心，果於法合，則法外
無法，如空外無空。若有草芥塵毛，而不舉體全歸法性者，則是心
外有法，法外有心，人我樅然，是非未泯，捨此法門，更於何處求向
上一路乎？佛元無法與人，祖師亦願自度，若存一法之見，卽是自
心未度，自不能度，求甚佛祖作擔糞奴郎耶？公自此以往，更須高
著眼睛，自點檢看，莫道老僧饒舌。

示了無深禪人

佛言："比丘心如絃直，可以入道。"净名云："直心是道場。" 聖
人亦云: 人之生也直。是知佛心無別妙處，只是衆生中直心人耳。
直則無委曲相，所言直者，乃一塵不立，方謂之直。譬如弓絃之直
能容何物哉! 纔有一念不直，便是過錯。能念念直，則念念不容一
物，物不立處，則本體自現。故六祖大師云: 常自見己過。卽此一
語，便是成祖作祖之要訣。所言過者，非作事之差，乃自心之妄耳。
以此心本無一物，平平貼貼，纔有一念則爲過矣。一念爲過，況種
種惡習，念念發現，不自覺知，豈能免過？學人用心不在一念上著
力，則終身參學，不能得真實受用，以用浮想緣影爲功，故錯到底
耳。禪人初參老人於徑山，老人卽字之曰了無，欲要著力於本來無
一物耳。送別舟中，貽此勉之。

　　　　　　　（以上選自江北刻經處本憨山老人夢遊集 卷七）

示六如坤公

從上諸祖教人參禪，雖有超佛越祖之談，其實要人成佛作祖
耳。未有欲求作佛祖，而不遵佛祖之言教者。捨教而言修行，是捨

規矩而求方圓也。且佛教阿難，開口便道應當直心。浄名云："直心是道場。"馬鳴大師，開示修行切要，須發三種心：謂直心，正念真如法故；深心，要集一切諸善行故；大悲心，願救一切衆生苦故。從上諸祖，未有不發此三種心者，學人祇知夢夢的去參話頭，只要妄想貪求玄妙，卻不知是直心正念真如，祖師方便法門。若說真如二字，學人早作道理會取去，誰肯下死工夫做。若只教去看話頭，看到話頭，逼拶歷劫情根，忽然斷處，從來一切妄想情慮，當下消滅，求一念生心，了不可得，到此便是離念境界，正所謂正念者無念也。若到無念，則不求與真如合，自然觀體相應，如此便是佛祖教人直心的樣子也。是知參禪，更無別樣巧法，只是要人實實死做，做到恁般田地，豈有甚秘密巧妙哉！此乃第一直心修行也。第二深心，要集一切諸善功德。此諸善功德，不是外邊有爲的事，如達磨大師，對武帝云："浄智妙圓，體自空寂，是真實功德。"是知達磨所説浄智妙圓，正是馬鳴直心正念真如。馬鳴所説諸功德，就是將直心正念去做，以真如徧成一切有爲事法。今日要求證真如，不是在死眉死眼鬼窟裏求，要在一切日用有爲萬行上求。所以行上求者，不是在事上別討出一個玄妙真如來，只是就將直心正念，在一切事上驗看，可與直心正念相應不相應。若事事法法，都與直心正念相應，則目前無一法一事，不是真如境界矣。所以馬祖與百丈諸弟子，日用中，搬柴運水，鋤田插禾，燒火煮飯，事事上覿面勘驗，尋常一言一句，冷言熟語，都是要弟子入證真如之門。若勘到果然一切處不昧，方許有爲人分。若胸中絲毫未透，未到無念境界，起心動念，即被業轉，墮在生死窟中。故未輕許印正，此傳燈千七百則葛藤，皆真實印正語，非玄妙機鋒語。如今學人都把作玄妙奇特言句，藴在胸中，當作己解，日用頭頭，未曾一毫看破，豈不誤哉！第三大悲心，願拔一切衆生苦。如今學人，見拔衆生苦，是菩薩事，待他日成了菩薩，纔度衆生，卻不知能度衆生，方是菩薩。度衆生苦，不是有了神通妙用，纔去度衆生，卻就是直心正念，集諸功德處，就是度生事業。且如世尊，教須菩提度盡衆生，實無衆生可度，乃至廣行六度，更無一法可行，乃至上求菩提佛果，亦無所得。且度衆生，豈不是集諸功德！實無一法可得，豈不是直心正念真如！如此妙用，乃自己日用神通，取之無禁，用之不竭，則何法而非功德事哉！以衆生日用種種事法，皆是煩惱現行，今以真如一念，事事法法上印破，都轉作真如妙用，便是度自心之衆生。如此參學，是名真參實究者，不是現成端坐養懶，過了三年五載，便誇大口，說我參禪幾多時，悟了多少妙處。如此見識，都閻老子前喫鐵棒漢，反不如三家村田舍郎，他倒免酬信心檀越宿債。老漢看來，佛祖教人，原是分分明明，只是後人錯會，所以誤耳。禪人既歸心老人，須信老人言，從今將抱守瑠璃瓶子，一拶粉碎，將從前參的，都移在一片身心上，向成就衆生門頭，拌卻性命去，一一著實體驗過，發廣大心。能引一衆生發菩提心，便是拔一衆生之苦；自破一分我執，損一分煩惱，消得一分我見煩惱，便是證一分真如境界。若從此以去，更發長遠心，即三生十劫，劫劫生生，行到煩惱消盡處，便是度盡衆生處。若衆生煩惱一時都盡，更要成甚麼佛祖？

示說名道禪人

　　道學人，往參老人於曹溪，特爲發明金剛般若宗旨。以吾人修行，不仗般若根本智，生死難出。然此般若，非向外別求，即是吾人自心之本體，本自具足。故今修行，但求自心，更不別尋枝葉。佛祖教人，只是返求自心，故云：識心達本源，故號爲沙門。又云：若人識得心，大地無寸土。以我自心，元是般若光明，本來無物，但因一念之迷，故日用而不知，但知有此幻妄之假我，即不知有本來常住法身。即今要悟本來法身，即就日用現前，六根門頭，起心動念執著我處，當下照破，本來無我。無我則無人，無人則了無衆生。衆生既空，則生死根絶，生死既脱，則無壽命。是則，四相既除，一心無寄，豈非無住之妙行乎！若不能當下了悟，只將六祖本來無物一語，置在目前。但見一切境緣，對待生心之時，便是我執，就此執處一照照破，則當下情忘，對待心絶，即是無我。無我則無人，人我既空，則日用身心，了無罣礙。以日用逆順境界，皆是生死路徑，若境界看破，了無罣礙，則生死根株，亦從此倒斷矣。如是，豈非善修般若無住之妙行乎！禪人有志要出生死，必以此爲第一義，此外別求，即落外道邪徑矣。

（以上選自江北刻經處本憨山老人夢遊集 卷八）

示念佛參禪切要

　　念佛審實公案者，單提一聲阿彌陀佛作話頭，就於提處，即下疑情，審問者念佛的是誰。再提再審，審之又審，見者念佛的畢竟是誰。如此靠定話頭，一切妄想襍念，當下頓斷，如斬亂絲，更不容起，起處即消。唯有一念，歷歷孤明，如白日當空，妄念不生，昏迷自退，寂寂惺惺。永嘉大師云："寂寂惺惺是，寂寂無記非；惺惺寂寂是，惺惺亂想非。"謂寂寂不落昏沈無記，惺惺不落妄想，惺寂雙流，沈浮兩捨，看到一念不生處，則前後際斷，中間自孤。忽然打破漆桶，頓見本來面目，則身心世界，當下平沈，如空華影落，十方圓明，成一大光明藏。如此方是到家時節，日用現前，朗朗圓明，更無可疑，始信自心，本來如此。從上佛祖，自受用地，無二無別，到此境界，不可取作空見。若取空見，便墮外道惡見，亦不可作有見，亦不可作玄妙知見，但凡有見，即墮邪見。若在工夫中，現出種種境界，切不可認著，一咄便消。惡境不必怕，善境不必喜，此是習氣魔,若生憂喜,便墮魔中。當觀惟自心所現,不從外來;應知本來清淨,心中了無一物,本無迷悟,不屬聖凡,又安得種種境界耶？今爲迷此本心,故要做工夫,消磨無明習氣耳。若悟本心本來無物,本來光明廣大清淨湛然,如此任運過時,又豈有甚麼工夫可做耶？今人但信此心,本來無物,如今做工夫,只爲未見本來面目,故不得不下死工夫一番,方有到家時節。從此一直做將去,自然有時頓見本來面目,是出生死永無疑矣。

　　　　　　　　　　(選自<u>江北刻經處</u>本<u>憨山老人夢遊集</u>卷九)

示徐清之

　　佛說三界上下法,唯是一心作。言三界上者,乃出世四聖,謂佛、菩薩、聲聞、緣覺也。三界下者,乃六道凡夫,謂天、人、修羅,三善道,及地獄、畜生、餓鬼,三惡道也。是則十法界中,一切聖凡,善惡因果,依正莊嚴,皆由一心之所造。然此一心非別,乃吾人日用現前,分別了知之心也。既然一切由心,非次第造,乃日用現前,念念所作之業,於十法界流轉。若一念由貪嗔癡所作十惡身三口四意三惡業,則就三途苦趣之因;若一念轉十惡而爲十善,則爲人天妙樂之因;若一念善惡兩忘,內不見有我,外不見有人,一心寂靜,則爲聲聞出苦之因;若觀目前苦樂逆順,由因緣生滅,流轉還滅,則成緣覺之因;若一念了知人法無我因緣,性空無有作受者,而不妨現行布施持戒忍辱,六道之行,化度衆生,則爲菩薩之因;若一念頓悟自心,本來光明廣大,無不包容,無不濟度,了無一法當情,生佛平等,即爲成佛之因。故此一心,廣大無外,本來清淨,圓滿光明,若日用念念悟此,則雖居塵勞,而爲出世之人矣。此所以<u>維摩</u>稱爲不二法門也。居士若能體此而行,則一切恩怨是非人我,煩惱情根,應念化成光明藏矣。日用一切境界,試此觀看,念念覺察,若不能安忍爲煩惱之所障礙，纔見起處，即將六祖本來無物一句提起，如金剛王寶劍，則一切煩惱，當下冰消，身心化作清涼池矣。如此力行，若能精進不退，則頓證大解脫場，又何此外別求佛法哉？

答德王問

承大王諭使者，訪問山僧修行直捷法門，云："王已能持不殺戒，齋蔬三年，但念末後一著爲急，有何法修持，至臨終安樂，後世不迷。"此乃大王宿習，般若根深，積生修習，故今處富貴尊位，不昧本來一念，真切參求法要，山僧愚劣，敢以實對。惟佛説法度人，如應病之藥，方便多門，不是一種，自教流此土，古今依奉修行者，有禪與教兩門，人人共由。禪則傳燈諸祖，直貴了悟自心。其下手工夫，則以單提話頭參求，直至明見自心而後已。此獨被上上根人，一超直入，又須善知識時時調護提撕，方得正路。在昔王臣，亦有能者，蓋不多見，是乃出家人易爲行耳。今大王尊居深密，不易接見善知識，故不敢以此勸進。其有依教修行，昔有天台智者，大小止觀，乃成佛要門。其大止觀文繁難於理會，其小止觀，雖簡易，其實要説解明白而下手安心，亦不易入，即能知能行，亦難得親切，日用現前，境界逆順處多用不上，況末後大事乎！此法亦非大王所易行者，亦不敢進。今獨有佛説西方净土一門，專以念佛一事爲要，以觀想净境爲正行，以誦大乘經爲引發，以發願爲趣向，以布施爲福田莊嚴，此實古今共由，不論貴賤智愚，俱能真實下工夫。故萬人修行，萬人效驗，此願大王留意焉。謹將日用修行規則，條列如左：

我佛爲救度娑婆世界，諸苦衆生，專説西方極樂净土法門，但專以念阿彌陀佛，發願往生。彼國有彌陀經一卷，便是證明。其經中所説，都是彼國，及國土境界實事，最是明白。其修行之方，亦有

節次，如僧家功課之法，不必拘套，但以念佛爲主，每日早起禮佛，
卽誦<u>彌陀經</u>一卷，或金剛經一卷，卽持數珠，念<u>阿彌陀佛</u>名號，或三
五千聲或一萬聲，完卽對佛回向，發願往生彼國，語在功課經中。此
最早功課，晚亦如之。如此日日以爲定課，定不可缺。此法教諸宮
眷，如法同修更妙。此乃我<u>聖宗仁孝聖母</u>所行，垂法宮闈，至今不
廢者，是爲常行也。至若爲末後一著大事，其做工夫，更要親切。每
日除二時功課之外，於二六時中，單將一聲<u>阿彌陀佛</u>，橫在胸中，念
念不忘，心心不昧。把一切世事，都不思想，但只將一句佛，作自己
命根，咬定牙關，決不放捨。乃至飯食起居，行住坐臥，此一聲佛時
時現前。若遇逆順喜怒煩惱境界，心不安時就將者一聲佛提起一
拶，卽見煩惱當下消滅。以念念煩惱，是生死苦根，今以念佛，消滅
煩惱，便是佛度生死苦處。若念佛消得煩惱，便可了得生死，更無
別法。若念佛念到煩惱上作得主，卽於睡夢中作得主。若於睡夢
中作得主，則於病苦中作得主。若於病苦中作得主，則於臨命終
時，分明了了便知去處矣。此事不難行，只是要一念爲生死心切，
單單靠定一聲佛，再不別向尋思，久久純熟，自然得大安樂自在，得
大歡喜受用，殊非世間五欲之樂可比也。惟大王留意此法，便是真
實修行，捨此更無過此直捷省事者也，切不可聽邪見邪說而惑焉。
又，大王若要末後知去向，更有一妙法，請爲言之。其法就在念佛
心中，時時默下觀想，想目前生一大蓮華，不拘青黃赤白，狀如車輪
之大。觀想華狀分明，仍想自身坐在華中，鬚臺之上，端然不動，想
佛放光明來照其身。作此想時，不拘行住<u>坐臥</u>，亦不計歲月日時，
只要觀境分明，開眼合眼，了了不昧，乃至夢中亦見<u>阿彌陀佛</u>，與<u>觀
音勢至</u>，同在華中，如白日明見。若此華想成就，便是了生死之時
節也。直至臨命終時，此華現前，自見己身坐蓮華中，卽有<u>彌陀觀
音勢至</u>，同來接引，一念之頃卽得往生西方極樂世界，居不退地，永

不復來受生死之苦。此實修行一生了辦之實效也。惟此法門，非是僧談，乃佛經中，處處開導，直捷法門。所謂惟有徑路修行，但念阿彌陀佛，捨此別無妙法矣。聞大王心，不求長生，但願末後明白，除此再無可明白之法矣。若怕疾病，要學調息運氣求卻病，此非良法。若氣不善運，返至大病，至不可療，萬萬不可惑於此也。若是念佛一法，得入親切，其餘總不必留心矣。願大王著實諦信，切莫懷疑。

又

正月二十七日，僧蘊真，奉大王令旨，持睿語，下問事件。山僧伏讀再三，足見大王體究生死大事，要明性命根宗，了達佛祖禪教旨趣。山僧愚昧，不敢妄譚，謹按教典，一一條牒來問，對答分明，陳列如左，伏乞睿覽。

一問三乘之道，性命之原，教禪之說，達磨之道，何曰無字？心地何處用工？人生到底怎麼下落？又說：有佛無佛端的何爲？又說一靜之中，無我無人，猶如太虛到底如何？可將上中下乘言語，佛祖度衆生之念，一一細剖解釋，是所願聞。

答：佛教宗旨，單以一心爲宗。原其此心，本來圓滿光明廣大，了無纖塵，清淨無物，此中本無迷悟生死，聖凡不立，生佛同體，無二無別，此正達磨西來，直指此本有真心，以爲禪宗。故對武帝云："廓然無聖，若能頓悟此心，則生死永絕。"只在當人一念頓悟，卽名如如之佛，不屬修證階差，不屬三乘漸次。此禪宗目爲向上一路。從前諸祖所傳，卽指此心，以爲宗極，是名爲禪。此宗不立文字，只貴明心見性。其修進工夫，當初達磨教二祖，問曰："汝作甚麼？"二祖云："乞師安心。"達磨云："將心來與汝安。"二祖云："覓心了不可得。"達磨卽與印正，云："與汝安心竟，此心不可得一語，便是西來的指。”二祖又問：“豈無方便？”磨云：“汝但外息諸緣，内心無喘，心如牆壁，可以入道。”此便是教參禪最初第一著工夫，達磨之道，如此而已。除此心外，更無別法。後來禪道既久，學人不能頓悟，故有參禪提話頭之説。其話頭不拘是誰，隨將古人公案一則，蘊在胸中作話頭，下疑情，卽無之一字，就是公案。直者疑處，便是參究。參來參去，久久忽然心地迸開，如大夢覺，卽名爲悟。以參究便是用工夫，以正參時，心中一念不生，了無一物，故説無我無人，猶如太虛，悟處便是下落。既得了悟自心，則歷劫生死情根，一齊頓斷。既悟此心，又説甚佛與衆生。故從此已去三界，往來任意度生，永絶諸苦，不被生死拘留，是稱菩薩。此便是參禪到底下落，性命從此了卻。若不悟此心，則被一生作下善惡業牽，輪轉六道諸苦趣中，到底没下落。所謂生死苦海，無有彼岸，正謂此也。

　　一問“三乘之道”。乃是佛度衆生，隨機施設，權巧方便之法門也。一大藏經，皆是此意。原夫一心之法，生佛同體，本無身心。蓋因最初一念妄動，迷了此心，遂結成幻妄身心。卽今人人血肉之軀，名爲色身。卽今知覺思慮者，乃妄想，心經説五蘊是也。五蘊者，色受想行識也。肉身卽色蘊，心卽受想行識之四蘊。以身心知苦樂等爲受，分別貪求念念不斷爲想，此想相續不斷爲行，此三卽知覺思慮之心。其識卽命根，初未迷時，但只云性，既迷真心，有此幻妄身心。其識連持此身，故名爲命。此性命之原也。佛初出世，只是教人了悟此心而已。以迷之既久，不能了悟，故佛設方便，先教人知此身是苦本，其苦因貪瞋癡愛煩惱所集而生，故要人先斷煩惱，其苦可出。其中下根人，依之修行，斷了煩惱，果然得出生死之苦，是稱聲聞緣覺，爲下中二乘。因他但能自度，不能度人，不知同體之意，只得一半，故名小乘。及有大心衆生，既能自度，又能度人，自利利他，廣修六度，謂能布施、持戒、忍辱、精進、禪定、智慧，有此六行，其心廣大，是名菩薩，故名大乘，又云上乘。此二乘法，一大藏經，都説此事，只是要人了悟此心，末後會歸一心，卽名最上一乘，是名爲佛。此教中之極則也。三乘修行之法甚多，説不能盡，但依一法修行，皆得出生死苦，非止一端，種種方便，直是悟了此心，方是末後下落處。未悟此心，俱在生死海中，隨善惡轉。若作善，卽生天上人中；若作惡業，縱貪瞋癡愛，卽墮三途，受苦無量。此三乘法，若學中下乘修，則一向愛戀此身，貪著受用，妄想之心，不能斷除，故不能也；若學上乘人修，雖能布施持戒，其後四行，又不能全，亦不能卽出生死，縱修善法，生在天上，福盡還墜，如汲井輪，終無下落；若求悟明此心，可了生死，無奈如今現前事法交錯，又不能下苦心參究，縱參亦不得真善知識指教，恐錯用心，返落邪道。如此，豈不虛過一生，雖要求箇下落，到底無下落，以天上受福，未免輪迴故也。故佛別設直捷方便，念佛求生净土一門，此乃一生成就，臨命終時，定有下落也。今將念佛净土法門，爲大王陳之。

一問“净土法門，爲何而設”？因佛設三乘之法，要人修行，不是一生可以成就，恐落生死苦海，難頓出離，若要參禪，可一生了悟，得出生死，又因妄想紛紛，習氣深厚，不能參究，若未悟明此心，不免輪迴，故別設西方净土一門。此不論上中下根，及貧富貴賤，但肯依而修之，一生可以成就，所謂惟有徑路修行，但念阿彌陀佛，更無巧妙。何以如此？以我今現住世界，名爲娑婆，乃極苦之處，謂生苦、老苦、病苦、死苦、乃至求不得苦，寃家聚會，種種諸苦，説不能盡，雖是王侯將相，富貴受用，種種樂事都是苦因。以此極苦，難得出離，故説西方净土，名爲極樂世界。以此國中，但受諸樂，故名極樂。以彼佛國絕無穢污，故名净土。無有女人，蓮華化生，故無生苦；壽命無極，故無老死苦；衣食自然，故無求不得苦；諸上善人俱會一處，故無寃家聚會之苦。以彼國土，七寶莊嚴，故無瓦礫荆棘便利不凈，種種清凈，全不同此世界，彌陀經中所説，一一皆是實事。今一切人，求生彼國者，更無別法，但一心念佛，以爲正行，日日回向。又心想蓮華，身坐其中，故臨命終時，即見阿彌陀佛，放光接引，見大蓮華，湧現在前，見自己身，坐於花上，一念往生，即生彼國。從此永不復墮生死苦趣，名不退地菩薩。此便一生修行結果，後世下落，如此分明。除此之外，別説臨終有甚境界，皆是邪説。若不念佛，及臨命終時，隨造惡業惡境現前，悔之晚矣。此是最省要直捷修行法門，是佛別設接引方便也。

一修凈土，不必求悟明心性，專以念佛觀想爲正行，又以布施齋僧，修諸福田功德，以爲莊嚴佛土之助。其念佛心中，雖發願往生，然必要知，先斷生死之根，方有速效。如何是生死之根？即今貪著世間，種種受用，及美色淫聲，滋味口體，一切皆是苦本，及一切瞋怒忿恨之心，及執著癡愛之心，與一切邪魔外道，邪師所説。邪教之法，即如今一類邪人，妄稱圓頓達磨等教，及妄立南陽凈空無爲等教，歸家等偈，一一皆是近代邪人，望空揑作。此等言語，惑亂世人之法，俱要盡情吐卻。乃至全真，採取陰陽等術，內丹外丹之説，都是邪法，皆不可信。單單只是篤信念佛一門，每日誦彌陀經兩卷，念佛若干，或不計數，只是心心不忘佛號，即此便是話頭，就是性命根宗，更不必問如何是性命。當人本來面目，及三魂七魄元辰之説，者些全是在血肉軀上，妄認妄指之談，俱無下落。若問在生怎麼樣？没後怎麼樣？在生造惡的，没時惡境現前；在生念佛求凈土的，没時凈土佛境現前。以遂我求，乃是好事，若不是所求善心中來，都是邪魔之事，決不可錯信，誤了百劫千生也。但看楞嚴經中，説的分明。若説有相皆妄，此言是參禪門中的話，單單只求清凈真心，不容一物，故説有相皆妄，以念佛凈土，原是想心成就。經云：想澄成國土，以參禪要斷妄想心最難。故今以凈想換去染想耳。其蓮華現前正是觀想成就，又何以妄相推之，修行各有門路不同，不可一概論也。已上所答，皆依佛祖經教中一一考正，不比妄談。若參禪，則以明心見性爲主；若念佛求生净土一門，不必明心見性，單單只是念佛。佛者，覺也。若念念不忘佛，即念念明覺；自心若忘了佛，便是不覺。若念至夢中能念，即是常覺不昧；現在若此心不昧，則臨終時，此心不昧。即此心不昧處，便是下落。賢王如今國事萬機，決不能參禪，惟有念佛最好，不拘閑忙動静，一切處都念得，只是一心不忘，更無別巧法。其前知乃神通之事，此不必求，當時佛不許學習此事，若成了佛，自然有神通，不待求也。其鬼神前知，非是人可學得的，切不可想此等事。若念佛到臨命終時，自然預知時至，亦是尋常念力成就，不可强也。已上數條，伏乞賢王詳察留意焉。

（以上選自江北刻經處本憨山老人夢遊集卷十）

示蕭玄圃宗伯

入道先要了悟當人心體，本來光明廣大，包含無外，彌滿清净，聖凡不立，不爲身心世界之所拘礙。此即向上一路，西來心印，唯此而已。既能悟徹此心，則於日用應緣，一切境界，如鏡現像，來無所粘，去無踪迹。如此則凡所施作，皆從真心實際中流出，一一皆真實不朽之事業，不但與日月爭光也。較彼區區迷夫妄想，機械所爲者，豈可同日而語耶？此段光明，人人具足，本無欠闕，但以我見堅固，凡有所作，必以爲已功，執所見爲必是，是非交錯，終無一定之論。所以然者？以無廓然大公之心，而欲建千秋不朽之業，難矣。

又

吾人心體，本來圓滿光明，即今不能頓悟，不得現前受用者，蓋因無量劫來，貪瞋癡愛，種種煩惱，障蔽自心，故漸修之功，不可少耳。潙山云：學人有能一念頓悟自心，但將所悟的，净除現業流識，是名爲修，不是此外別有修也。若學道人但求頓悟便了，將謂無功可用，此則習氣深潜，遇境竊發，久則流入魔界矣。然漸修之功，亦非有次第，但日用中，向未起心動念處，立定腳根，返觀內照，於一念起處，卽追審此一念，從何處起，追到一念生處，本自無生，則一切妄想情慮，當下冰消矣。然所忌者，無勇猛力，不能把斷咽喉，不覺相續，則流而不返也。

（選自江北刻經處本憨山老人夢遊集卷十二）

二、金剛決疑解序

般若眞智，爲衆生佛性種子，各各具足而不知，故我世尊，特爲此事，出現世間而開示之，欲令悟入，以脱衆苦之縛。良由衆生垢重，初聞驚而不信，以其出情之法，不涉名言思議，而常情所執，我法封蔀。向以名言習氣深厚，勤則隨語生解，潜起意言分別，是以隨說隨疑，不能頓悟離言之旨。勞我世尊多方淘汰，決斷羣疑，直使了達般若本智，以爲成佛之眞因。故此經爲入大聖之初門，以拔二乘偏空之疑滯，以實相眞空爲宗，以斷疑生信爲用。空則空其所執之情，信則信其本有之智。以空故行無所住，信則心無所疑。不疑則的信自心，與佛無二。無二則生佛平等，我法雙忘，斯般若之玄門，成佛之要訣也。是知從上佛祖，教人了悟自心，直到不疑之地，自然默與本智相應。故六祖初聞無住生心一語，當下頓斷歷劫之疑。所以黄梅單以此經爲心印。然信爲入道之根，疑乃害信之毒，故此專以斷疑爲第一義也。昔西域無著菩薩，入日光三昧，上昇兜率，請問彌勒，爲説八十頌，以解其義。無着以一十八住，判一經之旨，以授其弟天親。天親依偈造論，約斷二十七疑以釋，最爲顯著。既而長水作刊定記，文頗浩瀚，初學之士，似難領略，卒莫定其旨趣。予蚤年誦習，向未徹其源，頃於曹溪，偶爲衆演説，竊觀於意云何一語，乃卽就空生隨聞其説，隨起疑情處，當下剿絶，不容擬議搏量，以破意言分别，如宗門所謂截斷衆流，直使纖疑净盡，方與本智相應耳。於是恍然了無剩法，始知其疑，不必拘其二十七則，卽於隨聞所起言外之計，預揭於前，則本經文以爲破敵之具。如此始終一貫，直至情忘執謝，般若玄旨燦然，若眂白黑矣。門人如繹，法性弟子超逸、通烱，各捐資重刻，以廣其施。余因序其始末，將冀見聞隨喜，同悟般若之正因，以爲歷劫金剛種子。若夫得意忘言，又在具正眼者，決不作區區文字見也。

三、春秋左氏心法序

春秋者，聖人賞罰之書也。何名乎春秋？古者賞以春夏，罰以秋冬，蓋象天地之生殺，而順布之，故春秋者，賞罰之名也。賞罰明而人心覺，覺則知懼，故曰：孔子成春秋，而亂臣賊子懼。周道衰，諸侯僭，禮義亡而綱紀絶，人之不淪於禽獸者鮮矣。天生德於仲尼，蹶然欲起而賞罰之，故曰：“必也正名乎！”然而世卒莫之用也。乃因魯史以見志，故曰：“吾志在春秋。”春秋云者，亦曰賞善罰惡云爾。善惡之機隱而彰，賞罰之權志而晦，慮後世之難明也，故經成，假手於丘明，以爲之傳，冀來者因傳以明經。因經以見志，而善惡之機凜焉，則反諸心而知懼。一懼而春秋之能事畢矣。由是觀之，丘明之心，卽仲尼之志也。不求其心，而求之事與詞之間，無當也。

先儒有言，左氏艷而富，其失也巫。譏其好言鬼神卜筮之事，斯言過矣。孔子曰："君子有三畏，畏天命、畏大人、畏聖人之言。"畏之爲言懼也。卜筮，鬼神吉凶之先見，善惡之昭明，天命也。君父，大人也。經，聖人之言也。易尊卜筮，春秋尊君父，皆聖人之言也。易治之於未萌，春秋治之於既亂。易言神道之吉凶，以懼之於幽；春秋言人道之賞罰，以懼之於顯。二者相須，如衣之有表裏，如木之有根株，豈有異哉！故韓宣子聘魯，見易象與魯春秋，曰："周禮盡在魯矣。吾今而後，知周公之德，與周之所以王。"誠知言也！左氏以春秋之事詞，闡易之旨，其所深譏者，違卜蔑祀，與僭君叛父，同歸於敗。善惡必稽其所終，禍福必本其所始，所謂俟諸聖人而不惑，質諸鬼神而無疑者。知者畏之，以爲天命，而不知侮之以爲巫。悲夫！左氏之心不明，而聖人之志隱，亂臣賊子復何懼乎！某以丁年棄詩書，從竺乾氏業，將移忠孝於法王慈父也。既因弘法罹難，幾死詔獄，蒙恩宥，遣雷陽，置身行伍間，不復敢以方外自居。每自循念，某之爲孤臣孽子也，天命之矣。因內訟愆尤，究心於忠臣孝子之實，偶讀春秋，忽於左氏之心有當，始知巫之爲言，未探其本也。觀其所載列國，及諸大夫之事，委必有源，本必有末，吉凶賞罰，不謀而符，俯而讀，仰而嘆，不啻設身處地，每於微言密旨，欣然會心，輒援筆識之，勒爲一書，命曰左氏心法。非左氏之心法也，仲尼之心法也。非仲尼之心法也，千古出世經世諸聖人之心法也。何以明之？心者，萬法之宗也。萬法者，心之相也。死生者，心之變；善惡者，心之迹；報應輪迴者，心之影響。其始爲因，其卒爲果，如華實耳，不出君臣父子兄弟夫婦朋友，人倫日用之際，而因果森然，固不待三世而後見也。楞嚴彈研七趣，披剝罣有，而總之所以澄心；春秋扶植三綱，申明九法，而總之所以傳心。易之吉凶利害，憂虞悔吝；楞嚴之四生十二類，生天墮獄；左氏之興亡善敗，與奪功罪，總皆一心之自爲感應而已。乃獨以左氏爲異，豈不冤哉！某用是深慨，憫末學之無聞，特攄愚見，著爲是編。昔我高皇帝，以春秋本魯史，而列國之事錯見，難究始終，乃命東宮文學傅藻等，纂分列國而類聚之，附以左傳，名曰春秋本末。某服膺聖訓，惜未見其書，竊師其意，妄以王霸二途，通纂爲七傳。周，王道之大統也；魯，王國之宗臣也；五霸雖假，其意在於宗周也；晉乃宗藩，故列五伯之首，以親非以功也。天王命二文專征不庭，命魯公夾輔周室，故晉主盟，而魯主會。凡討罪，必書公如晉，以魯先之，如伐鄭之事，仲尼之本意也。背於桓，而服於襄，百七十年，左氏因而終始之，此其凡也。暨於一國興亡之所係，一人善敗之所由，得失之難易，功罪之重輕，有一世二世而斬者，有三世五世而斬者，有百世祀而不絕者，皆令皎然，如眠黑白。其中報應影響之徵，鬼神幽明死生之故，隨事標旨，據案明斷，使亡者有知，爽然知聖人賞罰之微意，以服其心。後世觀者，凜然知懼，又不待辭之畢也。其或事涉數國，所重在一條，但以當國爲主；或事在彼而始於此，或始於彼而終於此者，不避混淆，併載以見其因果。若他國之事，無與者，則略而不錄，恐其枝也。以意在心法，不在史，故不必具也。舊例附傳以通經，今則分經以證傳，以重在傳，非敢亂經以取戾也。注則因之，斷則不敢讓，知我罪我無辭焉。始於晉而終於周，猶冀枝之歸本也。亦如變風之終於豳，言變之可正也。或曰禪本忘言，何子之曉曉乎？某曰不然。禪者，心之異名也。佛言萬法惟心，卽經以明心，卽法以明心，心正而修齊治平舉是矣，於禪奚尤焉？夫言之爲物也，在悟則爲障，在迷則爲藥。病者衆，惟恐藥之不瞑眩也。迷者衆，惟恐言之不深切也。某將持一得之見，以俟天下後世之知言者，雖多言，庸何傷！萬曆乙巳孟夏日，書於瓊海之明昌塔院。

四、註道德經序

　　予少喜讀老莊，苦不解義，惟所領會處，想見其精神命脉，故略得離言之旨。及搜諸家註釋，則多以己意爲文，若與之角，則義愈晦。及熟翫莊語，則於老怳有得焉。因謂註乃人人之老莊，非老莊之老莊也。以老文簡古而旨幽玄，則莊實爲之註疏，苟能懸解，則思過半矣。空山禪暇，細玩沈思，言有會心，即託之筆，必得義遺言，因言以見義。或經旬而得一語，或經年而得一章，始於東海，以至南嶺，自壬辰以至丙午，周十五年乃能卒業，是知古人立言之不易也。以文太簡，故不厭貫通，要非枝也。嘗謂儒宗堯舜，以名爲教，故宗於仁義；老宗軒黃，道重無爲，如云失道德而後仁義，此立言之本也。故莊之誹薄，殊非大言，以超俗之論則駭俗，故爲放而不收也。當仲尼問禮，則嘆爲猶龍，聖不自聖，豈無謂哉！故老以無用爲大用，苟以之經世，則化理治平，如指諸掌，尤以無爲爲宗極，性命爲真修，即遠世遺榮，殆非矯矯。苟得其要，則真妄之途，雲泥自別，所謂真以治身，緒餘以爲天下國家，信非誣矣。或曰：子之禪，貴忘言，乃嘵嘵於世諦，何所取大耶？予曰：不然。鴉鳴鵲噪，咸自天機，蟻聚蜂遊，都歸神理，是則何語非禪，何法非道，況釋智忘懷之談，詎非入禪初地乎！且禪以我蔽，故破我以達禪，老則先登矣。若夫玩世蜉蝣，尤當以此爲樂土矣。註成，始刻於嶺南，重刻於五雲、南岳與金陵，今則再刻於吳門，以尚之者衆，故施不厭普矣。

（以上選自江北刻經處本憨山老人夢遊集卷十九）

五、净土指歸序

净土指歸，蓋指修者，歸於净土也。吾佛世尊，攝化羣生，所説法門，方便非一，而始終法要，有性相二宗，以其機有大小，故教有頓漸之設，末後分爲禪教二門，教則引攝三根，禪則頓悟一心，如一大藏經，千七百公案，其來尚矣。若净土一門，普被三根，頓漸齊人，無機不攝，所謂横超三界，是爲最勝法門。從上諸祖，悟心之士，未有一人不以此爲歸宿者，如龍樹馬鳴，極力而稱揚之，説者以爲俯提中下，非知净土之旨者何耶？良以十方世界一切衆生，依正二報，雖有勝劣净穢之殊，皆從一心之所感變。故云“心净則土净”，所謂唯心净土。是則土非心外，净由一心，苟非悟心之士，安可以净其土耶？斯則禪家上上根，未有不歸净土者此也。中下之士，修持净戒，專心注念，觀念相續，臨終必得往生，雖有去來之相，而彌陀相好，寶樹華臺，實由自心之所感現，譬若夢事非從外來。至若愚夫愚婦，但修十善，精持五戒，專心念佛，臨終必得往生者，此以佛力加持，行人念想增勝，此以勝想，彼以大願，願與念接，自心與佛，默爾相應，雖净土之境未現，而往生之功已成，實由自心冥感之力，亦非外也。若十惡之輩，臨終業勝，地獄苦事已現在前，但爲苦逼極，脱苦心切，極苦之心而成念力，極盡悔心，悔心已極，卽此極處，全體轉變，一念與佛相應，故佛力加持，應念現前，化刀山爲寶樹，變火鑊爲蓮池，故此惡輩，亦得往生。然此净土之境，良因自心全體轉變之功，實非外得。由是觀之，三界萬法，未有一法不從心生；净穢之境，未有一境不從心現。所以净土一門，無論悟與不悟，上智下愚之士，但修而必得者，皆由自心，斯則唯心净土之旨，皎然若眠白黑矣。以佛體如空，自心空净與佛冥一，惟假一念願力莊嚴，而净土之境頓現，不借功助，是爲上上，殊非淺智薄信者可到也。中下之士，依觀念相續，不爲愛緣業習之所傾奪，根雖少劣，而志實上上，且修之惟難，以斷愛根爲難耳。惡輩往生更難，雖云帶業，亦由多生夙習善根内熏所發，根雖惡劣，即一念勇猛之心，超於上上，較彼放下屠刀，便作佛事，又差勝矣。然此萬萬無一，世人若必待此而求生，謬矣。以愚所觀，根無大小，究竟必由向上一念而得成就，故此法門，豈特權爲中下而設耶？貳師將軍愛柏徐公，以文武發家，説禮樂而敦詩書，談兵之暇，留心净土法門，所謂以慈用兵者也。纂輯指歸一書，宗於十六觀經，以至發明難問，以顯念佛本源；次引蓮宗及龍舒諸説，以示信願正行；次列遠公以下二十六人，以爲實證；後開勸念，以至發揮念佛之義，因果畢備。較前修要門，盡萃於此，誠所謂净土之指南矣。予謂是集也，理事雙修，因果並顯，觀者以此爲指歸，則妙樂之境，昭昭心目之間，不必求之十萬億土之外，而受勝妙樂，現諸日用行事之間，不待報謝神超，而後爲實證也。是書之利，真苦海之慈航，長夜之慧炬也，豈小小哉！

六、刻法寶壇經序

或謂吾佛四十九年，末後拈花，且道未談一字，達摩西來，直指人心，見性成佛，不立文字，目爲單傳。此經豈非文字乎？然殊不知此事，人人本來具足，不欠一法。不立一法，既本具足，是則佛未出世，塵塵刹刹，未嘗不熾然常説；祖未西來，物物頭頭，未嘗不分明直指。如是觀之，世尊終日直指，達摩九年説法，又何有教内教外，單傳雙傳耶？若人頓見自心者，則説與不説，皆戲論矣。此壇經者，人人皆知出於曹溪，而不知曹溪出於人人自性；人人皆知經爲文字，而不知文字直指自心。心外無法，法外無心，一味平等，原無纖毫迴避處。悲哉人者！覿面不知，知則諦信不疑，本來無事，無事則又何計佛祖出世不出世，說法不說耶？是則此刻，刻空中鳥迹耳。

（以上選自江北刻經處本憨山老人夢遊集卷二十）

七、學　要

嘗言，爲學有三要，所謂不知春秋不能涉世，不精老莊不能忘世，不參禪不能出世。此三者，經世出世之學備矣。缺一則偏，缺二則隘，三者無一而稱人者，則肖之而已。雖然，不可以不知要。要者，宗也。故曰：“言有宗，事有君。”言而無宗，則蔓衍無統；事而無君，則支離日紛；學而無要，則渙散寡成。是故學者斷不可以不務要矣。然是三者之要在一心，務心之要在參禪，參禪之要在忘世，忘世之要在適時，適時之要在達變，達變之要在見理，見理之要在定志，定志之要在安分，安分之要在寡慾，寡慾之要在自知，自知之要在重生，重生之要在務內，務內之要在顓一，一得而天下之理得矣。稱理而涉世，則無不忘也，無不有也。不忘不有，則物無不忘，物無不有。物無不忘，物無不有，則無入而不自得矣。故曰：“天地與我並生，萬物與我爲一。”會萬物而爲己者，其唯聖人乎！噫！至矣盡矣！妙極於一心，而無遺事矣。是故學者固不可以不知要。

（同上卷三十九）

八、無情佛性義說

予養疴匡山，閉關謝緣，空一子扣關而請曰: 某甲乞食人間，聞士君子談佛性義，有不信無情說法者; 有謂衆生佛性，各各分具，如大海漚，不信圓滿具足者，願請大師爲決所疑。予曰: 固哉！此義甚深，難解難入，非夙具上根種子者，未易信也。卽其所見，亦佛所說，但非了義之談耳。苟不證信了義大乘，參請明眼知識，未悟唯心之旨者，則鮮有不作如是解也。無情說法，教有明言，華嚴經如來出現品云: "辟如諸天，有大法鼓，名爲覺悟。若諸天子，行放逸時，於虛空中出聲告言，汝等當知，一切欲樂，皆悉無常，虛妄顛倒，須臾變壞，但誑愚夫，令其戀著，汝莫放逸。若放逸者，陊諸惡趣，後悔無及。諸天聞已，生大憂怖，慚愧改悔。"且天鼓音豈有情耶? 而能說法覺悟諸天。至若光明雲臺寶網，各出妙音，說偈讚佛，乃至塵說、刹說，此又誰爲舌相耶? 卽光音天人，全無覺觀語言，但以光中出音，各各辦事，且光中之音，豈從口出耶? 是皆無情說法之實證也。又若宗門，香嚴聞擊竹以明心，靈雲覩桃花而悟道，又從何善知識口門而入耶? 又云"衆生佛性，各各分具"，此亦教中有說，但爲三乘劣機，覆相之談，非究竟一乘極則語也。卽如華嚴經云: "我今普見於一切身中成等正覺。"且毘盧遮那一佛也，一切衆生非一人也。若衆生佛性，各各分具，則一切衆生各成一佛，是則齊成有多佛矣。若止一佛，且是各具，又何言一切衆生身中成正覺耶? 又云奇哉！奇哉！一切衆生，具有如來智慧德相，然如來德相，法身全體也，衆生具有，豈分具耶? 三祖云: 圓同太虛，無欠無餘。此言人人與佛同體，非但言佛也。圓覺經云: "一切衆生皆證圓覺。”非特具也。故阿難云:“我與如來，寶覺明心各各圓滿。”所謂“諸佛法身入我性，我性還共如來合，一月普現一切水，一切水月一月攝。”一室千燈，光光交映，如此圓滿廣大法門。昔二乘在座，如盲如聾，宜乎曲見，驚怖其言而不信也。惜乎俗諦！學佛法者，多習口耳知見，未有真參實究工夫，未悟廣大圓明之體。即有所見，但認昭昭靈靈識神影子，把作實事，且又執定血肉之軀，封爲我相，其實未開隻眼，故生種種分別，以權説爲了義，以己見爲究竟耳。今不必論無情説法不説法，佛性各具不各具，豈不聞法界觀頌云:“若人欲識真空理，心内真如還徧外，情與無情共一體，處處皆同真法界。”但將此偈蘊在胸中，一切日用六根門頭，見色聞聲處，一印印定，久久純熟，自然内外一如，有情無情，打成一片。一旦豁然了悟，是時方知山河大地，共轉根本法輪，鱗甲羽毛，普現色身三昧，心外無法，滿目青山。到此方信趙州有時拈一莖草，作丈六金身用，有時將丈六金身作一莖草用。古德示衆云:“大衆見麼，即今十方諸佛，歷代祖師，一齊向老僧拂子頭放光動地。”斯乃稟明於心，不假外也，又何向含元殿裏覓長安耶？空一子聞説，歡喜踊躍，作禮而退。

九、感　應　説

佛説一切世間善惡因果報應，如影隨形，毫不可爽，而世人不信者，謂爲虛談。孔聖安命之説，世有信者，每每推算，但求福利勝事則喜，而惡聞其災患，此惑之甚也。殊不知死生晝夜，三世輪迴，如昨日今朝之事耳。請以近事喻之，譬夫請客，凡設席之物，無論精粗豐儉，色色預備現成，則臨時陳列，一一具足，若少有欠闕，必不全美，此一定之事也。人生一世，正報身命延促，依報家産資財，功名貧富貴賤，秋毫皆是前生修定，今生所受用者，不從外來，盡是自作自受耳。故曰："若知前世因，今生受者是；若知未來果，今生作者是。"世人自恃智能才技，可以致功名富貴，殊不知功名富貴，非才智可致，以吾前世修定，今世偶因才智會合而然。故得之而喜者，惑也。又吾固有之富貴功名，而爲人之所破壞者，則疾怨其人，深恨其事，殊不知我之福量所包者止此，其破壞者，皆非我分之所宜有，亦或少欠彼人而失之。以爲憂者則反怨天尤人，以致結寃而不解者，過也。是知孔聖之安命，即吾佛之因果。若知安命，則貧富得失，一切委之前定，皆我自造，則窮達壽夭，皆吾命之固然。若明信因果，則今生受用一切，皆我前世修成，原非他人之可與，亦非智力之可能，即有才智而致之者，亦是我分之固有也。如此，又何計較得失而勞苦心慮，妄積恩怨於其間哉！若明智之士，的信因果報應，不必計其前之得失，但稱今生現前所有，以種未來之福田。如世之農者，擇良田而深耕易耨播種及時，則秋成所穫，一以什佰計，此又明白皎然者，但在所種之田，有肥瘠之不同耳。佛説供養佛法僧三寶爲勝田，孝事父母爲敬田，濟貧拔苦爲心田。吾願世之智士，不必計已往之得失，但種未來之福田。苟能省無益過度之費，節身口侈靡之財，種之於三田之中，不惟增長未來福德莊嚴，則將現世，亦身安心樂，爲第一福人也。若能種福於三田，再能留心於佛法，以念佛而消妄想，以慈悲而轉貪瞋，以軟和而化强暴，以謙光而折我慢，如此則是大心菩薩之行也。居士果能信此，當稱最勝勇猛丈夫。

十、不遷字説

門人梁四相，稽首作禮，乞表其字，余字之曰不遷，意取肇公論旨也。余少讀肇論，至"旋嵐偃岳而常静，江河競注而不流，野馬飄鼓而不動，日月麗天而不周"，茫然莫知所指。萬曆甲戌行脚至河中，與道友妙峯結冬於山陰道院，因校刻此論，恍然有所悟入。及揭簾，覩風吹樹葉，飄颺滿空，乃自證之曰："肇公真不吾欺也。"每以舉似於人，咸曰："遷中有不遷者。"余笑曰："若然則爲理不遷，非肇公所謂物不遷也。"然既曰卽物不遷，豈捨物以求理，釋動以求静哉？梁生諱四相，然萬物靡不爲此四相所遷，而不遷之物，非常情所可測識，獨肇公洞見肺肝，今梁生歸心法門，其有志於此乎？苟得不遷之妙，則日用現前，種種動静閒忙，逆順苦樂，得失勞逸，利衰毀譽，以至富貴貧賤，大而禍患死生，則了不見有纖毫去來相也。卽釋迦之分身，觀音之隨應，普賢之萬行莊嚴，乃至世出世法，一口吸盡，又奚止於現宰官身而説法者乎？由是觀之，堯舜以之垂拱，伊吕以之救民，顔子以之簞瓢，孔子所以無入而不自得也。子在川上曰："逝者如斯夫，不舍晝夜。"嗟乎！夫子此語，真長夜夢中木鐸也。肇公引而伸之，老人以此字梁生。能無負此語，可稱聖門的骨子，況法門乎！

十一、自　性　説

嘗謂人生而主之者性，性一而品不一，至有聖賢之分者，以有生知、學知、困知之不同，由夫習之厚薄，故成有難易。生知之聖，故不世見；學困之知，正在習之厚薄耳。故曰："性近習遠。"其是之謂乎！吾人多在學地，其用力之功，不必向外馳求，當知自性爲主，於此著力，不能頓見自性，當驗習氣厚薄，切磋琢磨，於根本處著力。譬如磨鏡，塵垢若除，光明自現。吾人日用工夫，最簡最切，無過於此。故曰：學道之要但治習，習盡而性自盡耳。以其自性本明，更無增益，唯在人欲障蔽，貪瞋癡愛而爲種子，沈湎其中，故爲所困，是知困非窮困之困，蓋爲惡習所困耳。孔子曰："不爲酒困。"此特被困之一端。凡厥有生，所困非一，不爲諸障困，便稱大力量人。故學道人，第一先具勇猛根骨，如一人與萬人敵，大似李廣單騎，出入虜庭。吾人果於聲色貨利物欲場中，單刀出入，足稱雄猛丈夫。以此言學，但於不困處便見自性，非是離困之外，別求學知之功也。所以禪家言立地成佛者，乃頓見自性而已，非是別有一佛可成。佛者覺也，即自己本有光明覺性，能見此性，立地便是聖人，到此則不見有生學困知之異，始是盡性工夫。此性一盡，則以之事君爲真忠，以之事親爲真孝，以之交友爲真信，以之於夫婦爲真和，施之於天下國家，凡有所作，一事一法，皆爲不朽之功業。所謂功大名顯者無他術，由夫真耳。己酉冬暮，予舟次芙蓉江上，章含黎子見訪，覩其光儀瑩然冰玉，温厚和雅，是其多生遊心性地，習氣消磨，故發現於形儀之表者如此。即從此增進用力不已，直至私欲凈盡之地，聖賢不期至而自至耳。若夫功名事業，如響應聲，似影隨形，猶欬唾之餘耳。故曰："道之真以治身，其緒餘以爲天下國家，是皆自性之真光，非分外事也。"君其志之。

（以上選自江北刻經處本憨山老人夢遊集卷三十九）

十二、大學綱目決疑題辭

　　余十九棄筆研，三十入山絕文字，五十被譴，蒙恩放嶺外，於今十四年矣。往來持缽<u>五羊</u>，諸子謬推爲知言，時時過從問道，余卒無以應，若虛來實往，愧矣愧矣。間有以禪視者，余則若啞人喫黄蓮耳。己酉秋日，偶乞食來諸子具香齋於法社，余得捧腹，是諸子果我也。食訖，請益。余但吐粥飯氣耳，含羞而別，舟還<u>曹溪</u>，思諸子飽我非一日矣，竟莫醻嘗。有以<u>顏子</u>問仁章請者，余咿嗚而已。即有言不能徧，徧亦不能盡，而求悅可衆心者，談不易也。以諸子之食難消，腹猶果然，舟中睡足，聞侍者讀<u>大學</u>，聒我疑焉。因取經一章，按綱目，設問答以自決，且引<u>顏子</u>問仁章，以參會之，如鼓刀然。兩半餉而卒業，讀之不成句，非文也。諦思自幼讀<u>孔子</u>書，求直指心法，獨授<u>顏子</u>以真傳的訣，餘則引而不發。向不知聖人心印，盡揭露於二百五言之間，微矣微矣，豈無目耶？嗟嗟！余年六十四矣，而今乃知，可謂晚矣。恐其死也，終於泯泯，故急以告諸子。諸子年或過余半，未半者，幸而聞此，可謂蚤矣。如良馬見鞭影，一息千里，有若鵝王擇乳，豈不以此爲粥飯氣耶？是特有感於一飯而發。願諸子持此以餉天下之餓者，非敢言博施也。己酉中秋前二日，方外<u>德清</u>書於<u>須陽峽</u>之舟中。

大學之道，在明明德，在親民，在止於至善

　　<u>大學</u>者，謂此乃没量大人之學也。道字，猶方法也。以天下人見的小，都是小人，不得稱爲大人者，以所學的都是小方法。即如諸子百家，奇謀異數，不過一曲之見，縱學得成，只成得個小人。若

肯反求自己本有心性，一旦悟了，當下便是大人。以所學者大，故曰大學。大學方法不多些子，不用多知多見，只是三件事便了：第一，要悟得自己心體，故曰在明明德；其次，要使天下人，個個都悟得與我一般，大家都不是舊時知見，斬（嶄）新作一番事業，無人無我，共享太平，故曰在親民；其次，爲己爲民，不可草草半途而止，大家都要做到徹底處，方纔罷手，故曰在止於至善。果能學得者三件事，便是大人。兩個明字，要理會得有分曉，且第二個明字，乃光明之明，是指自己心體。第一個明字，有兩意：若就明德上説自己工夫，便是悟明之明，謂明德是我本有之性。但一向迷而不知，恰是一個迷人，只説自家没了頭，馳求不得，一日忽然省了，當下知得本頭自在，原不曾失，人人自性本來光明廣大自在，不少絲毫，但自己迷了，都向外面他家屋裏討分曉，件件去學他説話，將謂學得的有用。若一旦悟了自己本性光光明明，一些不欠缺，此便是悟明了自己本有之明德，故曰明明德。悟得明德，立地便是聖人。此就工夫爲己分上説。若就親民分上説，第一個明字，乃是昭明之明，乃曉諭之意。又是揭示之義，如揭日月於中天，卽是大明之明。二意都要透徹。問：如何是至善？答：自古以來，人人知見，只曉得在善惡兩條路上走，只管教人改惡遷善，此是舊來知見，有何奇特。殊不知善惡兩頭，乃是外來的對待之法，與我自性本體，了不干涉，所以世人作惡的可改爲善，則善人可變而爲惡，足見善不足恃也。以善不到至處，雖善不善，故學人站立不住，以不是到家去處，非可止之地。以此看來，皆是舊日知見習氣耳。今言至善，乃是悟明自性本來無善無惡之真體，只是一段光明，無内無外，無古無今，無人無我，無是無非，所謂獨立而不改，此中一點著不得，蕩無纖塵。若以善破惡，惡去善存，此猶隔一層。卽此一善字，原是客塵，不是本主，故不是至極可止之地。只須善惡兩忘，物我迹絶，無依倚，無明昧，無去來，不動不搖，方爲到家時節。到此，在己不見有可明之德，在民不見有可新之民，渾然一體，乃是大人境界，無善可名，乃名至善。知此始謂知止。

知止而後有定，定而后能静

定字，乃指自性本體，寂然不動，湛然常定，不待習而后定者。但學人不達本體本來常定，乃去修習强要去定，只管將生平所習知見，在善惡兩頭，生滅心上求定，如猢猻入布袋，水上按葫蘆，似此求定，窮年也不得定。何以故？病在用生滅心，存善惡見，不達本體，專與妄想打交滾，所謂認賊爲子，大不知止耳。苟能了達本體，當下寂然，此是自性定，不是强求得的定。只如六祖大師，開示學人用心云："不思善，不思惡，如何是上座本來面目。"學人當下一刀兩段，立地便見自性，狂心頓歇，此後再不別求，始悟自家一向原不曾動。此便是知止而后有定的樣子。又云："汝但善惡都莫思量，自然得見心體。"此便是知止的樣子。所以學人貴要知止，知止自然定。静字與定字不同，定是自性定體，此静乃是對外面擾擾不静説，與定體遠甚。何也？以學人一向妄想紛飛，心中不得暫息，只管在知見上强勉遏捺，將心主静，不知求静愈切，而亂想益熾，必不能静。何以故？蓋爲將心覓心，轉覓轉遠，如何得一念休息耶！以從外求入，如人叫門不開，翻與守門人作鬧，鬧到卒底，若真主人不見面，畢竟打鬧不得休息。若得主人從中洞開重門，則守門者亦疾走無影，而求入者真見主人，則求見之心，亦歇滅無有矣，此謂狂心歇處爲静耳。若不真見本體到底決不能静，故曰定而后能静。安字，乃是安穩平貼之義。又如安命之安，謂自足而不求餘也。因一向求静不得，雜念紛紛，馳求不息，此心再無一念之安。而今既悟本體，馳求心歇，自性具足，旡欠旡餘，安安貼貼，快活自在，此等安閒快活,乃是狂心歇處而得,故曰静而後能安。慮字不是妄想思慮之慮,亦不是憂慮之慮,乃是不慮之慮。故曰:易無思也,無慮也,寂然不動,感而遂通天下之故。又曰:百慮而一致。又曰:不慮而徧。正是者個慮字,謂未悟時,專在妄想思慮上求,即一件事,千思萬慮,到底没用,也慮不到,多思多慮,於心轉見不安。今既悟明此心安然自在,舉心動念,圓滿洞達,天下事物了然目前,此等境界不是聰明知見算計得的,乃是自心本體光明焴耀,自然具足的,故曰安而後能慮。得字,不是得失之得,乃是不滲漏之義。聖人泛應曲當,羣情畢焴,一毫不謬,徹見底原,一一中節,故謂之得,非是有所得也。初未明明德時,專用妄想思慮,計較籌度,縱是也不得。何以故?非真實故。今以自性光明,齊觀竝焴,羣情異態,通歸一理,故能曲成而不遺。此非有所得,蓋以不慮之慮,无得之得,故曰慮而后能得。言非偶爾合節,特由慮而合故。

古之欲明明德於天下者

　　此釋上本末先後之序,以驗明明德親民之實效也。就成己工夫上説,則以明明德爲本,新民爲末,蓋從根本説到枝末上去。今就成物上説,故從枝末倒説到根本處來。以前從一心知止上,做到慮而能得,到此則天下事物皆歸我方寸矣。今欲要以我既悟之明德,以揭示天下之人,願使人人共悟。蓋欲字即是願力,謂我今既悟此明德之性。此性乃天下人均賦共禀者,豈忍自知而棄人哉?故我願揭示與天下之人,使其同悟同證,但恐負此願者,近於迂濶,難取速效。且天下至廣,豈可一蹴而徧!故姑且先從一國做將去,所謂知遠之近。若一國見效,則天下易化矣。昔堯都平陽,舜宅百揆,湯七十里,文王百里,皆古之欲明明德於天下之君也,孰不從願力來?余故曰:欲,願力也。身爲天下國家之本,經文向後,總歸結在修身上，可見修身是要緊的事。而此一件事，最難理會，豈是將者血肉之軀，束斂得謹慎端莊，如童子見先生時，卽此就可治國乎？豈是身上件件做得模樣好看，如戲場上子弟相似，卽此可以平天下乎？故修身全在心上工夫説，只如顏子問仁，孔子告以"克己復禮爲仁"，此正是真正修身的樣子。隨告之曰："一日克己復禮，天下歸仁。"此便是真正治國平天下的實事。若不信此段克己是修身實事，如何顏子請問其目，孔子便告之以四勿乎？且四勿皆修身之事也。克己乃心地爲仁之工夫也。克己爲仁，卽明明德也。天下歸仁，卽新民也。爲仁由己，此己乃真己，卽至善之地。故顏子黜聰明，黜肢體，心齋坐忘，皆由己之實效，至善之地也。夫人之一身作障礙者，見聞知覺而已。所謂視聽言動，皆古今天下，人人舊有之知見。爲仁須是把舊日的知見，一切盡要剗去，重新別做一番生涯始得，不是夾帶著舊日宿習之見，可得而入。以舊日的見聞知覺，都是非禮，雜亂顛倒，一毫用不著。故剗心摘膽，拈出箇勿字。勿是禁令驅逐之詞，謂只將舊日的視聽言動，盡行屏絕，全不許再犯，再犯卽爲賊矣。此最嚴禁之令也。顏子一開，當下便領會，遂將聰明黜了，將肢體黜了，一切屏去，單單坐，坐而忘，忘到無可忘處，翻身跳將起來，一切見聞知覺全不似舊時的人，乃是從新自己別修造出一箇人身來一般，如此豈不是新人耶？自己既新，就推此新以化民，而民無不感化而新之者，此所謂一日克己復禮，天下歸仁，正修身之效也。不如此，何以修身爲治國平天下之本耶？心乃本體，爲主；意乃妄想思慮，屬客，此心意之辨也。今要心正，須先將意根下一切思慮妄想，一齊斬斷，如斬亂絲。一念不生，則心體純一无妄，故謂之誠。蓋心邪由意不誠，今意地无妄，則心自正矣。故曰："欲正其心，先誠其意。"知與意，又真妄之辨也。意乃妄想，知屬真知。真知卽本體之明德，一向被妄想障蔽，不得透露。故真知暗昧受

屈,而妄想專權,譬如權奸挾天子以令諸侯。如今要斬奸邪,**必請**
上方之劍,非真命不足以破僭竊。故曰:"欲誠其意,先致其知。"知
乃真主,一向昏迷不覺。今言致者,猶達也。譬如忠臣志欲除奸,
不敢自用,**必先致奸邪之狀**,達於其主,使其醒悟,故謂之致。若真
主一悟,則奸邪自不容其作祟矣。故曰:"欲誠其意,先致其知。"物
卽外物,一向與我作對者,乃見聞知覺視聽言動所取之境。知卽真
知,乃自體本明之智光。此一知字,是迷悟之原。以迷則內變真知
爲妄想,故意不誠,不誠故不明。外取真境爲可欲,故物不化,不化
故爲礙。是則此一知字,爲內外心境,真妄迷悟之根宗。古人云:
"知之一字,衆妙之門,衆禍之門是也。"今撥亂反正,必內仗真知之
力,以破妄想;外用真知之炤,以融妄境。格卽禹格<u>三苗</u>之格,謂我
以至誠感通,彼卽化而歸我,所謂至誠貫金石、感豚魚,格也。且知
有真妄不同,故用亦異。而格亦有二:以妄知用妄想,故物與我相
扞格,此格爲鬭格之格,如云與接爲搆,日與心鬭是也;以真知用至
誠,故物與我相感通,此格乃感格之格,如云格其非心是也。且如
驢鳴蛙噪窗前草,皆聲色之境,與我作對爲扞格,而<u>宋</u>儒有聞驢鳴
蛙噪,見窗前草而悟者。聲色一也,向之與我扞格者,今則化爲我
心之妙境矣。物化爲知,與我爲一,其爲感格之格,復何疑?

　　問:真知無物可對,如何感格於物?答:真知其實內外洞然,無
物可對,而感物之理最難措口。<u>易</u>曰:"寂然不動,感而遂通天下之
故。"寂然不動,知體也。天下之故,外物也。感而遂通,格物也。感
通云者,不是真知鑽到物裏去,以真知蕩然,无物當前故也。真妄
心境,不容兩立,外物如黑暗,真知如白日。若白日一昇,羣暗頓
滅,殆約消化處説感通耳。以暗感明,則明成暗。今以明感暗,則
暗自謝而明獨立,故雖感而本不相到,而重在明也。物體本虛,以
妄取著,故作障礙。今以真知獨炤,則解處洞然,無物可當情矣。以

寂然不動之真知，達本來無物之幻物，斯則知不待感而自炤，物不待通而自融，兩不相解，微矣微矣！故學人獨貴在真知，真知一立，則明德自明，元無一毫造作，大學工夫，所以言明、言知，而修齊治平皆是物也。

問：始綱領，説明德、親民、止至善，分明是三件事，今條目上，只説明明德於天下，終歸到致知格物上，若一件事，是何意？答：聖人此意最妙，千古无人會得，此中八件事，單單只重在一箇知字，此知字即明德，乃本體也。前云：第一箇明字，有二意。吾向所解致知格物，乃用前悟明一意，工夫已在知止中，止字即寂然不動之知體，知止知字，即第一箇明字乃工夫。此一段已知致至極處，知體既極，則誠意正心修身之能事畢矣，如此則明德與新民分明兩事。今欲明明德於天下，乃用第二揭示昭明之意，則致知格物，亦可就新民上説。且知止而后有定，是己立，謂知所止，則自己脚跟已立定矣。慮而后能得，是己達，謂己於一切事物，通達而不遺，目前无一毫障礙，則法法皆真，豈非己達耶？其所以立，所以達，皆仗真知之力也。故今做新民的工夫，就將我已悟之真知，致達於萬物之中。萬物既蒙我真知一炤，則如紅爐點雪，烈日消霜，不期化而自化矣。故云：致知在格物。物自化，故謂之格。彼物既格，則我之明德，自然炤明於天下，民不期新而自新矣，所謂立人達人也。如此則明德新民，只是一事。三綱領者，一而三，三而一也。故此八事，只了明明德於天下一句，且從家國而後及天下者，知遠之近也，明甚。

問：如何格物，就能平得天下？答：且道所格之物是何物，即天地萬物，盡在裏許，豈除了天地萬物外，別尋箇物來格耶？若格物平不得天下，如何孔子説一日克己復禮，天下歸仁，且道天下又是何物？歸仁畢竟歸向何處去？參參！

問：致知格物，與克己復禮，天下歸仁，如何消會？答：克己卽致知，復禮卽格物，天下歸仁卽物格。

問：學人不會。答：己是物，克是致知，復禮則己化，化己豈非格物耶？天下歸仁，何等太平氣象！是謂物格。

問：正心致知，何辨？答：正心乃四勿，先將視聽言動，絕其非禮，但可修身正己，不能化物。若致知專在格物，則達人，其功最大，所以大學，重在致知。

問：格物物格先後之旨。答：前八事著先字，總歸重在末後致知上，此是說工夫。今從物格說至平天下，著後字，亦是提起知字，要顯向後七事，都是知字的效驗耳，學人要在此知字上著眼。前云：“致知格物”者，是感物以達其知。此格字，乃感格之格。今言“物格而後知至”者，是藉物以驗知體，意謂彼物，但有一毫不消化處，便是知不到至極處，必欲物消化盡了，纔極得此真知。如此則物格之格，乃來格之格，所謂神之格思的格字，正是天下歸仁之意。物都來格，方是知之效驗，所以格物，物格，學人須要討分曉。若物都來格了，則一路格去，直到天下平方纔罷手。聖人意旨了然明白，只是要真實工夫做出，乃見下落。

問：自天子以至於庶人，壹是皆以修身爲本，既云只一知字，如何歸到修身上？答：不從修身上做起，不道向虛空裏做，所以聖人分明示汝，克己復禮天下歸仁。以己卽己身，乃是我最親之一物，比外物不同。克己乃是我致知先致在己身一物上。若將自己此物格了，然後格天地萬物，何難之有？故通以修身爲本。

問：格有三義，謂扞格、感格、來格。答：三義通由一人而發也。請以喻明，昔杞梁之妻善哭，夫死哭之，初哭則里人惡其聲，厭其人，故聞其哭則掩耳，見其人則閉目，以其哭異乎人之哭也。其妻亦不以里人厭惡而不哭，哭之既久，里人不覺而哀痛之，亦哭，哭則忘其厭惡也。厭惡忘，則心轉而憐之矣。其妻亦不以其人憐己而不哭，終哭之不休，久則通里人人皆善哭矣。人人皆善哭，則忘其哀痛，而不見若人之爲哭者。人人善哭，哭久則通里以成俗，俗成則人人皆謂自能哭矣。人人自能哭，則視杞梁之妻猶夫人也，不異己而與之周旋密邇，則無不忘也。且杞梁之妻之哭，非哭其夫也，哭其天也。天乃終身所依賴者，失則不容不哭也，慟則終天之恨也。以知天不容己，故哭亦不已，奚以人厭惡而可已耶？藉使通里之人，日日而詢之，哭更哀也，殆非有意欲人憐己也，豈詢而能止之？卽白刃在前，鼎鑊在後，威而止之不能也。何耶？以此天外無可哭者矣。初哭而人惡之者，以哭之痛特異於人也，扞格也。哭久而人人皆痛者，以哭之痛，切於人心，故人人皆自痛，非痛杞也，感格也。蓋久而通里善哭以成俗，則不知哭痛自杞出，抑視梁妻直類己焉耳。斯則來格也。此言雖小，可以喻大。

（選自江北刻經處本憨山老人夢遊集卷四十四）

十三、道德經解發題

發明宗旨

老氏所宗，以虛無自然爲妙道。此卽楞嚴所謂分別都無，非色非空，拘舍離等，昧爲冥諦者是已。此正所云，八識空昧之體也。以其此識，最極幽深，微妙難測，非佛不足以盡之，轉此，則爲大圓鏡智矣。菩薩知此，以止觀而破之，尚有分證。至若聲聞不知，則取之爲湼槃。西域外道梵志不知，則執之爲冥諦。此則以爲虛無自然妙道也。故經曰：諸修行人不能得成無上菩提，乃至別成聲聞緣覺。諸天外道魔王，及魔眷屬，皆由不知二種根本，錯亂修習，猶如煮沙，欲成佳饌，縱經塵劫，終不能得。云何二種？一者無始生死根本，則汝今者，與諸衆生，用攀緣心爲自性者。二者無始湟槃元清淨體，則汝今者，識精元明，能生諸緣，緣所遺者。此言識精元明，卽老子之妙道也。故曰：“杳杳冥冥，其中有精，其精甚真。”由其此體，至虛至大，故非色；以能生諸緣，故非空。不知天地萬物皆從此識變現，乃謂之自然；由不思議熏，不思議變，故謂之妙；至精不雜，故謂之真；天地壞而此體不壞，人身滅，而此性常存，故謂之常；萬物變化皆出於此，故謂之天地之根，衆妙之門。凡遇書中所稱真常玄妙虛無大道等語，皆以此印證之，則自有歸趣。不然，則茫若捕風捉影矣。故先示於此，臨文不煩重出。

發明趣向

愚謂看老莊者，先要熟覽教乘，精透楞嚴，融會吾佛破執之論，則不被他文字所惑，然後精修靜定，工夫純熟，用心微細，方見此老工夫苦切。然要真真實實，看得身爲苦本，智爲累根，自能隳形釋智，方知此老真實受用至樂處。更須將世事一一看破，人情一一覰透，虛懷處世，目前無有絲毫障礙，方見此老真實逍遥快活，廣大自在，儼然一無事道人。然後不得已而應世，則不費一點氣力，端然無爲而治，觀所以教孔子之言可知已。莊子一書，乃老子之註疏，故愚所謂老之有莊如孔之有孟，是知二子所言皆真實話，非大言也。故曰：吾言甚易知，甚易行，天下莫能知，莫能行。而世之談二子者，全不在自己工夫體會，只以語言文字之乎者也而擬之，故大不相及。要且學疏狂之態者有之，而未見有以靜定工夫而入者，此其所謂知我者希矣。冀親二子者，當作如是觀。

發明工夫

老子一書，向來解者例以虛無爲宗，及至求其入道工夫，茫然

不知下手處。故予於首篇,將觀無觀有一觀字,爲入道之要,使學
者易入,然觀照之功最大,三教聖人,皆以此示人。孔子則曰"知止
而後有定",又曰"明明德",然知明即了悟之意。佛言止觀,則有三
乘止觀、人天止觀,淺深之不同。若孔子,乃人乘止觀也,老子乃天
乘止觀也。然雖三教止觀,淺深不同,要其所治之病,俱以先破我執
爲第一步工夫。以其世人,盡以我之一字爲病根,即智愚賢不肖,
汲汲功名利禄之場,圖爲百世子孫之計,用盡機智。總之皆爲一身
之謀,如佛言諸苦所因,貪欲爲本,皆爲我故。老子亦曰:"貴大患
若身。"以孔聖爲名教宗主,故對中下學人,不敢輕言破我執,唯對
顔子,則曰克己,其餘但言正心誠意修身而已。然心既正,意既誠,
身既修,以此施於君臣父子之間,各盡其誠,即此是道,所謂爲名教
設也。至若絶聖棄智,無我之旨,乃自受用地,亦不敢輕易舉似於
人,唯引而不發,所謂"若聖於仁,則吾豈敢?" 又曰: "吾有知乎哉?
無知也。有鄙夫問於我, 空空如也。"至若極力爲人處,則曰 "克
己",則曰"毋意、毋必、毋固、毋我"。此四言者,肝膽畢露,然己者
我私,意者生心,必者待心,固者執心,我者我心;克者盡絶,毋者禁
絶之辭,教人盡絶此意必固我四者之病也。以聖人虚懷遊世,寂然
不動,物來順應,感而遂通,用心如鏡,不將不迎,來無所黏,去無蹤
迹,身心兩忘,與物無競,此聖人之心也。世人所以不能如聖人者,
但有意必固我四者之病,故不自在,動即是苦。孔子觀見世人病根
在此,故使痛絶之。即此之教,便是佛老以無我爲宗也。且毋字,便
是斬截工夫,下手最毒,即如法家禁令之言毋得者,使其絶不可有
犯,一犯便罪不容赦,只是學者不知耳。至若吾佛説法,雖浩瀚廣
大,要之不出破衆生粗細我法二執而已。二執既破,便登佛地,即三
藏經文,皆是破此二執之具。所破之執,即孔子之四病,尚乃粗執
耳,世人不知,將謂別有玄妙也。若夫老子超出世人一步,故顯以破

執立言，要人釋智遺形，離欲清浄。然所釋之智，乃私智，卽意必也；所遺之形，卽固我也；所離之欲，卽己私也。清浄則廓然無礙，如太虛空，卽孔子之大公也。是知孔老心法，未嘗不符，第門庭施設，藩衛世敎，不得不爾。以孔子專於經世，老子顯於忘世，佛顯於出世，然究竟雖不同，其實最初一步，皆以破我執爲主，工夫皆由止觀而入。

發明體用

　　或曰：三敎聖人敎人，俱要先破我執，是則無我之體同矣，奈何其用，有經世忘世出世之不同耶？答曰：體用皆同，但有淺深小大之不同耳。假若孔子果有我，是但爲一己之私，何以經世？佛老果絕世，是爲自度，又何以利生？是知由無我，方能經世；由利生，方見無我，其實一也。若孔子曰：“寂然不動，感而遂通天下之故”，用也。明則誠，體也；誠則形，用也。心正意誠，體也；身修、家齊、國治、天下平，用也。老子“無名”，體也；“無爲而爲”，用也。孔子曰：“唯天唯大，唯堯則之，蕩蕩乎｜民無能名焉。”又曰：“無爲而治者，其舜也歟｜”且經世以堯舜爲祖，此豈有名有爲者耶？由無我，方視天下皆我，故曰堯舜與人同耳。以人皆同體，所不同者，但有我私爲障礙耳。由人心同此心，心同則無形礙，故汲汲爲之敎化，以經濟之，此所以由無我而經世也。老子則曰：“常善敎（應作救）人，故無棄人。”無棄人，則人皆可以爲堯舜，是由無我，方能利生也。若夫一書所言，爲而不宰，功成不居等語，皆以無爲爲經世之大用，又何嘗忘世哉｜至若佛則體包虛空，用周沙界，隨類現身，乃曰：“我於一切衆生身中，成等正覺。”又曰：“度盡衆生，方成佛道。”又曰：“若能使一衆生發菩提心，寧使我身受地獄苦，亦不疲厭。”然所化衆生豈不在世間耶？既涉世度生，非經世而何？且爲一人而不厭地獄之苦，豈非汲汲耶？若無一類，而不現身，豈有一定之名耶？列子嘗云:"西方有大聖人,不言而信,無爲而化。"是豈有心要爲耶?
是知三聖,無我之體,利生之用,皆同,但用處大小不同耳。以孔子
匡持世道,姑從一身,以及家國,後及天下,故化止於中國,且要人
人皆做堯舜,以所祖者堯舜也。老子因見當時人心澆薄,故思復太
古,以所祖者軒黄也。故件件説話,不同尋常,因見得道大難容,故
遠去流沙。若佛則教被三千世界,至廣至大,無所揀擇矣。若子思
所讚聖人,乃曰:"凡有血氣者,莫不尊親。"是知孔子體用未嘗不
大,但局於時勢耳。正是隨機之法,故切近人情,此體用之辯也。惜
乎後世學者,各束於教,習儒者拘,習老者狂,學佛者隘,此學者之
弊,皆執我之害也。果能力破我執,則剖破藩籬,即大家矣。

發明歸趣

愚嘗竊謂孔聖若不知老子,決不快活,若不知佛,決不奈煩;老
子若不知孔,決不口口説無爲而治,若不知佛,決不能以慈悲爲實;
佛若不經世,決不在世間教化衆生。愚意孔老即佛之化身也。後世
學佛之徒,若不知老,則直管往虚空裏看將去,目前法法,都是障
礙,事事不得解脱;若不知孔子,單單將佛法去涉世,決不知世道人
情,逢人便説玄妙,如賣死猫頭,一毫没用處。故祖師亦云:"説法
不投機,終是閒言語。"所以華嚴經云:"或邊地語説四諦。"此佛説
法,未嘗單誇玄妙也。然隨俗以度生,豈非孔子經世之心乎?又經
云:"五地聖人,涉世度生,世間一切經書技藝,醫方雜論,圖書印
璽,種種諸法,靡不該練,方能隨機。故曰:世諦語言資生之業,皆
順正法。"故儒以仁爲本,釋以戒爲本。若曰孝弟爲仁之本,與佛孝
名爲戒,其實一也。以此觀之,佛豈絶無經世之法乎?由孔子攘夷
狄,故教獨行於中國;佛隨邊地語説四諦,故夷狄皆從其化。此所
以用有大小不同耳。是知三教聖人,所同者心,所異者迹也。以迹

求心，則如蠡測海；以心融迹，則似芥含空；心迹相忘，則萬派朝宗，百川一味。

（選自江北刻經處本憨山老人夢遊集卷四十五）

十四、觀老莊影響論

敍　意

西域諸祖造論以破外道之執，須善自他宗，此方從古經論諸師，未有不善自他宗者。吾宗末學安於孤陋，昧於同體，視爲異物，不能融通教觀，難於利俗。其有初信之士，不能深窮教典，苦於名相支離，難於理會。至於酷嗜老莊爲文章淵藪，及其言論指歸，莫不望洋而歎也。迨觀諸家註釋，各狥所見，難以折衷。及見口義、副墨，深引佛經，每一言有當，且謂一大藏經皆從此出，而惑者以爲必當，深有慨焉。余居海上，枯坐之餘，因閱楞嚴、法華次，有請益老莊之旨者，遂蔓衍及此以自決，非敢求知於真人，以爲必當之論也。且慨從古原教破敵者，發藥居多，而啓膏肓之疾者少，非不妙投，第未膌其病源耳。是故，余以唯心識觀而印決之，如摩尼圓照，五色相鮮，空谷傳聲，衆響斯應。苟唯心識而觀諸法，則彼自不出影響間也，故以名論。

論　教　源

嘗觀世之百工技藝之精，而造乎妙者，不可以言傳，效之者，亦不可以言得，況大道之妙，可以口耳授受，語言文字而致哉？蓋在心悟之妙耳。是則不獨參禪貴在妙悟，卽世智辯聰治世語言，資生之業，無有一法不悟而得其妙者。妙則非言可及也，故吾佛聖人說**法華**，則純譚**實相**，乃至妙法則未措一詞，但云如是而已。至若悟妙法者，但云善說法者，治世語言，資生業等，皆順正法。而**華嚴五地聖人**，善能通達世間之學。至於陰陽術數，圖書印璽，醫方辭賦，靡不該練，然後可以涉俗利生。故等覺大士，現十界形，應以何身何法得度，即現何身何法而度脫之。由是觀之，佛法豈絕無世諦，而世諦豈盡非佛法哉？由人不悟大道之妙，而自畫於內外之差耳，道豈然乎！竊觀古今衛道藩籬者，在此，則曰彼外道耳，在彼，則曰此異端也。大而觀之，其猶貴賤偶人，經界太虛，是非日月之光也。是皆不悟自心之妙，而增益其戲論耳。蓋古之聖人無他，特悟心之妙者，一切言教皆從妙悟心中流出，應機而示淺深者也。故曰無不從此法界流，無不還歸此法界。是故，吾人不悟自心，不知聖人之心；不知聖人之心，而擬聖人之言者，譬夫場人之欣戚，雖樂不樂，雖哀不哀。哀樂原不出於己有也，哀樂不出於己，而以己為有者，吾於釋聖人之言者，見之。

論　心　法

余幼師**孔**不知孔，師**老**不知老，既壯，師**佛**不知佛。退而入於深山大澤，習靜以觀心焉，由是而知三界唯心，萬法唯識。既唯心識觀，則一切形，心之影也，一切聲，心之響也。是則，一切聖人，乃影之端者；一切言教，乃響之順者。由萬法唯心所現，故治世語言，資生業等，皆順正法；以心外無法，故法法皆真。迷者執之而不妙，若悟自心，則法無不妙。心法俱妙，唯聖者能之。

論　去　取

吾佛經盡出自<u>西域</u>，皆從翻譯。然經之來，始於<u>漢</u>，至<u>西晉</u>方大盛。晉之譯師，獨稱羅什爲最，而什之徒，生、肇、融、叡四公，僧之麟鳳也，而什得執役。然什於肇亦曰：余解不謝子，文當相揖耳。蓋肇尤善老莊焉。然佛經皆出金口所宣，而至此方，則語多不類，一經而數譯者有之，以致淺識之疑。殊不知，理實不差，文在譯人之巧拙耳。故藏經凡出什之手者，文皆雅致，以有四哲左右焉。故法華理深辭密，曲盡其妙，不在言；而維摩文勢宛莊，語其理自昭著。至於肇四論，則渾然無隙，非具正法眼者，斷斷難明，故惑者非之，以空宗莊老孟浪之談，宜矣。清涼觀國師，華嚴菩薩也，至疏華嚴，每引肇論，必曰肇公，尊之也。竊嘗論之，藉使肇見不正，則什何容在座？什眼不明，則譯何以稱尊？若肇論不經，則觀又何容口？古今質疑頗多，而概不及此，何哉？至觀華嚴疏，每引老莊語甚夥，則曰取其文不取其意。圭峰則謂二氏不能原人，宗鏡闢之尤著。然上諸師，皆應身大士，建大法幢者，何去取相左如此？嘗試論之，抑各有所主也。蓋西域之語，質直無文，具多重複，而譯師之學，不善兩方者，則文多鄙野，大爲理累。蓋中國聖人之言，除五經束於世教，此外載道之言者，唯老一書而已。然老言古簡，深隱難明，發揮老氏之道者，唯莊一人而已。焦氏有言：老之有莊，猶孔之有孟。斯言信之。然孔稱老氏猶龍，假孟而見莊，豈不北面耶？間嘗私謂，中國去聖人，卽上下千古，負超世之見者，去老唯莊一人而已。載道之言，廣大自在，除佛經，卽諸子百氏，究天人之學者，唯莊一書而已。藉令中國無此人，萬世之下，不知有真人；中國無此書，萬世之下，不知有妙論。蓋吾佛法廣大微妙，譯者險辭以濟之，理必沈隱，如楞伽是已。是故什之所譯稱最者，以有四哲爲之輔佐故耳。觀師有言，取其文不取其意，斯言有由矣。設或此方有過老莊之言者，肇必捨此而不顧矣。由是觀之，肇之經論，用其文者。蓋肇宗法華，所謂善説法者，世諦語言資生業等，皆順正法，乃深造實相者之所爲也。圭峰少而宗鏡遠之者，孔子作春秋，假天王之令而行賞罰，二師其操法王之權而行褒貶歟！清涼則渾融法界，無可無不可者，故取而不取，是各有所主也。故余以法華見觀音三十二應，則曰應以婆羅門身得度，卽現其身而爲說法。至於妙莊嚴二子，則曰汝父信受外道，深著婆羅門法。且二子亦悔生此邪見之家。蓋此方老莊，卽西域婆羅門類也。然此剛爲現身說法，旋卽斥爲外道邪見，何也？蓋在著與不著耳。由觀音圓通無礙，則不妨現身說法；由妙莊深生執著，故爲外道邪見。是以，聖人教人，但破其執，不破其法，是凡執著音聲色相者，非正見也。

論 學 問

余每見學者披閱經疏，忽撞引及子史之言者，如攔路虎，必驚怖不前，及教之親習，則曰彼外家言耳，掉頭弗顧。抑嘗見士君子爲莊子語者，必引佛語爲鑒，或一言有當，且曰佛一大藏，盡出於此。嗟乎！是豈通達之謂耶！質斯二者，學佛而不通百氏，不但不知是法，而亦不知佛法；解莊而謂盡佛經，不但不知佛意，而亦不知莊意，此其所以難明也。故曰：自大視細者不盡，自細視大者不明。余嘗以三事自勖曰：不知春秋不能涉世，不知老莊不能忘世，不參禪不能出世。知此，可以言學矣。

論 教 乘

或問：三教聖人，本來一理，是果然乎？曰：若以三界唯心，萬法唯識而觀，不獨三教本來一理，無有一事一法，不從此心之所建立；若以平等法界而觀，不獨三聖本來一體，無有一人一物，不是毘盧遮那海印三昧威神所現。故曰：不壞相而緣起，染淨恆殊，不捨緣而卽真，聖凡平等，但所施設有圓融行布，人法權實之異耳。圓融者，一切諸法，但是一心，染淨融通，無障無礙。行布者，十界五乘五教，理事因果淺深不同。所言十界，謂四聖六凡也；所言五教，謂小、始、終、頓、圓也；所言五乘，謂人、天、聲聞、緣覺、菩薩也。佛則最上一乘矣。然此五乘，各有修進，因果階差，條然不紊。所言人者，卽蓋載兩間，四海之內，君長所統者是已，原其所修，以五戒爲本。所言天者，卽欲界諸天，帝釋所統，原其所修，以上品十善爲本；色界諸天，梵王所統，無色界諸天，空定所持，原其所修，上品十善，以有漏禪，九次第定爲本，此二乃界內之因果也。所言聲聞所修，以四諦爲本；緣覺所修，以十二因緣爲本；菩薩所修，以六度爲本，此三乃界外之因果也。佛則圓悟一心，妙契三德。攝而爲一，故曰圓融；散而爲五，故曰行布。然此理趣，諸經備載。由是觀之，則五乘之法，皆是佛法，五乘之行，皆是佛行，良由衆生根器大小不同，故聖人設教淺深不一，無非應機施設，所謂教不躐等之意也。由是證知，孔子人乘之聖也，故奉天以治人；老子天乘之聖也，故清淨無欲，離人而入天；聲聞緣覺，超人天之聖也，故高超三界，遠越四生，棄人天而不入；菩薩，超二乘之聖也，出人天而入人天，故往來三界，救度四生，出真而入俗；佛則超聖凡之聖也，故能聖能凡，在天而天，在人而人，乃至異類分形，無往而不入。且夫能聖能凡者，豈聖凡所能哉？據實而觀，則一切無非佛法，三教無非聖人。若人若法，統屬一心；若事若理，無障無礙，是名爲佛。故圓融不礙行布，十界森然；行布不礙圓融，一際平等，又何彼此之分，是非之辯哉！故曰：或邊地語說四諦，或隨俗語說四諦。蓋人天隨俗而說四諦者也，原彼二聖，豈非吾佛密遣二人，而爲佛法前導者耶？斯則人法皆權耳。良由建化門頭，不壞因果之相，三教之學，皆防學者之心，緣淺以及深，由近以至遠。是以孔子欲人不爲虎狼禽獸之行也，故以仁義禮智授之，姑使捨惡以從善，由物而入人。修先王之教,明赏罚之權,作春秋以明治亂之迹,正人心,定上下，以立君臣父子之分,以定人倫之節,其法嚴,其教切,近人情而易行。但當人欲横流之際,故在彼汲汲猶難之。吾意中國,非孔子,而人不爲夷狄禽獸者幾希矣。雖然,孔氏之迹固然耳,其心豈盡然耶? 況彼明言之曰:"毋意,毋必,毋固,毋我。"觀其濟世之心，豈非據菩薩乘,而説治世之法者耶? 經稱儒童,良有以也。而學者不見聖人之心,將謂其道如此而已矣。故執先王之迹以挂功名,堅固我貪,肆貪欲而爲生累,至操仁義而爲盜賊之資,啓攻鬪之禍者，有之矣。故老氏愍之曰: 斯尊聖用智之過也,若絶聖棄智,則民利百倍,剖斗折衡,則民不争矣。甚矣,貪欲之害也。故曰:"不見可欲,使心不亂。"故其爲教也,離欲清净以静定持心,不事於物,澹泊無爲,此天之行也。使人學此,離人而入於天。由其言深沈,學者難明,故得莊子起而大發揚之。因人之固執也深,故其言之也切,至於誹堯舜,薄湯武,非大言也,絶聖棄智之謂也。治推上古,道越羲皇,非漫談也,甚言有爲之害也。詆嘗孔子,非詆孔子,詆學孔子之迹者也,且非實言,乃破執之言也。故曰: 寓言十九,重言十七，詞教勸離,墮形泯智,意使離人入天,去貪欲之累故耳。至若精研世故,曲盡人情,破我執之牢關,去生人之大界,寓言曼衍,比事類辭,精切著明,微妙玄通,深不可識,此其説人天法,而具無礙之辯者也,非夫現婆羅門身而説法者耶? 何其遊戲廣大之若此也。粃糠塵世,幻化死生,解脱物累,逍遥自在,其超世之量何如哉! 嘗謂五伯僭竊之餘,處士横議,充塞仁義之途,若非孟氏起而大闢之,吾意天下後世左袒矣。當羣雄吞噬之劇,舉世顛瞑,亡生於物,欲火馳而不返者衆矣,若非此老崛起,攘臂其間,後世縱有高潔之士,將亦不知軒冕爲桎梏矣,均之濟世之功,又何如耶? 然其工夫由静定而入,其文字從三昧而出,後人以一曲之見而窺其人,以濁亂之心而讀其書,茫然不知所歸趣，苟不見其心而觀其言，宜乎驚怖而不入也。且彼亦曰：萬世之後而一遇大聖，知其解者，是且暮遇之也。然彼所求之大聖，非佛而又其誰耶？若意彼爲吾佛破執之前矛，斯言信之矣。世人於彼尚不入，安能入於佛法乎！

論　工　夫

吾教五乘進修工夫，雖各事行不同，然其修心，皆以止觀爲本。故吾教止觀，有大乘，有小乘，有人天乘，四禪八定，九通明禪。孔氏亦曰："知止而後有定。"又曰："自誠明。"此人乘止觀也。老子曰："常無欲，以觀其妙；常有欲，以觀其徼。"又曰："萬物並作，吾以觀其復。"莊子亦曰："莫若以明"，又曰："聖人不由而照之於天"，又曰："人莫鑑於流水，而鑑於止水。惟止，能止眾止也。"又曰："大定持之，至若百骸九竅，賅而存焉，吾誰與爲親？"又曰："咸其自取，怒者其誰耶！"至若黃帝之退居，顏子之心齋，丈人承蜩之喻，仲尼夢覺之論，此其靜定工夫，舉皆釋形去智，離欲清淨，所謂厭下苦麤障，欣上淨妙離，冀去人而入天，按教所明，乃捨欲界生，而生初禪者，故曰宇泰定者，發乎天光，此天乘止觀也。首楞嚴曰："一切世間所修心人，愛染不生，無留欲界，是人應念身爲梵侶。"又曰："欲習既除，離欲心現，是人應時能行梵德，名爲梵輔。"又曰："清淨禁戒，加以明悟，是人應時，能統梵眾，爲大梵王。"又曰："此三勝流，一切煩惱所不能逼，雖非正修真三摩地，清淨心中，諸漏不動，名爲初禪。至於激心不動，湛寂生光，倍倍增勝，以歷二三四禪，精見現前，陶鑄無礙，以至究竟群機，窮色性性，入無邊際，名色究竟天，此其證也。"由是觀之，老氏之學，若謂大患，莫若於有身，故滅身以歸無；勞形莫先於有智，故釋智以淪虛。此則有似二乘；且出無佛世，觀化知無，有似獨覺。原其所宗，虛無自然，即屬外道；觀其慈悲救世之心，人天交歸，有無雙照，又似菩薩。蓋以權論，正所謂現婆羅門身而説法者，據實判之，乃人天乘精修梵行，而入空定者是也。所以能濟世者，以大梵天王爲婆娑主，統領世界，説十善法，救度衆生。據華嚴，地上菩薩爲大梵王，至其梵衆，皆實行天人，由人乘而修天行者，此其類也，無疑矣。吾故曰：莊語純究天人之際，非孟浪之談也。

論　行　本

原夫即一心而現十界之像，是則四聖六凡，皆一心之影響也，豈獨人天爲然哉？究論修進階差，實自人乘而立，是知人爲凡聖之本也。故裴休有言曰："鬼神沈幽愁之苦，鳥獸懷猶狄之悲。修羅方嗔諸天耽樂，可以整心慮、趣菩提，唯人道爲能耳。"由是觀之，捨人道無以立佛法，非佛法無以盡一心。是則佛法以人道爲鎡基，人道以佛法爲究竟。故曰：菩提所緣，緣苦衆生，若無衆生，則無菩提，此之謂也。所言人道者，乃君臣父子夫婦之間，民生日用之常也。假而君君臣臣，父父子子，不識不知，無貪無競，如幻化人，是爲諸上善人，俱會一處，即此世界爲極樂之國矣，又何庸夫聖人哉？奈何人者因愛欲而生，愛欲而死，其生死愛欲者，財色名食睡耳。由此五者，起貪愛之心，搆攻鬭之禍，以致君不君，臣不臣，父不父，子不子，雖先王之賞罰，不足以禁其心。適一己無厭之欲，以結未來無量之苦，是以吾佛愍之曰：諸苦所因，貪欲爲本，若滅貪欲，無所依止。故現身三界，與民同患，乃説離欲出苦之要道耳。且不居天上，而乃生於人間者，正示十界因果之相，皆從人道建立也。然既處人道，不可不知人道也。故吾佛聖人不從空生，而以净梵爲父，摩耶爲母者，示有君親也；以耶輸爲妻，示有夫婦也；以羅睺爲子，示有父子也。且必捨父母而出家，非無君親也，割君親之愛也；棄國榮而不顧,示名利爲累也; 擲妻子而遠之, 示貪欲之害也。入深山而苦修,示離欲之行也; 先習外道,四徧處定,示離人而入天也; 捨此而證正徧正覺之道者,示人天之行不足貴也; 成佛之後, 入王宮而舁父棺,上忉利,而爲母説法,示佛道不捨孝道也; 依人間而説法,示人道易趣菩提也; 假王臣爲外護,示處世不越世法也。此吾大師示現度生之楷模,垂誡後世之弘範也。嗟乎! 吾人爲佛弟子,不知吾佛之心,處人間世,不知人倫之事。與之論佛法,則儱侗真如,瞞頂佛性; 與之論世法,則觸事面牆,幾如檮昧。與之論教乘, 則曰: 枝葉耳,不足尚也; 與之言六度,則曰: 菩薩之行,非吾所敢爲也; 與之言四諦,則曰: 彼小乘耳,不足爲也; 與之言四禪八定,則曰: 彼外道所習耳,何足齒也; 與之言人道,則茫不知君臣父子之分,仁義禮智之行也。嗟乎! 吾人不知何物也,然而好高慕遠,動以口耳爲借資,竟不知吾佛救人出世,以離欲之行爲第一也。故曰:離欲寂静,最爲第一。以余生人道,不越人乘,故幼師孔子; 以知人欲爲諸苦本,志離欲行,故少師老莊; 以觀三界唯心,萬法唯識,知十界唯心之影響也,故皈命佛。

論　宗　趣

老氏所宗,虚無大道,卽楞嚴所謂晦昧爲空,八識精明之體也。然吾人迷此妙明一心,而爲第八阿賴耶識,依此而有七識,爲生死之根,六識爲造業之本, 變起根身器界生死之相。是則十界聖凡,統皆不離此識,但有執破染浄之異耳。以欲界凡夫,不知六塵五欲境界,唯識所變,乃依六識分别,起貪愛心,固執不捨,造種種業,受種種苦, 所謂人欲横流。故孔子設仁義禮智教化爲隄防,使思無邪,姑捨惡而從善。至若定名分,正上下,然其道未離分别。卽所言静定工夫,以唯識證之,斯乃斷前六識分别邪妄之思, 以袪闘静之害。而要歸所謂妙道者，乃以七識爲指歸之地，所謂生機道原，故曰生生之謂易是也。至若老氏，以虛無爲妙道，則曰谷神不死，又曰死而不亡者壽，又曰生生者不生。且其教以絕聖棄智，忘形去欲爲行，以無爲爲宗極，斯比孔則又進。觀生機深脈，破前六識分別之執，伏前七識生滅之機，而認八識精明之體，即楞嚴所謂罔象虛無，微細精想者，以爲妙道之源耳。故曰：惚兮恍，其中有象；恍兮惚，其中有物。其以此識乃全體無明，觀之不透，故曰：杳杳冥冥，其中有精。以此識體，不思議熏，不思議變，故曰：玄之又玄。而稱之曰妙道，以天地萬物皆從此中變現，故曰：天地之根，衆妙之門。不知其所以然而然，故莊稱自然。且老乃中國之人也，未見佛法，而深觀至此，可謂捷疾利根矣，借使一見吾佛而印決之，豈不頓證真無生耶？吾意西涉流沙，豈無謂哉！大段此識，深隱難測，當佛未出世時，西域九十六種，以六師爲宗，其所立論百什，至於得神通者甚多，其書又不止此，方之老莊也。洎乎吾佛出世，靈山一會，英傑之士皆彼六師之徒，且其見佛，不一言而悟，如良馬見鞭影而行。豈非昔之工夫有在，但邪執之心未忘，故今見佛，只在點化之間，以破其執耳。故佛說法原無贅語，但就衆生所執之情，隨宜而擊破之，所謂以楔出楔者，本無實法與人也。至於楞嚴會上，微細披剝，次第徵辯，以破因緣自然之執，以斷凡夫外道二乘之疑。而看教者，不審乎此，但云彼西域之人耳，此東土之人也。人有彼此，而佛性豈有二耶？且吾佛爲三界之師，四生之父，豈其說法止爲彼方之人，而此十萬里外，則絕無分耶？然而一切衆生，皆依八識而有生死堅固我執之情者，豈只彼方衆生有執，而此方衆生無之耶？是則，此第八識，彼外道者，或執之爲冥諦，或執之爲自然，或執之爲因緣，或執之爲神我。即以定修心，生於梵天，而執之爲五現涅槃，或窮空不歸，而入無色界天，伏前七識生機不動。進觀識性，至空無邊處，無所有處，以極非非想處，此乃界內修心，而未離識性者。故曰：學道之人不識真，只爲從前認識神，無量劫來生死本，癡人認作本來人者是也。至於界外聲聞，已滅三界見思之惑，已斷三界生死之苦，已證無爲寂滅之樂，八識名字尚不知，而亦認爲涅槃，將謂究竟寧歸之地，且又親從佛教得度，猶費吾佛四十年彈訶淘汰之功。至於法華會上，猶懷疑佛之意，謂以小乘而見濟度，雖地上菩薩，登七地已，方捨此識，而猶異熟未空。由是觀之，八識爲生死根本，豈淺淺哉？故曰：一切世間諸修行人，不能得成無上菩提，乃至別成聲聞緣覺。及成外道，諸天魔王，及魔眷屬，皆由不知二種根本：一者無始生死根本，則汝今者與諸衆生，用攀緣心爲自性者；二者無始涅槃元清凈體，則汝今者識精元明，能生諸緣，緣所遺者，正此之謂也。噫！老氏生人間世，出無佛世，而能窮造化之原，深觀至此，卽其精進工夫，誠不易易，但未打破生死窠堀耳。古德嘗言：孔助於戒，以其嚴於治身；老助於定，以其精於忘我。二聖之學，與佛相須而爲用，豈徒然哉！據實而論，執孔者涉因緣，執老者墮自然，要皆未離識性，不能究竟一心故也。佛則離心意識，故曰：本非因緣，非自然性，方徹一心之原耳。此其世出世法之分也。佛所破正不止此，卽出世三乘，亦皆在其中。世人但見莊子誹堯舜薄湯武，詆訾孔子之徒，以爲驚異，若聞世尊訶斥二乘，以爲焦芽敗種，悲重菩薩，以爲佛法闡提，又將何如耶？然而佛訶二乘，非訶二乘，訶執二乘之迹者，欲其捨小趣大也。所謂莊詆孔子，非詆孔子，詆學孔子之迹者，欲其絕聖棄智也，要皆遣情破執之謂也。若果情忘執謝，其將把臂而遊妙道之鄉矣。方且歡忻至樂之不暇，又何庸夫憒憒哉！華嚴地上菩薩，於塗灰事火，臥棘投鍼之儔，靡不現身其中，與之作師長也。苟非佛法，又何令彼入佛法哉！故彼六師之執幟，非佛不足以拔之。吾意老莊之大言，非佛法不足以證嚮之，信乎遊戲之談，雖老師宿學，不能自解免耳。今以唯心識觀，皆不出乎影響矣！

此論創意，蓋予居海上，時萬曆戊子冬，乞食王城，嘗與洞觀居士夜談所及，居士大爲撫掌。庚寅夏日，始命筆焉，藏之既久，向未拈出。甲午冬，隨緣王城，擬請益於弱侯焦太史，不果。明年乙未春，以弘法罹難，其草業已遺之海上矣，仍遣侍者往殘簡中搜得之。秋，蒙恩遣雷陽，達觀禪師由匡廬杖策候予於江上，冬十一月，予方渡江，晤師於旅泊菴。夜坐出此，師一讀三歎曰：是足以袪長迷也。即命弟子如奇刻之以廣法施。予固止之。戊戌夏，予寓五羊時，與諸弟子結制壘壁間，爲衆演楞嚴宗旨，門人寶貴見而歡喜，願竭力成之以卒業焉。噫！欲識佛性義，當觀時節因緣，此區區片語，誠不足爲法門重輕。創意於十年之前，而克成於十年之後，作之於東海之東，而行之於南海之南，豈機緣偶會而然耶？道與時也，庸可强乎！然此蓋因觀老莊而作也，故以名論。萬曆戊戌除日，憨山道人清，書於楞伽室。

（同上　卷四十五）

十五、憨山緒言

有物者，不可以語道。夫萬物紛紜，非有也，有之者，人也。人不有，則萬物何有？凡有物者，必殉物，殉物者，幾亡人。人亡矣，孰與道哉？物與人也，甚矣夫。

忘物者，不足以致道。夫不有物者，達物虛，物虛，則不假忘而忘矣。而云我忘物已，我忘物已，有所可忘，非真忘，故云不足以致道。

淪虛者，未足以盡道。夫心不虛者，因物有，物虛而心自虛矣。心虛物虛，則心無而有；物虛心虛，則物有而無，如斯則又何滯哉？而必以虛爲虛，取虛爲極，是淪虛也，何盡道？

忘與不忘俱忘。忘忘矣，而必拘俱，忘忘矣，而不拘俱，難。噫，至矣哉！安得無忘而無不忘，無俱而無不俱者，而與之言忘俱耶？

今夫致道者，在塵必曰動易體，出塵必曰靜易造。以動易者，如實石火；以靜易者，如可急流。石火似有，急流似停，易此者，是不達動靜之原，生滅之本也。

被物動者，我之招也，不有我，孰能動哉？觀夫長風鼓於天地，木折而竅號，於太虛何有焉。故至人無我，虛之至也，以其虛，故不動。

心體原真，習染成妄，故造道之要，但治習，治習之要，純以智。嘗試觀夫融冰者焉，火勝則冰易消，智深則習易盡。

我信人不信，非人不信，信不及也；人信我不信，非我不信，不足信也。故我信信心，人信信言，言果會心，則無不信矣。

銖兩移千鈞之至重，一私奪本有之大公。私也者，圓明之讐，生死之蒂也。是以，得不在小，失不在大，聖人戒慎恐懼，不睹不聞之地。

勞於利，勞於名，勞於功，勞於道，其勞雖同，所以勞則異也。是以，有利不有名，有名不有功，有功不有道。有道者，道成無不備。

陸魚不忘濡沫，籠鳥不忘理翰，以其失常思返也。人而失常不思返，是不如魚鳥也！悲夫！

趣利者急，趣道者緩。利有情，道無味，味無味者，緩斯急也。

無味，人孰味之？味之者，謂之真人。

心本澄淵，由吸前境，渾濁其性，起諸昏擾，悶亂生惱，推原其根，其過在著。

一翳在眼，空華亂起，纖塵著體，雜念紛飛，了翳無華，銷塵絕念。

至細者大，至微者著。細易輕，微易忽，衆人不識，聖人兢兢。由乎兢兢，故道大功著，萬世無過。

物無可欲，人欲之，故可欲。欲生於愛，愛必取，取必入，入則没。没則己小而物大，生輕而物重，人亡而物存。古之善生者，不事物，故無欲，雖萬狀陳前，猶西子售色於麋鹿也。

吾觀夫豺虎狼者，雖狎而常畏，恐其食己也，故常畏。色欲之於人，何啻虎狼哉？人狎而且玩，食盡而心甘，恬不知畏，過矣乎！虎狼食身，色欲食性。

色欲之於人，無敵也，故曰賴有一矣。若使二同，普天之人，無能爲道者。吾意，善敵欲者，最以智，助智以厭。厭則懼，懼則遠，遠則淡，淡則忘。忘之者，望形若偶人，視味如嚼蠟，何欲哉！

難而易，易而難，衆人畏難而忽易，聖人畏易而敬難，是以道無不大，德無不弘，功無不成，名無不立。

世之皆以功名爲不朽，謂可以心致，故勞心，謂可以形致，故勞形。且夫盡勞而未必樹，樹而未必固。吁！去聖人孰能固哉？不固則朽，何固哉？吾謂不朽者，異夫是，知吾之不朽，不朽矣！

榮名者跂名，榮位者跂位，既跂矣，辱何加焉？故曰：跂者不立。不立者無本，無本而名位之兢兢乎得失也，何榮哉？

富不大，以其蓄，有蓄則有亡，故不大。貴不至，以其高，有高則有下，故不至。是知達人無蓄，故富莫大焉，無高，故貴莫至焉。

藏迹者非隱，迹隱而心未必忘；馮名者非顯，名顯而道未必著，故隱非正，顯非大。吾所謂隱顯者，異乎是。吾所謂隱顯者，隱於體而顯於用也。體隱則廓爾太清，萬境斯寂；用顯則森然頓現，一道齊觀。如斯，則逆順隨宜，窮通一致矣。噫！處此者，博大真人哉！

君父之命不可逃，況大命乎！嘗試觀夫負小技而不達大命者，居常爲失意，當分爲棄時，故踔踶之心，憤激託言而要乎世。噫！過矣！夫達士觀之，猶人酣酒夜行，而射穎於柱，抱布鼓而號救於天也。雖然，布鼓存焉，知命者不取。

以機爲密，非密矣，以道爲密，密也。夫吾嘗觀夫弄弩者，炭炭然百發而數獲，此善者也，而況不善者乎？善爲道者能宥物，不發而物無所逃，故密莫大焉，勁莫至焉。

天地循環，千變萬化，死生有常，人莫之測。不測其常，狥物而忘，聖人返物，故乃昌。

人棄我取，故人之所有我不有，我之所有人不有。人非不有，以其不知有，故不有，設知有，我何異哉！

塵垢污指，必濯而後快。貪嗔害德，而不知袪，是視德不若一指也。指污有生，德害失性。

負重者累，多知者勞。累久則形傷，勞極則心竭，殆已！所以殆者，事外也。是以重生者，事內不事外，循己不循人，志存不志亡。

變通，難言也。人莫不以趣利避害爲然，而吾實不然。亦有夫利害置前，而不可却者，變也，何通耶？衆人隨之，君子審之，聖人適之。適之則不有，以其不自有，故不有。

人謂之盜物者爲盜，非盜也；吾謂之盜心者爲盜，確已夫。夫盜，盜物未必盡，有禦必不入，設入必獲，獲則死無容。既死矣，奚盜哉？夫盜，盜心必盡失，禦急而愈入，設獲且生，而多又縱之，尤有誨之者，慎之哉！

道盛柔，德盛謙，物盛折。是以，柔愈強，謙愈光，折愈亡。古之不事物者，故乃長。

密於事者心疏，密於心者事達，故事愈密，心愈疏，心愈密，事愈達。心不洗者，無由密，是以聖人貴洗心，退藏於密。

一刺在膚，側掉而不安，眾刺在心，何可安耶？刺膚膚潰，刺心心亡。

大威可畏。觀夫天地肅殺者，大威也。萬物雖眾，靡靡然孰能當之，故夫人有威者，承天也。天威至公，人威効公；天威愛物，人威主生。

化人無功，化己有功。己果化，而人不化自化矣。微夫觀德人之容，使人之意也消，信夫！

治逆易，治順難，逆有對，順無知。故有知者，遇逆如甘露，畏順如鴆毒，慎之至也。以其慎，故守不失。慎也者，成德之人歟！

心體本明，情塵日厚，塵厚而心日昏矣。是以聖人用智不用情，故致道者，以智去情，情忘則智泯矣。忘情者，近道哉！

智鉅事微。善達事者莫若智，故智之器，挫銳解紛無不利。嘗試觀夫片雪點紅爐，清霜消烈日，以其勝之也。故自勝者，孰能禦之？

人以大巧，我用至拙，人巧以失，我拙以得。故善事道者，棄巧取拙，無不獲。

順我者喜，逆我者怒，喜怒迭遷，好惡競作，日益其過。推原其由，本乎不覺，不覺，即忘返也。

恣口體，極耳目，與物鑠鑠，人謂之樂。何樂哉？苦莫大焉。隳形骸，泯心智，不與物伍，人謂之苦。何苦哉？樂莫至焉。是以樂苦者，苦日深；苦樂者，樂日化。故效道之人，去彼取此。

天地不勞而成化，聖人以勞而成功，眾人因勞而遂事。事遂者逸，功成者退，故曰：功成事遂身退，天之道。多財者驕，高位者慢，多功者伐，大志者狂，勝才者傲，厚德者下，實道者隨。

不了假緣，橫生取捨，識風鼓扇，浩蕩不停。如海波澄，因風起浪，風若不起，波浪何生，識若不生，萬緣何有？故致道者，不了即生，了即無生也。善哉！

源不遠，流不長；道不大，功不固。是以聖人德被羣生，功流萬世，以其道大也。有大道者，孰能破之。

目容天地，纖塵能失其明；心包太虛，一念能塞其廣。是知一念者，生死之根，禍患之本也。故知幾知微，聖人存戒。

自信者，人雖不信，亦信之矣；不自信者，人雖信，亦不信之矣。故自信敦誠，人信易欺，誠者日精，欺者日淪。智照識惑，惑起千差，照存獨立，故致道者，以照照惑，貴智不貴識。

觀夫市人莽行，失足於窪，然必惕然揮臂以自誓者，爲嫌其污履也。今夫人者，處下德而晏然，不惕不誓，是自短於市人，而土苴其道德也。悲夫！

人皆知變之爲變，而爲之變，而不知變有不變者存焉。苟知其不變，則變不能變之矣。苟不知其不變，雖無變，何嘗不變哉！請試觀夫聖人，身循萬有，潛歷四生，紜紜並作，而無將無迎者，是處其不變而變之也，何變哉？若夫人者，形若槁木，而心若颺塵，物絕跡而猶呻吟，是無變也，何嘗不變哉？

寢息坐臥，所以逸身也；止絕攀緣，所以逸心也。身逸者志墮，心逸者志精。故養道者，忘形師心，道乃貞。

天地大，以能含成其大；江海深，以善納成其深；聖人尊，以納污含垢成其尊。是以，聖人愈容愈大，愈下愈尊，故道通百劫，福隆終古，而莫之争。

視民爲吾民，善善惡惡，或不均；視民爲吾心，慈善悲惡，無不真。故曰：天地同根，萬物一體，此之謂同仁。

見色者盲，見見者明；聞聲者聾，聞聞者聰。是以全色全見，盡聲盡聞，無不融；聲色俱非，見聞無住，此之謂大通。

衆念紛紛不止，無以會真。若以衆念止衆念，則愈止愈不止矣；若以一念止衆念，則不止而自止矣。吾所謂一念者，無念也。能觀無念，不妨念念，而竟何念哉？雖然，實無念者，贅也，夫曾不知其爲橛也。

心體元虛，妄想不有。若了妄不有，雖有而不有也；不了妄不有，雖不有猶有之也。故妄想如空花，其根在眼眚，了眚花不無，空體常寂滅。

夫平居内照似有，及涉事即無者，直以心境未融，前塵未了，而爲留礙也。故造道者，不了前塵，縱心想俱停，猶爲趣寂，故於至道不取。

體寂用照。用不失體，即照而寂；體不離用，即寂而照。是以，體寂若太虛，用照如白日，故萬變無虧，無幽不鑒。

前無始，後無終，萬劫一念，六合一虛，人物齊軌，大小同狀，晝夜不變，死生不遷，此之謂常。然體此者，似人而天，誰爲之愆。

事小理大。事有千差，理唯一味。善理者，即事無外，隱顯存亡莫之二。是以，至人愈動愈靜，無不寓。

不可以無心得，不可以有心求。有心執有，無心著無，是二俱非，則超然獨立。所以大人無對者，以其無可當情也。

念有物有，心空法空。是以，念若虛鎔，逢緣自在，心如圓鑑，來去常閒。善此者，不出尋常，端居妙域矣。

大忘不忘，無不忘；用意忘者，愈忘愈著。執著者，未喻道，果喻道，何不忘耶？故曰：魚相忘於水，人相忘於道。

游魚不知海，飛鳥不知空，凡民不知道。藉若知道，豈爲凡民哉！吾意，善體道者，身若魚鳥，心若海空，近之矣！

一動一静，一語一默，揚眉瞬目，或飲與啄，左之右之，無時不察。察久念裂，劃然自得。自得者自知，人莫之識。

天地之功，不捨一草；滄海之潤，不棄一滴；圓明之體，不離一念。是知一念之要，重矣夫！

真心至大，此身至微。是以，明真心者，返觀此身，猶若片雲浮於太清，任往任來，翛然無寄。由無寄故，處世若寄焉。

爲有爲，無能爲，爲無爲，能有爲。是以聖人無爲而無不爲也。吾所謂聖人無爲者，蓋即爲而不有其爲，非若寒灰枯木，而斷然不爲也。

太虛遊於吾心，如一漚在海。況天地之在太虛乎，萬物之在天地乎，此身之在萬物乎，外物之在此身乎？嘻！眇小哉！以其小，故大。

天地寂，萬物一，守寂知一，萬事畢。處此道者常不忒，以其不忒，故作做云爲俱不失。不失者，謂之真人。

超然絕待，大同也。夫不同，則物我二，物我二，則形敵生。有形敵者，待莫甚焉，何絕哉？吾意，善致道者，貴兩忘，兩忘則物我一，物我一則形敵忘，形敵既忘，誰待哉？絕待故大，大故同。大同者，謂之聖人。故曰：會萬物而爲己者，其唯聖人乎！

山河大地，一味純真，心若圓明，天地虛寂。故達此者，外觸目無可當情，中返觀了無一物。如斯則空，空絕跡，物物徒云，身寄寰中，心超象表矣。

静極則心通，言忘則體會。是以，通會之人，心若懸鑑，口若結舌，形若槁木，氣若霜雪。嘻！果何人斯！願與之遊也。

其形似拘拘，其中深而虛虛，眼若不見，耳若不聞，昏昏悶悶。

人望之而似癡，若亡人而不知偶誰，吾請以爲師。

世間所有，杳若夢存，夢中不無，覺後何有？故不覺何以超有，不超有何以離世？吾所謂離世者，非離世，離世在卽世而離世也。卽世而離世者，謂之至人。

知有爲始，極盡爲終，策知以智，運極以權。權也者，涉有也，涉有處變，古有萬變而不知其正者，根本存焉。今夫不本而誇善變者，是由自縛而解人，人見而必唾，雖孺子大笑之。

直達謂之頓，密造謂之漸。直達詣真，密造除僞。真不詣，僞不除，僞不除，真不極。由是觀夫僞也者，真之蔽歟？道之害歟？德之累歟？

圓融該攝，廣大交徹，全事全理，隱顯莫測。一多互含，多一互入，舉一通收，不妨羅列。小大不殊，凡聖不隔，常泯常照，常起常寂。心不可思，言不可議，日用尋常，曾無欠闕。常在其中，不勞途涉，此之謂至極。

大言載道，小言載名，至言忘言；載名者近，載道者遠，忘言者通。是故，近則易親，遠則易毀，通則莫測。以其至，故莫測，居莫測者，謂之神化。

孤掌不鳴，不虛無響，絕待無言。由是觀之，言者有待而然也。雖然，言言於無言，言卽無言矣。無言者，言之不及也。吾意，善得無言者，在遺言。言既遺，而無言者得矣，何言哉！

（同上　卷四十五）

〔附〕　錢謙益：大明海印憨山 大師廬山五乳峯塔銘

我神宗顯皇帝，握金輪以御世，推慈聖皇太后之志，崇奉三寶，以隆顧養。上春秋鼎盛，前星未耀，慈聖以爲憂，建祈儲道場於<u>五臺山</u>，<u>妙峯登公</u>與<u>憨山</u>大師，實主其事，<u>光宗貞皇帝</u>遂應期而生。於是二公名聞九重，如優曇鉢華，應現天際。<u>妙峯</u>不出王舍城，大作佛事，而大師有<u>雷陽</u>之行。其機緣所至，橫見側出，固非凡情之可得而測也。大師之遷化於<u>曹溪</u>也，大宗伯<u>宣化蕭公</u>，親見其異，爲余道之。已而<u>南海陳迪祥</u>以行狀來謁余表塔。余曰："有吾師<u>宣化公</u>在，他日請爲第二碑。"又明年乙丑，其弟子居<u>廬山</u>者曰<u>福善</u>，奉全身歸<u>五乳</u>，而留爪髮於<u>曹溪</u>，走書來告曰："大師東遊，得子而意曰：刹竿不憂倒卻矣。燈焰月落，晤言亹亹，所以付囑者甚至，塔前之銘，非子誰宜爲？"余何敢復辭！

　　謹按，師諱<u>德清</u>，族蔡氏，<u>全椒</u>人也。父<u>彥高</u>，母洪氏。夢大士抱送而生。七歲，叔父死，屍於牀，問母從何處去，卽抱死生去來之疑。九歲，能誦普門品。年十二，辭親入<u>報恩寺</u>，依<u>西林</u>和尚，<u>內江趙文肅公</u>摩其頂曰：兒他日人天師也。十九祝髮，受具戒於<u>無極某</u>公。聽講華嚴玄談，至十玄門，海印森羅常住處，悟法界圓融無盡之旨，慕<u>清涼</u>之爲人，字曰<u>澄印</u>。從<u>雲谷會公</u>縛禪於<u>天界寺</u>，發憤參究，疽發於背，禱護伽藍神，願頌華嚴十部，乞假三月以畢禪期。禱已熟寐，晨起而病良已。三月之內，恍在夢中，出行市中，儼如禪坐，不見市有一人也。

　　<u>雪浪恩公</u>，長於師一歲，相依如<u>無著</u>、<u>天親</u>。嘉靖丙寅，寺燬於火，誓相與畜德俟時，以期興復。師既翛然出世，而<u>雪浪</u>卒爲大論師修治故塔，稍酬誓願焉。師嘗聽講於<u>天界</u>，廁溷清除，了無人蹟。意主東淨者，非常人也。訪之，一黃面病僧，目光激射，遂與定參訪之約。質明，則已行矣，卽<u>妙峯登公</u>也。師以江南習氣頓暖，宜入冬冰夏雪，苦寒不可耐之地，以痛自摩厲，遂飄然北邁。天大雪，乞食<u>廣陵</u>市中曰：吾一鉢足以輕萬鍾矣。抵京師，<u>妙峯</u>衣褐來訪，須

髮鬖鬖，如河朔估客，師望其眸子識之，相視一笑。參徧融貞公，融無語，惟張目直視。又參笑巖，巖問：“何方來？”曰：“南方來。”巖曰：“記得來時路否？”曰：“一過便休。”巖曰：“子卻來處分明。”遊盤山至千像峯石室，見不語僧，遂相與樵汲度夏，時萬曆元年癸酉也。

明年，偕妙峯結冬蒲坂，閱物不遷論，至梵志出家，頓了旋嵐偃嶽之旨，作偈曰：“死生晝夜，水流花謝，今日方知，鼻孔向下。”峯一見遽問師“何所得？”師曰：“夜來見河中兩鐵牛，相鬭入水去，至今絕消息。”峯曰：“且喜有住山本錢矣。”遇牛山法光禪師，坐參請益。法光發音如天鼓，師深契之。送師遊五台詩云：“雪中師子騎來看，洞裏潛龍放去休。”且曰：“知此意否？”要公不可捉死蛇耳。師居北臺之龍門，老屋數椽，在萬山冰雪中，春夏之交，流澌衝擊，靜中如萬馬馳驟之聲。以問妙峯，峯舉古人三十年聞水聲，不轉意根，當證觀音圓通語。師然之，日尋緣溪橫杓，危坐其上。初則水聲宛然，久之忽然忘身，衆籟闃寂，水聲不復聒耳矣。一日粥罷經行，忽立定，光明如大圓鏡，山河大地，影現其中。既覺，身心湛然，了不可得，説偈以頌之。

遊雁門，兵使胡君請賦詩，甫攝思，詩句逼塞喉吻，從前記誦見聞，一瞬現前，渾身是口，不能盡吐。師曰：“此法光所謂禪病也，惟睡熟可以消之。”擁衲跏趺，一坐五晝夜，胡君撼之不動，鳴擊子數聲，乃出定。默坐卻觀，如出入息，住山行腳，皆夢中事，其樂無以喻也。還山，刺血書華嚴經，點筆念佛，不廢應對，口頌手畫，歷然分明。隣僧異之，牽徒衆來相覘，已皆讚歎而去。嘗夢與妙峯夾侍清涼大師開示，初入法界圓融觀境，隨所演説，其境即現。又夢登彌勒樓閣聞説法，曰：“分別是識，無分別是智；依識染，依智净；染有生死，净無諸佛。”自此，識智之分，了然心目也。

師既建祈儲道場，遂遠遁東海之牢山。慈聖命龍華寺僧瑞菴行求得之，遺使再徵不能致，賜内帑三千金，復固辭。使者不敢復命，師曰："古有矯詔賑饑之事，山東歲凶，以此廣聖慈於饑民，不亦可乎？使者持賑籍還報，慈聖感歎，率闔宮布金造寺，賜額曰海印。師詣京謝恩，爲報恩寺請藏，上命師齎送，因以便歸省父母。寺塔放光累日，迎經之日，光如浮橋北度，經在塔光中行也。師還，以報恩本末具奏，曰："願日減膳羞百金，十年工可畢也，慈聖許之。歲乙未，而黄冠之難作。師住山十三年，方便説法，東海彌離車地，咸向三寶，而黄冠以侵占道院，飛章誣奏，有旨逮赴詔獄。先是慈聖崇信佛乘，敕使四出，中人讒搆，動以煩費爲言，上弗問也。而其語頗聞於外庭，所司遂以師爲奇貨，欲以株連慈聖左右，並按前後檀施，帑金以數十萬計。拷掠備至，師一無所言。已乃從容仰對曰："公欲某誣服易耳，獄成將置聖母何地乎？公所按數十萬，在縣官錙銖耳。主上純孝，度不以錙銖故，傷聖母心。獄成之後，懼無以謝聖母。公窮竟此獄，將安歸乎？"主者舌吐不能收，乃具獄上。所列惟賑饑三千金，有内庫籍可考。慈聖及上皆大喜。坐私造寺院，遣戍雷州，非上意也。達觀可公，急師之難，將走都門，遇於江上，師曰："君命也，其可違乎！"爲師作逐客説而别。

　　師度庾嶺，入曹溪，抵五羊，赭衣見粤帥，就編伍於雷州。歲大疫，死者相枕籍，率衆掩薶，作廣薦法會，大雨平地三尺，癘氣立解。參政周君，率學子來扣擊，舉通乎晝夜之道而知發問，師曰："此聖人指示人，要悟不屬生死一着耳。"周君憮然擊節。粤之孝秀馮昌歷輩，聞風來歸，師擬大慧冠巾説法，搆禪室於壁壘間。説法華，至寶塔示現，娑婆華藏，涌現目前，開悟者甚衆。居粤五年，乃克住錫曹溪。歸侵田，斥僦舍，屏門酒肆，蔚爲寶坊，緇白全集，攝析互用，大鑒之道，勃爲中興。甲寅夏，師在湖東，慈聖賓天，詔至慟哭，披剃返僧服。又二年，念達觀法門死生之誼，赴葬於雙徑，爲作茶毘佛事。箴吳越禪人之病，作擔板歌。弔蓮池宏公於雲棲，發揮其密行，以示學者。自吳門返廬山，結庵五乳峯下，效遠公六時刻漏，專修净業。居四年，復往曹溪。天啓三年癸亥，宣化公赴召來訪，劇談信宿，公謂師色力不難百歲，更坐二十餘夏如彈指耳。師笑曰："老僧世緣將盡，幻身豈足把翫哉！"別五日，果示微疾。韶陽守張君來問，師力辭醫藥，坐語如平時。既別，沐浴焚香，集衆告別，危坐而逝，十月三十一日也。曹溪水忽涸，百鳥哀鳴，夜有光燭天。三日入龕，面顔發紅，鬚髮皆長，鼻端微汗，手足如綿。僧徒驚告，謂師復生。蕭公語余，衰老赴闕，跋涉二萬里，何所爲哉？天殆使爲師作末後證明耳。鳴呼！知言哉！

　　師長身魁碩，氣宇堂堂，所至及物利生，機用善巧，如日晅雨潤加被而人不知。山東再饑，師盡發其困，親泛舟至遼東糴豆，以賑旁山之民，咸免捐瘠。税使與粤帥有隙，嗾市民以白艚作難，羣噪圍帥府，師緩頰諭税使解圍，不動聲色，會城以寧。珠船千艘，罷採不歸，剽掠海上，而開礦之役，繹騷尤甚。採使謁曹溪，使以佛法攝受，徐爲言開採利害。由是，珠船罷採不入海，而礦額令有司歲解。制府戴公詒書謝曰："吾乃今知佛祖慈悲之廣大也。"師爲余言，居北臺，大雪高於屋數丈，昏夜可鑑毛髮，堅坐待盡，身心瑩然。遲明，塔院僧穴雪以入，相攜行雪洞中里許乃出。當詔獄拷治時，忽入禪定，榜箠刺爇，若陷木石。逾年在雷陽，聞侍者趣呼，逮繫毒楚卒發，幾無完膚，此楞迦筆記所由作也。師東遊至嘉興楞嚴寺，萬衆圍繞，有隸人如狂易狀，搏顙不已，曰："我寺西仲秀才也，身死尚在中陰，聞肉身菩薩出世，附隸人身求解脱耳。"師爲説三皈五戒，問："解脱否？"曰："解脱竟。"憬然而覺，師之樹大法幢，爲人天眼目，豈偶然哉？

　　師世壽七十八，僧臘五十九，前後得席弟子甚衆。從師於獄，職納橐饘者，福善也；終始相依於粵者，善與通炯、超逸、通岸也。貴介子弟，剟臂然燈，以求師道，現大士像於瘡痏中，而坐脫以去者，郎璺黃納善也；粵士歸依者，馮昌歷爲上首，御史王安舜，孝廉劉起相、陳迪祥、歐文起、梁四相、龍璋，皆昌歷之徒也。師所著有楞伽筆記、華嚴綱要、楞嚴懸鏡、法華擊節、楞嚴法華通議、起信唯識解若干卷、觀老莊影響論、道德經解、大學中庸直指、春秋左氏心法、夢遊集又若干卷。嗟乎！師於世間文字，豈必不逮古人？有不逮焉，亦糟粕耳。師於出世間義諦，豈必不合古人？有不合焉，亦皮毛耳。惟師凤乘願輪，以大悲智入煩惱海，以無畏力處生死流，隨緣現身，應機接物，末後一著，全體呈露。後五百年，使人知有一大事因緣，是豈可以語言情見，擬議其短長者哉？是故，讀師之書，不若聽師之言，聽師之言，又不若周旋瓶錫，夷考其生平，而有以知其願力之所存也。謙益下劣鈍根，荷師記莂，援據年譜行狀，以書茲石。其詞寧繁而不殺者，欲以示末法之儀的，啟衆生之正信也。銘曰：

　　人生出沒，五濁世間，生死之涂，屹立重關。重關峻復，誰不退墮？師子奮迅，一擲而過。濟河焚舟，縣車束馬，一鉢飛渡，誰我禦者！冰山蟄伏，雪窖沉埋，冰解凍釋，水流花開。光明四照，上徹帝閽，榮名利養，匪我思存。震霆赫怒，我性不遷，桁楊木索，說法熾然。覺範朱崖，妙喜梅州，雷陽萬里，謂我何求！軍持應器，橫戈杖錫，毀形壞衣，古有遺則。大鑒重徽，靈昭不昧，屈眴之衣，如施晝饋。師之示現，如雲出谷，觸石膚寸，雨不待族。雲歸雨藏，山川自如，孰孰景光，以窺太虛。福德巍戵，文句璀璨，視此肉身，等一真幻。匡山不來，曹溪不去，塔光炳然，長照覺路。

　　　天啓七年丁卯九月朔，常熟幅巾弟子錢謙益謹述。

　　　　　　　　　　　　　　　　　　（同上　卷五十五）

陸夢龍：憨山大師傳

　　師諱德清，全椒人，姓蔡。母洪氏，夢大士攜童子入門，抱之遂娠。及誕，白衣重胞。居常不樂俗，年十二，聞西林和尚有大德，欲往從之。父不聽，母曰：“養子從其志。”迺送入寺。時無極講經西林，雪浪長師一歲，先依無極，見師如夙契。十九，從無極聆華嚴玄談，至十玄門，海印森羅常住處，悟法界圓融無礙之旨，切慕清涼之爲人，自字澄印。每於講會，密察方僧可爲侶者。一日，見後架潔清，思淨頭必非常人，比見，乃黃腫病僧。每早起事必辦，不知何時灑埽也，故不寢以偵之，則當衆方放參時，已糞除畢。數日，淨頭病，師問：“安否？”答曰：“業障身病已難支，而饞病又難當，每見行齋食，恨不俱放下。”師袖果餌親之，問其號曰妙峯，蒲州人。因相期結伴爲遠遊。既數日，則已去矣。更六年，師至長安，有稱鹽客相訪者，長鬚髮，衣褐衣，入門即問認否？師視其兩目，忽記昔天界病淨頭也，云爲山陰王請內藏來。師追妙師至河東，山陰王留結冬，訂刻肇論。向於不遷論，未明旋風偃嶽之旨，忽閱梵志自幼出家，白首而歸，鄰人曰：“昔人猶在耶？”志曰：“吾似昔人，非昔人也。”豁然了悟。初師方七歲，叔死，叔母撫尸而哭，曰：“天耶，那裏去也！”師愕然，問：“叔身在此，又往何處？”曰：“死矣。”意死向何處去？疑之。未幾，次嬸舉子，隨母往視。見嬰兒，問母，何從入嬸腹中？母拍一掌云：“爾從何入爾母腹中耶？”又切疑之。自此，死去生來之故，耿耿於懷。至是，如冰澌泮矣。明日，妙師問所得，師曰：“夜來見河邊兩個鐵牛，相鬥入水中去也，至今絕消息。”妙師笑曰：“且喜有住山本錢矣。”

　　時伏牛山法光禪師在王所，示以離心意識，參出凡聖路學，師深領其旨，每歎曰："光師談論，如天鼓音。"一日搜師詩讀之，笑曰："何自得此佳句？"復笑曰："佳則佳矣，那一竅欠通在。"師問："和尚通否？"曰："三十年來，擎龍捉虎，今日草裏走出兔子來下一跳。"師曰："和尚不是擎龍捉虎手。"光拈拄杖作打勢，師把住，以手捋其鬚曰："説是兔子，恰是蝦蟆。"光笑休去。一日謂，公不必他往，願同老伏牛，是相望也。師同妙師登五臺，光以詩送云："雪中獅子騎來看，洞裏潛龍放去休。"問其意，曰："要公不捉死蛇耳。"師言禪道，久無師匠，比見光師，始知有宗門作略。大方主人，爲卜居北臺之龍門，大風時作，萬竅怒號，意喧之。問妙師，師曰："境自心生，非從外來，古人云：三十年聞水聲，不轉意根，當證觀音耳根圓通。"初師日坐溪橋，水聲宛然。久之，動念即聞，不動念即不聞。一日，忽然忘身，音聲俱寂，自此衆響閴然，不復爲擾矣。人餉師米三斗，日食麥麰和菜，以合米爲飲送之，半載有餘糧。偶粥罷經行，忽入定，不見身心，唯一大光明藏，圓滿湛寂，如大圓鏡，山河大地，影現其中。及覺，説偈曰："瞥然一念狂心歇，內外根塵俱洞徹，翻身觸破太虛空，萬象森羅從起滅。"時年三十也。悟後無可請益，乃展印楞伽經。既凤所未講，但以現量照之，少起識心，即不容思量。如是者八閲月，全經旨趣了然量中。一夕，夢入金剛窟，石門榜大般若寺，見清涼大師倚臥床上，妙師左侍，師趣入禮拜右立。大師開示初入法界圓融觀境，謂"佛刹互入，主伴交參，往來不動之相。纔説其境，其境即現，自知身心交參涉入。"妙師問曰："此何境界？"大師笑曰："無境界境界。"又夢履空上昇，入廣大樓閣，瞻禮彌勒，聞其説曰："分別是識，無分別是智；依識染，依智净；染有生死，净無諸佛。"自此，識智之分，了然心目。

萬曆辛巳，神宗皇帝遣官祈皇嗣於武當，皇太后遣官於五臺，就本寺建道場。訖癸未，師以臺山虛聲難久居，遂蹈東海之上，易號憨山,尋清涼疏所謂那羅延窟者,即東海牢山也。聖母以五臺祈嗣之勞,訪求三人,大方、妙峯俱至,命龍華寺住持至海上喻師,尋建寺西山,期以必往,又發三千金,爲師建庵,師俱辭。丙戌,敕頒十五藏經,散施天下名山,慈聖以其一送東海牢山,無可供奉,命合宮布金修寺,賜額曰海印。是冬,禪室成。靜坐,夜起見海,忽身心世界,當下消落。偈曰:"海湛空澄雪月光,此中凡聖絶行藏,金剛眼突空花落,大地都歸寂滅場。"入室取楞嚴證之,開卷見"汝身汝心,外及山河虛空大地,咸是妙明真心中物。"全經觀境,了然心目,述楞嚴懸鏡一卷。丁亥開堂説戒,四方衲子日益至,作心經直説。以懸鏡文簡,學者不易入,始創意述楞嚴通議。己丑,爲報恩寺請藏,齎送至龍江,便道省親,且欲重修本寺,師出家處也。乞聖母日減膳羞百兩,積之三年可舉,慈聖俞之。甲午冬,入賀聖節,命説戒於慈壽寺,再請舉修報恩寺,上命徐俟明年。乙未,逮師。先是上數惡内使以佛事請用太煩,偶以他故觸聖怒,有忌送經使者,因之發難,遂假前方士流言,擊登聞鼓以進,下鎮撫司獄。望風旨者,盡令疏向所出諸名山施資十數萬,計嚴訊之。師曰:"媿爲僧無以報國恩,今安惜一死,以傷皇上之大孝乎?"即曲意妄承奉,非臣子所以愛君之心也,有死而已。"止供前施七百餘金,而前所辭建庵金,使者不敢復命,師曰:"古人矯詔濟饑,今歲凶,何不廣聖慈饑民乎?"令僧與使者遍散之,僧道孤老獄囚,各取所司印籍以復。至是,請覈内支籍,代賑之外無他。上意解。時相國洪陽張公,暨諸當事,營救甚力。後張語人曰:"人知憨公爲大善知識,不知有社稷陰功也。"衆聞之悚然。

　出獄,戍雷州。侍御樊公繼讁,問:"雷陽風景何如?"師方註楞伽經,拈卷示之曰:"此雷陽風景也。"督府命往曹溪,闢堂濬源,行化之外,普潤枯瘠。癸卯,達觀在京師,適妖書發難,下詔獄訊,以爲師之故，檄還戍所。因憶達師云："楞嚴說七趣因果，世書無對解者。"師云："春秋乃明明因果之書耳。"遂著春秋左氏心法。乙巳渡瓊海，夜望郡城氣索然，遂行。謂衆云："瓊城將有災。"行後，地大震，陷城東隅，暨官民廬舍，仆明昌塔，壓碎師所寓樓。先時，郡士大夫競留師，師不止故免。丙午遇赦。癸丑至衡陽，遊南嶽，禮八十八祖道影。丙辰登匡山，避暑金竹坪，註肇論。僧某，以五乳貽，師喜其境幽，將投老焉。爲達觀茶毘，手拾靈骨，藏於文殊臺。丁巳下山，弔雲棲說法淨慈之宗鏡堂，日遶千指。歸閉關謝衆，效遠公六時刻香代漏，專心淨業。著華嚴綱要，重述圓覺、起信直解，莊子內篇註。粵方伯吳公，暨諸弟子固請，復至曹溪者三。壬戌冬至，爲弟子戒期，講楞嚴、起信諸經論。晚參示衆云："老人穩坐匡廬，今日踰河越嶺，爲著甚麽？爾曹慎毋作容易想也。"癸亥冬十月，示微疾，韶陽太守挾醫問疾，師不御。侍者請垂一言，師曰："金口所演，尚成故紙，我又何爲？"自後不語，端坐而逝。

初，外道羅清，以其教遍行東方，絕不知有佛法，師居東漸久，其長率衆來歸，開講大化，遂遍東海。嶺南佛法久廢，海門周公攝南韶，集諸子問道於師。周鼎石問"通乎晝夜之道而知"，師答："此聖人指人要悟，不屬生死一着。"公擊節歎服。有龍璋者，聞師論，心異之，歸謂其友馮昌歷曰："此來禪師說法甚奇特。"因共請益，師開示以向上事，諦信不疑。自是王侍御安舜、歐文起、梁四相等，相率歸依，士人向慕，法化大行。雖上下崇禮，奉爲法王，而有爲之事，雀角至再。然當事有結轖，則必乞師解之。稅使者惡大將軍，因粵苦圖艚運米，新督府闈人也，公子舟次白艚之旁，藉口以大將軍資，公子行，圍士民數千人，沉公子舟，持戈圍帥府甚急。帥令中軍詣闈，涕泣求救。師遂破關往謁，從容開曉。使者悟，俾教亂民。師先往大言於衆曰："諸君所爲，欲食賤米耳，今犯大法，當取死，卽有賤米，誰食之耶？"圍乃解，會城以寧。復甦採珠之擾。其在東海，敕賜殿成，勢家冀奪道場，搆方外黃冠，稱侵其道院事，下萊州，無賴數百，喧競合圍。師令侍者他往，獨徐行其中，首一人舞銅牌利刀，出其鞘，擬殺師。師笑視之曰："爾殺人何以自處？"其人氣索，收牌刀。圍行城外二里許，將東西行，師躊躇，請首者同至寓處，閉門解衣磅礴，談笑自若，取瓜果共啖之。一市喧云："方士殺僧矣。"太守遣多役捕之，彼衆惶懼，皆叩首求解。師曰："爾勿懼，亦勿辯，第聽吾言。"太守問："狂徒殺僧耶？"師曰："未也。來捕時，僧方與彼同食瓜果耳。"太守曰："何鬨？"曰："市鬨耳。"太守命三木，師曰："將欲散之，乃故拘之耶？"太守悟，但令地方驅之，不三日盡解散。

師於詩文，天才駿發。少年入長安，王元美諄諄誨以詩法，師不答，瞠目視之。敬美一見笑曰："阿哥輸却維摩了也。"論曰：莊生云："以聖人之學，教聖人之才，其亦庶乎其可矣。"余以辛酉入五乳，訪師者三，語甚洽。余謂"師用世異才也"。贈以詩曰："出世還應用世人。"師不語，其意深自得。又謂"師老矣，何不加意嗣人？"答云："須其人精心求之，我求何益？"初，師在海上，卽墨黃生納善，年十九，參究堅切，脇不至席，對大士破臂然燈，保師速還。火發瘡痛，日夜危坐，持觀音大士名，三月乃愈。痂痕結大士像，眉目身衣，宛然如畫。求隨師出家，師不許。生乃曰："弟子打箇觔斗來，師又何能止我乎？"又明年，竟坐脫。此豈所謂其人耶？非耶？其在嶺南，則馮昌歷。五乳之患難不二者爲福善。

賜進士出身，廣東等處提刑按察司按察使，會稽陸夢龍君啓撰。

（同上　五十五卷）

元　來

【簡介】　元來，一名大艤，字無異，俗姓沙，生於公元一五七五年（明神宗萬曆三年），死於公元一六三〇年（明思宗崇禎三年），舒城（今安徽舒城縣）人。他十六歲出家，先學天台，修止觀之道達五年之久，後改學禪宗，拜在曹洞宗師壽昌無明慧經門下，二十七歲時受印可，被稱爲慧經門下“第一上座”。不久，元來即開山於信州（今江西上饒）博山能仁寺。三十年間，他六坐道場，除各方僧侶求法外，學士大夫、縉紳先生也雲集景附，一時“博山宗風，遂擅天下”。劉日杲在博山和尚傳中説：“明興二百餘年，宗乘寥寥，得和尚而丕振，猗與盛者！”評價極高。

在禪理方面，元來對於來求者“唯勉以真參實究，深戒知解”。（元賢博山無異大師衣鉢塔銘）而對當時每下愈況的禪風，提出了尖鋭的批評。他反對“以宗抑教，以教抑宗”，提倡融通教宗。爲此，他有宗教答響五卷，着重闡發宗教“合一之旨”。他説“宗乃教之綱，教乃宗之目”，“得其旨，則一言一字皆最上之機；如不識其旨，泥於文字，則宗亦教矣”。（宗教答響一）因此，他與一般説禪者不同，相當重視經教的作用，他認爲：“夫爲學者，以一大藏教，開自己清净眼目。”（示雪慈禪人）他這種融通禪教的思想，充分反映了晚明佛教發展的趨勢。

元來的著作，由其弟子彙編爲無異元來禪師廣錄三十五卷，收錄了他六坐道場的語錄，以及各種禪語、雜著、書啓、詩文，傳記等。

一、宗教答響一

參悟品第一

劉胤平弘昉太史問：宗教二門，是一是二？今云參悟是第一義，一切教乘可盡廢耶？大疑大悟，不疑不悟。有不疑者，作何開發；終不悟者，作何究竟？又復一種，熟讀公案，謬認當機，此云證否？更復教中多明了者，此於悟門爲有差別，爲無差別？

師云：釋迦大師坐道場四十九載，末後拈花示衆，故有教外別傳之旨。果教外別有傳乎？宗乃教之綱，教乃宗之目，舉一綱則衆目張。祇知理目，而不識其綱者，是不知宗教之道合一之旨，所謂歧路中又有歧路也。肯就歧路徑循其綱者，諸教中皆有宗旨。得其旨，則一言一字皆最上之機；如不識其旨，泥於文字，則宗亦教矣。

華嚴經云："如日當空照，童稚閉其目，自言何不視，多聞亦如是。"又云："如貧數他寶，自無半錢分。"法華經云："棄捨所習誦，廢忘不通利，貪著於名利，多遊族姓家。"楞嚴經云："縱能宣説十二部經，不如一日修無漏業。"圓覺經云："以思惟心測度如來圓覺境界，如將螢火燒須彌山，終不能著。"以此教自料揀，而不知宗者，在人非在教也。良以教有千差，宗歸一致；教在博通文義，宗貴直下真參。博通非一日之功，真參無頃刻之間。非一日之功，尋其流也；無頃刻之間，得其源也。尋流而得其源者有之，得源而棄其流者亦有之，此又在人不在教也。楞伽經云："佛語心爲宗，無門爲法門。"又頌云："如世有良醫，以妙藥救病，諸佛亦如是，爲物説惟心。"既是以心爲宗，當勘破文字。楞嚴經云："圓明了知，不因心念。"大凡地前衆生，日用中無非心念，如不真參實究，其心念何能了之？動止思惟，莫非心念，究竟堅固，終不得矣。是故當知宗衍於教，一而二也；教歸於宗，二而一也。其真參實究捷經，名第一義，教中具載，非廢教也。高峰大師云：“無量妙法門，參禪第一義。若真獅子兒，不入他羣隊。”法華：“未開口時，入無量義定。”無量義者，非第一而何？至舍利弗三請說法，佛云：“吾今爲汝分別說法。”文中云：“一大事因緣”，開示悟入佛之知見。本文翻案云：“是法非思量分別之所能解。”即此非思量九箇字，作麽生領會？若不真參實究，是謂入海算沙，非究竟也。繇此觀之，教不可廢，要在得其綱領。果得其綱領，教則爲指、爲筏、爲導引、爲開關、爲助緣，又安可廢乎！

又謂：大疑大悟，不疑不悟。有不疑者，作何開發？若果爲生死心切者，安得不疑？如不疑，是生死心不切耳。如云：一口氣不來，畢竟向甚麽處去？不究心時，被善惡業牽引去，既不隨善惡業牽引，畢竟向甚麽處去？既不知去處，安得不疑？如不疑者，是不堪共語人，又何必別求開發耶！若果發真疑者，縱不悟，站定脚跟，不起第二念，此即成佛作祖底基本，如別求究竟，即非究竟也。熟讀公案，謬認當機者，千聖出頭救渠不得，安敢曰證！譬如平人妄號帝王，自取誅滅，非細事也。近時妄稱知識者，行棒行喝，入門便打，入門便罵，不論初心晚進，妄立箇門庭，皆是竊號之徒。鼓動學者一片識心，妄興問答，豎指擎拳，翻筋斗，踢飛脚，大似弄傀儡相似，使傍觀者相襲成風。殊不知，古之所是，今之所非，將來鑊湯爐炭，決定少他不得，是謂之善因惡果，良可痛歟！若於教中多明了者，與悟門中較其優劣，實霄壤也。雖不能與悟門較其優劣，而代佛揚化，非世間功德之可比。書寫讀誦尚不可思議，況說法乎？此皆諸實之語，學者可善而擇之。

淨土品第二

問:念佛參禪,近分二幟,能兼修否?既云念佛,恐以觀門爲第一義。臨終往生,作何指引?念時修觀,作何攝受?

師云:禪淨無二也,而機自二。初進者,似不可會通,當求一門深入。如上帝都也,維揚至東兗亦到也,荆楚至中州亦到也。豈以維揚會荆楚爲一道乎?若尋維揚而會通荆楚,尋荆楚而會通維揚,豈但不能會通,余恐頭白齒黄,終滯於維揚荆楚,而不能到帝都也。是故,求一門深入,不可滯祖師權語,又不可滯抑揚之説也。如永明料揀云:“有禪無淨土,十人九錯路,無禪有淨土,十人九得度。”此多於淨土,非多於淨土,是揚教也,是適機也,永明意總不在此。若以此見永明,是謂之癡人面前不得説夢,是謂之邏贓人喫棒也。祖師亦云:“佛之一字,吾不喜聞。”又云:“念佛一聲,三日漱口。”祖師意總不在此。若以此見祖師,是謂之癡人面前不得説夢,是謂之邏贓人喫棒也。然禪淨二門,非別立標幟。求一門深入者,似不得不二也,如會通之説,亦權語耳。果發明大理,不妨念佛。世緣尚不礙道,況念佛乎?濁界尚不礙生,況樂邦乎?如專意淨土,當發大心。其大心者,即菩提心。菩提心者,不爲自求故,不爲一人得生淨土故,不爲一人得成佛道故。如上品上生章云:“一者,至誠心。”起信論云:“直心。”直心者,無委曲故。欲生淨土,萬牛而不可挽也。北宗云:“直心真實,菩提道場。”又云:“至誠爲入道基本。”六祖亦云:“行直不用參禪。”亦此意也。二者,深心。謂心與境冥,境與神會,惟心惟境,而互攝互融。故云:無邊刹海,自他不隔於毫端。故知十萬億刹之外,不出一心,果心外別有淨土耶?然行人念佛,正當發願往生,不可執目前淨土,大方之家,安可滯一隅,謂之心淨土淨,正所謂棄大海認浮漚爲全潮者,不亦迷乎!雲棲師翁云:"執事而背理,類童蒙讀古聖之書;執理而背事,比貧士獲豪家之券。"據此,則多於事土而略於理土。蒙童讀書,雖不解義,而終有開曉之時;貧士獲券,縱堆積如山,終無管業之理。果將一句彌陀,念教不念自念,究竟到一心不亂,則惟心之理,不言可喻,又何妨發願往生乎」淨土訣云:"生則決定生,去則實不去。"斯達惟心之境,終日生而不妨無生,終日無生而不妨往生也。又何況念空真念,生徹無生乎?

夫觀門者,亦淨土一義耳。據彌陀一經,祇教一心不亂,專持名號,雖言西方種種妙境,未明示其觀相也。無量壽經出十六種觀門,首曰日輪懸鼓,乃至佛菩薩,寶池樓閣,及花開九品,總雜等觀,則隨修一觀,即得往生也。惟楞嚴經大勢至菩薩云:"憶佛念佛,現前當來,必定見佛。"憶者,觀也。此觀念相繼,自得心開,不待往生,又不妨往生,亦攝念佛者往生。斯菩薩化儀,爲彌陀輔弼,自利利他,不妨兼舉也。此淨土一門,仗果位中佛,發大弘誓,廣攝念佛行人,比於諸法門中,似省力也。如單提一句彌陀,當以信、行、願爲資糧。信者,信自心有成佛底種子,信有彌陀可見,信有淨土可生,信我念佛將來畢竟見佛,畢竟成佛,更無疑慮也。行者,念念無間,如人行路,直至到家乃可。願者,願生淨土,將我念佛功德,發願回向大地衆生,同生淨土,同成佛道。斯亦菩提之心,比爲已生者,日劫相倍也。祇念佛決得往生,況有果位中佛接引攝受耶」

止觀品第三

問:止觀二義,諸書備具,惟種種法繁漫難修,有一二門當總持否?即如觀持準提呪者,觀鏡觀像,觀諸梵字,法更繁衍,以何爲的?其不知者,誤認假相,不宜攝觀,是耶非耶?

師云:惡世有情,生無慧目,從無始已來,根本煩惱俱生無明,從劫至劫，不能暫捨。其不思議熏，不思議變，業轉現識，發六粗境，招因帶果，吸引衆生，輪迴世間，生死相續，無有窮已。所以諸佛世尊，以大慈故，緣於衆生；以大悲故，救於衆生。險惡道中，爲衞護，爲導師；苦海岸邊，爲援引，爲舟筏；於黑暗長夜，爲炬爲明；於怠惰深坑，爲警爲策。說濁邊之過患，示淨界之莊嚴；演無量之法門，開三觀之玅旨。單複圓修，隨機利鈍，但從一門深入，如登彌勒樓閣，諸門頓開。此止觀一法，是不可思議之要徑也。智者大師云："止者乃伏結之初門，觀者是斷惑之至要。止者則愛養心識之善資，觀者策發神解之玅術。止則禪定之勝因，觀是智慧之緣藉。成就定慧二法，斯乃自利利人。"以此則知，不修止觀法，無以成。自尚不利，云何利他？又當知止觀攝一大藏教，一大藏教不出止觀二法。若人精修止觀，可謂尋流而得其源也。若修止觀者，第一要三歸五戒，如增受菩薩戒者，其法最易成就，名上品行人也。第二要持戒清淨，無諸毀犯。第三要明信因果，熟爛教乘。第四要懺悔已作衆惡，不更覆藏。第五要發菩提心，永無退轉，志求大乘。欲度人故，更當訶慾澄心，止緣入觀。又如智者大師云："方便行中，當具五法：一者欲。欲離世間一切妄想顛倒故，欲得一切諸禪智慧法門故。亦名爲志，亦名爲願，亦名爲好，亦名爲樂。是人志願好樂一切諸深法門故，故名爲欲。如佛言曰：一切善法，欲爲其本故。二者精進。堅持戒禁，棄於五蓋。五蓋者，一貪欲蓋，即貪毒；二嗔蓋，即嗔毒；三睡眠，四疑，此二法即癡毒；五掉悔，即是等分攝，合爲四分煩惱，具八萬四千惡法故。初夜後夜，專精不廢。譬如鑽火未熱，終不休息，是名精進善道法。三者念。念世間爲欺誑可賤，念禪定爲尊重可貴，若得禪定，即能具足發諸無漏智一切神通道力，成等正覺，廣度衆生，是爲可貴，故名爲念。四者巧慧。籌量世間樂，禪定智慧樂，得失輕重，所以者何？世間之樂，樂少苦多，虛誑不實，是失是輕；禪定智慧之樂，無漏無爲，寂然閒曠，永離生死，與苦長別，是得是重。如是分別，故名巧慧。五者一心分明。明見世間可患可惡，善識定慧功德可尊可貴。爾時應當一心決定修行止觀，心如金剛，天魔外道不能沮壞，設使空無所獲，終不回易，是名一心。"據此，則止觀定慧，無不開發也。又當觀諸法念念不住，此名體真止。如上體真止，妄念不息，當返觀所起之心，過去已滅，現在不住，未來未至，三際窮之，了不可得。不可得法，則無有心，若無有心，則一切法皆無。行者雖觀心不住，皆無所有，而非無刹那任運覺知念起。又觀此心念，內有六根，外有六塵，根塵相對，故有識生。識本無生。觀生如是，觀滅亦然，生滅名生，但是假立。生滅心滅，寂滅現前，了無所得，是所謂湼槃空寂之理。其心自止，如更馳散，當以對治法治之。如不淨觀對治貪欲，慈心觀對治嗔恚，界分別觀對治著我，數息觀對治多尋思等，此不分別也。二者正觀，觀諸法無相，並是因緣所生。因緣無性，卽是實相。先了所觀之境，一切皆空，能觀之心，自然不起，能所雙泯，斯卽還源。此據智者小止觀略引之，倘徧修者，當看全文。更有摩訶止觀，具載藏乘，此不繁引。如三觀中隨修一觀，卽攝諸觀，既攝諸觀，隨修一觀，卽名總持法門也。

　　如持準提呪者，當觀諸法無性，蘊界無我，法界理成，渾成一大圓鏡智，又名一心。然後觀鏡、觀像、觀諸梵字，如寶鏡當臺，隨念隨現，似無繁衍。像現呪聲，如空谷響應，此爲的也。其不知者，誤認假相，當以前義導之。如不攝觀，雖持日事，不名入理，當深思之。倘欲深入法性，如顯密圓通□法界觀法，又不可不以彼爲的據。華嚴經云："若有欲識佛境界，標也；當淨其意如虛空，示也；遠離妄想及諸取，止也；令心所向皆無礙，觀也。"此四句，亦標示止觀之大綱也。

　　清涼大師疏云："聽許說中分二：一、誡識勸修。淨意如空，總以喻顯,下二句別顯。一、離妄取。如彼浄空無雲翳故,斯卽真止。二、觸境無滯。如彼浄空無障礙故,斯卽真觀。此觀不作意以照境,則所照無涯;此止體性離而息妄,故諸取皆寂。斯則不拂不瑩,而自浄矣。無浄之浄,則暗蹈佛境矣。此爲心要,請後學思行。"據<u>清涼</u>深入止觀法要修行者,如體會斯意,大得便宜也。

戒律品第四

問:念佛參禪,俱精戒律,諸如沙彌比丘等戒,斷不宜犯,律有明條,至有在家諸優婆塞及優婆夷,發心持戒,當受何品?恐於世緣不無干礙,作何通融?爲廣示義。

師云:識心熾盛,猶如奔馬,無暫停息,造諸惡業,遍法界故。凡欲修行,翻前惡境,並起善心,其斷惡修善,以戒爲基本。若無戒律,一切善法,悉無以成。<u>南山</u>大師云:"戒德難思,冠超衆象,爲五乘之軌道,實三寶之舟航。禪定智慧,以戒爲基;菩提涅槃,以戒爲本;發趣萬行,戒爲宗主。戒爲却惡之前陣,戒爲入道之初章。譬如世間造樓閣相似,必先造其基址,若無基址,徒架虛空,必不能成就也。"

<u>遺教經</u>云:"當尊重珍敬波羅提木叉,如暗遇明,如貧人得寶。"戒是正順解脱之本,若人能持浄戒,則諸善功德,皆悉能生。是故,修道者當持浄戒。<u>東坡</u>云:"禪律並行,不相留礙。"如念佛無戒,有慧無福,縱得爲人,福慧淺薄,輪迴諸有,亦未可知。參禪不持戒者,斯謂之狂人。將持戒束身,藉以口實,以祖師門下破執之談,都作箇實法會去。殊不知洗鉢水傾地,亦施主物,猶爲過犯,況其他乎!<u>清涼</u>大師九歲出家,十一歲背通三藏,十四歲發明南宗大理,猶以十戒嚴身。六祖親傳衣鉢,亦登壇受戒。是故當深信戒法,疾得出世。<u>華嚴經</u>云:"信爲道源功德母。若不信戒,而得禪定,而明佛

理，無有是處。"是知必發信心，乃能得戒，如得戒者，世出世法，悉皆成就。故云："莊嚴法身，戒爲瓔珞，破除熱惱，戒作清涼。"戒經云："戒如明日月，亦如瓔珞珠，微塵菩薩衆，繇是成正覺。"尼乾子經云："如來功德身，以受戒爲本，若不受戒，尚不能得疥癩野干之身，況功德法身耶!"然戒有多種，五戒八戒，名近住解脱，又名近事戒，爲在家優婆塞、優婆夷受此二戒，以親近出家二衆故。沙彌受十戒，爲策進心行故。二百五十戒，名別相解脱，謂條相多故。若受此戒，但超小乘阿羅漢果，不得常住佛性，廣化衆生。如菩薩三聚净戒，若受之者，報圓佛果，相好無邊，三達五眼，十力無畏，一切功德，無不具足。斯戒具權實二門，以五戒八戒謂之權，三聚净戒謂之實。權無實而不名權，實無權而不名實。如在家居士，初入門者當以五戒導之。此五戒者，在儒名五常，在釋名五戒，乃名別體同。故曰：仁者不殺，義者不盗，禮者不邪淫，信者不妄語，智者不飲酒。佛言："五戒不持，人天路絶。"宋儒云："天堂有君子登，地獄有小人入。"其君子小人，貴有常理，不在衣冠也。如位執權衡，秦檜、李林甫之類，皆曰小人；販夫竈婦，果具常理，名曰君子。又，不可執有常理而不受五戒。如不受五戒者，雖念佛參禪，止名白衣，不名法子。若堅持五種净戒，念佛一聲，則滅無量罪；參禪一日，則開無量慧門也。又有一等，塵緣紛雜，婚嫁之間，未能圓備於此五戒，似未能全持者，先以戒殺一戒爲之初因，次以八關齋爲之增長。八關者，謂立春、春分、立夏、夏至、立秋、秋分、立冬、冬至，此八日精持八戒五戒，外加不著香花鬘，不香塗身，不歌舞倡伎故往觀聽，不坐高廣大牀，此名八關。更加過午不食，謂之齋也。以此植因，待世緣稍脱，必欲常持五戒。或增上菩薩戒者，爲之極善。念佛必超常寂光土，上品上生，或頓悟自心，報圓佛果也。良以塵緣間隔，有在家出家，要知了生死入佛乘，僧俗一致，何分別之有也。是故當發大心，以期出世，幸勿以世緣汩没，甘心下賤，宿門外草菴也。大心者，必欲成就三聚净戒故。三聚者，一者誓斷一切惡。所謂婬殺盜妄，身口非爲，一切過失皆悉止斷。因斷成功，名爲斷德，將來果上證法身佛。二者誓修一切善。所謂世出世間一切善法，習行方便，無善不修，善緜智修。因善成功，名爲智德，將來果上證報身佛。三者誓度一切衆生。前之二願是自利行，今者普度含識，皆悉令得無上佛果菩提，是利他行。以恩及物，名爲恩德，將來果上證應身佛。又，當緣境發心，同虛空量故，心緣於境，境從心現，境即戒體，體即戒因，以體起用，方發無作。到此則無持戒之名，又安有犯？故云："戒性如虛空，持者爲迷。"到此不持不犯，非初學者所及。如云：諸惡莫作，衆善奉行，以便初心開發慧命，更爲穩便也。

布施品第五

問：布施一門爲六度首，金剛經云："不住於相，此最勝義。"又復破除慳貪種子，或復不能隨心如願，廣作功德，量力而行，非慳惜耶？

師云：觀心如幻，觀法亦然，四大假緣，無實主宰。身心尚不我有，況身外乎？良以世人認定箇色身，堅著我相，貪圖利樂，資養無明，長慳貪業，從劫至劫，不能暫捨，縱其貪染，吸引衆生，墮於地獄。即此貪心，本無休止，故地獄有不息之機，因果歷然，深爲可懼。若是智者，肯以有限之身，造無窮之業耶？是故，諸菩薩藉此而行妙行，破衆生慳業，無有窮已。般若云："若菩薩住於法而行布施，如人入闇即無所見；若菩薩不住法而行布施，如人有目日光明，照見種種色。是故，諸菩薩內施、外施、內外施、一切施、無盡施、無猒施，從劫至劫，廣行妙行，圓滿菩提。"內施者，捨頭目髓腦，如棄涕唾。外施者，國城妻子，象馬七珍。內外施者，施上二種，無所恡惜。無盡施者，施心不竭，無滿足故。無猒施者，心無疲倦，常精進故。此菩薩達諸法性本來空寂，非内非外，内外搜求，本無所有。内不見有能施之人，外不見有所施之物，無施者，無受者，三輪體空。以此玅慧而行布施，然後爲一切有情説諸玅法，利益衆生。諸供養中，法供養最，諸布施中，法布施最。華嚴十行品中，功德林菩薩説十種布施，文云："佛子！何等爲菩薩摩訶薩施藏？"此菩薩行十種施，所謂分減施、竭盡施、内施、外施、内外施、一切施、過去施、未來施、現在施、究竟施。分減施者，謂菩薩稟性仁慈，好行惠施，若得美味，先與衆生，然後方食。若受食時，預作念言，施自身中八萬四千尸蟲等，又以此食，惠施衆生，願我於身永斷貪著，是名分減施。竭盡施者，飲食香華，資生之具，一切皆捨，乃至盡命，亦無所悋，是名竭盡施。内施者，謂菩薩年方少盛，端正美好，乃至頭目髓腦，以濟衆生。念已施之，心無所悔，是名内施。外施者，名華上服，乃至王位，我今宜應隨彼所求，充滿其意，即便與之，是名外施。内外施者，如上所説，悉皆施之，是名内外施。一切施者，假使十方人來求上所欲，悉皆施與，是名一切施。過去施者，聞過去諸佛菩薩所有功德，聞已不著，了達非有，不起分別，不貪不眛，亦不求取，無所依倚，見法如夢，無有堅固，但爲教化所著衆生，成熟佛法而爲演説。又復觀察過去諸佛，十方推求，都不可得。作是念已，於過去法畢竟皆捨，是名過去施。未來施，謂此菩薩聞未來諸佛之所修行，了達有非，不取於相，乃至作念，若法非有，不可不捨，是名未來施。現在施者，謂此菩薩聞諸天，乃至聲聞緣覺具足功德，其心不迷，無有貪著，又觀諸行，如夢不實，爲令衆生捨離惡趣，心無分別，修菩薩道，成就佛法，而爲開演，是名現在施。究竟施者，謂諸菩薩捨一切所有，滿足衆生已，然後開導一切衆生，令於衆生不生貪愛，悉得成就清浄智身，是名究竟施。此名施藏，是得忍菩薩所行玅行，非初心者能行。凡在有情分中，不可不知，不可不學，不可不行，但功力不及，當隨分行之。如一色一香一搏之食，悉名布施，增而廣之，有所餘畜，悉行布施，成解脫心，破慳貪業，不可以小善小施而不行也。如不行者，則失無量利益。又，施者心有優劣，教中載：一長者施一檳榔與病僧，得九十一劫如意報，貧婦施一衣，現感王興供養。此謂之施心勝故，田亦勝故。田有二種：一者敬田，二者悲田。敬田者，供養三寶，國主天地及父母師僧，人所易發，凡諸所有，不生悋惜，於有情分中，則生分別矣。二者悲田，見病者、老者、貧窮者、殘疾者，乃至負命之者，當起同體大悲，資其所欲，而行布施，謂之悲田，其福勝故。用此幻化之財，作真實無相功德，以世間利樂千分萬分，百千萬億分，不足爲比也。其或有無猒之求者，不與者不得罪。何以故？縱彼貪心，陷彼慧命故。又或自身本無所有，而區區乞醞於鄰里者，似不可以布施解脫之心，而較其優劣也。大凡施者當隨分而無悋心，體上三輪空意，及菩薩無盡藏施，成就檀波羅密門，又不可不學也。

（選自無異元來禪師廣錄卷二十一，據續藏經
第一輯第二編第三十套第二冊）

二、宗教答響二

願力品第六

問：發菩提心，最勝功德，利他自利，爲菩薩行。如諸比丘對佛菩薩發大誓願，爲是義故，其如宰官當權住世，一切易辦。至或卑微分力歉薄，作何願力，而爲功德？

師云：法門無量，願爲先導，世出世法，無願不成。願者，好也，欲也。欲捨離一切惡法故，欲破除無明結使故，欲入諸菩薩甚深法門故，欲廣行善法，饒益有情故，欲化諸衆生同成佛道故，若無有願，如畫無膠，如馬無轡，如陶家器，雖成其坯，未經火煅，終不堪用。是故，初心學者，及諸菩薩，以願爲基本，故更以弘誓堅之。弘者廣也，誓者制也，以弘誓願，廣制其心，令無退墮。釋迦大師，因地中發四弘誓願，謂：衆生無邊誓願度，煩惱無盡誓願斷，法門無量誓願學，佛道無上誓願成。然發願度生，必能自度，入此法門，煩惱自斷，法門自深，佛道自成矣。發此誓願，須以勇猛智力，資以自强，如有力人無有怯弱，無有退轉，徑入佛道，斯誓願最爲有力也。是故，金剛藏菩薩，於華嚴會上，令諸菩薩憶念本所誓願，普大饒益一切衆生，皆令得入不思議智慧之門。又，諸菩薩因地有大智力，發大誓願，謂能摧怨敵故，不可屈折故，知是處非處，無因惡因等。儒云："終日乾乾。"此亦剛毅之象，以自强不息而入道故。初心者，勇猛智力，降伏魔外，入深法門故。若無願力者，譬如種子無陽，悉爛壞故。此願力非但比丘能發，卽一切長者居士，乃至最卑微無勢者，皆悉當發此誓願。自度度人，將所修功德，悉皆回向大地衆生，同成佛道，此卽覺心。覺心者，卽菩提心也。此心不可分發，當全發，又不可間發，當時時發、數數發、對佛發、對菩薩發、對聖僧發、對善知識亦發、對一切僧友及有情一切衆生前悉當發。以此大心，直至成佛，皆願力故。故知願力及佛法先導。如有一人，我欲參禪，決不退墮，卽願力故。豈但善願，卽世間所欲，皆以願力成故。昔有一推車人，不信佛法，一日推車至墖邊過，見火燒寶墖，心不忍壞嚴飾故，進前救之已，戲發願言，佛說有果報法，我救此寶墖，願我來世爲一最長大有力者。捨此身已，卽生阿修羅道，其身最長大而有力。此戲發願，亦滿足不虛，況真實心、至誠心而發願？無有不滿足者。如初心發願，慎不可生卑劣想，當發菩提心。凡所修最微善根，及最殊功德，悉皆發願回向於大地衆生，同成佛道。**縱於其中顛倒退墮，亦藉願力相資。**如無目人，有牽引者，能前進故。修淨土者，以信行願爲資糧，參禪者安得不以願力爲導引耶！在家欲捨塵勞，欲離火宅，欲出生死，欲免輪迴，非願力堅強，則不能也。是故，當發大願，豈以卑劣而不發大心乎！若達平等實相，一微細衆生，與毗盧遮那佛等無有異。華嚴疏謂：“遮那如來，入一微細衆生身中入定，全身不散。”此衆生不覺不知，謂佛生同體故，理無分齊故。維摩經謂：“供養難勝如來，與最下乞者等，斯達實相之理，無所分別。”以此觀，人有貴賤，位有尊卑，而心無高下也。是故，當發大心，以願力維持，直成佛道，似不可須臾有間然也。

懺悔品第七

問：懺悔二義，概括過來衆生惡業，宜於自心皆悉懺悔。今如請僧禮拜求懺，或復持般若諸經，皆懺悔義，又復自心朝夕懺悔，此於法中是一是二，有淺有深否？

師云：業繫之身，衆苦逼迫，五陰熾盛，六賊交侵，心識奔馳，無暫停息，起十惡之業因，償無窮之苦果。貪嗔癡愛，猶如猛火；妄言綺語，疾於迅流；造殺盜婬，無底畔之深坑；著見慢眠，没涯岸之苦海。起六十二種邪見，成八萬四千障門，障菩提心，障菩提道，障菩提行，障菩提願。輪迴三有，不聞佛法僧之洪名；汩没四生，那識過現未之報應。殊不知，因連於果，果徹於因，因果相讎，絲髮不爽。因微果熾，慎身分造十習之愆；作少償多，故地獄有六交之報。若不痛申懺悔，悛革前非，互造互償，無有窮已。夫懺者，梵語懺摩，此云悔過。懺謂永斷未來非，悔謂耻心於往犯。故云：“已作之罪，願乞消除，未來之非，更不敢造。”洗心懺悔者，有二種義：一者理懺，一者事懺。理懺者，如云：“罪從心起將心懺，心若滅時罪亦亡，罪

亡心滅兩俱空，是則名爲真懺悔。"又云："若欲懺悔者，端坐念實
相，衆罪如霜露，慧日能消除。"如云："罪從業起，業從心起，心既無
生，罪將安寄？"良以衆生業累深厚，刹那静念，倏忽萬端，若不深達
實相之理，難以去除；不究緣生之法，何能滅罪！永嘉大師云："觀
實相，無人法，刹那滅却阿鼻業。"若真實究理，惟參禪一門最爲確
當。單提一句話頭，大理不明，如喪考妣。果有如喪考妣之心，自
然識浪不生，業不能繫。不然則遏捺妄心，令妄不起，謂之心亡，謂
之罪滅，大似隔靴抓癢，欲滅罪愆，欲了生死，欲出輪迴，無有是處。
又如一心念佛，並修止觀法門，深達實相，皆可滅罪。惟參禪一門，
最爲超拔，似滅罪疾，又不可以諸法門爲比對也。二者事懺，謂端
對聖容，廣陳供養，散花行道，稱佛洪名，五體投地，如大山崩，發露
披陳，求哀懺悔。或禮梁皇、法華等懺，或禮千佛名經，皆懺悔意。
或七日乃至四十九日，百日三年，現諸瑞像，乃能滅罪，此在自己力
行；或自身德薄行淺，請戒德名僧，二十四位至四十八位，一百八
位，鋪設齋筵，亦當滅罪，如目蓮尊者，自不能救母，佛今於僧自恣
日，供養衆僧，及禮衆僧足，其母當日滅罪，脱餓鬼苦，此仗修行之
力。懺主敬衆僧，當作佛想，即得滅罪，不可生怠惰心、輕慢心，如
生此等心者，豈但不滅罪，只恐反得罪。如請無戒行赴應演教之僧，
斯即捨却功德，僧尚得罪，非能與懺主滅罪也。又此懺悔一門，思
地獄苦，發菩提心，生大恐懼，生大慚愧，念地獄、餓鬼、畜生道無邊
衆生之苦，當爲彼等同求懺悔，脱惡道苦，餐佛乘樂，使地獄空，不
爲我一人得出離故。此即菩提心。若發此心，刀山劍樹盡作香林，
爐炭鑊湯皆爲浄土，則無惡不去，無罪不消也。又，懺悔者思生死
無常，苦空無我，一息不來，刹那異世，設墮惡道，苦不可言，懼惡道
苦，發菩提心，深心懺悔，如彼怖王懼死，則無罪不滅也。怖王者，
佛滅度一百年，波吒梨城有王名阿育，此云無憂，深信佛法，有弟名

毗多輪，此云除憂，深著邪見，信諸外道。無憂王愍弟邪故，遂設方便，語大臣言："我今洗浴，入彼浴室，脱天冠衣服等，汝當以我服飾莊嚴我弟，令登王位。"臣如教已，弟方登座，王出見弟，即命殺之。大臣等白王言："是王親弟，願王息怒捨過。"王言："是我親弟，於七日中，暫與國事，令其作王，待七日滿，即當殺之。"即以種種妓樂及諸綵女，供給侍衛，一切臣民皆往問訊。行殺之人執刀門立，日日白王"一日已過，六日當死"。如是乃至六日已過，餘一日在。至第七日竟，大臣諸人將王弟共往阿育王所。問弟言："汝七日爲王，百種妓樂皆恣汝意，無數衆人日日問訊，祝願於汝，汝好見聞否？"弟答云："我爲畏死，心怖懼故，都不見聞。"復以偈答曰："我於七日中，不見不聞聲，不嗅不嘗味，亦不覺諸觸。我身莊嚴具，及諸綵女等，思惟懼死故，不知如此事。妓女歌舞聲，宮殿及卧具，大地諸珍寶，初無歡喜心。以見行殺者，執刀門外立，又聞搖鈴聲，令我懷死畏。死概釘我心，不知紗五欲。既著畏死病，不得安穩眠，思惟死將至，不覺夜已過。我今歸依佛，佛面如蓮花，天人所歸依，無漏法及僧。"時王見弟回心歸向三寶，心大歡喜，種種軟語安存其弟。若懺悔者有如此怖死之心，於世間境緣，五欲紗樂，心不貪染。又，觀緣生之法，畢竟無我，誰爲造者，誰爲受者？心本不有，罪性自空，斯謂真懺矣。又，當翻前惡境，斷相續心，自愧尅責，將已作之罪發露披陳，不復覆藏，稱十方諸佛洪名，觀罪性空，不於幻化場中復造惡業，而明信因果，守護正法，如此則無惡不消，無罪不滅，自懺他懺，一二淺深，俱不可得也。

福報品第八

問：作福求報，此最劣根，然不作福，復何望報？今如罪福皆繇自心，種種報定差耶？

師云：福罪報應，如影隨身，如空答響，如人挑擔，重者先墜，求
其絲毫遠離，了不可得，又安可求報耶？然諸佛悉具二嚴，謂福足
慧足，而因地必當先布福田以資慧種。福緣深厚，自得心開，非求
報也。佛開六度，而啓萬行。檀波羅密者，此云施，而施者，達三輪
體空，斯不望報，報自隨之。尸波羅密，此云戒；羼提波羅密，此云
忍辱；毗梨耶波羅密，此云精進。教中謂此四者悉修福。後二度云
慧，謂禪與般若。前四度皆含智慧，若無智慧，安肯行布施及精進
耶？然諸佛以此而證涅槃，菩薩以此而行萬行，非求報也，實莊嚴
法身，資養性地。祇施之一法，直至菩提，況餘度乎？良以行人廣行
六度，必以願力相資，悉皆回向無上菩提，不求餘果。如布施一法，
諸佛因地，莫不皆然，後得淨佛國土，富有法財，非求報也。昔摩訶
迦葉尊者，爲煅金師，善明金性，使其柔伏。付法傳云：嘗於久遠劫
中，毗婆尸佛涅槃後，四衆起塔，塔中像面金色有缺壞。時有貧女，
將金珠往金師所，請飾佛面。既而因共發願，願我二人爲無姻夫
婦。以是因緣，九十一劫，身皆金色，後生梵天。天壽盡，生中天摩
竭陀國，婆羅門家，名曰迦葉波，此云飲光勝尊，蓋以金色爲號也。
縣是志求出家，冀度諸有。佛言："善來比丘，鬚髮自除，袈裟著體，
常於衆中，稱歎第一。"乃至付法傳衣，爲西天初祖。此因果歷然，
以嚴飾金故，而得身有金光，以願力相資，而證極果。此不求報而
報自至，非求報也。余嘗評之：菩提心如種子，福如雨露良田，惡如
火燄刀斧。假如種苗生發之時，必得其雨露水土，方可成就，或遭
其火燒刀斫，又安可植耶？如成棟梁之材，刀斧俱非，水土亦無用
矣。七佛偈曰："起諸善法本是幻，造諸惡業亦是幻，身如聚沫心如
風，幻出無根無實性。"愚者謂善惡俱幻，造諸惡業似不相妨。殊不
知"幻人相織幻輪圖，幻業能招幻所治"。又云："一切衆生性清淨，
從本無生無可滅，卽此身心是幻生，幻化之中無罪福。"如成棟梁，

則不用刀斧水土，如佛成道時，無邊刹土，萬德莊嚴，皆自心現量，悉無始已來善根之所成就。故云：“報圓極果豈非報，但因地中無求報之心耳。”世間人所行善惡，毫髮不爽。昔西域一樵夫，賣柴於市中，逢一僧，將賣錢悉皆施與，遂此施心歡喜無量，行廿餘里，捨此報身。後生人道，爲大富長者，其廿餘里，金銀寶藏自然湧出。斯施利甚微，而施心勝故，感報亦勝。以此觀之，不求福報，不可不作福，如不作福，生死貧窮，爲人役使，良可悲夫。或有引達磨大師初見武帝時，帝問曰：“朕卽位已來，造寺寫經度僧，不可勝紀，有何功德？”祖曰：“並無功德。”帝曰：“何以無功德？”祖曰：“此但人天小果，有漏之因，如影隨形，雖有非實。”帝曰：“如何是真功德？”祖曰：“净智竗圓，體自空寂。”如是功德，不以世求，斯皆深達法性入理之談，豈可以修行分中而廢其因果耶？如未成佛時，人天小果，而不修者，是智耶愚耶？國王大臣，人小果也，梵王帝釋，天小果也，此無殊因，焉有勝報？但隨業緣受之，非求報也。然自心之因，自心之果，如貪報地獄，嗔報餓鬼，癡報畜生，善惡相雜，報以修羅。五戒人身，十善天道，財施者捨慳貪而得富，法施者適機感以傳燈。此種種報緣，而有差別，非心外之境也。

釋疑品第九

問：信心不具，大愚癡暗，近復始信，終成破毀，此何義耶？良由業識易發現故，以何熏習而種善根，卽如上所陳諸義，能堅行之，永不壞否？

師云：不發信心，爲障緣深故，如住世間者，自言我得安身法，不必天地之蓋載，陰陽所運行，非癡暗而何？佛統華藏世界，如日月照臨，十二類衆生皆生於此，長於此，佛以慈光照衆生故，佛以悲心及衆生故，而不信有佛，是報恩乎，是背恩乎？直饒不生信，不信因果，不信報應，不信有佛，墮地獄，生餓鬼，於畜生道中，千萬億劫，跳出不可思不可議世界之外，又何曾出得世尊化育中耶？或始信者，藉少善因，終毀者，惡緣障故。欲潔而偏染，欲進而偏退，非淨白心體有染退義，是熏習障緣，出種種邪見，以邪見故，而生退毀。退毀有二種義：一者因退失信心，自慚自愧，自羞自恥，遇同法門行道者，不欲見之。二者繇慚愧故，遮掩羞恥，而生毀謗。或云：“至道渺茫，無所見故。”或云：“諸佛菩薩過去已久，今歸向者是虛設故。”或云：“主法者不清淨，自不清淨，云何教人？”或云：“清廉之士，應見富饒，而貧窮故；行善之人，應見順適，而轗軻故；貪婪之徒，應見貧窮，而富饒故；行惡之者，應見轗軻，而順適故。”以此四種，生疑生謗，使惡法流行，善門掩閉。殊不知，道不遠人，而人自遠，非渺茫故。又當知，人人具有佛性，六根門頭放光動地。又云：“菩薩清涼月，常遊畢竟空，衆生心水淨，菩提影現中。”傅大士偈云：“夜夜抱佛眠，朝朝還共起，起坐鎮相隨，語默同居止。終日不曾離，如身影相似，欲識佛去處，祇者語聲是。”以此觀之，佛菩薩現在，非久滅度故。主法者自不清淨，皆自不清淨，而見他人不清淨故。豈不見，六祖大師云：“若真修道人，不見世間過。”又云：“他非我不非，我非却是左。”若果是道人，如同學百人中，以最善慧者爲師故。如同輩中無人，以住持法門爲師故。如住持無人，以天下善知識爲師故。如天下善知識中無人，以釋迦老子爲師故。釋迦佛是主法者，是清淨者，當無疑惑，思之可見。又廉者貧而善者轗軻，貪者富而惡者順適，以三世推之，絲髮不爽。豈但三世，千萬劫之上下，亦有報也。

　　昔阿難尊者病癰疽，大衆驚疑，佛命醫者剖開，以藥敷治，仍說多劫中因緣，示之以偈曰：“假使經百劫，所造業不忘，因緣會遇時，果報還自受。”又，五通僊人受報偈曰：“非空非海中，非入山石間，無有地方所,脫之不受報。"以此則知,清廉受貧,前生多慳吝故;善者不如意,前生多惡因故;貪者受富,前生多惠人故;惡者得順適,前生多和合人故。今生善惡貪廉,報之以將來,知是幾多劫數也。自退者,雖墮地獄,非罪猶輕;生毀謗而傷於法門者,生十方阿鼻地獄,世界壞,復寄他方地獄受苦,深可憐憫,悲夫!又云:業識易發現,以何熏習而種善根者?以信向法門,是捨惡趣樂,最捷最徑,而種善根。信向三寶,有大慈故,愛惜眾生,有大悲故,救護眾生,而種善根。信善惡因果,如影隨形,必誚償故,而種善根。信諸大乘經典,必脫苦海,必到彼岸,而種善根。信念佛一門,必見佛必成佛,如下種喻,因真果真,必生淨土故,而種善根。信參禪必悟大理,必了生死,必脫輪迴,說法度人,無有窮已,諸善知識大有樣子故,而種善根。又,果能具行上來所陳諸義,永不退輪,此現世即名肉身菩薩,諸天善神常為之擁護,諸佛菩薩常為之加庇,為人天眼目,為苦海舟師。凡有一言一句偈,投入有情八識田中,如食金剛喻,肚腸穿壞,金剛不壞,況自有壞乎?凡有疑者,教中喻曰猶豫,其猶豫之心,疑自疑他,能障道故。疑自者,謂根機劣弱,難以入道。殊不知,衣中之寶,肘後之符,彼既丈夫,我胡不爾?疑他者,當信諸佛法教,皆真實語,見聞思者,深入法趣,以四攝法,廣度眾生。達法性空,無眾生可度者,是入金剛三昧也。

回向品第十

問:萬法歸一是大總持,以上諸門,方便究竟,淺深大小,為不同耶?併乞慈旨,說回向義。

師云:萬法歸一是大總持,謂一法總持一大藏教,如佛所說八萬四千法門,當求一門深入。以一門故,攝一切法。故云:一字法門,海墨書而不盡也。以上諸門,雖方便究竟,淺深大小不等,只將一句話頭，真參實究，一切法門無不收盡。參禪徹法身真理，法身理者，無分齊故。欲生净土，而净土居法身之外乎？欲究向上一事，知毗盧有師，法身有主，離佛而求師主者，是大不然。念佛而求見佛，亦觀機之説。殊不知，通身是佛，舊佛新成，念佛見佛之義顯矣，而不名念佛，意在向上一路也。坐斷十方，而不名净土者，意在密移一步也。如究理之人，念不分散，不但不分散，而逼拶入理。念不生故，諸念不生，豈非止耶！全身入理，心境曠然，豈非觀邪！具足止觀二法，而不名止觀，意在禪那也。又，諸念不生，惡無緣起，惡既不起，豈非戒乎！全身是戒，而不名戒者，謂無所犯而曰持，是好肉剜瘡也。身不我有，求其根塵器界，了不可得，將誰爲能施，孰爲所施？既無能所，亦無身外衆生而受施者，而來乞者。又云：見色非干色，眼布施也；聞聲不是聲，耳布施也；香臭不交，鼻布施也；噉不知味，舌布施也；無男女之分，無澀滑之相，身布施也；理無明徹，心不外緣，意布施也；廢寝忘餐，不惜身命，全正報布施也；心外無境，法戒理成，全依報布施也；然不名布施者，謂諸法實相，無能所施之心也。發大勇猛，苦樂不受，寒暑不遷，直究根源，以期大悟。期者願也，勇者力也。其願者，雖百千障，而不能退屈也；其勇者，雖魔外侵擾，而不能折伏也。自非願力堅持，安能成箇銅頭鐵額底漢子！而不名願力者，是居正法而不彰導引赤幟也。如肯心力究，是大福人，非世間福可比也；不求天樂，非梵王福可比也。通身福緣，過三禪天樂，如入大海者，通身是水，而不别求水。參禪者，通身是福所資持，而不别求福，謂其福利廣也大也，而不名福報者。如宴居者，忘情絶念，不見有身，又豈曰身調適？參禪人是大福報，又豈别曰福報也？信此一句話頭，是出生死關鍵，破塵勞利器，而諸疑盡釋，又豈待别釋疑乎？將此一字法，不爲己求，總皆回向大地中幻化有情，同登覺岸，此禪正意也。<u>行願品</u>中説回向意，經云："從初禮拜，乃至隨順所有功德，皆悉回向盡法界虛空界一切衆生。"願令衆生，常得安樂，無諸病苦，欲行惡法，皆悉不成，所修善法，皆速成就。關閉一切諸惡趣門，開示人天涅槃正路，此回向願力，則橫遍豎窮。同志者，當勇猛，以所修善根，回向於大地衆生，不可生慳惜想。諸菩薩見衆生苦惱，以身代受，況惜自己善根耶！經云："若諸衆生，因其積集諸惡業故，所感一切極重苦果，我皆代受，令彼衆生悉得解脱，究竟成就無上菩提。"代受者，與物爲增上緣，或留惑潤生，受有苦身，爲物説法，令不造惡，因之果喪，即名爲代。是菩薩以善根回向，利有情故，使彼離苦趣樂，非以現身代衆生受苦。縱代之，又安能普利耶？若菩薩爲衆生説法，了蘊界空寂，惡無纍生，求其生相，亦不可得，或頓入圓明，遠離地獄餓鬼等，菩薩有大願力故，即名普代衆生苦也。又，回向者，必須先有所修善根，將自己所修善根，回向於大地有情，同離苦趣，同生净土，同成佛道也。或但願自利之事，似不必回向，我自未種善根，欲利生，亦當以願力相資。願與回向，合一之道，無分别也。復以此流布居士所問，博山所答，悉如夢幻，無能所故。以無能所善根，普皆回向大地中夢幻有情，同成佛道，同入無餘涅槃。十類衆生滅度盡，而不見有滅度之者，方入斯羅陀尼法門無盡藏三昧也。

（同上　卷二十二）

三、宗教答響三

吴觀我太史問：廣瀹於過去世種少善根，得闖向上一路，無奈障緣深厚，念力粗浮，雖有疑情，不能相續。又恨病魔羈馬，未遍參請諸方，親覩過量大人不思議用。獨慈山、朗目兩唱導師，大費婆心，曲垂鞭影，終是數他珍寶，不救饑貧。二六時中，欲求少分相應，了不可得，何幸未充耳根。遙嚮博山玄化，卒業驚語，不覺神馳，再嘆奇哉！飲光尊者，猶有嫡骨兒孫，以文字解脫，傳佛心印。身無羽翼，不能奮飛，將無失之剎那，恨之永劫。敢因現空上首飛錫之便，焚盥勒楮，敬問巾缾，願大師放額顱眼光，照我神髓，如所應作，而提獎之。小刻二種，皆心意識卜度依通，非實境界，而就中滲漏，亦不無和尚下鉗錘處矣！南望翹心，悲仰悲仰！

師云：蟻初遊石頭城，聞慈、達、朗三大師，心切歸依，爲侍受業師。南詢得入壽昌先和尚室，蒙示以船子公案，祁寒溽暑，廢寢忘餐者幾六年，三大師淨其意識，殊不能記。辭先和尚住博山，今二十五載，數年禪者憧憧，獲居士頌古，並諸傳記，讀之灑然，始知有菩薩現居士身說法，歡喜無量，恨未得面晤教言爲歉耳。五月八日，於信州橋菴，見空持居士翰教至，如旱逢甘雨，大慰未見之懷，三復竭思，不能釋手，此亦稀世之緣也。來翰謂，向上一路雖有疑情，不能相續。又云：如所應作，而提獎之。蟻於此疑信相半，謂居士通身佛法，而復求應作之語，大似居海者向人覓水，人所難信；又如埋兵索戰，將謂彼不能勝而自必勝之。又謂居士是菩薩示現，其謙退虛懷，爲衆請法，應如是乎？然向上一路，難以措辭，纔開口時，白雲萬里。惟疑情一事，頗爲能入，果不能相續，是生死心不切耳。其切之一字，是如所應作，此是爲居士無夢說夢，好肉剜瘡，諒不以實法會去。不免就身打劫，將夢中境界不妨一一剖析，使未知者知，已知者亦何妨助法喜也。悟解二種，開有多門，具在別柬，希居士審察之，不以煩瀆爲咎。若論著向上一路，只須大喝一聲，以火爐之，揚向他方世界，毋使淨白地上，受此塵滓穢壞耳。聊此復言，餘容緣晤，不宣。

悟之一字，祖師門下呼爲毒藥，迹尚不留，況其悟耶？今不避犯諱，藉言之，使智愚有所料揀，宗教有所分疎，行者不陷於險阻歧徑，實途中助耳。

復次，論禪者有二種悟門：一者，從文字語言中得解悟，二者，從己分上參究得徹悟。夫解悟者力弱，徹悟者力強；解悟者如聞人說物，徹悟者如親眼見物　聞見雖一，疑與不疑，實霄壤之遠也。

復次，從文字中解，未得徹悟者，有二種障：一者，文字障；二者，理障。文字障者，如人食蜜，愈食愈甜，於十二分教，深求諦理，生死分中，了無交涉，是謂之障。理障者，於實際理地，相似了了，如通身是寶，不得實用，於生死分中，亦無交涉，是謂之障。

復次，從文字中解，未得徹悟者，有二種慢：一者，我慢；二者增上慢。我慢者，謂我今已悟，眾生在迷，如我見處，人所不知，由此起慢。增上慢者，謂我已入聖位，上無佛可求，下無眾生可度，佛之一字，吾不喜聞，由此起慢。

復次，從文字中解，未得徹悟者，有二種怯弱心：一者，我見理已極，行不能逮，賢聖位中，未得親履實踐，由此起怯弱心。二者，我見地已與佛同，實不得佛之果用，神通光明，於我何有，由此起怯弱心。

復次，從文字中解，未得徹悟者，有二種安隱想：一者，謂實際理地，不受一塵，山河大地，不礙眼光。又云：圓同大虛，無欠無餘，大圓體中，求其生死去來，了不可得，由此起安隱想。二者，見理雖明，不能親證，諸教乘中，多於淨土，惟念佛往生甚爲妥當，由此起安隱想。已上俱爲禪病。

復次，果徹悟，不爲文字作解者，有二種實受用：一者，得諸佛化儀；二者，得諸佛果用。化儀者，謂諸佛淨穢土中，菩薩眷屬，聲聞眷屬，香雲花雲，幢幡寶蓋雲，及天龍八部，與我同等，無二無別。如不爾者，是未徹悟故，是理有分劑故。二者，得諸佛果用，謂三十二相，八十種好，乃至九十七種，及清淨法身，並神通光明說法等，與我同等，無二無別。如不爾者，是未徹悟故，是理有分劑故。

復次，果徹悟，不爲文字作解者，具足諸菩薩無作妙行。謂過去諸菩薩，未來諸菩薩，現在諸菩薩，不可說不可說劫數，所行妙行，謂時同、處同、身同、行同，於一刹那頃，一微塵許，悉皆具足。如不爾者，是未徹悟故，是理有分劑故。

復次，果徹悟，不爲文字作解者，與十二類衆生同一體性。自身入他身，他身入自身，一身入多身，多身入一身；彼世界入此世界，此世界入彼世界，世界入自身，自身入世界；入自身不見有世界，入世界不見有自身，互攝互融，無壞無雜。復於衆生分中，同一悲仰，又於衆生分中，起同體大悲。謂善與惡，悉無自性，皆自心現量，既無心外之境，以無作用，興慈運悲，不妨於無性體中，而解脫無性衆生也。如不爾者，是未徹悟故，是理有分劑故。

復次，果徹悟，不爲文字作解者，與十二類衆生同一幻化故。謂緣生無性，生本無生，無性緣生，衆生何有，實如幻化，吾與之居。如不爾者，是未徹悟故，是理有分劑故。已上是悟心者實受用，非解者能知也。

復次，從語言中作解，未得徹悟者，流出無邊狂解。有以日用事無別，惟吾自偶偕，而生狂解；有以隨流認得性，無喜亦無憂，而生狂解；有以神通，並妙用，運水及搬柴，而生狂解；有以本來無一物，何處惹塵埃，而生狂解；有以對鏡心數起，菩提作麼長，而生狂解；有以山河及大地，全露法王身，而生狂解；有以無明實性卽佛性，幻化空身卽法身，而生狂解；有以入門便打，而生狂解；有以答門機緣，口頭快便，而生狂解；有以不必參究，直下承當，而生狂解；有以入門便罵，而生狂解；有以習學詩賦詞章，工巧技業，而生狂解；有以放下又放下，開口卽錯，而生狂解。嗟呼！醍醐上味，爲世所珍，遇斯等人，反成毒藥，良以正法傾頹，邪魔熾盛，相續眷屬，彌滿世間，於生死分中留心者，不可不先燭破此虛妄境界也。更有三句葛藤，不可不爲居士說破。古德云："如何是禪？碌磚。"卽此是祖師傳的葛藤。然雖如是，分明向汝道，相續也大難。

余集生司卿問：先輩云："五宗自潙山而下，取人甚嚴，於是潙仰、法眼先絕。"絕乎，否耶？洞山數傳至太陽，法不輕授，年且八十矣，嘆無可繼，遂以衣履別寄浮山，遠求法器，而僅得投子一人。當此之時，洞下不絕如綫。及投子得芙蓉，而玄風再振，弘衍至今。今之師雲門、臨濟而未至者，皆翻然舍而宗之。儻所稱，取之嚴者，得之必精；得之精者，傳之必遠。非耶？夫曹洞一脈，愈微而愈不泯。有如此，豈臨濟一脈，轉捷而轉失傳乎？邇來修忌三祇，覺希一宿，翕習成風，至有纔著裂裟，便行棒喝者。問之，則曰臨濟宗也。臨濟宗固如是乎？坡公云："借君拍板與押槌，我也逢場作戲。"至目鉗鎚爲戲劇，學人之過與？抑亦其師之過耶？請師昌言之。

師云：吾宗邈自達磨大師，傳佛心印，觀我東震旦，有大乘氣象，受二十七祖般若多羅尊者識云："震旦雖濶無別路，要假兒孫脚下行。"特特航海而來。初見梁武帝問答時，便不順些子人情，如用一把鐵掃帚相似。乃至九年面壁，爲法求人。神光立雪齊腰，猶呵爲輕心慢心，欲冀真乘，徒勞勤苦。良以師嚴則道尊，因真則果正，是以斷臂安心，忘身爲法，以及負舂槽廠，不避陸沉，方得大法流行，龍象競出。然六祖雖曰得道者如林，其正傳者惟青原、南嶽二大士耳。馬大師一足蹋殺天下，一口吸盡西江，是何等根性行業，而印心後，尚侍嶽師一十五載，日益玄奧。及至開堂，猶命僧驗過，曰三十年不曾少鹽醬，嶽始然之。古人如此嚴密，載在方冊者，歷歷可考，豈敢畏絕嗣，而授諸非器乎？潙仰、雲門，傳燈列譜，雖稱斷絕，而流裔受派者，至今猶存。法眼一宗，至永明壽大師，高麗嗣

法者三十六人，其德澤兹盛，流溢遐遠，又不可以識心測之，謂其斷
續也。洞山五傳至太陽玄，玄寄直裰皮履於遠公處，而得投子青，
青得芙蓉楷，楷得丹霞淳，淳得長蘆了，了得天童珏，珏得雪竇鑑，
乃至國初，萬松秀、雪庭裕，輾轉相傳，至我壽昌先和尚，實曹洞正
傳，其源深流遠如此。臨濟至風穴將墜於地，而得首山念，念得汾
陽昭，昭得石霜圓，中興於世，乃至國初，天如則、楚石琦，光明烜
赫。至於天奇絕，以四家頌古，悉皆詮釋，宗風由此一變，識者惜
焉。蓋宗乘中事，貴在心髓相符，不獨在門庭相紹。故論其絕者，
五宗皆絕，論其存者，五宗皆存。果得其人，則見知聞知，先後一揆，
絕何嘗絕；苟非其人，則乳添水而味薄，烏三寫而成馬，存豈真存？
如居士所問，取之嚴者，得之必精，得之精者，傳之必遠，余意正然，
不意居士亦見及此。所以，寧不得人，勿授非器。不得人者，嗣雖絕
而道真，自無傷於大法；授非器者，名雖傳而實偽，欺於心、欺於佛、
欺於天下。一盲引衆盲，相率入火坑，將來鑊湯爐炭，劍樹刀山，知
是幾多劫數。有智之士，寧可碎身如微塵，決不肯造此無間業也。今
行棒行喝，豈但日初披裂裟，即白衣居士例皆如此。殊不知，古之
所是，乃今之所非。如德山入門便棒，傳燈所載，曾打幾人？又如
臨濟大師，一語中具三玄，一玄中具三要，四料揀，四賓主，皆於言
句中勘人，未嘗以棒盲加。且一語中具三玄三要，則一棒一喝，悉當
具三玄三要之旨。既一喝可分五教，一棒須具三玄，正應用時必有
差別，其殺活縱奪，貴在當機，豈沿街遍户，皆以棒喝爲應用耶！若
不審來機，一概用打，是妄立門庭，便成戲論，引動一班狂妄學人，
墮落意坑見塹，硬作主宰，錯下承當，圖彼冬瓜印子，貪人禮拜供
養，誑惑無識，各各自謂成無上道報，終決沉生死苦海，正所謂邪師
過謬，非衆生咎。然在真爲生死之人，具眼參方，必不被其所賺。嗚
呼！時丁末世，貴在辯正邪、別真僞，須向本分中商量徹底，莫向法

嗣上較論斷續也。

劉心城大參問：千里餐風，連宵逼拶，大師大慈，石人墮淚。無奈迷雲展轉濃重，索性全抒狂臆，以當發露懺悔。惟師慈父，容此驕子，不惜憐儸，逐欵批答，令玄立地轉關，頓破葛藤絡索。豈愛剝皮析骨？訓此法乳深恩。

師云：宗乘冷落，舉眼無親，今天下稱知識者，莫不云秉達磨大師單傳之旨，交馳棒喝，彌滿世間。豈但叢林，卽街頭傭豎，悉妄言悟入。皆邪師過謬，非衆生咎。余禪暇及此，髮豎心寒，恨不能以智鋒慧刃，掃除魔黨，以報佛恩，非敢以生滅心，造地獄業因。破夏往還，幸金陵諸宰官居士護持正法，方解制，緣遇居士，以法門爲問，心甚快然。然宗教殊途，皆歸一致，都城趨入，遲速不同。非敢以宗抑教，以教抑宗，真有所抑，卽是魔人。且達磨何人耶？智者何人耶？敢妄加穿鑿，爲分優劣乎？所趨向者，就審初機爲其指迷，不由迂徑，隨問隨答，不辜居士來意耳。貴在格外相訓，希勿以言句取則，領略在未問之先，則居士無問，博山無答，大圓覺中，不挂一元字脚，居士信斯語否？

問：蒙大師垂示，一口氣不來，向甚麼處去？言思路絕，難咬難嚼，囮地一聲，虛空粉碎，此誠最上極則。玄雖凡下，戊午己未曾亦兩年著脚，庚申劇病，竟入地獄，一句彌陀，如湯沃雪，何至今日轉打之遶。此段機緣，亦非孟浪，似於夙劫，曾作佛隴即天台兒孫。每讀妙宗鈔，所云取舍之極，與無取捨同，覺得實實可作生西拄杖，實不妨與宗門向上極則。谿山各別，雲月是同，蓋台教全以葛藤掃葛藤，以解路絕解路。四教六卽，十乘四弘，才提一句，動成二十七萬一千餘句，而宗旨只一心三觀。然非二十七萬一千句，此一心三觀一句不得分明。所以多句不離一句，併此一句亦無名字相貌可得，不待樹倒藤枯，早已句歸何處。玄如未死，五六年後，與乾三先生，圓頂方袍，手捧三大部，向博山堂下遶佛三匝，禮師足已，又手而立，惟望大師，另出手眼，俯爲接待。

師云：居士於宗乘中，既兩年著脚，仍以一句彌陀，消除地獄，如湯沃雪，似非孟浪。前後參差，果志慕空宗，何不以金剛猛燄爍之，仍待一句彌陀？不得實用，於斯可見。居士既全是知解，與佛隴密契，不問可知，謂妙宗所云，取捨之極，與無取捨同，居士即今有取捨耶？無取捨耶？若有取捨，同之一字，即是妄言，縱硬作主宰，謂其不礙，其奈取捨何？雖百劫千生，不能脱此竅白，自云净潔，亦不作净潔想。譬如著白衣人，入墨池中，自云我不染墨，豈但謾人，實自謾耳。生西要旨，貴在一心不亂，居士即今果不亂乎？如未究竟，生死熾然，縱許十念往生，此亦初心方便，假有毫釐繫念，是究竟法耶？非究竟法耶？如不究竟，則拄杖子折矣，不可不知。若謂台教以葛藤掃葛藤者，與不絆葛藤，優劣如何？果是智人，自當料揀。多句不離一句，以一句入多句可乎？若可者，譬如尋水先得其源，如得其源，枝派蔓流，不愁不到，若向枝蔓上尋去，雖心中了了，余保終其身而不能到也。妄云早已句歸何處，是見卵而求時夜，不亦太早計乎」

問：蒙大師垂示云：一念識心，即不思議境，非證法華三昧，莫望領取。又云：智者大師纱悟處，不在三大部，在禮法華時。卓哉我師」誰謂大宗師非即大教主耶」玄輩凡愚，則妄據智者大師所云：圓頓者，初緣實相，造境即中，無不真實，繫緣法界；一念法界，一色一香，無非中道。便確信得過，不思議境，非但凡愚有分，即熾然婬殺盜妄，其事相不得不攝於一戒。而即此婬殺盜妄，一念當體，即煩惱、即菩提，即生死、即涅槃，實信得過，實把得牢。依此圓教，修此圓行，而不了生死，智者大師欺人賺人，恐無是處。

師云：余謂一念識心，即不思議境，智大師妙悟不在三大部，此卽實語,誠非臆見。如一念具三千,是思大師親證處,非從學問中來。如云卽空卽假卽中,是因緣所生法,並一色一香等語,乃從學問中來,實非大師悟處。居士雖信得過,皆是識心領略,既非悟入,識解障心,如油入麵,永無出期,不可不審。謂殺盜婬妄性惡卽真,殊不知,卽真體中,無殺盜婬妄,當體煩惱,當體空寂。緣生無性,等於空花,菩提涅槃,皆爲賸語,非作故無,本性無故。而復云依此圓教,修此圓行,正所謂無夢說夢,不識大師行布而非行布,圓融而非圓融,過在學人,非在教也。吾宗門中,非不看教,祇不滯斯解,如單刀直入,直斬顏良爲快意耳。

問:蒙大師垂示云,才開解路,便落生死,敢不服膺。然所云不思議境者,卽空卽假卽中也,此三諦只在現前一念識心。一念最劣,三諦一心最頓最圓,最尊貴無上。雖復證入甚難,而性惡法門,全性起修,全修在性,修性不二,直斷無明。至於見思塵沙,譬如冶鐵,粗垢先去,非本所期,自然先落。此一念直超三阿僧祇,當生便可證圓住位,直截頓頓,品位彌超,似又不獨輕輕便便,了一生死而已。大師大慈,顧不有慮。

師云:才開解路,便落生死,如永明大師云:"圓宗所示,皆是未了,文字性離,始名解脫。"看宗鏡錄者,誰肯謂性離也?皆識上生識,心上求心,愈生愈求,轉覓轉遠。圓覺云:"以思惟心,測度如來圓覺境界,如取螢火燒須彌山,終不能著。"如不思惟者,以何法門,謂之捷徑?少林云:"心如牆壁,乃可入道。"亦不論性善性惡,全性全修,祇將一句話頭,深追力究,如喪考妣,識解何生?果得迸開光明煥發,如紅爐烈燄,見思塵沙,豁爾冰消,若斫樹去根,枝葉復生無有是處。況向上一路,及盡玄微,去粗存細,似多著一翻心力也。極細根苗,卒難頓盡,直超品位,非行莫齊。言解相應,無有是處,台教學人似不可以圓教自負。不求妙悟,蒸沙之語,豈欺我哉。

問: 藏通別圓四教,智師剏立,四教有五頌,位次分明，又不墮明白裏。後四頌則且置,只首一頌云: "七賢七位藏初機,通教位中一二齊,別信并圓五品位,見思初伏在凡居。"凡居者,凡聖同居士,四淨土之一也。七賢者,五停心、別念處、總念處、四加行, 共七位也。四加行位則且置,只總別念處中,一觀身不淨,五停心中,一數息觀,便開出八背捨、六妙門、十六特勝、觀練熏修等。世出世禪門妙訣,一經開會,一一無非不思議圓妙法門。的的當當,穩穩貼貼,保得一念識心,眼光落地時,決無失腳。又何況卽漸卽頓,卽藏卽通,卽別卽圓,廉纖葛藤,無一可取,無一可捨。所謂太虛空中之乎者也,將錯就錯,西方極樂。大師大慈,願不有慮。

師云: 四教五頌,位次分明等語,乃至一經開會,一一無非不思議圓妙法門,具在三大部中,此不繁引。而云的的當當,穩穩貼貼,此是智者大師見,非學人見也。居士謂,保得一念識心,眼光落地,決不失腳,居士用那箇心保得？若用識心,識心隔陰,則不能知,宿命具通,恐一生難辦。臨終善惡,如人負債,強者先牽,毫釐念起,豈但說卽？如寒拾見溈山,那事都不記了。西方極樂,亦是寱語也。

問: 蒙大師垂示。有大居士問云: 只提話頭,三乘十二部可盡廢耶? 答: 何作恁麼見地! 三乘自爲三乘人說。豈不見圓覺經云: "惟除頓覺人,併法不隨順。"玄奉此示,豈復疑云: 只提話頭,三大部可盡廢耶? 然而三大部中,併三乘人一總收爲圓人頓覺,併四教十乘,六卽四弘。雖復的的當當,不許一字誵訛,而實無一法可容隨順。所以荆溪一部金剛錍,總托一夢,懸符我師昨解制上堂所云,一一皆夢中事,而金剛錍末後一句云: "忽然夢覺。"問者答者,所問所答,都無所得。然則宗耶? 教耶? 誰非一夢耶? 然而三大部及金剛錍,畢竟與三乘十二部俱不可廢。大師亦復何曾欲廢三乘十二部，及三大部、金剛錍耶！凡愚護玄，一口氣未斷時，願以三大部、金剛錍，作廣額屠兒，一把殺豬刀，臨終放下，恃有大師加被在；卽未放下時，亦有凡愚願力在。

師云：一句話頭，聰明學人卒難領略，謂識解多故。猿騰雀躍，無暫停息，欲收爲圓人，稱頓覺者，譬如妄號帝王，非敢向人說也。實無一法可容隨順，大似掩耳偷鈴，倘放下，一言一字，如食美味，念念不忘，況教理耶？思之可見，不待博山重加註脚。古人所謂，不得水精珠，難澄濁水；不得宗門中慧炬，實難破千萬劫之重昏，況夢中之夢？金剛錍、三大部，恐未易與居士作屠刀也。

問：台宗圓頓，尊貴無上，則且置。縱使廉纖落索，實不如禪宗直截透脱，而夙業深重之護玄，終不妨舍易從難，辭甘受苦。何以故？請先借世緣，自忖自卜，玄實生性薄劣，初叨第，力辭館選；甫作令，亟徙寒氈，所至無不愧骵重圍，笑拌頭顱一生。從喫辛喫苦中，自歌自舞，乃至生死大事法門，豈同兒戲。而於時所從，尚參究極則，既有我大師全提正令，何須凡下免胄趨風？惟念達磨既開少室之宗，智師始剏佛隴之統，而五家宗派，烈日中天，三觀密藏，方沉闇室，一炎一冷，不可同年而語。遂於辭炎趨冷，千辛萬苦之護玄，不覺痂嗜偏投。每慨大蘇妙悟以後，荆溪四明一輩孤燈寒燄，僅不絕於幽溪。卽中一線，師資嬰杵，有懷魂銷色黯。持此願王，泥犂不避，無心擇便，有分奔波，牛順羊逆，佇師殺奪。

師云：台宗圓頓，最尊無上。敢問：台宗所宗者，何爲最尊無上也？若謂一心圓極之理，當求之在心，非求教也。我達磨大師，傳佛心印，航海而來，斥諸名相，故云直指人心，見性成佛。其機感契悟，如人飲水，冷煖自知，雖入不思議境，而心行處滅，向上一路，千聖不傳，說著箇佛字，猶爲謄語，非同教家自生難易，有圓有頓，有依傍也。有識性者，孰不能習教？惟宗門下實難得人。居士何不念祖師命脈，繫如懸絲，正要得深入教乘者，了明大法，傳祖師心印，開衆生慧眼，實博山之至望也。

問：離心意識參，既離心意識，將甚麼參，參箇甚麼？

師云：心意識作麼生離？只將一句話頭，真參實究，如喪考妣相似。心意識要起起不得，何用離耶？卽此心意識，豈但要離，如紅爐點雪，求其蹤跡，了不可得。且道參箇甚麼，居士就將此是箇什麼，便好討箇下落。如不會者，不妨疑著。良久云：散盡閒雲清野壑，海天大燎亮月明中。

問：何物凡愚，蒙師不棄，殷勤答問，析剝難誷。奈凡愚既非格外人，安得領在未問先？大師答而無答，凡愚問而復問，惟我大慈，幸卒教之。一蒙示云：卽今若有取捨，同之一字卽是妄言。玄復疑：妙宗宗旨，正謂取捨，愈有愈無，斯爲圓妙，若無之始無，不落小乘耶？

師云：愈有愈無，斯爲圓妙，殊不知，天台借路還家，終不墮有無窠臼。有無二字，實圓妙中影響，非始無也，若膠柱鼓瑟，豈但小乘﹗而凡夫熾然心行，欲擬之圓妙，大似捫空搥響，縱經多劫，終無得理，有智之士，寧不痛思者歟﹗

問：一蒙示：以葛藤掃葛藤，與不絆葛藤者，優劣若何。玄復疑：不絆葛藤，豈非向上極則？若以較台宗二而不二，不二而二，正爭此葛藤之有無。惟我大師實云：非敢以宗抑教，以教抑宗，豈復置一優劣耶？若謂劣在人不在教，教理則不廢葛藤，咎豈獨在人耶？

師云：不絆葛藤者，實在人非在教也。譬如生在王家，天然之貴，不假他營。若以功能較之，優劣實霄壤也。楞嚴經云："阿難縱能宣説十二部經典，不如一日修無漏業。"華嚴又云："如日當空照，童稚閉其目，自言何不視，多聞亦如是。"此是教家料揀，教與人優劣，不待擬議，而泮然冰釋矣。今時習教理者，何不提綱挈領，而楷定法則？經之過歟？人之過歟？

問：一蒙示云：多句不離一句，須得水源，若尋枝蔓，妄云句歸何處，不太早計耶？玄竊聞，台宗專用六識，謂之去丈就尺，去尺就寸，又謂伐樹得根，尋水得源，豈不懸合我師宗旨，溯水源而掃枝蔓耶？既得其本，卽蔓是本；既尋其源，卽流是源，一句多句，多句一句，似無復遲早之可判也。

師云：台宗專用六識，正類吾宗門中，騎賊馬趁賊，謂以馬爲根也，爲源也，可乎？若以馬爲根源，是謂之昧却主人翁，可謂奴卽不辯也。圭峯云："識如幻夢，但是一心八識，當與一刀，況其餘耶？"若論圓極之理，當得其根，毋尋枝葉，當得其源，毋滯漫流也。得其根者，一枝皆木，得其源者，一滴皆水。若以枝葉漫流爲根本源流者，何窗據淮泗而曰卽阿耨達池，不亦太早計乎」

問：一蒙示云：一念識心，保無失脚，用那箇心保得？若用識心，識心隔陰，卽不能知宿命具通，恐一生難辦。大師慈悲警策，至此可容凡愚，未得謂得，以地獄爲兒戲乎？然台宗專用六識，既是一家宗旨，止觀懸合。首楞嚴云："憶佛念佛，現前當來，必定見佛，卽謂憶念。"亦用六識，確爲無過故。圓人雖極圓頓，而至何位？斷何惑？證何理？往判諸教，諸位無不通達。學人分中正，不必宿命神通。卽教中明用六識，六識明知位次，若能依教修行，學人縱必不能自保，而教理可作保人。凡愚人作凡愚朴實語，惟望大師哀憐攝受，而卒教之。

師云：台宗借用，皎如日星，自是居士錯會耳。豈不聞，念空真念，生卽無生。若以六識爲主宰，譬如蒸沙作飯，沙非飯。本楞嚴斥能推者爲心，又令微細揣摩。居士認定六識，不待別求寂常心性，正類乎認賊爲子，不亦謬乎」如止觀圓頓義者，初緣實相，造境卽中，無不真實，從實相中出。止觀二義云："法性寂然曰止，寂而常照曰觀。"貴在起行，不滯解門。如南嶽大師，九句常坐，一時圓證，非解也。又如法性經云："滅非真諦，因滅會真。"滅尚非真，況意識耶？所引憶佛念佛等語，念空真念與自得心開，還存得意識也無？若以解心判教，便爲究竟，天台不必觀心，南嶽何勞常坐？惑終不斷，理豈入圓？縱經多劫修行，止是説心説性之人，道火何曾燒口，説食豈能充饑。勿自瞞頂，思之可見也。

（同上　卷二十三）

〔附〕　劉日杲：博山和尚傳

　　博山和尚者，舒城人也，諱大嶷，字無異，人咸稱爲無異禪師云。族姓沙，其父太公，取姚氏，生和尚。輒不得食酒肉乳和尚，否則不爲食。越七月而母死，使它人婦有子者乳之，易數人皆不肯食。太公日糜榛栗食和尚，和尚得不死，蓋神異焉。少長，能飲食，更不飲酒及肉食也。嘗與鄰兒嬉戲，爲一兒所撲仆，折齒。太公性故嚴毅，和尚懼其訴鄰兒也，遂噢血歸，而詳告它故，太公得不怒，慈惠蓋天性云。

　　年十六，矢志出家，之金陵瓦棺寺，聽講法華，慨然曰："求之在我，豈可循文逐句哉！"遂去。之建武，禮五臺通法師，薙髮受業，修智者止觀之道。嘗露坐松下，不知晨夜蚊蚋集軀，如噬槁木，內焉不知有血肉身心，外焉不見有山河大地也。如是五年，寒暑罔輟。已而詣超華山，從洪法師受比丘律。是時壽昌經大師方居崱峯，揚曹洞之法，和尚聞其名，往謁焉。見壽昌荷鋤戴笠，狀類田父，輒心疑之。遂入閩光澤，居白雲峯三年，以所得著書，呈壽昌。壽昌以書報之，謂其非第一義，和尚始爽然自失也。遂焚香禮拜，毀其藁，不復示人，益潛心宗乘。閱船子藏身語，疑情頓發，至忘寢食。居歲餘，忽見趙州囑僧語，恍然有得，走見壽昌。時壽昌已從峩峯徙寶方矣。語次，頗離微不合。遂居寶方，力求道要，幾至委頓，面目黧黑，膚僅支骨，而精進不衰。一日，壽昌受玉山請，欲與和尚偕行，和尚不肯往，曰："暑甚，安事僕僕也？"壽昌曰："今日當有人爲女說法，令女疾悟。"遂行。途次論君臣五位之旨，和尚語刺刺不休，壽昌皆然之。既而謂和尚曰："佛印蟬尋腥蠅逐臭語，爲君位事臣位事？"和尚曰："臣邊事。"壽昌呵之，曰："大有人笑女在。"至玉山，和尚趺坐石上，忽聞神像仆地，中心豁然，急作頌呈壽昌。頌曰：玉山誘一言，心灰語路絕，幾多玄解會，如沸湯澆雪。没巴鼻金針，好因緣時節，梅蕊綻枯枝，桃花開九月。觸目如休辨，別急水灘頭，拋探篙溺殺，無數英雄客。壽昌曰："子一到多門又到門。"和尚益自厲，歸坐一小樓，朝夕不寐。復居歲餘，一日如厠，見人緣木，遂悟至道，疾走見壽昌。和尚所居，去寶方寺數十里，須臾而至，幾不知足之蹈之也。入門，壽昌方當户而坐，見和尚至，狀異平日，因迎問曰："子近日如何？"和尚曰："有條活路，不許人知。"壽昌曰："因甚不許人知？"和尚曰："不知不知。"壽昌曰："婆子云何燒菴逐僧？"和尚曰："黃金增色耳。"壽昌因舉龍吟虎嘯語，命和尚頌。和尚援筆，疾書以呈。頌曰：殺活爭雄各有奇，模糊肉眼曷能知？吐光不遂時流意，依舊春風逐馬蹄。壽昌笑曰："子今日始信吾不女欺也。"和尚曰："向後還有事也無？"壽昌曰："老僧祇知二時粥飯，不復知有向後事。"又問，壽昌曰："女後得坐披衣，幸無籌策足矣。"遂命秉拂，贈之以偈。偈曰：本然清淨更如然，契證多生值有緣，觸目渾融皆至妙，通身作用總虛玄。五宗極則機齊貫，三藏精微理共圓，不礙古今凡聖事，如來禪合祖師禪。

時和尚方二十七歲，聞鷲湖心大師，以雲樓宏大師神足，授律鷲湖，往受菩薩毗尼。鷲湖興者十年，弟子三百餘人，初不置首座也。和尚至，即留爲首座，作偈贈之。偈曰：鷲湖十載虛元位，一旦緣何立少年，兩個眉毛八個綴，須知佛祖不容前。厥後三禮雲棲，雲棲遇和尚殊優至，因書“演暢真乘”數字贈之。居鵝湖者六月，卽還入閩。圓上座與從父廣文君崇慶，因于鵝湖見和尚也，輒心折之，因謀所以致和尚者。圓上座遂重繭入閩，請和尚。和尚乃與照監院、正首座等八人至信州。初遊西巖，居四十餘日，嘗無所得，食則采野蔌爲羹，怡然甚樂。既而居祖印院者七月，乃遷博山。

　博山故韶國師道場，荒廢日久，寺僧皆肉食者流。廣文君倡諸縉紳，偕寺僧請和尚。和尚至，則誅茅爲屋，僅足容都，而禪律並行，蹶然興起。鵝湖聞和尚居博山，卽以授戒儀軌畀之。是時，沈大參蒸、趙司李士禎，俱從事佛乘，交重和尚也。而和尚道日隆，旋入邵武，葺廣福、寶安二蘭若，受化者各數百人。和尚乃使正首座居廣福，而自歸博山，闢草建刹，漸成精藍。居無何，壽昌以應董巖請，不暇往，遂以書趣和尚，爲升座說法。和尚乃往，大闡宗風，辯才無礙。趙文學光孚歎曰：“此真壽昌兒也。繼登仰山，再轉法輪，還博山，而弟子益進。朔既燕都，南盡交趾，望風而至者，歲以千計。和尚垂四問，以驗四方禪那，多如枘鑿。又，闍首座至，和尚見其機穎不凡，遂令閉關，時加警策。居六年，以偈呈和尚。和尚曰：是將師子吼者，乃令出關，以偈贈之，偈曰：始行大事六年雪，頓入圓明一片冰，今日幸親無縫塔，輕開關鎖萬千層。置爲首座。偈曰：匡扶大法賴吾儕，正眼從茲觸處開，肯信座元一具地，一花端有一如來。嗣是，登壇說法，時參揚挖，如見微笑之風。和尚嘗教從父廣文君參船子藏身語，忽病中有得，拈唐人詩爲頌，和尚笑頷之。頌曰：雨前初見花間蕊，雨後全無葉底花，蜂蝶紛紛過牆去，却疑春色在鄰家。太末詹觀察在泮，聞和尚名，請和尚居惠安寺。和尚曰：“予與劉君爲布衣交，奈何舍就公乎？”觀察知不可彊，乃請圓上座居之。

　和尚既出家，與太公不相聞，及和尚名大著，太公始知和尚尚在，因至博山相見，悲喜交集，曰："詎意公至是者！"和尚因孝養備至，且宛爲勸諭，太公得斷肉食，歲餘而歸，時郡侯故和尚弟子，爲具舟送之。至累月而太公卒，和尚因歸展墓。道懷寧，人人焚香導迎，瞻禮恐後。劉太史若宰，時方爲諸生，偕其兄弟禮和尚爲師求度，和尚曰："公神氣凝靜，當得上第，爲法苑干城，出家須異日爾。"因爲授菩薩戒。太史著十問，論宗教異同之旨，和尚憑几裁答，慧辯雲興，語具書中。明年，太史舉進士第，一一如和尚語。其它學士大夫，文學布衣，禮足求戒者，動至數萬。過桐城，幢蓋迎者倍懷寧，道路駢闐，至有不得見者。吳庶子應賓，凡參雲棲，自負知識，來參和尚請益，和尚曰："覩公所著頌，深入禪理，第解耳語，于悟猶未也。"庶子曰："云何？"和尚曰："燒菴頌云爾，頌曰：寒巖枯木太僧生，說道無情却有情，煙滅灰飛成露地，閒花野草任縱橫。得無不肯是僧邪？"庶子曰："然。"和尚曰："吾故謂公乃解也。"庶子始心服，願廁弟子列，受菩薩毗尼焉，鞭影頻加，絕塵而犇矣。是時，縉紳先生雲集景附，方太史拱乾數十輩皆歸蓮座，深餐法喜，因請登浮山說法也。至舒城，謁太公墓，吳庶子及其同輩，具蔬果爲太公設祭，諸文學多從。和尚至舒城者，舒城人且競奔墓次瞻禮和尚，墓前僅餘席地，和尚得成禮而已。一時踆踐，墓爲不封。和尚歸，道桐城、懷寧，其導迎益倍，昔時蓋芨莈白衣，皈心受戒者，無慮千萬人。

天啓丁卯冬，余囧卿大成來博山參和尚。囧卿固凡窺禪理，輒維摩自居，初見猶不肯下，迨與語信宿，囧卿如醉醒醐醐，始求爲弟子，繾綣倍至。及去，和尚曰："此真具隻眼人也。"先時，閩中曹大參學佺數十人，請和尚至鼓山，和尚謝不行，是歲固請，乃遄過劍州，道路爭爲參禮，不殊往舒城時。去鼓山三十里許，有洲常嘆洄，船爲不通，必海潮至，船始得過。和尚乃以冬月行，又非潮期，水遽漲溢，和尚船既度，仍洄如故。既至，揮麈據席，音如潮吼，來集者數千餘人。歸而<u>博山</u>，名益著於天下。故<u>壽昌</u>弟子，<u>黃司李端伯</u>，久習禪要。<u>壽昌</u>入滅，卽皈禮和尚也。別數年，走<u>博山</u>謁和尚，與之語，幾超乘焉。<u>余回卿</u>既歸，知正法有在，欲得和尚之<u>金陵</u>，乃糾合<u>徐魏公弘基</u>，及諸薦紳，以書幣介<u>陳文學丹衷</u>來迎。和尚道所經處，導迎之儀，益倍桐城。至<u>金陵</u>，居<u>天界寺</u>。寺故廣袤數十里，可容數百萬人，是時冠履相趾，寺爲之小。香積之費，日至鉅萬，人各一蔬一飯而已。<u>魏公</u>初度日，禮和尚，登座説法。是日，<u>金陵</u>人皆見白玉光映<u>天界寺</u>處，甚有見四天王現身雲端者。<u>姑蘇劉監軍錫玄</u>，素慕和尚，聞和尚在<u>金陵</u>干走謁焉。詢以台教，辯如懸河，和尚爲剖疑義，更示以別傳之道，監軍窅然自喪。和尚歸，送至<u>燕湖</u>始還。<u>余回卿</u>留連江干不忍去，和尚笑曰："此別何足惜，明年秋乃別公耳。"

　　<u>壽昌</u>入滅者十年，和尚往禮墖，過<u>董巖</u>，<u>趙文學子來</u>謁，請和尚再至<u>董巖</u>。和尚低徊良久曰："曩非先和尚及乃公促余説法，尚須十年，一旦見迫，遂至登座，往來<u>吳越江閩</u>間，三十年于茲矣。出世太早，謝世亦應爾，吾其逝乎？"語訖，長笑而別。還山，則與<u>彭博士份</u>、<u>楊太守閭中</u>謀建浮屠，爲身後計。結夏著宗教通説一卷，盡抒玄蘊。九月初書成，遂示疾。至十七日，有星大如盤，霣方丈鴟吻間，中夜，和尚召<u>閭</u>首座至榻前，反覆宗乘奧義，因相與大笑。次首座問疾語已，<small>和尚示疾次首座問：和尚四大安樂否？和尚曰：儘著些受用。問：和尚病，誰是不病底？曰：熱大作麼！又問：末後一段光明如何垂示？曰：問者事作麼？</small>進問和尚"去來自在云何？"和尚索筆，大書曰："歷歷分明。"擲筆趺坐而逝。世壽五十有六，法臘四十有一。<u>嵩</u>上座集其語爲賸録若干卷，行于世。大弟子<u>智閭</u>，飫餐法乳，堪稱入室，成正德業，夙著鈎足，爲後來模範。<u>大忠</u>、<u>道柔</u>、<u>海納</u>、<u>道舟</u>等皆洪冶之利器，法厩之良駒。<u>道恒</u>、<u>道嵩</u>、<u>弘恩</u>，辭榮入道，精修禪寂，幾幾乎截流之香象

焉。同居者七百餘人，蓋人盡旃檀云。

贊曰：余小子曰杲，得從諸從兄械杕樅槻，及友人鄭大球大瑗、徐植之潘巘、楊鳳翯鵰奉之屬，師事和尚也。見其貌甚偉異，如世所圖慈氏少林像，豈其後身與？明興二百餘年，宗乘寥寥，得和尚而丕振，猗與盛哉！禪律不相謀，宗教不相爲也，而和尚法嗣壽昌，律傳鷲湖，殆兼之矣。宜其徧坐名刹，爲世仰止，聲且與大鑒爭烈也。

　　　　　　　　　　　　　　　　（同上　卷三十五）

智　旭

【簡介】　智旭，號藕益，別號八不道人，俗姓鍾，生於公元一五九九年（明神宗萬曆二十七年），死於公元一六五五年（清世祖順治十二年），江蘇吳縣木瀆鎮人。他十二歲讀儒書，以傳千古聖學自任，"誓滅釋老"，作論數十篇以闢之。十七歲時，由於讀了袾宏的自知錄序和竹窗隨筆，乃不謗佛。二十歲時詮解論語，至"天下歸仁"句，深思三晝夜，自謂"大悟孔顏心法"（八不道人傳）。是年冬，父死，遂有出世心。二十二歲始專志念佛，次年因聽大佛頂經中謂："世界在空，空生大覺"而生疑，遂"決意出家，體究大事。"（同上）他十分仰慕德清，然因德清遠在曹溪，不能遠從，於是從其弟子雪嶺剃度。二十六歲受菩薩戒。二十七歲起，他徧閱藏經，此後二十七年間雖歷經南北，而從未輟止，並隨閱隨錄，已而成閱藏知津一書。此書排列佛藏經論律，以類相從，"俾未閱者知先後所宜，已閱者達權實所攝"（閱藏知津自序），是一部很有價值和影響的閱讀佛藏的入門書。三十二歲以後，智旭又開始研究天台教理。三十三歲入靈峰（浙江孝豐縣東南），晚年老死於靈峰。

　　智旭的佛教思想比較複雜，他綜合禪教律而會歸於淨土；在教理方面，他又以天台教觀爲主，融通性相二宗。智旭從閱藏中看到戒律的嚴密，又看到當時僧人戒律的廢弛，決意弘律。他認爲，禪、教、律三者，"同條共貫"，佛教徒不知戒律，不守戒律，縱然參透千七百公案，通十二部了義，也只能是"無主孤魂而已"。但是，他在戒律上重視實踐的倡導，並沒有多少人響應，使他大爲失望。在淨土思想方面，他十分推重當時天台宗名僧傳燈的生無生論和著名文學家袁宏道的西方合論。他所提倡的主要是持名念佛法門，即所謂"以執持名號爲正行，不必更涉參究"。他把參禪、念佛、天台教觀融合爲一，説："究此現前一念心性，名爲參禪；達此現前一念心性，名爲止觀；思維憶持現前一念心性，名爲念佛。"（靈峰宗論卷五之三）智旭雖究心台宗，但由於不滿於天台宗末流執着於門户之爭，因而始終"不肯爲台家子孫"，"不敢冒認法脈"。然而智旭的許多經論注疏爲清以後天台宗所依據，並形成了合教、觀、律歸入净土的靈峰派，很有影響。還應提到的是，智旭爲了融合性相二宗，對唯識學也進行了很深的研究，專著有唯識心要、相宗八要直解等。

智旭與德清等一樣，也竭力調和儒釋，源同三教。他自稱："身爲釋子，喜研孔顔心法示人。"因此，他對儒家的一些重要經典和觀點都用佛教思想加以比附和解釋，專著有周易禪解、四書蕅益解等。他反復宣稱："儒之德業學問，實佛之命脈骨髓，故在世爲真儒者，出世乃爲真佛。"（同上卷二之四示石耕）"非真釋不足以治世"，"而真儒亦足以出世"。（同上卷七之三）總之，"惟學佛然後知儒，亦惟真儒乃能學佛。"（同上卷七之四）他也與德清一樣，認爲"自心者，三教之源，三教皆從此心設施"。（同上）"三教聖人，不昧本心而已"。（同上卷二之三）

智旭的著述極多，他的門人將其著作滙集在一起，分爲兩大類，一爲釋論，一爲宗論（全稱靈峰宗論）。釋論部分爲他的經論疏解之作，計有四十餘種，約二百卷，重要者如：阿彌陀要解一卷、楞伽義疏十卷、金剛破空論二卷、梵網合註八卷、大乘止觀釋要四卷、起信論裂網疏六卷、教觀綱宗並釋義二卷、閲藏知津四十四卷等。智旭的其他著作，如法語、序文、雜説等則全部編入宗論部分。

一、講金光明懺告文

智旭與法界衆生，自迷法性，幻作塵勞。貪瞋癡慢，日夜熾然，婬盜殺妄，長時不息，致使三塗鼎沸，八苦交煎，災異頻仍，饑荒洊至，干戈搔擾，魔外縱橫。悲同分妄見，長夜難開；痛循業自招，出離無助。兹遇邀請功德大天，發心專求拯拔，講補助懺儀一卷，日隨喜行法一壇，於圓滿日，然香二十一炷。

一二三，奉供本師寶華瑠璃四方四佛等，盡金光明經中一切諸佛，大乘金光明海十二部經，信相菩薩盡經内一切聖衆。四五，奉爲大梵帝釋護世四王等，第一威德成就衆事大功德天供三寶。伏願增長威神，令此國中風祥雨順，物阜時雍，干戈永息，疾疫消除，聖主播仁慈之化，羣臣竭忠藎之良。六七八，自懺身口意業供三寶，伏願慈威，折伏攝受。九至十二，奉爲四師。十三至十五，奉爲懺師外護隨喜供三寶。十六，奉爲結伴同修諸友供三寶，願各秉遠志，共集真猷。十七，奉爲護正法輪發弘誓願某等供三寶，伏願各增福慧，自離障緣。十八，奉爲緇門實德有志賢人道震照渠等供三寶，伏願解行齊修，二嚴克備。十九，代爲惡魔眷屬外道流裔某某某某某某等供三寶，深求懺悔。伏願三寶威神，愍彼見濁；或默示感通，令反邪歸正，還度羣迷；或速彰黜罰，令消除退散，莫惑凡愚。若罪惡障力，決不能悔悟消融，智旭願皆代受。若善根斷盡，終不可速救者，智旭願以無始至今，所有一毫之善，皆施與之，令其速悟。二十二十一，奉爲十戒闍黎、出家闍黎，及某等覺靈亡父母，及一切親緣眷屬，供三寶。

以此然香發願功德，悉施法界衆生，願皆悟入金光明海，以清净业,感吉祥天,擁衆常護；皆能以財以法攝化一切，各各改惡從善,反邪歸正；皆能修身修戒,修心修慧；皆知鼠卽鳥空之解爲非；皆知佛法自有真脈,非可僭傳；皆知聰明穿鑿鬼家活計，徒增謗法之愆,不療生死之苦；皆能忘身捨命,專求正法,自利利他。由能應念修行一切供養,奉供三寶故,心常清净無染著。由能了達一切法空故,不捨莊嚴佛土,成就衆生。由能了達净穢平等故，熾然求生極樂世界。由能深信心佛衆生三無差別故,精修念佛三昧,不作無佛無衆生想。由能徹證持犯性空故,以三聚净戒攝化一切。由能遠離聲聞辟支佛意故,受持比丘清净戒律，常能演說戒卽摩訶衍。由能了知法性無增減進退故,方便增進一切善根。由能深入大定故,恒普現威儀。由能究竟無相智慧故,不捨一切諸相。由能悟入離文字法故,不離文字談解脫相。由能證徹無依無住大般涅槃故,數示生滅,於三界中廣作利益。由能念念徧知一切法界衆生界事故,不捨方便,示學一切法門。由能遊戲生死故，而無染污。由能深觀涅槃故,而不取證。由能了知煩惱生死卽菩提涅槃故,不作一想,不作二想。由能念念沐浴法流故,不捨作法取相之事,常能演說一一法、一一相,皆卽法界,當體無生。已發如是大願竟。廣大如法界,究竟如虛空,恭唯金光明海,同體三寶,成就衆事,大功德天,速如所願,滿菩提願。

（選自江北刻經處本靈峰宗論卷一）

二、陳罪求哀疏

　　稽首大孝能仁父,孝順爲宗梵網經,地藏目連達孝尊，修證孝慈諸聖衆,今然香炷懺前愆,願賜慈悲哀拔濟。假名菩薩戒，污道沙彌智旭，泣血稽顙，敬白常寂光土，一體三寶，尚懇大慈大悲，俯垂感應。言念罪旭，少年主張理學，妄詆三寶，過犯彌天，應墮無間。然世間忠孝，根於至性，罔敢或忘。後蒙三寶密加，返邪歸正，頓發出世心，圖其遠者大者，祈究竟報我君親，意謂尅期取證，決定無疑。詎料於今十六年，竟成虛度，修行至道，仰彌高而鑽彌堅；翦除惑業，根益深而枝益茂。死期將至，初志何成？扼腕撫心，厥罪曷罄？始願出家後，卽能度脫歷劫親緣，今母逝十二年，父亡二十載，而天眼未開，茫然不知生處，是第一大負，負我生恩也。始願出家後，卽能戒律永淨，定慧圓明，今根本戒外，違犯多端，雜亂散心，全無正定，名字聞慧，不登五品，是第二大負，負我性靈也。始見假善知識，亂宗門正印，願出家後，福慧莊嚴，徧降魔外，今但能自識邪正，而屢無道力，空言何補，是第三大負，負我宗門也。始見末運，僧體日卑，願以一身，力振其頹，今德薄行荒，不足爲人天表率，是第四大負，負我僧相也。始見末運，僧無律行，願以一身爲其倡始，今自檢律行，缺誤尤甚，不足爲他師範，是第五大負，負此名位也。始閱律時，稔知末世種種非法，誓集同志五人，若過五人，如法共住，令如來正法復興，而自既障深業重，不克與比丘列，復失方便，乖我良朋，是第六大負，負正法輪也。始見外寇猖獗，饑疫洊臻，國政乖張，元氣侵蝕，願修成道力，興隆正法，默扶皇運，今自救不了，坐視內寇邪魔，付之莫可如何，是第七大負，上負帝主弘護深恩，下負普爲衆生所發菩提心願也。嗚呼！負兹莫大七罪，復淹淹殘喘，九死一生，半體酸楚，已經十有餘年，三日惡瘡，更纏三年之外，儻地獄前茅邪？抑過惡雖重，而一線菩提願力，護法苦心，稍感寂光悲智，令轉重報於生前，俾輕受邪？展轉慚惶，未知攸底。悲形夢寐，欵徹庭闈，僅賴一線心願未忘，而杯水欲救焚車，益增恐懼。然諸佛誠言，菩提心寶，不可思議。如少金剛，能穿大地；少獅乳，能徹海乳，一息苟存，敢不痛自努力。

今值先嚴諱日，敬捐衣鉢微資，營供常住三寶，然香七炷，懺七大負。復四炷，啓請菩薩比丘沙彌同心修禮慈悲水懺。以此功德崇申回向，伏祈鍾之鳳，暨大蓮優婆夷金氏，早敷净土之華，頓悟惟心之旨，惑業冰消於片念，苦輪永斷於未來。次祈比丘某深信微塵中之法界經卷，篤志專心求剖出，斷除識田内之沈細愛見，剛毅敏達建法幢，某直信觀心法門，真發菩提大願。沙彌某於一切事中，悉見第一義諦；一切時中，不忘無上道心。某入無邊無底之法海，超久習久染之凡情。次祈灾亂冰消，邪説鼠竄，皇仁蕩蕩，佛化暘暘。次祈智旭，病苦消除，戒身清净，福德成就，止觀圓明，襄盛世皇猷，護如來正法。又復以此功德，普施一切衆生，願盡除一切煩惑罪根，斷一切有漏雜業，捨一切生死苦報，離一切惡魔惡友，歸一切大乘三寶，見一切諸佛世尊，生一切莊嚴净土，開般若一切種智，證不可思議解脱，成無上清净法身。如是法界衆生，畢獲如是究竟勝利益己，智旭乃當克證無上菩提。

（選自江北刻經處本靈峰宗論卷一）

三、法　語（選録）

示陳受之

聖賢皆以同體大悲，爲學問綱宗。儒謂萬物皆備於我，釋謂心佛衆生三無差別。推惻隱之心，可保四海；極大悲之量，偏周法界。故曰天地之大德曰生。儻殺戒不持，豈名一日克己復禮天下歸仁乎？願卽向儒門實究，必能奮然頓決於一日，位天地、育萬物，取諸片念而有餘矣。

示真學

真學以解行雙到爲宗趣。非開解無以趣道，非力行無以證道。而解行又有大小漸頓不同，若但求一出生死法門自度脫者，小解小行也；若徧通一切法門自利利他者，大解大行也。若先解後行者，漸也；若知解行同時，隨文入觀，不離語言而得解脫者，頓也。如兵卒習一伎，可殺一賊，取一賞，糊數口；又市醫僅知一方，可療一病，取一直，資厥身；則聲聞緣覺是也。若任大將，作大醫者，必盡知韜略，徧達方味，然後向無不克，治無不驗。圓頓行人，通達萬法，圓悟一心，自行則無惑不破，化他則無機不接。今欲徧通一切法門，雖三藏十二部，言言互攝互融，然必得其要緒，方能勢如破竹。爲聖賢者，以六經爲楷模，而通六經，必藉註疏開關闢。爲佛祖者，以華嚴法華楞嚴唯識爲司南，而通此諸典，又藉天台賢首慈恩爲準繩。蓋悉教網幽致，莫善玄義，而釋籤輔之；闡圓觀真修，莫善止觀，而輔行成之；極性體雄詮，莫善雜華，而疏鈔懸談悉之；辨法相差別，莫善唯識，而相宗八要佐之。然後融入宗鏡，變極諸宗，並會歸於淨土。以此開解，即以此成行，教觀齊彰，禪淨一致，遠離擔板之病，不墮數寶之譏，可謂慶快生平，卓絕千古者矣。

示元白

學道一要真爲生死，二要具足剛骨，三要開發見識。無真實爲生死心，饒你有志氣力量，只作世間豪傑，斷不能爲出世聖賢。無真實剛骨，饒你要出生死，決被情欲牽熟境迷，利名移奪，魔患埋没去。無真正見識，饒你怖生死，勇猛直前，必被邪師惡友引誘，輕安少得縈惑。或墮光影門頭，或坐知見窠臼，乃至或以味禪爲功德，或以空寂爲家鄉。極勝亦流入二乘權曲境界，無由直趣菩提。良由衆生心性雖與佛等，無始迷妄積習深厚，欲返本源殊非容易。果能念念觀察世間苦空無常無我不净，下從地獄，上至非非想，總非究竟安寧地。儻不誓求出要，三界流轉有甚了期﹗生不知來處，死不知去處，茫茫苦海，言之痛心，豈容爲生死心不切？既生死心切，視世間一切事，那件出得生死，那件稍有真實？便痛發省悟，向千纏萬繞中努力一踴，真得殺父婬母他家活計，將無始恩愛眼前活計盡情割斷。如悉達初出家即誓云：設骸骨枯腐，不盡生老病死之源，終不返還。如此志氣，方不被一切業境奪去，方名具大剛骨。即離愛網專求出要，必應甄別邪正，洞明權實，了悟頓漸。若不遇真師匠，唯應讀誦大乘，深求至理，不依文解義，不離經穿鑿，法法會歸自己，處處體認心性，自於真宗，漸堪趨入。儻遇明師良友，不問聖凡，但具正見知如來秘密藏者，即可依之人，放下身心，不惜體面，不辭勞苦，不畏饑寒，乃至不恪身命，畢生服役，咨稟法要，自然福至心靈，感應交徹。如螟蛉克肖，時雨化生。以得親近善知識故，則能親近最上妙乘；以得習學上乘法故，則能出生廣大圓滿智慧。切莫高推聖境，自處凡愚，戀刹那幻境，忘曠劫遠猷，自暴自棄，非才之罪也。重説偈曰：佛性衆生性，一性無二性，迷之沈六道，悟之爲三乘。迷雖無量惑，厭病唯有三：一者戀世間，不知世間苦；二者雖知苦，苟且自因循；三者雖勇猛，得少便爲足。以此三病故，長夜在生死，或復出生死，亦墮權小乘。我依諸佛語，爲設三妙藥：一者怖生死，對治根本病，念念如救頭，莫復存餘想。二者奮剛勇，降伏愛見魔，五欲不能牽，八風不能動。三者開正見，遠離諸邪曲，根選擇圓通，現生成正覺。此三或自具，或復藉餘緣，唯有明師友，名爲真實救，策發生死心，鍛鍊純剛骨，開示真實乘，令行稱性修。修性不相離，斯名正覺印。迷性言修習，修墮有爲功；廢修談法性，自然外道同。是故佛與祖，垂訓咸雙顯，雖或性奪修，而非不修習；雖或不言性，而性在修中。性非修不顯，修非性不立，但以生死心、勇猛不退心、廣大弘遠心，親師習正法，必能親悟入，知我言不誣。

示慧幢

　　予讀子輿氏書，至舜盡事親之道，而瞽瞍底豫，見圓頓觀心要旨焉。夫父雖至頑，不可別覓他父，又不可如傲象之順命爲惡。現前介爾一念無明頑父，卽法性真父，順無明流，造業流轉，則是傲象。捨妄覓真，別觀法性，又成背父逃逝，善惡稍殊，均爲不孝。六道凡夫，順無明而爲惡者也。藏通別三種行人，捨無明逃逝者也。若知焚廩掩井之瞽瞍，卽允若底豫之瞽瞍，則必盡事親之道於己躬，肯作順逆兩法以虧天性邪？所謂盡事親之道者，亦只深信父實生我，除此父外，別無真父。然斷不可從命爲惡，須竭怨慕之誠以格之，則頑如瞽瞍，亦可回心，況未必如瞽瞍者哉！觀心亦爾，深信現前一念，全體法界，離波覓水終不可得。然斷不可隨其生滅，不事觀察，須以不思議一心三觀，深體達之。則惡無記心，尚成不思議境，況善心哉！知一念圓具三德，事理兩重三千，互徧互融，深生信解，名爲慕。此境不現，是止觀力微，發勤精進，誓以十法成乘，名爲怨。如此努力，鈍逾般陀，發明有日。儻悠悠忽忽，縱利如藍弗，敏過達多，無濟也。

示迦提

　　法華妙旨，惟令衆生開示悟入佛之知見。佛知見，現前一念心之實性是也。現前介爾一念，不自生，不他生，不共生，不無因生，未生無潛處，欲生無來處，正生無住處，生已無去處。心無心相，其性無生，無生故無住、無異、無滅。無生住異滅，卽真法性，橫遍豎窮，不可思議。若於此無相妙心，妄謂有心相可得，則佛知見便成衆生知見。若卽妄相幻心，達其本非有相，則衆生知見，便成佛之知見。心性既舉體全空，亦復卽假卽中。以三諦宛然，故三觀法爾。以法爾之三觀，照宛然之三諦，能所不二，境智互融。於此信解，名爲隨喜；解義觀文，名讀誦；轉示他人，名講說；歷事煉心，名兼修正修。有相無相二安樂行，一串穿卻，祇貴篤信力行，別無奇巧方便也。

（選自<u>江北刻經處</u>本靈峰宗論卷二）

示靖玄

自他不二之體名玄，自利利他之行名靖。能悟玄體，性本自靖；能爲靖功，玄體可會；此性修不二之真旨也。見思靖，方知真諦本玄；塵沙靖，方知俗諦本玄；無明靖，方知中諦本玄。三玄既會，方知衆生三惑亦本靖也。<u>佛頂</u>云：狂心頓歇，歇卽菩提，一人發真歸元，十方虛空悉皆消殞。<u>法華</u>云：如來如實知見三界之相，無有生死，若退若出等。噫！可悟性修交成矣。

示玄闇二則

<u>古</u>云：明時無暗，暗時無明，此相傾奪義也。又當明中有暗，當暗中有明，此性無傾奪義也。<u>佛頂</u>云：明能破暗，此以真融妄，全妄成真，無破無不破而論破也。須知無傾奪性，全體在傾奪相中，而傾奪妄相，全體不離無傾奪性。知性相二而不二，不二而二者，則知非破非不破，而論破矣。非破非不破，性也。破者，全性所起之妙修也。破卽無所破者，全修在性也。故明生時，暗無所去；闇無去，則明無所來；無去無來，則不生不滅。如禪人未聽經時，心性無減，而妙義茫然。已聽經後，慧解頓開，而心性無增。知無增減，則知六而常卽。知茫然與漸開不同，漸開與圓悟圓證定不同，則知卽而常六。請以此爲造修方便。（其一）

　　小水常流，則能穿石。<u>吳江</u>一行人，學<u>法華</u>，半日不能一句，
晝夜不捨六年，而全部成誦。法友熏習已多，所以未淪浹者，不
切心故耳。誠切心則法味津津現前。既得法味，欲罷不能，患不時
習，不患不悅也。有忘食之憤，後有忘憂之樂。幸將所聽之法，溫
習勿忘，日久功深，豁然開悟。既得法喜之樂，更是超脫之緣矣。
（其二）

示惟獃

　　<u>孔子</u>曰：“予欲無言。”佛云：“吾四十九年不曾說一字。”然<u>六經</u>
<u>四書</u>，三藏十二部，果何物哉？如以杜口爲默，凡瘖瘂者，皆聖與佛
矣。詎知諸法無性，言語本空，終日言未嘗有言，終日不言，未嘗無
言。故又曰：“天何言哉？四時行焉，百物生焉，天何言哉？”尊者無
說，我乃無聽，無說無聽，是真般若。推此致也，塵說剎說熾然說，
三世無間斷說，亦若是已矣。苟未達說默之源，說是覺觀生相，默
是覺觀滅相，既墮生滅情見，則說默俱非。若妙契寰中，說能開悟，
默能密喻，是說默無非善說也。說無說相，默無默相，是說默無非
善默也。善說者謂惟說可，善默者謂惟默可，皆法界故。法界不
二，說默不二。不相借，不相成，不相破，亦不相亡；不相礙，亦不相
融；當體清淨，絕待離微。夫諸佛解脫，即於凡夫心行中求觀心無
心，說默何有，說默無性，說默俱妙，是頓悟緣起無生，超彼三乘歷
劫修證者也。

示膚菴

　　教觀譬薪火，終始相需，故離教觀心者闇，迷心逐教者浮。浮
則茫無歸著，闇則愈趨愈謅，此末世禪教，所以名盛而實衰也。須
知一切了義大乘，諸祖公案，皆我現前一念註腳，說來說去，總不離

我一心。我今此心，全真成妄，全妄卽真。若不能當下反觀，則靈知靈覺之性，恆被一切法所區局，縱慧成四辯，定入四空，依舊迷己爲物，認物爲己。若能直觀現前一念，的確不在內外中間諸處，無體無相，無影無踪，但有一法當情，皆心所現，終非能現。此能現者，雖云量同虛空，亦無虛空形相可得。若有虛空情量，又是惟心所現之相分矣。一切時放教歷歷明明，空空蕩蕩，亦不認歷歷明明空空蕩蕩者爲心，以心體離過絕非，不可思議故。了知一切惟心，心非一切，忽然契入本體，一切語言公案，無不同條共貫矣。

示念日

顯密圓通，皆以解行雙進爲要。解者，達我現前一念心性。全體三德秘藏，與諸佛所證，衆生所具，毫無差別，十方三世，顯密契經，惟爲發明此一念心性。達此一念心性，卽顯密二詮之體，從此起於顯密二行。顯行依經修觀，廣如二十五圓通法門，略則惟心識觀，真如實觀，二種收盡。二十五境，各具二觀。且約耳根言之，先從徵心處破妄，惟心識觀也。圓解既開，卽於聞中入圓通常流真如實觀也。密行亦具二觀：達字字句句無非法界者，真如實觀也；心無異緣專持此呪，悟知音聲如響，能持之心如幻者，惟心識觀也。由惟心識，進真如實，密行成，顯行亦圓滿矣。

示漢目

大佛頂首示真心，隨勸修直心。直心有事有理，理則正念真如，事則四威儀一切行中毫無虛假是也。末世禪和，不爲生死大事，裝模作樣，詐現威儀，不真實學禪教律，徒記兩則公案，辨幾句名相，受三衣一鉢，以爲佛法盡此矣。嗚呼，此何心哉！今止觀此一念假借佛法之心，出得生死否？成得佛祖否？又觀此念爲在內

外中間諸處否？爲從自生，從他生，爲自他共生，爲無因生？若一
念虛假之心，旣無生無體，無方隅處所，則妄想顛倒寂滅，而常
住真心宛然呈露矣。是謂由事直心，以合於理直心也。其深思力
研之。

示緒竺

"三界惟心，萬法惟識"二語，人能言之，觸境逢緣，仍被境緣所
轉。若實達惟心惟識，豈有心識外之境緣哉？且縱不達惟心惟識，
境緣決定不離心識。如夢中妄計夢境爲實，起欣起怖，而離夢心決
定別無夢境。學人先須了達三界萬法，種種境緣，實無心識外之別
物。次推究此心此識，畢竟有何體惟相狀。若現前心識，實無體性
相狀者，惟心所現三界萬法，又豈有少許體性相狀可得也？心識不
可得，名心寂三昧。心寂則色自寂，境緣不可得，名色寂三昧。色
寂則心亦寂，心色俱寂，則無煩惱亦無菩提，無生死亦無涅槃，無凡
無聖，一味平等，是謂心佛衆生三無差別。然後全性成修，企自心
本具之佛道，度自心本具之衆生。如知水性冰性，同一溼性已，不
於水外有冰，不於冰外覓水，而方便融冰成水，則念念常觀卽心卽
佛，而不起上慢，時時上求下化不倦，而總名無作妙德，無功用行
矣。若捨此別商方便求工夫，乃至覓玄妙，是演若怖頭，醉兒索食
也。或初心散亂多者，用數息法，如童蒙止觀所明，須了知息出息
入，來無所從，去無所至，此息當體全空，舉體卽假，仍非二邊，卽是
中道。所謂圓人用偏法，偏法亦成圓。又昏蓋重者不宜貪坐，須方
便調停減雜事，減飲食，令神淸氣定，則觀慧漸漸增明，昏散漸漸退
舍。又學道如調琴相似，大緩則無聲，大急則弦絕，生死之心常切，
求效之心莫生，先難而後獲，庶幾近之。若欲體達現前心識無體性
相狀者，不出四性四運二種推法。四性推者，謂現前一念，設自生，

不應藉緣生。既藉緣，心無生力。心既無生，緣亦無力。心緣各無，合云何有？合尚叵得？離云何生？故知心識實無生也。四運推者，觀此一念未生時，潛在何處？欲生時，何緣得生？正生時，作何體相？爲在內外中間邪？爲方圓長短青黃赤白邪？無已無間必滅，滅又歸於何處？三際覓心皆不可得，奈何於本空寂，妄計內心外境，起惑造業，枉受輪迴邪？然畢竟覓一能起惑造業受報者，元不可得。如醉見屋轉，屋元不轉，但吐卻一向妄計無明之酒，惑業苦三，當下永息。設口談空，無明不吐，如醉見屋轉，硬言不轉，併此不轉，亦醉語耳。且道無明酒作麼生吐？咄！要知端的意，北斗面南看。珍重。

（選自<u>江北刻經處</u>本<u>靈峰宗論</u>卷二）

示新枝

温故知新，可以爲師。所謂故者新者何物邪？天下莫故於現前一念之心，亦莫新於現前一念之心。惟故故隨緣而不變，惟新故不變而隨緣。若能頓達吾家故物，便可斬新條令，以菩提悲智爲幹本，以六度萬行爲新枝矣。

示可生

佛法不出唯心真如二觀。蓋一切色心依正假實諸法，無非仗因托緣而生，皆是依他起性，不了依他，妄計實我實法，卽名徧計執性。了其如幻，有卽非有，體惟一心，卽名圓成實性。今唯心識觀，於依他達其徧計本空，而真如實觀，秖二空所顯理性而已。<u>大佛頂</u>最初七處徵心，乃直破徧計，明其本空也。次十番辨見，廣歷陰入處界會理，乃就依他起上，破其徧計餘執也。次定耳根爲所觀境，明其本圓通常，乃就依他起上，顯其圓成本具也。然設不向前文破執開解，則圓通常性甚易而甚難。故南嶽大乘止觀，誡初心不得卽觀圓成實性，惟以四性簡責，深達徧計本空，依他如幻，一念觀成，轉令餘念自然契實。實心繫實境，實緣次第生，是則前念爲能觀，後念爲所觀，故能坐斷妄源，無以波逐波之失耳。

示行恕

儒以忠恕爲一貫之傳，佛以直心爲入道之本。直心者，正念真如也。真如無虛僞相，亦名至誠心。真如生佛體同，亦名深心。真如徧一切事，亦名回向發願心。此三心者，卽一心也。一心泯絕內外謂之忠，一心等一切心謂之恕，故曰心佛衆生，三無差別。果達三無差別，欲一念自欺自誑不可得，欲一念自私自利亦不可得，欲一念自分自局尤不可得矣。

示王思湖

菩提種子，人人有之，因自暴自棄自畫，使無量功德善根，枉作人天生死資糧，摩尼寶珠，貿一衣一食可惜也。吾人與三世諸佛同一心性，同具六根，何有分毫欠缺？但肯一念發菩提心，誓成佛道，則今所作所爲，無非稱性功德，不必改弦易轍後謂修行。秪須恁麼信去，漸積功德，成佛無疑矣。

示未學

一切諸法，本自不有，不過自心所現，衆生迷惑，妄起計著。究其大病，秪因迷己爲物，又復於中認物爲己，所謂妄認四大爲自身相，六塵緣影爲自心相，此卽無始生死根本也。邇來稍解佛法者，縱知四大非身，全不知緣影非心，不思緣影便是一物，何能靈妙常知哉？然正認緣影時，緣影元非心，而妄認緣影者，元未嘗不靈妙常知，離諸戲論也。但覷破一切所知境界，無論真妄有無，皆自心相分，而能知之體，究竟了不可得。如眼決不自見其眼，亦決非無眼；心不知心，亦復如是。由眼故見一切物，由心故有一切法，一切法皆不是心，而離心無一法如微塵許可得。但恁麼體達去，無有一法是心，更無一法非心。久久純熟，便到心法一如境界，亦無能到所到。思之思之。

示達心

經云：三界無別法，惟是一心作。畢竟心是何物，能作三界諸法邪？若是一物，既成一物，何能徧作諸物哉？如無水決無波，然水既舉體作波矣，捨波別覓水體可乎？於波中分別何波是水，何波非水，又可乎？亦如幻事，無巾則無兔馬，然巾既舉體作兔馬，捨兔馬別覓巾體可乎？卽謂兔馬為巾，又可乎？更謂兔馬本無，并巾亦無，又可乎？心法不一不異，亦復如是。自其不變隨緣者言之，心既舉體為依正，為名色，為凡聖矣。依正、名色、凡聖法外，別覓心性如毛頭許，胡可得也？依正、名色、凡聖法中，別認如毛頭許以為心性，亦胡可得也？指諸法為卽是心，胡可得也？諸法為非是心，亦胡可得也？說依正、名色、凡聖諸法無量差別，心亦無量差別，胡可得也？心無差別，諸法亦無差別，又胡可得也？說依正、名色、凡聖諸差別法，不卽無差別心，無差別心，不具諸差別法，胡可得也？說心外實有依正、名色、凡聖諸法，胡可得也？諸法俱非實有，心亦非有，又胡可得也？此皆不變隨緣之理，當下離過絕非者也。自其隨緣不變者言之，既舉心性全體幻成依正、名色、凡聖諸法，於中隨舉一法，無不仍是心性全體大用。如舉水作波，無一一波，非水之溼性；舉金作器，無一一器，非金之堅性貴性。又如舉日輪全體，光射一隙，無一一隙中不具見日之全體大用者也。由此言之，事事無礙法界,原在吾人日用間頭頭爾,法法爾,豈必高推聖境,謂凡夫絕分哉？只此妄謂凡夫絕分之情見,亦仍不可思議,亦是法界全體大用。以不在內,不在外,不屬過去現在未來,不可謂有,不可謂無故。如燒糞埽火,卽燒栴檀火,亦卽徧燒大地之火。故知凡夫情見,卽出世智慧之體,亦卽諸佛根本不動智體。設無此情見,亦無出世智不動智矣。情卽智體,業卽解脫,苦卽法身,亦復何疑？如拳卽手,冰卽水,華卽空,蛇卽繩,繩卽麻,如是了達,方名達心,亦名達一切法,亦名無達無不達,雙照達與不達。如是達得,便能特立千古,決不被眼前活計所區局矣。

示聽月

學問之道,求其放心。心是何物？求者何人？覓心了不可得。祖許云:汝安心竟,卽能推者爲心。佛咄云:此非汝心。宗、教、釋、儒,一邪異邪？同邪別邪？於此瞥然會去。正好向山僧座下讀上大人,如或不然,不免再下註脚。中論偈云:諸法不自生,亦不從他生,不共不無因,是故知無生。諸法者,廣言之百界千如,略言之佛法、衆生法、心法也。雖心佛衆生三無差別,但佛法太高,生法太廣。初機之人,觀心爲易,但諦觀現前一念介爾之心,若自生何藉境？若他生何關自？各既不生,合云何有？合尚叵得？離何能生？仔細簡責,心之生相安在？心既無生,豈非覓不可得？心不可得,豈可喚作一物？心既非物,求豈有人？無物無人,何收何放？盡大地是箇自己,心外更無別法,方知萬物皆備於我,十方虛空悉消殞,皆不得已而有言,言所不能盡也。

（選自江北刻經處本靈峰宗論卷二）

示謝在之

吾人現前一念心性,過去無始,未來無終,現在無際。覓之了

不可得，而不可謂無；應用千變萬化，而不可謂有。三世諸佛，一切
衆生，從無二體，十方虛空，刹塵差別，皆吾心所現之相分耳。是故
四種净土，皆不在心外，乃名唯心。謂極樂不卽唯心，則西方豈在
心外？而吾心豈局東方者哉？人謂諸有爲法，皆如夢幻。不知心
性，不可喚作有爲，不可喚作無爲。因迷故，卽無爲成有爲，有三界
輪迴因果，喻如夢幻泡影露電。若返迷歸悟，則又卽有爲成無爲，
如夢得醒，幻復本，泡歸水，影歸質，露不異溼性，電不異常光。今
念佛求生净土，正返迷歸悟，至圓至頓，概以夢幻埒之，可乎哉？今
人於夢幻妻子家緣，不能當下割捨；夢幻功名富貴，不能當下遠離；
夢幻苦樂寒暑，不能當下覷破；乃至夢幻詩文機鋒轉語，不能當下
唾棄。獨於夢幻西方，則不求生，亦大惑矣。夫依對待而論，娑婆
活計，添夢者也；求生净土，醒夢者也；不可不求生也。依絕待而
論，惑業感於三界，惡夢也；念佛生於净土，好夢也；亦不可不求生
也。惑者又曰：當下卽是净土，何必西方？問曰：當下卽飽暖，何必
喫飯穿衣？當下卽富貴，何必貨殖科甲？當下是學問，何必讀書？
當下是帝京，何必北上？既世間法毫不可廢，何獨於出世法而廢
之？苟深思此理，净土之生，萬牛莫挽矣。天如大祖師云：悟後不
願往生，敢保老兄未悟。釋迦復起，不易斯言。

示爾介

　　介爾有心，三千具足。此圓人稱性而觀，稱性而悟，彈指超無
學，一路湼槃門也。今有志之士，不能一超直入者，衹由妄認六塵緣
影爲自心相，不肯直下諦觀介爾之心，本自了不可得故也。如肯直
觀，則知心無心相，既不認緣影爲心，則虛空山河大地，咸吾介爾心
中所現物矣。能緣既無，所緣安有？一空一切空，而非斷滅。所現
窮亙，能現亦然。一假一切假，而皆如幻，不可以空名，不可以假

名，强名爲中。中亦不在空假之外，空假無體，全以中道爲體。言空則三千悉空，言假則三千並假，言中則三千並中。故得互互具足，無欠無餘。如此則一塵中剖出大千經卷，有何正像末之可分別。此則不唯爲佛祖出氣，亦可爲予一洗句讀先生之恥矣。

示夏蓋臣

聖賢固不擇地，不擇時生，然往往生於山谷亂世者。蓮出污泥，珠生濁水，非苟然也。蓮在泥泥不能染，珠在濁濁不能混，聖賢之在山谷亂世，山谷豈能局之？亂世豈能易之？夫山谷不能局，亂世不能易者，寧唯聖賢有之，聖賢能勿喪耳。堯舜心法，不過危微二字，操則存，捨則亡。伯玉寡過未能，子路聞過則喜，孔子五十學易，文王望道未見，皆危微心印也。是故不以求放心爲學問，而徒事口耳，異乎聖賢所謂學問矣。顧心是何物，云何名放？云何而求？若放則馳散六合，求則還歸一腔，此緣影耳，風大耳。過去未來現在，心不可得。設有可得，與雞犬同是一物。而心豈一物哉？真求放心者，必須覓心，了不可得。惟心了不可得，方知天地日月山河國土，皆妙明心中所現物，亦無能現所現之分，是謂天下歸仁，是謂明明德於天下，是謂山谷所不能局，亂世所不能易。故陸象山云：東南西北海，有聖人出焉，此心此理同也。悟此，決不更問天地何所窮際，以心外無天地，天地止是心之相分耳。楞嚴云：十方虛空，生汝心內，猶如片雲，點太清裏，況諸世界，在虛空邪」知此則儒與佛，均不足以名之。一任名儒與佛，無所不可，努力求焉。

示蔡二白

天地萬物，皆有始終，有形象，有方隅，有分劑。唯心識無始終、形象、方隅、分劑，故曰覓心了不可得。心了不可得，而天地萬物無一不唯心矣。然我法二執不破，則唯心唯識之理不彰；心識之理未明，則因果感應之妙不能如指諸掌。故華嚴云：應觀法界性，一切唯心造。觀經云：深信因果，不謗大乘。夫心猶金也，十法界因果，猶種種莊嚴器具也。然天下容有不造器之頑金，斷無不造十法界之頑心，縱一念不生，仍造成無想外道矣。故大智慧人，深悟唯心，必勤念佛，所謂是心作佛，是心是佛。此唯二白居士可承當之。

示璧可

千經萬論，求之語言文字，則轉多轉遠；求之現前一念，則愈約愈親。蓋一切經論，不過現前一念心之註脚，非心性外別有佛祖道理也。然心性難明，故藉千經萬論互相發明。今捨現前心性，而泛求經論，不啻迷頭認影矣。真明心性者，知經論是明心性之要訣，必不棄捨，但看時知無一文一字不是指點此理，就所指處，直下從身心理會清楚。如破我法二執，的的破盡，不留分毫。辨種現根隨，則使自心種現根隨，歷如指掌，不使家賊作祟，是謂不離文字，而得觀照。不作文字解，不作道理解，便是真參實究。不論年月生劫，將三藏十二部，都盧作一話頭，看來看去，人一能之己百之，人十能之己千之，看到牛皮穿破，眼睛突出，忽然無心契悟，方知與麻三斤，乾矢橛，同是敲門方便。那時若不透盡千七百公案，不攝盡十方三世一切佛法，無有是處。

示講堂大衆并註

一切通指八心王五十一心所。相分，皆是心影。喻如鏡像。一切見分，皆是心光。喻如鏡明。一切自證分，皆是心體。喻如鏡質。一切證自證分，皆是心性。喻如鏡銅。此四並是依他起性。光

影妄，則體性亦妄；此妄含兩重義，一若於光影計有實我實法，則爲
徧計所執性。既執光影爲我法，則并體性亦爲我法，是四分皆成徧
計也。二雖不妄計我法，猶見光影二分之異，不了唯是一心，則墮
依他起性，不惟光影是依他，并體性亦是依他，所以四分皆爲依他
性也。體性眞，則光影亦眞。此眞不是離依他四分而別有眞，祇達
得光之與影，實非有二，惟是一心，云何於中有是非是？則不但體
性卽圓成實，而光影亦圓成實，故四分無非圓成實性也。譬如計繩
爲蛇，則麻亦成蛇；亦如計鏡像爲實人，既迷依他之相，必迷圓成之
體。了繩卽麻，則蛇亦是麻。亦如了像與明，總只是鏡。既悟依他
非有，自知徧計本空。是故見蛇者，不見繩與麻，此喻一切凡夫外
道。是謂一徧計一切徧計，十界皆爲所徧計境。而非無繩，非不卽
麻也。可見徧計不離依圓，故空觀但空徧計，而依圓元不可空，縱除
滅三性，入三無性，乃名一空一切空，亦只是除其定有三性之執，仍
但空彼依圓上之徧計執情耳。見繩者，不計蛇，亦不見麻，此喻三
乘權智。是謂一依他，一切依他，十界無非依他起性。而未嘗不卽
麻，亦未嘗礙彼癡者之計蛇也。可見依他，亦不離徧圓，故假觀，但
立依他，而徧計無可立，圓成不須立，縱成立三性緣起，乃名一假一
切假，亦只是約悟名圓成，約迷名徧計，仍但發明三性無非依他起
耳。見麻者，了知非蛇，亦非繩，此喻圓人實慧。是謂一圓成，一切
圓成，十界無非圓成實性。而不礙愚者之計實繩，實蛇也。計實繩
是三乘愚，計實蛇是凡外愚，可見圓成亦不離徧依。故中觀但顯圓
成，而徧依元無可顯。縱圓統三性，乃名一中，一切中，亦只顯彼徧
依無體，體卽圓成，仍但顯彼徧依，統一圓成實性耳。但能如是觀
察自心境界，一切境界，皆惟心現，皆卽是心，故名自心境界。不著
語言文字，聖賢造論，隨意取譬，以曉蒙童，原無死法，且如鏡可譬
於依他四分，亦可加一認有實人，而譬三性，謂鏡卽圓成實性，像卽

依他起性，愚小無知，計有實人，卽徧計執性也。又如繩可譬於迷悟三性，亦可除卻妄計爲蛇而譬四分，謂繩二股，可譬見相二分，麻可譬自證分，四微可譬證自證分也。以喻通喻，理最易明，若死死執定，不知變通，是謂依文解義，三世佛冤矣。亦不背語言文字，華嚴偈云：文隨於義，義隨文。古人云：離經一字，卽同魔説。則若宗若教，一以貫之矣。又復應知，衆生起過，只由見相二分，決不由自證及證自證分。以內二分，終日在妄，終日恒真，且衆生日用不知，無由起過，故相宗明其皆是現量，皆是挾帶。只因舉體成用，用既依他，體必同成依他，故四分皆屬依他，不許單立見相爲依他性，以用外別無體故。若了知全用卽體，則體既圓成，用亦當下圓成，故四分皆卽圓成，不許單立內之二分爲圓成實，以體外別無用故。今人不達，若執四分皆是依他，於四分之外別立圓成實性，而云真如與一切法不一不異，是猶捨彼已成繩之麻，而別求未成繩之麻，與繩相對，乃云不一不異也。但不一耳，豈真不異也哉！嗚呼！毫釐有差，天地懸隔，不變隨緣隨緣不變之旨，幾爲蝕書蠹魚之見所亂，吾安能已於辯也。

（選自<u>江北刻經處本靈峰宗論卷二</u>）

示葉天紀

有心而後有天地萬物，聖賢傳授，不過以心印心，故曰"人心惟危，道心惟微，惟精惟一，允執厥中。"心豈有二哉？迷其本一，故人心惟危，如水成冰也。悟其無二，故道心惟微，如冰還成水也。返迷歸悟，故名惟精，如湯消冰也。迷悟性空，故名惟一，如冰水同一溼性也。熾燃迷悟，體元不屬迷悟兩端，故名厥中，卽惟一之體也。從迷得悟，一悟永不復迷，故名允執，卽惟精之功也。堯以此心學立其極，了知心外別無天地萬物，所以天與之，人歸之，草木瑞應之，梧桐紀閏，蓂莢紀月，豈離心性外別有感應乎哉？<u>唐虞</u>三代雖往，而吾人心性元未嘗往，春秋之時有<u>孔顏</u>，六朝之末有<u>王通</u>，宋有<u>陸象山</u>，<u>明</u>有<u>王文成</u>，後之學者，苟契於心性之源，謂<u>堯舜孔顏</u>至今未亡可也。然<u>堯舜孔顏</u>不過達心外無法，故物格而良知自致，知至而意誠心正，修齊治平，不勞功力，何嘗以八條目、三綱領，亂此一以貫之之傳也。<u>周濂溪</u>發悟於<u>東林總</u>，欲薙落，<u>總公</u>囑以扶植儒學，遂爲<u>宋</u>儒鼻祖。吾於<u>天紀</u>，有厚望焉。

示閔六飛二則

佛法貴精不貴多，精貫多，多不能專精，故提綱挈領之道，不可不急講也。綱領者，現前一念心性而已。心性不在內外中間，不屬過現未來，不可以色聲香味觸法求，不可以有無雙亦雙非取。心性既爾，一切法性亦如是，故曰因緣所生法，即空即假即中。中者性體，空者性量，假者性具也。迷此性量，名見思惑。迷此性具，名塵沙惑。迷此性體，名無明惑。三惑皆迷中瞖妄，非有實體，故三觀起，三惑隨消。由吾人迷有厚薄，致<u>如來</u>教有頓漸，是知頓漸諸教，皆爲了悟心性而設。若了心性，教綱在我不在佛矣。然須先破我法二執，是故<u>唯識</u>初二卷言之獨詳，學者果能隨文會理，將無始名言，戲論我法習氣，當下刳除則真空理顯。此之空理不當有無，有無自爾。無者無彼徧計，有者有彼依圓。圓成實者，唯識實性，名中道第一義諦。依他起者，唯識假相，名爲俗諦。此二皆非實我實法，但衆生徧計執情名爲我法，我法本空，名爲真諦。三諦不一異，不縱橫，真中爲理如水，俗諦爲事如波。藏通二教，僅詮真理，以六凡爲俗。別圓二教，正詮中理，以十界爲俗。先於現前一念心性，達三諦已，則知一代教法，或頓詮此心性，或漸詮此心性，或詮心性少分，或詮心性全體，不啻持一鑰開衆鎖也，豈於千經萬論與望洋之

歎哉！（其一）

　　般若非他，現前一念心性而已。心性本自豎窮横徧故廣大，妄認四大爲自身相，六塵緣影爲自心相，則狹小矣。本自微妙寂絕故第一，妄貪三界有漏因果，二乘偏真因果，則下劣矣。本自生佛體同故常，亦名愛攝，妄計内外彼此不同，則厭怠矣。本離我法二執，故不顛倒，亦名正智，妄計我人衆生壽者諸相，則顛倒矣。然雖迷此心性爲狹小下劣厭怠顛倒，如水成冰，實廣大第一愛攝正智之體，依然如故，毫無缺減，如冰之溼性，仍即水之溼性，苟遇煖緣，未有不應念成水者也。故善學般若菩薩，莫貴觀察現前一念心之實性，此心體本離過絕非，不墮諸數，至尊至貴，名實相般若，譬如金剛，爲無價寶。此心覔之了不可得，靈明洞徹，泛應曲當，名觀照般若，譬如金剛，堅利不壞。此心炳現根身器界，百界千如，森羅昭布，名文字般若，譬如金剛，普雨衆寶。祇此一心，即三般若，三世諸佛，不能增一絲毫，蜎飛蠕動，不能減一絲毫，但迷之舉體爲惑業苦三障，悟之舉體爲般若解脱法身三德。三德如水外無冰，故云三千果成，咸稱常樂。三障如冰外無水，故云三千在理，同名無明。如此達得，則但有泮冰法，別無覔水法；有去翳法，無與明法。但願空諸所有，切勿實諸所無，所以熾然諸惡莫作，衆善奉行，乃至布施持戒，忍辱精進，修行五悔，習學諸禪，廣學多聞，研究法義，皆泮冰去翳，空諸所有，至冰執盡消，幻翳盡去，所有盡空，適復本有一念心性之全體大用，而別無心外一法可得。故曰：入於如來妙莊嚴海，圓滿菩提，歸無所得。又曰：以無我人衆生壽者，修一切善法，即得阿耨多羅三藐三菩提。又曰：法法皆通，法法皆備，而無一法可得，名最上乘。此即金剛正印，佛祖傳心要訣也。三藏十二部，千七百公案，乃至天台三大五小，皆發明此理而已。此理不明，徒學佛法，徒參公案，竟有何益？此理既明，一切宗教皆吾心註脚，豈異說所能簧鼓？以此圓解，净除無始妄惑種子，若觀行净，則同居土净，相似净，方便土净，分證净，實報土净，究竟净，寂光土净，故曰：隨其心净，則佛土净。當知華藏莊嚴無邊刹海，皆我净心所感依報，皆第八識所現相分，豈別有心外之土，又豈別有土外之心也。（其二）

示吳景文

無法不從心造，無法不卽心具，識取自心，佛祖道盡矣。心造者，卽理恒事也。心具者，卽事恒理也。卽理而事，謂之百法；卽事而理，謂之大乘。百法是理家之事，全事卽理，故云一切法無我。無我卽二空真如，欲不謂之大乘，不可得也。大乘是事家之理，全理成事，故以止觀所依等五番建立，攝盡三千性相，百界千如，欲不謂之百法，不可得也。故欲透唯識玄關，須善台衡宗旨；欲得台衡心髓，須從唯識入門；未有日用尋常分劑頭數，尚未了了分明，而漫擬玄妙者。法華諸法如是相，如是性，乃至如是本末究竟等，相最在初，以其攬而可別故也。設現前心起之相，尚不知是王是所，是善不善，有覆無覆，於三量中爲是何量，於三境中爲緣何境，彼若性若體，乃至果報，何由洞然明白？設於事造一界十如，尚未能了，又何由卽事造而達理具之百界千如？又何由卽事造之理具，遂洞照了達卽理具之事造百界千如？嗚呼！台衡心法不明久矣。彼蓋不知智者净名疏，純引天親釋義故也。疏流高麗，莫釋世疑，而南嶽大乘止觀，亦約八識辨修證門，正謂捨現前王所，別無所觀之境。所觀既無，能觀安寄？辨境方可修行，止觀是台衡真正血脉，不同他宗泛論玄微。法爾之法，道不可離，彼拒法相於山外，不知會百川歸大海者誤也。

示馬太昭

予向拈周易禪解，信無十一，疑逾十九。嗟嗟！我誠過矣。然察疑者之情，謂儒自儒，佛自佛，欲明佛理，佛經可解，何亂我儒宗，易果有禪乎？四大聖人豈無知者？易果無禪乎？爾何人斯，敢肆異說。噫！予是以笑而不答也。昔陸象山，始疑天地何所窮際，逮豁悟後，不過曰："東海有聖人出焉，此心同也，此理同也，南西北海有聖人出焉，此心此理，亦莫不然。"更不復談及天地。豈非以無窮無盡之天地，總不出此心此理，故不復生有邊無邊諸戲論哉。易曰："範圍天地之化而不過，曲成萬物而不遺，通乎晝夜之道而知，故神無方而易無體。"夫易既範圍曲成矣，何無體？既無體矣，以何物範圍天地曲成萬物？噫！試深思之，可謂易無禪邪？可謂聖人不知禪邪？且聖人明言，陰陽不測之謂神，又言神無方矣。後儒必以乾陽配天配君，坤陰配地配臣，則廣八卦所云：乾為寒為冰為瘠馬等，坤為吝嗇為文為墨等，果何謂邪？聖人明言，易無體矣。後儒必以易定是易，尚不可推諸詩書禮樂，況可推三寶四諦十二因緣六度萬行？是四聖之心邪，非四聖之心邪？至動莫若乾，盡反奇，恐動或非動也。至靜莫若坤，盡反偶，恐靜或非靜也。艮山兌澤，皆不動之物也，何得稱咸也？巽風震雷，皆不停之象也，何反稱恒也？坎中男也，何水至冷也？離中女也，何火至熱也？水降滅火也，火然竭水也，何以稱既濟也？水潤得所也，火炎上而順性也，何以稱未濟也？故曰："不可為典要，惟變所適。"胡後儒之執為典要？不知變通也。馬太昭，自幼留心易學，獨不以先入之言為主。客冬聞台宗一切皆權，一切皆實，一切皆亦權亦實，一切皆非權非實之語，方知周易亦權亦實，亦兼權實，亦非權實。又聞現前一念心性，不變隨緣，隨緣不變之妙，方知不易之為變易，變易之終不易。夫所謂不易者，惟無方無體故耳。使有方有體，則是器非道，何名神，何名易哉？又不達無方無體，不惟陰陽是器，太極亦器也。苟達無方無體，不惟太極非器，陰陽乃至萬物亦非器也。周子曰："太極本無極也。"亦可曰："陽本無陽也，陰本無陰也，八卦本無卦也，六爻本無爻也。"故曰"陰陽不測之謂神也"。陰陽設有方體，安得名不測也？論云：諸法無自性，無他性，無共性，無無因性。無性亦無性，無性之性，乃名諸法實性。噫！此易邪？禪邪？亦易亦禪邪？非易非禪邪？居士必能默識之矣。

　　　　　　　　　　　（選自江北刻經處本靈峰宗論卷二）

四、答黃檗谷三問（原問附）

　　問：佛不能滅定業，地藏菩薩胡爲有滅定業真言邪？且既達本來罪福皆空，又何謂邪？

　　答：業之與報，皆是自心現量，心空一切皆空，心假一切皆假，心中一切皆中。特凡夫不達能造所造，能受所受，當體三德秘藏，而以殷重倒心，作殷重惡業，必招殷重苦報，名爲定業。彼心既定，不可挽回，大覺亦不能即令消滅，故大慈悲巧設方便，令地藏大士説呪勸持，即是轉其定心，漸使消滅也。是故菩薩功能，全是佛之功能，佛既不居，菩薩亦不居，究竟只在當人一念信受持呪之心耳。此正所謂既達本來罪福皆空之旨，原非撥無因果，以罪福因果當體即空，亦復即假即中。迷則滅與不滅，俱非達本；達則滅與不滅，總不礙空也。古人云："如何是本來空，業障是；如何是業障，本來空是。"透此二語便出野狐窠臼矣。

　　進問：畢竟佛何不自説？所謂佛不能滅，尚有疑在。

　　答：釋此須知三義：一、諸佛説法，必係四悉因緣。有聞佛説而歡喜生善滅惡入理者，佛卽自説，如楞嚴尊勝諸呪，皆滅定業也。有聞菩薩説而歡喜生善滅惡入理者，須菩薩説，如此呪，及大悲等呪是也。二、罪不自滅，不他滅，不共滅，不無因滅。而有時唯説自滅，云心空業空；有時惟説他滅，云佛菩薩力；有時説須共滅，雙舉内因外緣；有時説無因滅，云非自非他；皆四悉因緣，否則便成四謗也。三、不能滅約三藏迹佛，能滅指圓教因人。如華嚴云："初發心時，已勝牟尼。"亦其例也。知此三義，一切法無不通達。

問：萬緣攢時息心休定，覺甚快樂，而攝入之功甚難。若行數息作觀等門，恐多一番作意起滅，如何頓入一念不生境界？

答：一切境界，本自不生，亦不住滅。迷此理本，皆是生住滅相，妄見萬緣攢集，妄生苦惱，又於息心休定境界，妄生快樂，苦惱快樂，皆醉見也。緣集緣散，皆屋轉也。直須酒醒，方知屋本不轉。又須知屋本不轉，迷醉方可醒耳。數息作觀等妙法，各逗一機，欲頓悟境界不生，莫若四性推揀，觀此現前一念，爲自生邪？他生共生無因生邪？念若自生，何藉外緣？若他生，何關自己？若共生，應一分有知，一分無知，有因尚不可，況無因生！仔細檢責，覓念生相，實不可得。念既無生，境界安有。二俱不生，不復更滅，一切時中，重重照破，一捨一切法，不住一切法，不厭一切法，不著一切法，作意卽非作意，起滅亦無起滅，一門超出妙莊嚴路也。

答淨性三問（原問附）

問：心外無法，同體之義明矣，如何大心不發而自利？法外無心，法法皆是法界明矣，云何逢緣又生取捨？若云名字位中雖知此理，奈煩惱習氣所使，還捨習氣，不捨習氣邪？

答：汝之所明者，語言道理而已。法塵妄影，尚不能自利，何況大心！已是取捨，何待逢緣，此卽是汝煩惱習氣。若果了同體法界,更有何習氣可捨哉！

問：十界一心,何不相知？若惟佛知,則生佛不同。若名字知,非究竟知,還屬修功。若云不須論修,現現成成,則生佛無別。

答：妄謂各不相知,便於心外別計十界矣。若知十界唯一心,則心尚不可得,何有各各不相知之十界邪？悟十界唯一心者,假名爲佛,如醒人見屋不轉;迷一心計十界者,假名衆生,如醉人妄見屋轉。生佛不同者醒醉,所同者,從來不轉之屋也。就理同處,何須論修,醉人屋非現現成成不轉者乎！

進問：體同用亦應同,何有十界之異？若體性真實是同,虛妄相狀是異,性相豈有二邪？若云相卽無相,相卽法界,則地獄何必趣於佛界？若不須趣,畢竟如何成佛？

答：十界體用,本無不同。迷者謂相異性亦異,體用元不曾減。悟者知性同相亦同,體用亦仍不增。故獄界卽法界,元無佛界可趣,獄界可捨。約此實義,假名出獄成佛,奈何終日向假名上分別,忘却法界真體性邪？不違體性,終日説法界,是極惡名言習氣。

（選自江北刻經處本靈峰宗論卷三）

五、妙安説

三界無安,猶如火宅,惟深入火光三昧者,能轉煩惱業報之火爲智慧火,於中遊戲出没自在無礙,乃名妙安。夫煩惱火與智慧火,體一而異名者也。非煩惱滅而智慧生,以無智慧時,煩惱決不滅故。亦非智慧生而煩惱滅,以有智慧時,煩惱已先謝故。如暗時無明,明時無暗,暗不障明,明不破暗,二法從不相到,以明暗無體,同以虛空爲其體故。如是智慧煩惱無體，同以心性爲其體故。如火大緣於糞境，臭氣逼人；緣於栴檀，馨香遠徹。心性亦爾，緣利爲三塗，緣名爲修羅，緣五常十善爲欲界人天，緣四禪四空爲色無色界，緣無漏偏真爲聲聞緣覺，緣六度萬行自利利他爲菩薩，緣於實相則名爲佛。夫心雖隨緣具成十界，其性仍非十界。猶火隨緣具有香臭，其性仍非香臭也。夫十界法外，別無自心，而一一界心，還出十界。猶香臭草木外，別無火體，而一一草木火種，還燒一切諸草木也。法華三乘人天，龍女闡提，無不授記作佛，以一切草木之火，同一火性故也。能知一火一切火，一切火一火者，不於煩惱火外，別求智慧火；不于業火外，別求神通三昧火；不于苦報火外，別求法性真火；併世間聰明而置諸佛法，是謂卽煩惱火成智慧火。用推人之手扶人，毁人之口讚人，怨憾人之心愛人慈人，是謂卽業火成解脱火。知此根身器界，一一唯心，不作彼此人我種種情見，則鑊湯爐炭劍樹刀山，皆納僧家樂意三昧，何况人間小小逆境惡緣，寧非磨礱性真之具，是謂卽苦火成法身火，是謂火光三昧。偈曰：迷時妙法成生死，悟後三千性寂然。寂然元不落空亡，生死何嘗有實體。爲實施權說迷悟，開權顯實迷悟絕。迷情絕處悟無棲，權實二名亦無寄。非權非實法之本，心佛衆生性匪殊。依此建立權實門，及以本迹不思議。譬如蓮華不異時，四微亦復無差別，而説華因蓮爲果，果又生因不可盡。若人識得心蓮華，長在三界非界攝，便能恆轉如是經，百千萬億無數卷，序正流通及勸發，一彈指頃功圓滿。

六、孝聞説

世出世法，皆以孝順爲宗。梵網經云："孝順父母師僧三寶，孝名爲戒。蓋父母生我色身，師僧生我法身，三寶生我慧命，是故咸須孝順。"而欲修孝順者，尤須念念與戒想應。如曾子云: 無故而殺一蟲蟻，非孝也。世孝尚爾，況出世大孝乎! 以要言之，真能孝順父母師僧三寶，決不敢犯戒造惡。經言孝名爲戒者，正欲人以戒爲孝故也。夫世間孝，以朝夕色養爲最小，以不辱身不玷親爲中，以喻親於道爲大。出世孝亦如是，勤心供養三寶，與崇佛事，小孝也。脱離生死，不令佛子身久在三界淪溺，中孝也。發無上菩提心，觀一切衆生無始以來皆我父母，必欲度之令成佛道，此大孝也。舜盡世間大孝之道，玄德升聞於堯而爲天子。今出家兒，盡出世大孝之道，玄德聞於法界，必成無上菩提明矣。

七、洗心説

　　夫心性本自離過絶非，靈明清净，祇由無始無明，迷理爲咎，妄有三惑。譬如浮雲，翳彼太虚，然浮雲決不從太虚外來，以虚空性無外故。則無明三惑，亦豈從心性外來，而心性豈有外哉? 心性無外，何有能洗所洗，當知既約全體成迷，假説能翳所翳; 亦約全迷歸悟，假説能洗所洗。全體成迷，猶全水成冰，冰卽凝水而不令流動也。全迷歸悟，猶全冰成水，水卽融冰而不令質礙也。於一心中，既妄成三惑，了彼三惑，卽成妙三止矣。體真止者，了知十界無非一心，能融界内界外見思之惑。方便隨緣止者，了知一心具足十界，能融界内界外塵沙之惑。息二邊分別止者，了知一心十界十界一心不可思議，能融根本無明之惑。由能融惑也，三止皆有止息義焉; 由能了知也，三止皆有停止義焉; 由惑與理無二體，能融所融，能知所知，無二致也，三止皆有不止止義焉。三止各具三義，則是九義。九義祇是三止，三止祇是一心。一心本無能洗所洗，而能洗所洗宛然不濫。易傳曰："聖人以此洗心，退藏於密，"義極於此。大經曰："三德若縱，亦不名妙；三德若橫，亦不名妙；三德不縱不橫，名秘密藏，乃名爲妙。"契此妙密，功在於智；發此妙智，不離於心；心智既發，則三惑融泮，如湯消冰，假名爲洗。請更以佛頂證之，經云："指皆是物，無是見者。此明妙心離一切相，體真止也。"又云："微細發明，無非見者。此明妙心卽一切法，方便隨緣止也。"又云："此見及緣，元是菩提妙淨明體，云何於中有是非是？此明妙心離卽離非，是卽非卽，息二邊分別止也。"卽此一章，宛具三止。卽彼三止，各含三義。若向此處真實體會，不泥語言文字，亦不悖語言文字，從見色聞聲處分疎得下，從語言文字中照剖得來，方知一代時教，千七百公案，說來説去，無不是者箇道理，千變萬化，總是一條線索。一條線索，具足千變萬化，便可坐微塵裡，轉大法輪。剖一塵，出大千經卷；以大千經卷，收入一塵。亦不見有大千相，亦不見有一塵相，亦能使大千一塵，各各宛然，不相妨礙，不相映奪，是謂至顯至露，至微至密；是謂非顯非密，亦顯亦密；是謂無可洗而洗；是謂若欲净土，當净其心。隨其心净，則佛土净矣。

八、孕蓮説（亦名求生净土訣）

癸未冬，予弘法華於普德，李石蘭居士，忘其齒爵，最先皈依，時有求子凡情，予名曰净育。越三年，則轉其求子之心，塑佛像朝夕戀慕，一意求生净土矣。予語之曰：世間生育，膿血襍亂，安得稱净？唯蓮華化生，乃真净育。居士當別號孕蓮，予更請以要訣券焉。古人謂愛不重不生娑婆，念不一不生極樂，居士既不求子，則愛已輕，又能塑佛，則念已一，乃更有要訣者，蓋莫切於是心作佛，是心是佛二語也。夫栴檀不過世間木耳，燒則成灰，雕則成像，豈非隨心所作乎﹗既成像矣，朝夕禮拜瞻對，朝夕在心目中，心外無佛，豈非卽心而是乎﹗若知所雕佛像，的的心作心是，則知極樂彌陀，亦的的心作心是也。若知極樂彌陀，心作心是，則知十方三世一切諸佛，亦的的心作心是也。若知一切諸佛心作心是，則知一切净土，亦的的心作心是也。以唯心净因，育唯心净果，無生而生，生卽無生。操此券而猶墮疑城，斷不可得；悟此訣而猶謂净土法門不至圓頓，尤不可得矣。

九、聖學説

佛祖聖賢之學無他，求盡其心而已。盡其心者，不於心外別立一法，不於心内欠缺一法。是故爲子臣弟友，止孝忠順信，充惻隱、辭讓、羞惡、是非之心，而仁義禮智不可勝用。造次顛沛必於是，可以久處約，長處樂，皆由了達心外無法故也。六祖云：法法皆通，法法皆備，而無一法可得，名最上乘。今人甫欲通備一切法，必捨自心而求諸外；甫説法皆無實，必固守癡頑，而不知藉境鍊心。無怪乎不墮枝離之學，便落暗證之坑也。夫不知萬法唯心，泛求諸事事物物，安得不罔﹗不知心具萬法，獨取一昭昭靈靈，安得不殆﹗嗟嗟﹗昭昭靈靈，尚不可取，況昏昏墨墨哉﹗真志佛祖聖賢者，素位而行，不願乎外，凡富貴貧賤，種種境緣，皆大爐鞴，一切時中，動心忍性，增益不能，然後富貴不淫，貧賤不移，威武不屈。如松柏亭亭獨秀於霜雪間，而天地之心賴此見矣。吾悲儒釋真風，今日盡皆埽地，良由學儒者急富貴，學佛者在利名，元無佛祖聖賢襟期，故學問操履行門，皆適助其虛妄。如良田然，種未植，莠未芸，而灌以糞膩，益增蕪穢而已。學者但向心田中保護菩提嘉苗，芟刈名利莠草，隨時溉灌，勿助勿忘，守到白露秋分，自見秀而且實。至於旱則車水，潦則開渠，雖神農復興，亦不能使歲時無旱潦也。以此方便，自養善根，令成熟度脫，便堪以四悉檀益物，令其番番種熟脫，盡未來際，無所不度，而吃緊關要，只在今日最初一步。蓋南其轅則步步近楚，北其轅則愈趨愈遠，縱能久後覺悟改轍，不唯所傷既多，亦枉卻多少功夫，豈不可惜！此苦口良藥，勿但作文字看過，道理解過，直滴滴入口，從咽喉灌入臟腑，三百六十骨節，八萬四千毛竅，皆爲藥味所透，庶幾也已。

（選自江北刻經處本靈峰宗論卷四）

十、致知格物解（約佛法爲唐宜之説）

知者，明德之本體，乃中道第一義諦妙心，非空非假而實離一切相，即一切法者也。致者，一心三觀，了達此一諦而三諦也。物者，迷此知體，而幻現之身心家國天下，如水所結之冰也。格者，推究此身心家國天下，皆如幻影並非實我實法，如以煖氣銷堅冰也。欲得水，莫若泮冰；欲致知，莫若格物。冰泮水現，物格知致矣。物者，所觀之境也。格者，能觀之智也。知者，所顯之諦也。一心三觀名格物，一境三諦不令隱晦名致知，不可以致知爲空觀，格物爲假觀也。（唐謬分，故破之）了知五位百法皆無實我實法爲物格，轉第六識爲妙觀察智爲知致，轉第七識爲平等性智爲意誠，轉第八識爲大圓鏡智爲心正，轉前五識爲成所作智爲身修。一身清淨故，多身清淨，乃至一世界清淨故，一切世界清淨。爲家齊國治天下平，

只一物格工夫到底，致知之學，始無虧欠，是謂究竟不離於初步
也。

（選自<u>江北刻經處</u>本靈峰宗論卷四）

十一、性學開蒙答問<small>即壇中第四問廣答</small>

〔附：壇中十問十答第四問答〕

問：儒云：君子尊德性而道問學，致廣大而盡精微，極高明
而道中庸，温故而知新，敦厚以崇禮。與佛法同邪別邪？亦同
亦別邪？非同非別邪？<u>象山</u>重尊德性，<u>紫陽</u>重道問學，互相矛
盾，致成大諍。爲一是一非邪？俱是俱非邪？且如何超出是
非，究竟無弊邪？

答：儒佛有名同義異者，如德性、廣大、精微等，一世間道
理，一出世道理也。有名義俱同而歸宗異者，如問學、致盡等，
下手無別，到家實分世出世也。然爲實施權，儒亦五乘中之人
乘；開權顯實，則世間道理亦順實相。故同別四句，執之皆謗，
善用之即四悉檀。<u>象山</u>雖重尊德性，非棄問學，<u>紫陽</u>雖重道問
學，非遺德性。得其旨，似頓悟漸修兩門，失其意，則爲狂罔愚
劣二病，可謂是則俱是，非則俱非。然廣大精微等，皆德性本
具之義，致盡等，皆道問學以尊之之事，原非兩法相濟，孰能偏
重偏輕？此則超出是非兩關，永無流弊者也。

儒釋同異之致，性學重輕之關，憒憒久矣。欲釋此疑，須先就
儒典消文釋義，以超是非兩關；次就二公決擇是非，以示平心公論；
後對佛教細辨同異，以彰權實本迹。

初就儒典消釋者,朱註以尊德性爲存心,道問學爲致知; 以致廣大、極高明、温故、敦厚屬存心,以盡精微、道中庸、知新、崇禮屬致知。如兩物相需,未是一貫宗旨,所以偏重偏輕,致成大諍。今謂首倡大道,既包下兩節,則洋洋優優同是道,故同稱大。不可謂,洋洋但大,不入無間,優優但小,不極無外。尤不可謂,洋洋但是德性,不由問學,優優但是問學,不關德性也。然此大道,全率於性,全凝於德,故名德性。猶釋稱如來藏性,以藏性雖十界所同,惟如來能合之,故以如來藏稱,不稱地獄藏性,人天藏性等也。然則,德性二字,已含性修因果旨趣,而廣大精微等,皆德性所具之義趣,致之盡之,乃至崇之,皆道問學者之妙修耳。尊此德性,方道其問學,道此問學,方尊其德性。否則,性近習遠,淪於汙下,猶所謂法身流轉五道,爲衆生矣。**然德性廣大,謂其洋洋發育也; 精微,謂其優優百千也; 高明,謂其位天育物也。中庸謂其不離子臣弟友之間也,故謂其禀自初生也。新,謂其經綸參贊也; 厚,謂父子君臣等皆天性所定也; 禮,謂仰事俯育等皆人事應爾也。世有廣大而不精微者,如海魚身長若千由旬,蕩而失水,螻蟻得意; 有卽廣大而精微者,如阿修羅王,變身與須彌齊,復能幻入藕絲孔。德性亦爾,雖洋洋峻極,而復舉體攝入一威儀,隨舉一小威儀,全具德性,非德性少分也。世有精微而不廣大者,如玩器等,微妙精巧,不堪致用; 有卽精微而廣大者,如摩尼珠,圓明清净,不過分寸,置之高幢,四洲雨寶。德性亦爾,雖百千經曲,而隨拈其一,皆全具位育功能,非少分功能也。世有高明而不中庸者,如夏日赫盛,不可目視; 有卽高明而中庸者,如諸佛光明,勝百千日,而觸者清涼。德性亦爾,上達卽在下學,位天育物之極致,不離庸言庸行之家風。世有中庸而不高明者,如鄉黨善人,可狎可欺; 有卽中庸而高明者,如時中之聖,温而厲。德性亦爾,下學全體上達,灑掃應對之節, 卽具旋轉乾坤之**

用。世有故而不新者，如衣敝不堪復御；有故而常新者，如上古瑤琴，一番摩撫一番音。德性亦爾，出生一切道德文章，經綸事業，不可窮盡。世有新而不故者，如美食不可再列；有新而嘗故者，如春至花開，樹未嘗改。德性亦爾，雖出一切經綸事業，道德文章，而體嘗如故。世有厚而非禮者，如牛犢相隨，殷然天愛，而罔知儀節；有厚而卽禮者，如孝子事親，冬溫夏清，昏定晨省，出於至性，匪由勉強。德性亦爾，雖率其天真，自有禮節。世有禮而非厚者，如六國事秦，勢不得已；有禮而卽厚者，如孔子拜下，盡禮非諂。德性亦爾，雖百千經曲，絕非強設。又，致廣大而不盡精微者，亦自有博學多聞，與則半是，奪則全非，以既不精微，卽於廣大不能致故。盡精微而不致廣大者，亦自謂一門深入，與亦半是，奪亦全非，以既不廣大，則於精微不能盡故。極高明而不道中庸者，亦自謂豁達大度，然離中庸，而別擬高明，便不名極。道中庸而不極高明者，亦自謂言行相顧，然捨高明而安於卑陋，非君子之道。溫故而不知新者，亦自謂守其德性，而德性豈如此之癡頑？知新而不溫故者，亦自謂日有增長，然如溝澮，可立待其涸。敦厚而不崇禮者，亦自謂率其本真，未免同人道於牛馬。崇禮而不敦厚者，亦自謂舉止有式，反爲忠信之薄而亂之首。故必了知廣大精微等無非德性，皆須道問學以尊之，則全修在性，全性起修，既非二致，那偏重輕？斯爲超出是非兩關，全收二公之長，永杜二公流弊者也。

　　次就二公決擇者。象山意謂，不尊德性，則問學與不問學皆無用，但能尊其德性，卽真問學。猶吾佛所謂勝淨明心，不從人得，何藉劬勞，肯綮修證；亦猶六祖本來無物，又卽孔子吾道一以貫之也。是將尊德性攝問學，非特德性而廢問學，故得爲名賢也。紫陽意謂，若不道問學，雖高談德性。如所謂理佛，非關修證，必道問學，以成至德，方可凝其率性之道。猶吾佛所謂菩提涅槃，尚在遙遠，要

須歷劫辛勤修證；亦猶神秀時時拂拭，又卽孔子庸德之行，庸言之
謹，下學而上達也。是將問學尊德性，非徒問學而置德性，亦得爲
名賢也。然則，悟象山之所謂德性，問學已道；悟紫陽之所謂問學，
德性自尊，可謂是則俱是。而象山似頓悟，較紫陽之漸修，當勝一
籌。然執象山之言而失旨，則思而不學，與今世狂禪同陷險阬，孔
子謂之曰殆。執紫陽之言而失旨，則學而不思，與今世教律同無實
證，孔子謂之罔，可謂非則俱非。而無實證者，尚通六趣，陷險阬
者，必墮三塗，象山之流弊，亦較紫陽倍甚。若就二公之學，以救二
公之徒，亦有兩番：一、逆救，以象山之藥，治紫陽之病；以紫陽之
藥，救象山之病。二、順救，執象山之言者，爲申象山真旨；執紫陽
之言者，爲申紫陽真旨。終不若向初義打透，則二病不生，二藥無
用矣。

　　後對佛教細辨者，先須知此五句：有名同義異者，有名義俱同
而歸宗異者；又須知對待絕待二種妙義，然後約迹約權以揀收之，
約實約本以融會之。庶得戲論永滅，諍論亦消也。

　　言名同義異者，德性二字，及德性中所具廣大精微等八義，同
則同名德性及廣大等，異則儒以天命爲性，修之上合於天者爲德；
老以自然而然，强名曰道者爲性，復歸無名無物者爲德。一往判之
是天乘，亦未盡天中差別，恐不過四王忉利法門，遠自人間視之，稱
爲自然及無名無物耳。推而上之，夜摩等空居四天，亦以自然爲
性，以欲界未到諸定及上品十善爲德；魔天以命根互通爲性，廣化
七珍多增寶媛爲德；初禪天以出欲爲性，離生喜樂爲德；二禪天以
超出覺觀爲性，定生喜樂爲德；三禪天以永無喜水爲性，離喜妙樂
爲德；四禪天以不動爲性，捨念清净爲德；無想天以一念不生爲性，
滅心心所爲德；四空天以超出色籠爲性，微細定心爲德。我佛法
中，藏教以真諦爲性，擇滅無爲爲德；通教以諸法無生爲性，體空智

果爲德; 別教以離過絕非中道爲性, 所證法身般若解脱爲德; 圓教
以不生不滅常住真心、不縱不橫三德祕藏爲性, 一心三智妙合如來
藏理爲德。既德性一名, 厥義各別, 故所具八義, 隨此皆異。儒但
以洋洋發育爲廣大, 乃至仰事俯育爲禮, 如前説耳。老則以生天生
地爲廣大, 杳冥昏默爲精微, 神鬼神帝爲高明, 專氣致柔爲中庸, 長
於萬古爲故, 生一生二生三生萬爲新, 還淳返樸爲厚, 守雌守黑爲
禮。夜摩等天, 各以境界倍增者爲廣大, 受用倍妙者爲精微, 不假
日月爲高明, 十善攝散爲中庸, 劫初先成爲故, 果報變化爲新, 隨順
善性爲厚, 具善三業爲禮。魔天則以統攝欲界爲廣大, 超化無化爲
精微, 威力自在居欲界頂爲高明, 不離塵勞爲中庸, 悟本命元爲故,
自在化現爲新, 愛網所攝爲厚, 眷屬莊嚴爲禮。四禪各以捨下苦粗
障爲廣大, 得上浄妙離爲精微, 安住勝處爲高明, 十禪支行爲中庸,
超歷大小諸劫爲故, 喜樂捨受相應爲新, 同一定體爲厚, 王臣民等
差別爲禮。無想天則以無諸想礙爲廣大, 體同木石爲精微, 居四禪
上爲高明, 滅心心所爲中庸, 初半劫滅爲故, 後半劫生爲新, 順無動
性爲厚, 次第令其心慮灰凝爲禮。四空天則以體同太虛爲廣大, 微
細心心所法爲精微, 徧超色縛爲高明, 不離心想爲中庸, 報境無有
成住壞空爲故, 受用禪味爲新, 順無色性爲厚, 次第證入爲禮。藏
通二教, 各有三乘, 雖體析巧拙不同, 同以無爲涅槃, 離我我所, 曠
若虛空爲廣大, 超諸斷常有無、戲論妄想爲精微, 遠離三界成一切
智爲高明, 依戒而住、依念處而行道爲中庸, 因緣法性無有作者爲
故, 觀諦觀緣、出生三乘道果爲新, 二乘別以警悟無常、速求出離爲
厚, 攝身口意解脱業繫爲禮, 大士別以自愍愍他、願皆濟度爲厚, 三
聚浄戒、上求下化爲禮。別教則以無量四諦十界因果爲廣大, 中道
佛性緣了修證爲精微, 迥超九界佛眼種智爲高明, 從因緣境歷修三
觀爲中庸, 本覺無始爲故, 功德智慧二種莊嚴爲新, 次第三慈爲厚,

歷侍諸佛、徧度九界、種種儀軌爲禮。圓教則以介爾有心三千具足、豎窮橫徧無欠無餘爲廣大,三千性相互具互徧、一色一香無非中道爲精微,一心三智、照窮法界爲高明,無作四念、一心三觀爲中庸,卽隨緣而不變爲故,所以一切諸法無非性具;卽不變而隨緣爲新,所以權實因果施設無方;心佛衆生三無別爲厚,所以上合無緣慈力,下合同體悲仰,而熾然常行與拔;上侍諸佛,下應羣機爲禮,所以性遮諸業,一切皆成無盡戒體,皆名無上道戒。是謂名同而義異也。

　　言名義俱同而歸宗異者,不論儒老,色無色定,乃至藏通別圓,欲以至德凝道,必道問學以尊之;欲真實學問,必尊德性以道之;欲證德性之廣大,必盡精微以致之;欲證德性之精微,必致廣大以盡之;欲證德性之高明,必道中庸以極之;欲證德性之中庸,必極高明以道之;欲證德性之故,必知新以溫之;欲證德性之新,必溫故以知之;欲證德性之厚,必崇禮以敦之;欲證德性之禮,必敦厚以崇之,是名義俱同。然如此問學,各尊其所謂德性,故儒成人間之聖,與天地參;老成天道之聖,爲萬化母;乃至藏通成三乘之聖,永超生死;別教成圓滿報身之聖,永超方便;圓教成清净法身之聖,方爲真能盡性,是歸宗永異。

　　言對絕二妙者,若以人望天,以欲界望色界,展轉乃至以別望圓,則彼廣大之外更廣大,精微之內更精微,高明之上更高明,中庸之中更中庸,故之前更故,新之後更新,厚亦彌厚,禮亦彌周。若以圓視別,以別視通,乃至以天視人,則彼廣大精微等,皆悉有名無義。故以下望上,傳傳皆妙,以上視下,法法皆粗,此對待明妙也。絕待明妙者,爲實施權,開權顯實,若別、若通、若藏、若天、若人,究竟同歸一乘。圓人受法,無法不圓,則法法皆妙,既知此理,方許論揀論收,能融能會耳。

　　後約迹約權揀收等者，揀之則全非，儒是世法，佛出世故。又，此云天命爲性，易云太極生兩儀，並屬非因計因，不知正因緣法，見論所攝；夫婦父子等恩愛牽連，愛論所攝。老子天法道，道法自然，是無因論，不知正因緣法，亦見論攝。收之，則儒於五乘法門屬人乘攝，所明五常，合於五戒，其餘諸法，半合十善，尚未全同金輪王法也。老屬天乘，未盡天中之致，已如前說。究而言之，總不及藏教之出生死，況通別圓邪！然此直約迹約權耳，若約實約本融會者，此方聖人是菩薩化現，如來所使。大灌頂經云："佛先遣三聖，往化支那，所立葬法，南洲中最。"三聖法化若在，如來正教亦賴以行。而列子具明孔子讚佛之語，老子騎牛出關，欲訪大覺，既聞示寂，歎息而返。經史所載，彰明若此，後人不達，紛紛起諍，豈理也哉！然三聖不略說出世教法，蓋機緣未至，不得不然。且如五天機熟，佛乃示生，而初倡華嚴。在會聾啞，不惟須說阿含以爲漸始，兼立人天戒善，以作先容。況此地機緣，遠在千年之後，縱說出世法，誰能信之？故權智垂迹，不得不示同凡外。然卽此儒典，亦未嘗不洩妙機，後儒自莫能察，及門亦所未窺。故孔子再歎顏回好學，今也則亡，深顯曾子以下，皆知迹而不知本，知權而不知實者也。何謂所洩妙機？如易經繫辭傳云："易有太極，是生兩儀，兩儀生四象，四象生八卦。"此語最可參詳。夫既云易有太極，則太極乃易之所有，畢竟易是何物，有此太極？儻以畫、辭爲易，應云太極生天地，天地生萬物，然後伏羲因之畫卦，文王因之繫辭，何反云易有太極？易有太極，易理固在太極之先矣。設非吾人本源佛性，更是何物？既本源佛性，尚在太極先，豈得漫云天之所賦？然不明言卽心自性，但言易者，以凡夫久執四大爲自身相，六塵緣影爲自心相，斷斷不能理會此事，故悉檀善巧，聊寄微辭。當知易卽真如之性，具有隨緣不變，不變隨緣之義，密說爲易。而此真如，但有性德，未有

修德,故不守自性,不覺念起而有無明。此無始住地無明,正是二種生死根本,密説之爲太極。因明立所,晦昧爲空,相待成搖之風輪,卽所謂動而生陽;堅明立礙之金輪,卽所謂静而生陰。風金相摩,火光出現,寶明生潤,水輪下含,卽所謂兩儀生四象也;火騰水降,交發立堅,爲海爲洲,爲山爲木,卽所謂四象生八卦,乃至生萬物也。名相稍異,大體宛同,順之則生**死始**,逆之則輪迴息,故又云:易逆數也。亦既微示人以出世要旨矣。老子道生天地,意亦相同,但亦不明言卽心自性,皆機緣未熟耳。且**易傳**"寂然不動,感而遂通"一語,卽寂照無二之體;而"乾坤其易之門"一語,卽流轉還滅逆順二修之關。以性覺妙明,本覺明妙,非干修證,不屬迷悟,而迷則照體成散,寂體成昏,逆涅槃城,順生死路,全由此動静兩門,是名逆修,亦名修惡。悟則借動以覺其昏,**名之爲觀**,借静以攝其散,名之爲止,逆生死流,順涅槃海,亦由此動静兩門,是名順修,亦名修善。然修分順逆,性無增減,又雖善惡皆本於性,而道必昇沈。如斯祕旨,豈異圓宗!菩薩現身,信非虚偽,習而不察,過在後儒。又,既知宣聖祕密微談,兼秉法華開顯妙旨,卽此,中庸便可作圓頓佛法解釋。"天命之謂性"者,天非望而蒼蒼之天,亦非忉利、夜摩等天,卽涅槃經第一義天也。命非命令之解,卽第八識執持色身相續不斷之妄情也。謂生滅與不生滅和合,而成阿賴邪識,此識卽有生之性。以全真起妄,天復稱命;以全妄是真,命復稱天。全真起妄,卽不變而隨緣;全妄是真,卽隨緣而不變也。"率性之謂道"者,此藏性中具染净善惡一切種子,若率染惡種子而起現行,卽小人之道,亦名逆修;若率净善種子而起現行,卽君子之道,亦名順修。"道二,仁與不仁而已矣",正合此意,亦合台家性具宗旨。"修道之謂教"者,小人之道,修除令盡,君子之道,修習令滿,此則聖賢教法,惟欲人返逆修而歸順修,卽隨緣而悟不變也。三句合宗,頭正尾正，凡一文一字，皆可消歸至理矣。以要言之，若得法華開顯之旨，治世語言，資生産業，乃至戲笑怒罵，艷曲情詞，尚順實相正法，況世間理性之談邪！然此是智旭之中庸，非子思之中庸也。如大慧杲禪師，以此三句作法報化三身，亦只是宗杲之中庸耳。儻子思實知宗杲、智旭之中庸者，孔子急當印之，胡顏淵死，一慟傷心，自稱天喪？且追憶之，再嘆今也則亡邪？昔孟子歷敍見知聞知之道，結云："然而無有乎爾？則亦無有乎爾！"是孟子尚不肯以曾子、子思爲見知者，何況孔子！彼一以貫之之傳，但的示尊德性之真實問學如此，乃下手發足之方，非到家消息。又，迹中權理之一，非本中實理之一也。今約三聖立教本意，直謂同可；以無非爲實施權故也，約三教施設門庭，直謂異可也。以儒老但說權理，又局人天，佛説權說實皆出世故也。約權，則工夫同而到家異，謂亦同亦異可也。約實，則本不壞迹，迹不掩本，謂非同非異可也。惺谷壽禪師云："爲門外人説同，否則以爲異端；爲入門人説別，否則安於舊習；爲升堂人説亦同亦別，以其見理未諦，須與微細剖析，令知同中有異，異中有同；爲入室人説非同非別，粗言細語皆第一義，又何儒釋可論？"斯言得之，以其次第順於四悉檀故。然細論説法方便，則四句之中，一一皆具四悉。又貴臨時善用，不得固執斯言爲死法也。

（選自江北刻經處本靈峰宗論卷三）

〔附：性學開蒙自跋〕

此別答十問之第四問也。良以兩家性學，世罕兼通，儒未必習佛，習亦難窺堂奧；佛未必習儒，習亦不肯精研。予年十二就外傅，粗知書義，便以道學自任，於居敬慎獨之功，致知格物之要，深究之。年二十，看顏淵問仁章，竊疑天下歸仁語，苦參力討，廢寢忘餐者三晝夜，忽然大悟，頓見孔顏心學真血脈，真骨髓。因識孔子聞知之傳，誠待其人，非漢宋諸儒能擬議也。越四年，知出世大法，發心離俗，先參少室禪宗，後學天台教觀，不啻皆如渤海相似，十五六載，僅沾一滴，方爲向若之歎。反觀向所悟孔顏心學，又今一滴中之一滴矣。嗟乎！道曠無涯，爲若此也，世之沾沾自足者，何啻井蛙也哉！然又知一滴之性，即大海性，故身爲釋子，喜拈孔顏心學示人，知與不知，任諸旦暮。此問同志未諳，固請予略明梗概，遂於一滴海中，復出滴許如此，知必爲大方所笑。然神龍得之，安知不即此興雲霆雨，又安知不藉此騰歸滄溟也。

（同上　卷七）

十二、儒釋宗傳竊議_{有序}

大道之在人心，古今唯此一理，非佛祖聖賢所得私也。統乎至異，滙乎至同，非儒釋老所能局也。尅實論之，道非世間，非出世間，而以道入真，則名出世，以道入俗，則名世間。真與俗皆迹也，迹不離道，而執迹以言道，則道隱。故曰：“形而上者謂之道，形而下者謂之器。”又曰：“君子上達，小人下達。”嗚呼！今之求道於迹者，烏能下學而上達，直明心性，迥超異同窠臼也。夫嘗試言之，道無一，安得執一以爲道？道無三，安得分三教以求道？特以真俗之迹，姑妄擬焉，則儒與老，皆乘真以御俗，令俗不逆真者也；釋乃即俗以明真，真不混俗者也。故儒與老主治世，而密爲出世階；釋主出世，而明爲世間祐。至於内丹外丹，本非老氏宗旨，不足辯。然則，言儒而老與孔皆在其中矣，言釋而禪與教皆在其中矣。故但云儒釋宗傳竊議。

儒之於道學也久矣，上古無文字，無可徵，可徵始於堯舜。堯允執厥中，舜危微精一，皆心外無法，故天地賴以位，萬物賴以育，貫徹古今，萬世不能踰其道也。嗣禹、皋陶之見知，湯之聞知，不過還知此心此理而已。知之，則近見亦可，遠聞亦可，不以遠近爲親疎也。乃韓愈云："堯以是傳之舜，舜以是傳之禹。"嗟嗟！是何物也，可互相傳乎？譬諸射，樹的而專注之，先有巧力者先中，後有巧力者後中，或在同時，或在異世，貴各中的而已矣。的非可傳也，巧非可傳也，力非可傳也，謂之曰見知聞知則可，謂之以是相傳，可乎哉？

見知不唯禹、皋也，凡稷、契、伯益等皆見而知之者也；聞知不唯湯也，伊尹耕於有莘之野，樂堯舜之道，則於湯爲見知，於堯舜禹等，亦爲聞而知之者也。

文王既没，武周又逝，柱下史聞而知之，孔子問禮，歎爲猶龍，則於老聃又爲見而知之，門人推崇其師，不復齒及老氏，孟子亦蹈其舊轍耳。

顏於孔誠見知也，但繼孔學，又先孔亡，不同太公之於文王，伊尹之於湯，禹之於舜也，故孟子不言之。

顏淵死，子哭之慟，再歎"今也則亡"。故古人云："顏子没而聖學亡。"非虛語也。孟子曰："然而無有乎爾？則亦無有乎爾！"蓋亦不敢虛妄承當者歟。

老氏之學，蓋公等得其少分以治漢，漢則大治。孔孟之學，漢代絕響。

北宋周濂溪定性書云："性者，剛柔善惡中而已矣。"太極圖説云："太極本無極也。"細玩二語，真得孔顏心法者也。後儒紛紛解釋，罕有知其語脈者，且云定性書可以不作。噫，可哀矣！卽及門之士，明道似曾子、子思，伊川似子夏而已。

南宋陸象山"先立乎其大"者，乃得孟氏心法者乎！然不信太極無極，展轉撥之，紫陽又展轉救之。吾觀撥者救者皆非實知周子也。

王陽明龍場大悟，提"致良知"三字爲作聖真訣，雖曰顏子復生，不亦可乎！

釋之於道學也，十方三世無不徹也，此界此時，則始於釋迦，繼於迦葉、難陀等也。其在震旦，則遠公造法性論，羅什歎其未見佛經能知佛理；北齊慧文大師，讀龍樹中論，悟圓頓心宗，二並可稱聞而知之。菩提達磨大師受記東化，可稱見而知之。

遠公後，凡修淨業得往生者，皆見知聞知之流類也。有人僅立蓮宗七祖，但約行化最專者耳。然四明尊者、慈雲懺主等，何嘗不以淨土行化？而智者大師十疑論，飛錫法師寶王論，天如禪師淨土或問，楚石禪師懷淨土詩，妙叶法師念佛直指，尤於淨土法門有功。至若近世，則幽溪師生無生論，袁中郎西方合論，皆遠公之的裔也。

達磨傳至六祖，乃有南嶽、青原二甘露門。門似二，道無二也，二則毒藥，非甘露也。又數傳而爲五宗，人有五，宗非五也，五則枝條，非宗本也。譬如阿耨達池，一水流爲四河，歸於大海，河有四，水無四也。今不知池之一，不知水之一，不知海之一，獨從四河闊狹曲直遠近起見，互相是非，可謂智乎？

繼北齊者，有南嶽思大師，出大乘止觀法門四卷，真圓頓心要也。次有天台顗大師，出三種止觀，法華玄義文句，及維摩、仁王、金光明、普門品、十六觀等疏，於是教觀大備。歷五傳，至荊溪，其道中興。又八傳至四明，道乃重振。此後裂爲三家，漸式微矣。

唐玄奘法師，徧遊天竺，學唯識宗於戒賢法師，盡其所知，旁搜其所未知，廣大精微，真彌勒、天親之子，釋迦文佛之遠孫也。慈恩基師，雖實繼之，然觀所撰法華贊玄，則靈山法道恐未全知。無怪乎唯識一書，本是破二執神劍，反流爲名相之學，亦可悲矣。

賢首法藏國師，得武后爲其門徒，聲名藉甚，疏晉譯華嚴經，經既未備，疏亦草略，故不復傳。所傳起信論疏，淺陋支離，甚失馬鳴大師宗旨，殊不足觀。方山李長者有新華嚴經論，頗得大綱。清涼觀國師，復出疏鈔，綱目並舉，可謂登祼華之堂矣。後世緇素，往往獨喜方山，大抵是心粗氣浮故耳。不知清涼雖遥嗣賢首，實青出於藍也。圭峰則是荷澤知見宗徒，支離矛盾，安能光顯清涼之道？

禪宗自楚石琦大師後，未聞其人也。庶幾紫柏老人乎？壽昌無明師亦不愧古人風格。

台宗絕響已久，百松覺公稱爲鳴陽孤鳳，僅出三千有門頌略解及棱嚴百問耳。幽溪繼之，一時稱盛，然唯生無生論足稱完璧，而自所最得意圓通疏，殊爲不滿人意，何哉？但能趺坐書空，作妙法蓮華經字，脱然西逝，則誠蓮華國裏人矣。

雲棲宏大師，極力主張淨土，讚戒讚教讚禪，痛斥口頭三昧，真救世菩薩也。憨山清大師，擴復曹溪祖庭，晚年掩關念佛，晝夜課六萬聲，故坐逝後二十餘年，開龕視之，全身不散，遂與六祖同留肉身，人天瞻仰，得非蓮宗列祖乎？

或曰：佛祖之道，必師資授受，方有的據，否則法嗣未詳，終難取信。無名子應之曰：譬諸世主，桀非傳自大禹，紂非傳自成湯者乎？身苟無道，天子而不若匹夫矣。今之雖有師承，顛覆如來教戒者，何以異此？漢之高祖，明之太祖，並起草莽，誰授以帝位乎？苟得其道，匹夫而竟開大統矣。今之雖乏師承，能自契合佛祖心印者，亦奚不然？必如子論，是但許有見而知之，不許有聞而知之者矣。可乎哉？且子又不聞，有師資具足，皆不足齒及者乎？譬如俳優及相搏者，豈無師資授受，然不過戲劇及鬭諍法耳。吾故曰：執迹以言道，則道隱。譬諸射者，期各中的焉耳。十方三世，唯此一的，常住不變，何诶於傳？巧之與力，存乎其人，父不能傳之子，子不能得之父，有何所傳？或見而知之，或聞而知之，及其知之一也，正知其不可傳者也。謂有可傳，則不至於戲劇鬭諍不止，非佛祖聖賢之道也已。

（選自江北刻經處本靈峰宗論卷五）

十三、四書蕅益解自序

　　蕅益子年十二談理學而不知理，年二十習玄門而不知玄，年二十三參禪而不知禪，年二十七習律而不知律，年三十六演教而不知教。逮大病幾絕，歸臥九華，腐滓以爲饌，糠粃以爲糧，忘形骸，斷世故，萬慮盡灰，一心無寄，然後知儒也、玄也、禪也、律也、教也，無非楊葉與空拳也，隨嬰孩所欲而誘之。誘得其宜，則啞啞而笑，不得其宜，則呱呱而泣。泣笑自在嬰孩，於父母奚加損焉。顧兒笑則父母喜，兒泣則父母憂，天性相關，有欲罷不能者。"伐柯伐柯，其則不遠"。今之誘於人者，卽後之誘人者也，儻猶未免隨空拳黃葉而泣笑，其可以誘他乎！維時徹因比丘，相從於患難顛沛，律學頗諳，禪觀未了，屢策發之，終隔一膜。爰至誠請命於佛，鬮得須藉四書助顯第一義諦，遂力疾爲拈大旨，筆而置諸笥中，屈指十餘年，徹因且長往矣。嗟嗟！事遷人邅，身世何實，見聞如故，今古何殊？變者未始變，不變者亦未始不變，尚何一分無常，一分常之邊執也哉？今夏述成唯識心要，偶以餘力閱舊稿，改竄未妥，增補未備，首論語，次中庸，次大學，後孟子。論語孔氏書，故居首，中庸、大學皆

子思所作，居次。子思先作中庸，戴禮列爲第三十一，後作大學，戴
禮列爲第四十二。大學章首"在明明德"，承前章末"予懷明德"而
言，本非一經十傳，舊本亦無錯簡，王陽明居士已辨之矣。孟子學
於子思，故居後。解論語曰點睛，開出世光明也；解庸、學曰直指，
談不二心源也；解孟子曰擇乳，飲其醇，存其水也。佛祖聖賢皆無
實法綴人，但爲人解粘去縛，今亦不過用楔出楔，助發聖賢心印
而已。

（同上　卷六）

十四、周易禪解自序

　　蕅益子結冬月臺，禪頌之餘，持韋編而箋之。或問曰：子所解
是易邪？余曰：然。復有視而問曰：子解非易邪？余曰：然。又有
視而問曰：子解亦易亦非易邪？余曰：然。更有視而問曰：子解非
易非非易邪？余曰：然。侍者笑曰：若是乎，墮在四句中也。余曰：
汝不聞，四句皆不可說，有因緣故，皆可說乎？因緣者，四悉檀也。
人謂我釋子也，通儒能解易，則歡喜焉，故謂易者吾然之，世界悉檀
也。或謂釋子何解易以同俗儒？知所解之非易，則善心生焉，故謂
非易者吾然之，爲人悉檀也。或謂儒釋殆無分也，若知易與非易必
有差別，雖異而同，雖同而異，則儱侗之病不得作焉，故謂亦易亦
易者吾然之，對治悉檀也。或謂儒釋必有實法也，若知非易，則儒
非定儒，知非非易，則釋非定釋，但有名字，而無實性，頓見不思議
理焉，故謂非易非非易者吾然之，第一義悉檀也。侍者曰：不然。
若所解是易，人謂易可助出世法，成增益謗；若非易，人謂師自說
禪，何嘗知易，成減損謗；若亦易亦非易，人謂儒原非禪，禪亦非儒，

成相違謗；若非易非非易，人謂儒不成儒，禪不成禪，成戲論謗，烏見其爲四悉檀也。余曰：是固然。汝不聞，人參善補，而氣喘者服之立斃乎？大黄最損，而中滿者服之立瘥乎？春之育萬物也，物固有遇春而爛者；夏之長養庶品也，草亦有夏枯者；秋之肅殺也，而菊有花；冬之閉藏也，而松柏青、梅英馥。如必擇有利無害者而後爲之，天地不能無憾矣。且佛以慈眼視大千，羣機已熟，然後示生，猶有魔波旬亂之，九十五種妒之，提婆達多思中害之，豈惟堯舜稱猶病哉！吾所由解易者無他，以禪入儒，誘儒知禪耳，縱不得四益，起四謗，如從地倒，還從地起。置毒乳中，轉至醍醐，其毒仍在。徧行爲外道師，薩遮爲尼犍主，意在斯也。侍者再拜謝曰：此非弟子所及也，請筆而存之。

（同上　卷六）

十五、重刻成唯識論自考録序

三界唯心，萬法唯識，此性相二宗所由立也。説者謂，一心真如，故號性宗；八識生滅，故稱相宗。獨不曰，心有真心妄心，識有真識妄識乎？馬鳴依一心造起信論，立真如生滅二門，生滅何嘗離真心別有體也！天親依八識造三十頌，明真如即識實性，與一切法不一不異，真如何嘗離妄識別有相也！龍樹中論指因緣生法，即空假中，是生滅外無真如。楞伽云："心意識八種，俗故，相有別，真故，相無別。相所相無故，是真如生滅非一異。"而護法菩薩於識論中最出手眼，直云："爲遣妄執心心所外，實有境故，説唯有識，若執唯識真實有者，如執外境，亦是法執。"噫！苟得此意，何至分河飲水哉？嘗論之：性隨相轉，何性不相？設不徧達諸相，無量差別，安知妙性具足如斯染凈功能╷相本性融，何相不性？設不深知一性圓頓滿足，安知諸相無非事事無礙法界╷故台宗劇談實相，必約百界千如。夫五位百法，獨非百界千如之性相邪？百界千如，無非實相，五位百法，獨非實相邪？若不分別五位百法，真俗假實，種現差別，種種不同，則所云點如明相，迤邐不同，一假一切假者，不幾儱侗邪？護法尠論心心所法，各具四分。夫相分各各不同可也，見分可一向不同邪？卽見分各各不同可也，自證分證自證分可一向不同邪？若使一向不同，則心王八、心所五十一，將一人果有五十九自證證自證分，抗然角立，互不相知，不幾割裂紛糅邪？然使心王心所惟同一自證證自證分，又安得云：心心所法，各皆四分所成。不幾墮用別體同之執邪？更就相分論之，且如拈一莖華，此華本質，如來大圓鏡智之相分也。佛眼所見華，成所作智之相分也；佛智所知華，妙觀察智之相分也。此三爲一爲異？若定異，何處別有三華？若定一，佛眼不視時，但滅成所作智相分，餘二仍在；佛智不緣時，但滅妙觀察智相分，本質仍在。又，眼見華時，有眼識相分，聞華香、嘗華味、覺華觸，各有鼻舌身識相分。佛一人既爾，迦葉復有三華四微，百萬人天各各皆有三華四微。如是無量三華四微，同在一處，似如一鏡，不襍不亂，無二無別。於百萬人天中，隨拈一人相分時，必攝一切諸人相分於眼等識中；隨拈一識相分時，必攝餘諸識相分，重重無盡，無盡重重，是可思議邪，不可思議邪？一華既爾，物物皆然，色塵既爾，六塵皆然。相分有質尚爾，見分寧獨不然？見分通三量尚爾，自證證自證分唯現量，豈反不然？後世弘相宗者，何爲自設藩域，曾弗一深思也。是故習性不習相，未有不瞞肝者，習相不習性，未有不膠滯者。唯南嶽思大禪師大乘止觀一書，出識論未來前，具闡性相幽祕，蓋深證無師智耳。厥後欲明心要，須藉文言，當知成唯識論，大裨性學，惜慈恩沒，疏復失傳，僅散現大鈔、宗鏡諸書，及開蒙二卷稍存綫索，國初以來，竟成絶學。萬曆初年，紫柏大師接寂音之道，盛讚此宗，爰有俗詮、證義、集解諸書，而紹法師音義爲長。音義未全，故不流通，基法主續補成疏，亦頗簡要。惠法主謂疏多訛，復出此自考録。予謂，此宗至方而至圓，至賾而不亂，至深細而非幻罔，至詳明而有綱要，設非妙悟，莫窮底裏，諸家著述，固未立極，亦各擅所長。苟因是而求之，深造自得，觸著性相源頭，不離只今現前一念，則知三乘十二分教，皆吾心識註脚，與馬鳴、天親同一鼻孔出氣，何竢予言而知深淺得失也。

（同上　卷六）

十六、西方合論序

唯大徹大悟人，始可與談念佛三昧，否則百姓之與知與能，猶遠勝仁者見之謂之仁，智者見之謂之智也。達磨西來，事出非常，有大利必有大害。嗚呼！先輩幸得大利，今徒有大害而已。誰能以悟道爲先鋒，以念佛爲後勁，穩趣無上覺路者邪？袁中郎少年穎悟，坐斷一時禪宿舌頭，不知者以爲聰慧文人也。後復深入法界，歸心樂國，述爲西方合論十卷，字字從真實悟門流出，故絶無一字蹈襲，又無一字杜撰。雖台宗堂奧尚未詣極，而透徹禪機，融貫方山、清涼教理無餘矣。或疑佛祖宗教，名衲老宿未易徧通，何少年科第，五欲未除，乃克臻此？殊不知，多生熏習，非偶然也。傳聞，三袁是宋三蘇後身。噫！中郎果是東坡，佛法乃大進矣。余每謂，明朝功業士，遠不及漢唐宋，理學則大過之，陽明一人直續孔顏心脈。佛門居士，唐梁肅、宋陳瓘、明袁宏道，蓋未可軒輊也。忠肅因初年偶疑金剛爲泥人揩背語，遂爲禪者所笑，試讀彼三千有門頌，可復笑乎！中郎少年風流灑落，亦爲緇素所忽，試讀彼西方合論，可復忽乎！嗚呼！今人不具看書眼，何怪乎以耳爲目也哉！特集吳門所刻標註，並爲評語，以表彰之。重謀付梓，用廣流通，普使法界有情，從此諦信念佛法門，至圓至頓，高超一切禪教律，統攝一切禪教律，不復有泣歧之歎也。

（同上　卷六）

十七、裂網疏自序

佛祖之道，以心傳心，菩薩造論通經，亦唯此一大事，故云：十方諦求，更無餘乘。縱曲爲羣機，從實施權，説種種道，如三草二木，受潤不同，而能潤之雨，原只一味。故云："如食石蜜，中邊皆甜。"又云："粗言及細語，皆歸第一義。"豈應封文失旨，橫執名相，剖判虛空也哉！且如彌勒世尊，迹居補處，本必難思，無著、天親既是龍華輔弼，與文殊、普賢何異？至馬鳴、龍樹並金口授記，傳佛心宗，其所著述，定不互相乖異。乃後世講師輙妄判曰：天親識論，立相始教；龍樹中論，破相始教；馬鳴起信，終教兼頓，並未是圓。嗚呼！其亦不思甚矣！夫天親宗瑜伽而立唯識，先以唯識破我法二執，次明識亦如幻，非真實有，故亦名破色心論。目之爲立相教可乎？龍樹依甚深般若，徧蕩四性情執，以顯法性。故曰："欲具足一切佛法者，當學般若。"又曰："若以無此空，一切無所作；以有空義故，一切皆得成。"目之爲破相教可乎？馬鳴以一心真如門，顯甚深般若隨智説；以一心生滅門，顯瑜伽八識隨情説。真如即一真法界，統事理而泯絕事理者也；生滅即全理所成之事，全事無性之理也。二門不離一心，無一生滅非全體真如，無一真如不全具生滅，卽事事無礙法界也。謂其不同唯識、中論，仍非圓極一乘可乎？況經論中，並謂真如與一切法，如水與波，不一不異，誠證具在，何容偏執？蓋若言定一，則真如不生滅，應一切法亦不生滅，或一切法生滅，應真如亦生滅，固不可。若言定異，則真如非卽一切法之實性，應在一切法外，別有方隅，不常不徧，尤爲不可。故起信謂真如受熏者，譬觸波時，卽觸於水，所以破定異之執，初未嘗言真如隨熏轉變也。唯識謂真如不受熏者，譬波動時，溼性不動，所以破定一之執，初未嘗言別有凝然真如也。唯識論云：不同餘宗，離色心等，有實常法，名曰真如。又云：真如卽是唯識實性。明文彰灼若此，後人乃以凝然真如，誣謗唯識，罪何如哉！然則，唯識所謂真故，相無別，卽起信一心真如門也；俗故，相有別，卽起信一心生滅門也。楞伽經云："諸識有三種相：謂轉相、業相、真相。"宗鏡釋云：起心名轉，八俱起故，皆有生滅故，名轉相；動則是業，八識皆動，盡名業相；八之真性，盡名真相。由此觀之，起信、唯識皆宗楞伽明矣。宗本既同，則諸名義自不相違。注疏家不能以義定名，漫爾依名定義，致令二論乖同水火，可不哀哉！此大乘起信論，藏有二本，唐本更文顯義順，舊既流通梁本，私心弗敢自專，敬以鬮決於佛，拈得宜解唐本，遂殫一隙微明，剖盡兩宗迷執。門人成時請名爲裂網疏。

（同上　卷六）

十八、閱藏知津自序

心外無法，祖師所以示卽法之心；法外無心，大士所以闡卽心之法。並傳佛命，覺彼迷情，斷未有欲弘佛語，而可不知深究佛心；亦未有既悟佛心，而仍不能妙達佛語者也。今之文字阿師，拍掌禪侶，竟何如哉！嗚呼！吾不忍言之矣。昔世尊示湼槃，初祖大迦葉白衆云：如來舍利，非我等事，我等宜先結集三藏，勿令佛法速滅。嗟嗟！儻三藏果不足傳佛心，初祖何以結集爲急務邪？竊謂禪宗有三藏，猶奕秋之有棋子也；三藏須禪宗，猶棋子之須活眼也。均一棋子也，善奕者著著皆活，不善奕者著著皆死；均此三藏也，知佛心者言言皆了義，不知佛意者字字皆瘡疣。然爲懲隨語生見，遂欲全棄佛語，又何異因噎廢飯哉？夫三藏不可棄，猶飲食之不可廢也。不調飲食，則病患必生，不閑三藏，則智眼必昧。顧歷朝所刻藏乘，或隨年次編入，或約重單分類，大小混襍，先後失準，致展閱者茫然不知緩急可否。故諸刹所供大藏，不過僅存名句文身，封緘保護而已，無由令閱者達其旨歸，辨其權實。佛祖慧命，真不啻九鼎一絲之懼。唯宋有王古居士，創作法寶標目，明有蘊空沙門，嗣作彙目義門，並稱良苦。然標目僅順宋藏次第，略指端倪，固未盡美，義門創依五時教味，粗陳梗概，亦未盡善。旭年三十發心閱藏，次年晤壁如鎬兄於博山，諄諄以義類詮次爲囑。於是每展藏時，隨閱隨錄，凡歷龍居、九華、霞漳、溫陵、幽棲、石城、長水、靈峰八地，歷年二十七襈，始獲成藁，終不敢剖判虛空，但藉此稍辨方位。俾未閱者知先後所宜，已閱者達權實所攝。義持者，可卽約以識廣；文持者，可會廣以歸約。若權若實，不出一心；若廣若約，咸通一相。名爲閱藏知津云。

（同上　卷六）

十九、法海觀瀾自序

　　子輿氏曰：觀水有術，必觀其瀾，況大藏法海，甚深無量，不得其術，何以觀之哉！統論修證法門，浩若塵沙，非止八萬四千而已，然五門收之，罄無不盡。何者？欲遊佛海，先資戒航，戒净則解行可遵，行圓則祕密斯證，證入則依果自嚴。故首律宗，明造修之始；次諸教，明開解之塗；次禪觀，明實踐之行；繼密宗，明感應之微；終净土，明自他同歸之地也。中峰本公謂：密呪如春，教乘如夏，南山律宗如秋，禪宗如冬。一往似當，再研未必盡然。尅論諸宗，當究旨歸，不取迹象。禁呪祕密如冬，令生意含於未發，豈全似春？戒爲佛法初門，儒不學禮無以立，釋不受戒不許聽教參禪，如春令草木萌甲，安得似秋？豈謂佛制毗尼，似蕭何制律，遂擬以肅殺之氣邪？禪於無修證中妙論修證。無證而證，則體含萬用，可擬冬；無修而修，則刊華就實，正似秋耳。教乘如夏，吾無間然。只此四門，罔不以净土爲歸，亦猶土之寄王四時也。夫大小兩乘，皆首戒律，而大必兼小，小不兼大。南山不敢自稱大乘，不應以南山名宗，但云律宗如春可矣。教亦自有大小兩乘，西土每分，此土曹魏以來，或分或兼，今皆獨弘大乘。復有三家：一天台宗，二賢首宗，三慈恩宗。天台教觀齊舉，教可如夏，觀卽如秋。賢首教多觀少，清涼收禪爲頓教，圭峰自立三教以對三宗，則三教如夏，三宗如秋。慈恩弘唯識，自修兜率觀門，基公略示唯識五觀，未嘗尅實勸修，然夏後定有秋，是在學者自知領會而已，故且云諸教如夏也。禪亦自有大小兩門，於大乘中復分頓漸。小及大漸，此所不論。達磨承佛教盛行之後，特來指示心要，如畫龍點睛，令其飛去，乃至六祖，無不皆然。雖藉楞伽、金剛印心，未嘗廢教，而貴行起解絕，不許坐在知解窠臼，故與台宗圓妙止觀同如秋也。密宗唯大乘法身，入壇結密印，口誦密言，意專密觀，名三密法門。若論初修之者，必先持净戒，發菩提心，解法界理，方許入壇，尅期取證，亦由春夏而入秋。今約諸佛所説神呪，不許翻譯，唯令持者，立地證入，又令聞者，乃至過影蒙塵，皆成究竟解脫種子，故但云密宗如冬也。净土者，三德祕藏，常樂我净，究竟安隱之處。所謂常卽法身，寂卽解脫，光卽般若，非一非三，而三而一，不縱不橫，不並不別，不可思議，不二而二。故全依卽正名爲佛身，全正卽依名爲净土。祇此常寂光法性身土，全體迷之，而爲三界六道；偏證取之，而爲聲聞緣覺、權位菩薩；隨分悟之，而爲三賢十聖。所以諸佛爲實施權，不動法性，垂下三土：爲接三賢十聖，示實報净土；爲接聲聞緣覺、權位菩薩，示方便净土；爲接三界六道凡夫，示同居净土。而諸衆生根性不同，樂欲亦異，或因持三聚戒，而净四土；或因習教解甚深義，而净四土；或因禪觀直悟自心，而净四土；或因專修三密傳持呪印，而净四土。或唯一門而净四土，或二門三門四門而净四土。如世間草木華果，或生長熟脫於冬，或唯經一時卽熟脫，或經二時三時，乃至具經四時得熟脫，故須云，净土如土，王四時也。夫八萬四千，乃至塵沙法門，未有不具戒者，未有不正解者，未有不篤行者，未有不證密者，未有不歸净土者，故曰五門收之，罄無不盡也。然則，無解行之戒，非戒也；無戒行之教，非教也；無戒教之禪，非禪也；無戒行及禪之密，非密也。非戒非教非禪非密，則非净土真因也。非有四種净土，則戒教禪密無實果也。非真因實果，則不顯非因非果之心性也。不顯心性，則無以觀法海甚深無量，而徹其涯底。故以五門之瀾，爲觀法海之術，願與同志者共之。

（同上　卷六）

〔附〕　八不道人傳（智旭自傳）

八不道人，震旦之逸民也。古者有儒、有禪、有律、有教，道人既蹵然不敢；今亦有儒、有禪、有律、有教，道人又艴然不屑；故名八不也。俗姓鍾，名際明，又名聲，字振之。

先世汴梁人，始祖南渡，居古吳木瀆。母金氏，以父岐仲公，持白衣大悲呪十年，夢大士送子而生。蓋萬曆二十七年己亥，五月三日亥時也。七歲茹素。十二歲就外傅，聞聖學，卽千古自任，誓滅釋老，開葷酒，作論數十篇闢異端，夢與孔顏晤言。十七歲，閱自知錄序，及竹窗隨筆，乃不謗佛，取所著闢佛論焚之。二十歲，詮論語至天下歸仁，不能下筆，廢寢忘飡三晝夜，大悟孔顏心法。冬喪父，聞地藏本願，發出世心。二十二歲，專志念佛，盡焚窗稿二千餘篇。二十三歲，聽大佛頂經，謂世界在空，空生大覺。遂疑何故有此大覺，致爲空界張本？悶絕無措，但昏散最重，功夫不能成片，因決意出家，體究大事。二十四歲，夢禮憨山大師，哭恨緣慳，相見太晚。師云："此是苦果，應知苦因。"語未竟，遽請曰："弟子志求上乘，不願聞四諦法。"師云："且喜居士有向上志，雖然不能如黃蘗臨濟，但可如巖頭德山。"心又未足，擬再問，觸聲而醒。因思古人安有高下？夢想妄分別耳。一月中，三夢憨師。師往曹谿，不能遠從，乃從雪嶺師剃度，命名智旭。雪師，憨翁門人也。夏秋作務雲棲，聞古德法師講唯識論，一聽了了，疑與佛頂宗旨矛盾，請問。師云："性相二宗，不許和會。"甚怪之，佛法豈有二岐邪？一日問古師云："不怕念起，只怕覺遲，且如中陰入胎，念起受生，縱令速覺，如何得脫？"師云："汝今入胎也未？"道人微笑。師云："入胎了也。"道人無語。師云："汝謂只今此身，果從受胎時得來者邪？"道人流汗浹背，不能分曉，竟往徑山坐禪。次年夏，逼拶功極，身心世界，忽皆消殞。因知此身，從無始來，當處出生，隨處滅盡，但是堅固妄想所現之影，刹那刹那，念念不住，的確非從父母生也。從此，性相二宗，一齊透徹，知其本無矛盾，但是交光邪說，大誤人耳。是時一切經論，一切公案，無不現前。旋自覺悟，解發非爲聖證，故絕不語一人。久之，則胸次空空，不復留一字脚矣。二十六歲，受菩薩戒。二十七歲，徧閱律藏，方知舉世積譌。二十八歲，母病篤，四刲肱不救，痛切肺肝。葬事畢，焚棄筆硯，矢往深山。道友鑒空，留掩關於松陵。關中大病，乃以參禪工夫，求生浄土。三十歲，出關朝海將往終南。道友雪航，願傳律學，留住龍居。始述毗尼事義集要，及梵室偶談。是年遇惺谷歸一兩友，最得交修之益。三十一歲，送惺谷至博山薙髮，隨無異禪師至金陵。盤桓百有十日，盡諳宗門近時流弊，乃決意宏律。然律解雖精，而煩惱習强，躬行多玷，故誓不爲和尚。三十二歲，擬註梵網，作四鬮問佛：一曰宗賢首，二曰宗天台，三曰宗慈恩，四曰自立宗。頻拈得台宗鬮，於是究心台部。而不肯爲台家子孫，以近世台家，與禪宗、賢首、慈恩，各執門庭，不能和合故也。三十三歲秋，惺谷璧如二友去世，始入靈峰過冬，爲作請藏因緣。三十五歲，造西湖寺，述占察行法。三十七歲，住武水，述戒消災略釋、持戒犍度略釋、盂蘭盆新疏。三十八歲，住九華，次年述梵網合註。四十一歲，住溫陵，述大佛頂玄義文句。四十二歲，住漳州，述金剛破空論、蕅益三頌、齋經科註。四十四歲，住湖州，述大乘止觀釋要。四十六歲，住靈峰，述四十二章經、遺教經、八大人覺解。四十七歲，住石城，述周易禪解。是秋，住祖堂。越二年，述唯識心要、相宗八要直解、彌陀要解、四書蕅益解。五十一歲，冬返靈峰，述法華會義。次年述占察疏，重治律要。五十四歲，住晟谿，草棱伽義疏，遷長水而始竟。尚有閱藏知津、法海觀瀾、圓覺、維摩、起信諸疏，厥願未完，姑竢後緣而已。

　　生平嘗有言曰：漢宋註疏盛，而聖賢心法晦，如方木入圓竅也。隨機羯磨出，而律學衰，如水添乳也。指月錄盛行，而禪道壞，如鑿混沌竅也。四教儀流傳，而台宗昧，如執死方醫變證也。是故舉世若儒若禪若律若教，無不目爲異物，疾若寇讎。道人笑曰：知我者，唯釋迦地藏乎！罪我者，亦唯釋迦地藏乎！孑然長往，不知所終。

（選自江北刻經處本靈峰宗論卷首）

元　賢

【簡介】 元賢,字永覺,俗姓蔡,原名懋德,字闇修,生於公元一五七八年(明神宗萬曆六年),死於公元一六五七年(清世祖順治十四年),建陽(今福建建陽)人。相傳,元賢爲宋代大儒蔡元定(西山)的十四世孫,少年時爲名諸生,嗜周程張朱之學。二十五歲時,讀書山寺,聽僧誦法華偈:"我爾時爲現清净光明身",高興地説:"周孔外,乃別有此一大事!"於是,從人習楞嚴、法華、圓覺三經,明年又往參曹洞宗師無明慧經,決意學禪。然而一直到他雙親繼歿後,元賢才從慧經落髮出家,時年已四十了。第二年(一六一八年),慧經去世,元賢又往博山依元來,並受具足戒。他五十七歲後才出世説法,曾先後主持福州鼓山涌泉寺,泉州開元寺等,"四坐道場,大作佛事,言滿天下,道被域中。"(道霈: 最後語序)

元賢是由儒入釋的,因此在他思想中具有濃厚的融合儒釋的色彩。他曾説:"人皆知釋迦是出世底聖人,而不知正入世底聖人,不入世不能出世也。人皆知孔子是入世底聖人,而不知正出世底聖人,不出世不能入世也。"(瘗言)他以儒釋兩家思想理論互相補充,認爲當時的儒禪均有偏失,如説:"儒垂功名真已喪,禪崇機辯行難全。"因此,他在臨終前還作偈聲稱:"老漢生來性太偏,不肯隨流入世廛,頑性至今猶未化,剛將傲骨捄儒禪。"他繼承了慧經、元來的參禪理論,同樣認爲參禪不應排斥教理,所以他批評那種以語言文字爲糟粕的論調説:"是不知言可以障道,亦可以載道。執之,則精醇即爲糟粕;了之,則糟粕皆爲精醇。言顧可盡廢歟!"(繼燈

録序）

元賢的著作很多，他的語録、詩文、雜著等，由其弟子道霈編集爲永覺元賢禪師廣録三十卷，其中瘧言、續瘧言兩種乃“會通儒釋”之作，很有特點，最爲重要。他所作繼燈録、補燈録，是兩部上繼五燈會元的禪宗史專著。又，他所撰建州弘釋録，則是一部地方名僧傳的專著。以上三部著作，均有極大的史料價值。此外，元賢還著有多種經論注疏，如法華私記、楞嚴翼解、楞嚴略疏、金剛略疏、般若心經指掌等。其間融通教宗，以宗釋教者頗多，也是很具特色的。

一、瘧　　言

序曰：虛空世界，一夢場也；三乘四教，一夢法也；諸佛衆生，一夢中人也。夢中之人，據夢場受夢法，又安保其不夢夢乎？故有夢中而言其不夢者，正大夢者也。有夢中而知其爲夢者，有夢中而求出乎夢者，均之未離乎夢者也。忽然破夢而出，則夢場夢法，與夢中人一切銷隕，惟比元明圓照自在，本未嘗夢，亦未嘗覺。咄！此亦夢語也。荷山野衲，大夢不醒，狂心未歇，乃作瘧言，喋喋不休。旁人聽之頗成倫次，録而藏之，私相傳習，皆夢事也。客問：誰爲不夢者？曰：這驗漢，又白日作夢去也。時崇禎壬申秋菊月題於荷山精舍。

道本玄妙，而玄妙不是道，有玄妙可説，則玄妙亦法塵也。道本平常，而平常不是道，有平常可安，則平常亦法塵也。道本無心，而無心不是道，有無心可證，則無心亦法塵也。道本自然，而自然不是道,有自然可宗,則自然亦法塵也。蓋有可說,有可安,有可證,有可宗,則言思未絶,能所不忘,非妄而何? 是故,智者不作諸見。

　世俗以根自是根,塵自是塵,特因相遇而起用者也。我佛則謂根本無根,因塵發根; 塵本無塵,因根現塵。正如離明暗二塵,更於何處有見; 離動靜一塵,更於何處有聽? 是根必因塵發明也。又如木人見花鳥,更於何處有色; 木馬聽鼓吹,更於何處有聲? 是塵必因根現亦明也。塵既因根,則塵無實體; 根既因塵,則根亦無實體。根塵交虛,但妄有因緣,妄起諸用而已。迷者不達,執根塵爲實有,是爲法執; 執根爲己,執塵爲彼,是謂人執。二執起而美惡生,美惡生而見思起,見思起而業道成,業道成而果報彰矣。智者了達根塵本空,則彼我不計; 彼我不計,則美惡不生; 美惡不生則見思消落; 見思消落,則常光自圓; 常光自圓,則耳可視,眼可聽,六根無不互用。極而言之,則根根塵塵,皆徧法界,又何窒礙之有哉! 由是觀之,祇此根塵,迷之則成縛,悟之則成脫。經云: 根塵同源,縛脫無二。又曰: 知見立知,即無明本; 知見無見,斯即涅槃。佛法雖多,數語盡之矣!

　佛氏有無二義,與世俗迥別,故世俗少有信者。佛所謂有,必其歷劫常存,不可少損者,謂之有; 佛所謂無,必其刻刻不住,不可常存者,謂之無。故佛之所有,天下莫能無; 佛之所無,天下莫能有,乃究竟之實法也。若有質有名謂之有,無質無名謂之無,此世俗之有無也。此有從無生,亦必復歸於無,則現在雖有,刻刻不住,乃知言有者妄也; 此無可因有而得,亦可倏變於有,則現在雖無,刻刻不住,乃知言無者妄也。或謂,此有固有,此無亦有,立一切有爲宗; 或謂,此無固無,此有亦無,立一切無爲宗; 或謂,宗有者墮有,宗無者墮無,由是立雙亦以爲宗,或立雙非以爲宗; 或又對此四見,立非四見以爲宗。細而分之，凡九十六種，皆外道法也，其病在以見見道，而不知道不可以見見。唯悟入一心，則諸見消滅，諸見消滅，則常光自圓，雖説有也得，説無也得，説亦有亦無也得，説非有非無也得。蓋知有底人，語語歸根，悉順正法，殆非世俗所能測也。

人皆知釋迦是出世底聖人，而不知正入世底聖人，不入世不能出世也。人皆知孔子是入世底聖人，而不知正出世底聖人，不出世不能入世也。

佛氏之學，祇要識得諸法無性。識得諸法無性，則身心器界，以及無邊虛空，悉皆消隕，唯是一心圓明獨露，不學佛而佛已成，不度生而生已度。若不知諸法無性，則妄生執著，起惑造業，寧有已乎﹗

問：孟軻謂，人之性與犬羊之性異，然則性有二乎？曰：性無二也。曰：然則物得其偏，人得其全乎？曰：性無偏全也。曰：然則人物同乎？曰：不變之體，靡不同也，隨緣不用（按，“不用”疑爲“不同”之誤），靡不異也。經云：“法身流轉五道是也。”

問：孟軻言性善，學禪者多非之，唯東林總公是其説，謂本然之善，不與惡對，是否？曰：性體寂滅，不落名言，凡有指注，俱乖本色。非獨孟軻不宜以善稱，即堯舜稱之曰中，大學稱之曰明，中庸稱之曰誠，乃至諸佛稱之曰真如、曰圓覺，詎可以言性哉﹗至於方便開示，則亦不廢言詮。因其不偏謂之中，因其不昏謂之明，因其不妄謂之誠，因其不妄不變謂之真如，因其統衆德、爍羣昏謂之圓覺，則因其本然無惡，謂之善，亦何不可？且所謂善者，即所謂中，所謂明誠者而善之也。第能知善爲權巧設施，則孟軻乃仲尼之徒，若執善爲真實法義，則孟軻亦告子之屬矣。

問：老子以虛無爲宗，釋氏非之，謂其爲無因外道。然嘗聞釋氏之説，乃曰“從無住本，立一切法”；又曰“虛空之本，爲衆生之原”，與老氏何異？曰：老氏宗虛無者，頑空也；釋氏言虛空之本，乃謂一切有爲之法，無不始於無明，而此無明，實無體性，無所住著。因其實無體性，無所住著，故能隨緣成就諸法，熾然建立。故曰：“從無住本，立一切法”，又曰：“虛空之本，爲衆生之原。”豈老氏虛無自然之義哉！

問：訓詁之學，世間自不可廢，師苦非之，何也？曰：訓詁何可非也，非其墮於訓詁，而不知實義者矣。使其知有實義，則訓詁卽爲神奇；使其不知實義，則雖巧生穿鑿，極意揣摩，皆頭中習氣也，安足道哉！

儒家謂，人物之性，本於天賦，學佛者多非之，不知儒所言天者，非實指天也。乃妄識未參之先，則曰天；人爲莫與之日，則曰天；擬議不及之處，則曰天。故文始經曰：“不可爲，不可致，不可測，不可分，强而名之曰天曰命。”孟氏亦曰：“莫之爲而爲者天也，莫之致而至者命也。”此善談天命者也。誠如此説，則儒者原性於天，未與佛異，特引而未竟，隱而未發，作方便之權説耳。如書云：“維皇上帝，降衷下民，”詩云：“天生烝民，有物有則”等，正所謂妄識未參之先，人爲莫與之日，擬議不及之處也。又如他言達天知命，及天意天心等語，俱不出此意。後儒不達厥旨，乃謂有主宰於冥漠之中，以爲二氣五行之紐樞者，謂之天命，一切人物，禀之以成形成性焉。夫二氣五行之紐樞，實卽吾人之妙心，故曰三界唯心。今捨心外，而謂別有主宰於冥漠之中，則是心外有因。心外有因，我佛闢爲外道，以其因在一心之外也。又謂在天爲命，合而未分，在人爲性，分而非合，是以性爲有分合也。氣聚而生，其性始有，氣散而死，其性卽滅，是以性爲有生滅也。有分合，有生滅，不可以言性，況謂之天命，謂之道乎？此決非儒家之本意也。

周子曰：“無極而太極，太極動而生陽，靜而生陰。”此數句，宋儒理學之源也，然迷亦自不少。何也？太極之説，老莊指一氣之初名之，則可以言動静，至宋儒直指道體爲太極，則一理渾然而已，豈有動静哉？或曰：太極無動静，則不生兩儀乎？曰：不動不静者，太極之體；有動有静者，太極之用。用依體發，强名曰生；體超於用，實自無生。攝用歸體，生即無生；全體起用，無生而生。所以然者，以陰陽造化，一切如影，非有非無。非無故，造化不妨有生滅；非有故，實體畢竟永無生也。又，陰陽造化，其與實體，非一非二。非一故，太極迥超於兩儀；非二故，兩儀全即是太極也。

或問：太極圖註曰："太極者，本然之妙；動静者，所乘之機。"又曰："太極無動静而動静之者。"若如此解釋，似可無過。曰：彼以太極爲能乘，動静爲所乘，則動静在太極之外，不得云太極動、太極静。又云太極有時乘静機，有時乘動機，則太極乃一有分量、有往來之物矣，非謬而何？且彼謂太極無動静而動静之者，謂太極之外，別有一氣，而太極動静之耶？抑別無一氣，而太極動静之耶？若謂別有一氣，則是氣不從太極生也；若謂別無一氣，則動之者動誰？静之者静誰？或曰：此即對後所生之陰陽言之也。曰：若此，則是太極中忽自起能動之機，則動而成陽；忽自起能静之機，則静而成陰，非太極亦有動静乎？夫太極者，一理渾然，無有朕兆，無有名相者也，使此中忽有動之静之之機，則有朕兆可窺，有名相可指，安得謂之太極哉!

問：宋儒言太極分爲陰陽，是否？曰：陰陽分於太極之中，非太極分爲陰陽也。凡言可分者，必有形質，而太極無形質也；凡言可分者，必有變易，而太極無變易也；凡言可分者，必有偏全，而太極無偏全也，謂太極分爲陰陽，不亦謬乎？昔老莊之流，指一氣之始，名爲太極，故有分爲陰陽之説，今儒者直指太極爲道體，則不宜襲其説而不之察也。或曰：太極不可分，則萬物還具太極否？曰：具。

曰: 全體既不可分, 萬物何以各具? 曰: 此正非思量分別之所能解也。今不得已而分別之, 太極之體, 語大則包納太虛, 語小則全具一塵。雖全具一塵, 即包納乎太虛; 雖包納太虛, 即全具於一塵。使其能包納太虛, 而不能全具一塵, 是局於大也; 使其能全具一塵, 而不能包納太虛, 是局於小也。太極豈有大小之形量哉? 故統體一太極, 即是各具一太極; 各具一太極, 即是統體一太極。若各具之太極, 由統體而分, 則各具者不得其全矣; 統體之太極, 既分爲各具, 則統體者已失其全矣, 尚得名爲太極乎? 學道之士, 忘情而默證之可也。

或問: 易言"精氣爲物, 遊魂爲變", 是說輪迴之義否? 曰: 未可據也。輪迴明三世, 儒者只明現在; 輪迴明六道, 儒者只明人道, 故儒者不言輪迴。徧考五經諸子, 俱無是說, 唯易"遊魂爲變"一語似之。然既他無所證, 則亦未可强解。況彼下句云: "是故知鬼神之情狀", 則不過言人死爲鬼而已。但人死爲鬼, 情狀可知, 則言死後斷滅者, 豈聖人之意哉!

問: 儒家言死後斷滅, 果有據乎? 曰: 無據也。儒家所論, 鼻祖六經, 六經但曰人死爲鬼, 且俱有在天之說, 故祖廟有制, 春秋有典。雖曰事死如生, 所以盡仁人孝子之情, 亦未可遽謂泯然無知, 歸於散滅也。及左氏所稱神化爲狐, 死後爲厲等, 則尤其顯著者也。暨後, 自漢以來, 始有死後斷滅之論, 違經背聖, 自逞臆說, 而世俗咸莫之察, 爭引爲據, 則縛於童之所習, 而不能自脫也。悲夫!

或曰: 造化之機, 生生不息, 不必假既屈之氣, 以爲方伸之氣, 故再生之說, 似不可信。曰: 造化之生生不息者, 氣也, 豈假既屈之氣以爲方伸之氣哉! 若夫此心之靈, 則非氣也。雖稟氣受形, 似有成壞, 而妙體恆堅, 歷劫不變, 所以能主張造化, 而稱爲最靈最妙者也。若謂一死永滅, 則同於草木。豈可謂人心之靈, 而與草木俱盡哉！夫人身一天地也，天地有成壞，而爲天地之主宰者，未嘗滅也，故壞而復成。人身有生死，而爲人身之主宰者，未嘗滅也，故死而復生。斯理昭昭如此，而人多不信，乃以上等天地之身，下同無知之草木，亦可怪也。

或問：中庸言："喜怒哀樂之未發謂之中"，與吾釋"一念不生"之説相近否？曰：非也。一念不生者，此心用而常寂，寂而常用，祇於自念上常離諸境，不因境生念而已，非有未發已發之辨，及爲性爲情之分也。

或問：五常可以言性否？曰：就體指用，約用歸體，故以五常言性，而性實非五常也。蓋性乃一體渾然，本無名相，自一理隨緣，斯有五常之名。如金隨緣而爲鉼鐶釵釧，故就體以言用，則曰金之中具鉼鐶釵釧，或約用以歸體，則曰鉼鐶釵釧悉是金。若直指金之本質，則鉼鐶釵釧云乎哉？宋儒不達此理，乃以五常爲性，謂性中有此五者之分別。故其言曰：儒者全體中有許多道理，各各自有分別，有是非，降衷秉彝，無不各具此理，釋則只是箇渾崙底事物，無分別，無是非。夫謂全體中有許多道理者，非名相而何？不知理無名也，故能爲名之祖，理無相也，故能爲相之宗。若有墮於名相者，皆此理隨緣應用，因事而立其名，現其相者也，豈可以議其本寂之真體哉？本寂之真體，不可以言言，不可以識識，則一尚不可得，況分之爲五乎？性尚强名，況名之爲仁義禮智乎？故以仁義禮智言性者，謬也。

或問：性既不可以仁義禮智名，則無善無惡，性之體也，有善有惡性之用也。善惡均之出乎其性，君子必舍惡而從善，何哉？曰：性雖無善惡，而順性者必善，逆性者必惡。惡之用起於我執法執，善之極歸於無思無爲。無思無爲者，順性之道也；我執法執者，逆性之障也，故君子必舍執以致於道。或曰：性非五常中無定，則莽莽蕩蕩，何以應機而曲當乎？曰：應物有則，不出一心，心虛而靈，心寂而妙，物至斯應，無不炳然。譬之鑑空無形，萬形所以現其影；衡空無物，萬物所以定其平。若使鑑衡不空，又安能隨物而曲當哉！

　　或問格物之說。曰：諸儒或有訓格爲正者，謂正其意之動也。夫靈心尚塞，則妄意橫興，強欲正之，不勝正矣。或有訓格爲扞格之格，訓物爲物欲之物者，謂格去其物欲之障，則元明自彰也。夫正見未開，理欲多混，認欲爲理，將安去乎？或有訓格爲扞格之格，訓物爲一切外物者，謂屏絕外物，則心不受障也。夫事理不二，内外無間，今必欲去物以明理，是撥波而求水，特偏枯之見耳。唯晦庵訓爲窮至事物之理，庶幾近之。但彼所謂理，特指事物當然之則，所謂窮理，特逐物而窮其當然之則。是此理乃名言之所及，思慮之所到，益增差殊之見，不達歸源之路，求其一旦豁然，果能之乎？愚謂，格物者，須窮其實體，直徹根宗，易所謂“精義入神”也。精義而至於入神，則不落義路，契悟亦忘，形化爲性，氣化爲道，物化爲心，靈光獨露，迥脫根塵，無廣不照，無微不燭。格致之道，固如是也，視彼區區推測於形迹之間，又奚啻爝火之與日月哉！

　　至一無一，故萬應而不窮；真空不空，故萬變而靡礙，此所以大本立而達道行也。宋儒不達此理，乃曰：佛說萬理俱空，吾儒說萬理俱實。理是實理，他却空了，所以大本不立。彼謂萬理俱實者，乃指事物當然之則也，此當然之則，有名可識，有相可指，故曰皆實。殊不知，理在己而不在物，理在心而不在事，若事物之則，乃此理妙應之影，因事物而受其名者也，倏忽變遷，全無實體，故彼謂之實，吾謂之空。譬之水焉，或爲方，或爲圓，或爲曲，或爲直，莫不因其所受之器而異焉。若夫水之性，則溼而已，無所謂方圓曲直也。故方圓曲直爲空，而溼性爲實。今執萬理皆實，乃是執方圓曲直以爲實也,豈不謬哉！又譬之月焉,或在江,或在河,或在淮,或在漢,莫不皆有圓月,而月之體實在天也。故在天者爲實,而在江河淮漢者爲空。今執萬理皆實,乃是執江河淮漢之月以爲實也,豈不謬哉！宋儒因執此理爲實,故逐物以窮之,以分別之妄心,測度影響之幻境,自謂物可格,知可致矣。不知事物之變,機如閃電,事物之賾,紛若塵沙,不能洞其根源,而區區逐物,能盡照哉！況有能分別之心,是謂人執,有所分別之理,是謂法執,二執並興,衆咎斯作,雖勉强爲善,而叛道愈遠矣。嗚呼！宋儒失本求末,認末爲本,其顛倒若此,豈曰大本之能立耶！

世儒謂太極有動靜,是以太極爲有生也;謂五常爲性,是以性爲有相也。既局於有,卽有人我,有美惡,有愛憎,有去取,乃分別而修習之,以歸於善,皆生滅法耳。故雖曰無思,實有思也,雖曰無爲,實有爲也,其用止可以奉天而治人,未可以離人而入天。

老莊祖昔之無,是未能超無也,厭今之有,是未能超有也。見既局於有無,乃思去今之有,歸昔之無。由是墮肢體,黜聰明,絶聖智,棄仁義,以修混沌之術,皆生滅法耳。故雖曰無思,非真無思也;雖曰無爲,非真無爲也。其用,止可以離人而入天,未可以離天而入聖。或曰:莊生之學,非墮於無也,其言曰:"有有也者,有無也者,有未始有無也者,有未始有夫未始有無也者。"既曰"未始有夫未始有無",則超於有無矣,非真性而何哉?曰:非也。莊生不能離有無之見,故窮有以入無,窮無以入無無,窮無無以入無無亦無,雖能深入重玄,而總之捨有取無,認無之極者爲至,是終不能出無也。故其言曰:"未始有物者,至矣盡矣,不可加矣。"非局於無而何?且論性而必索之於未形未氣之先,則必失之於已形已氣之後,是偏認寂寞者爲性也,非局於無而何?或曰:莊生非以寂寞爲性也,彼推極於未始有物之先者,以無物之先,性體始見耳。曰:悟性者,物卽是性，何妨見於有物之後？雖有物，未始有物也。迷性者，性卽成物，何能窮於無物之先？雖無物，是亦物也。譬之鏡焉，鏡之體非影也，影之體卽鏡也。智者卽影以識鏡，識鏡則不論影之有無矣。迷者執影以爲鏡，或聞影之非鏡也，則執無影以爲鏡，或聞無影之亦非鏡也，則更執無影之前以爲鏡，若是可以得鏡乎？莊生之說，大率類是，故曰局於無而已。

或曰：莊生非以寂寞爲性也，所以必推極於未始有物之先者，乃窮萬化之所自出，是卽所謂性也。曰：萬化根源不出一心，故曰三界唯心，萬法唯識。今求之未始有物之先，則愈求而愈遠矣。夫未始有物之先，乃前劫之末，空劫是也。此界雖絕無形相，而一氣渾淪，默運不息，從微至著，生地生天。老莊卽此空界，名之曰虛無，亦名之曰無極；卽此一氣，名之曰太極，亦名之曰太乙，謂天地生於一氣，謂一氣生於空界，遂執此空以爲萬化之根源，一眞之實性也。殊不知，此空從前壞劫而成，是有生也；天地既生之後，遂失其空，是有滅也。有生有滅，一幻妄法耳，安得爲萬化之根源乎？又，此一氣非生於空也，乃從無始劫來，生生不息，闔闢不窮者也。學人若能於此達其生生之本，則三界萬法，實非他物，今古可以一貫，有無可以不二。今莊生乃謂氣生於空，則失之遠矣，故曰認寂寞爲性者也。

宋儒曰：庚桑子一篇都是禪。其他篇亦有禪語，但此篇首尾都是。嗚呼！此宋儒之所謂禪也，豈識禪哉？夫莊生之學，自謂窮玄極妙，而要其旨歸，不過安於虛無自然以爲極致。夫道超有無，離於四句，則言虛無者，非道也，乃其境也。彼欲習虛無以合於道，而虛無翻爲窠臼矣。道無有自，云何有然？隨緣而然，然而非自，則言自然者，非道也，乃其機也。彼欲習自然以合於道，而自然翻爲桎梏矣。此莊生之所以爲外學也。若吾釋之學則不然，不以有心取，不以無心合，其要在圓悟一心而已。悟此一心，則主宰在神機之先，不必言順其自然也；運用在有無之表，不必言返於虛無也。聰無不聞，而非駢於聰也；明無不照，而非枝於明也；智無不知，而非傷於鑿也；聖無不通，而非淫於藝也。豈局局然守其昏默，一以是終云乎哉！

宋儒曰：佛氏將老莊文飾其教。此宋儒之妄也。彼老莊以太極之先爲無，以太極之後爲有，以無爲是，以有爲非，則有無之見未消，是非之情未泯，卽此便爲輪迴之根，虛妄之本。而況欣之厭之，取之舍之乎？雖自謂遊虛合漠，體道之極，而墮於虛無之獄，縛於自然之疆。因成有爲，果招有漏，以之擬禪，不猶河伯之望海若哉？宋儒乃謂佛氏將老莊文飾其教，則何其敢於誣佛也。且佛說諸經，俱在老莊之先，豈佛先取老莊文飾之歟！自漢以來，諸經迭至，文雖由譯，義實出梵，豈譯師自取老莊文飾之歟！譯經院內，羣英畢集，有譯語者，有筆授者，有證義者，豈容一人私取老莊文飾之歟！一經梵本，或更數譯，有前師之略，後師得據梵本而詳之；前師之悮，後師得據梵本而正之，豈容一時妄取老莊文飾之歟！但譯梵成華，必用此方言句，而此方談道之書，老莊爲最，故多取其文，而意義甚殊，不可不察。如老莊言無爲，我佛亦言無爲；老莊言無己，我佛亦言無己；老莊言道德，我佛亦言道德，詎可比而同之哉！

昔惠子造指物論，强辯以齊萬物，莊子非之，乃作齊物論，其旨在舍己而因物，則物自參差，我自齊平矣。此莊子近道之論也，然惜未能竟其旨。夫物之不齊者，妄形也；見物之不齊者，妄情也。以理破情，則無不齊之見；以性奪形，則無不齊之形。譬如陶家取土作種種器，迷者執器之形，則萬狀乃分；智者達器之質，則實唯一土耳。今徒欲舍己，而己之情未破；徒欲因物，而物之形未虛，安得爲究竟之論哉！

莊生安時處順，視生死爲一條，能齊生死而已，未能忘生死也。未能忘生死，又安能無生死哉？其言曰：父母於子，東西南北，唯命之從，陰陽於人，不啻父母，彼近吾死，而我不聽，我則悍矣，彼何罪焉！是知其不可逆而安之也，其能忘生死乎？若吾釋之學則不然，一真恆寂，生而無生也；妙體常存，死而無死也。生乃幻生，生卽不生也；死亦幻死，死卽不死也。夫如是，直謂之無生死可也，豈但曰人之不能勝天也而安之哉！

問：經言衆生界起於無明，若無明未起，則渾然一真，無諸衆生世界乎？曰：經約理而究其所從，謂依正二報，由業而有，業由無明而有，無明依真如而有。然無明實無始起之時，經云“妄原無始”是也。問：妄既無始，則是本來有妄乎？曰：真之與妄，二俱無始，而真體不變，妄體全虛，故曰本來無妄。又，妄依真有，不可謂真依妄有。如炷與光，雖無前後，而光必依炷有，故曰本來無妄。

問：真如一而已，何以分爲諸衆生。曰：有分未分者，局於形者也，真如超於形矣；有一不一者，囿於數者也，真如超於數矣。豈有時爲一統體之真如，有時爲各具之真如哉！蓋衆生各具者，卽具此法界之全體；法界全體者，卽全此衆生之各具。就其不變之體而言之，未嘗異也；就其隨緣之用而言之，未嘗同也。體不離用，同而異者也；用不離體，異而同也。無始以來，本自如是，而求其何以分，果可得乎？

空谷隆作尚直編，中間謂，宋儒之學，皆出於釋。今諸儒之書具在，果得之於釋乎？若謂諸儒之所得，卽釋氏之道，則非獨不知儒，且自不知釋矣。如太極一圖，彼謂得之於釋氏。夫太極圖原是儒家要旨，釋氏得而藏之，轉授濂溪，則濂溪正獲其家之故物，豈爲竊我釋之學哉！如伊川見僧出堂，歎曰：三代禮樂，盡在此矣！此乃伊川因見僧而自見其禮樂，豈爲竊我釋之學哉！卽謂其著述之語，間用內典，似得之於釋，不知文同而理實迥別。若執此以爲儒出於釋，則釋典用儒語爲尤多，亦將謂釋出於儒乎？至於力詆晦庵，事無實據，不過私揣其意，而曲指其瑕，語激而誣，非平心之論也。空谷之所養可知矣。

佛氏論性，多以知覺言之，然所謂知覺者，乃靈光獨露，迥脫根塵，無待而知覺者也。陽明倡良知之說，則知待境起，境滅知亡，豈實性之光乎？程朱論性，直以理言言，謂知覺乃心，心中所具之理爲性，發之於四端爲情，陽明之良知正情也。卽欲深觀之，則此情將動未動之間，有靈靈不昧，非善非惡者，正心也，豈實性之理乎！大都陽明之學，主之以儒，而益之以禪，故覺其精深敏妙，警駭世俗，而不知止坐此昭昭靈靈之中。此昭昭靈靈者，乃晦庵已揀之砂，而釋氏深呵爲生死本者也。乃以之睥睨今古，誇爲獨得，不亦謬乎！

龍溪、近溪二老，講陽明之學，而多用禪語，非有得於禪，乃以儒解禪也。以儒解禪，禪安得不儒哉？然自爲他家語，無足怪者。至卓吾乃謂二老之學可當別傳之旨，凡爲僧者，案頭不宜少此書，此何異喚鐘作甕乎！昔人借禪語以益道學，今人反借儒語以當宗乘，大道不明，羣盲相惑，吾不知冥冥之何時旦也。

宗門語如盤中珠，宛轉橫斜，衝突無常，未可捉摩，豈容註釋？近見二三大匠，多引宗註教，引教註宗，祖宗心印，委於荒坵矣。或問：宗是佛心，教是佛語，何故不許相通？曰：宗教一理，豈不相通！明宗而背教，卽同魔說，演教而迷宗，止成戲論。要在聞言悟旨，切休滯語生情。非獨宗門語不可指註，而依經解義，亦名佛冤矣。

佛語精微廣大，不可測識，卽使地上聖人，分座演說，人人各殊，難有一人得佛密意。雖不得佛密意，要旨不違於佛。故疏經者，不妨各出一見，互相發明，要在綱宗不失，不違於佛而已。豈必古之爲非，今之爲是，人之爲非，我之爲是哉！唐宋弘經大士分疏諸經，其傳至今日者，雖未必其合佛意與否，而考其大旨，皆所謂不違於佛者也。初學之士，借之以爲階爲梯，亦何不可。第深造神理，顧其人何如耳。國朝嘉隆以前，治經者類皆膠守古註，不敢旁視，如生盲倚杖，一步難捨，其陋不足觀也。萬曆間，雪浪起而振之，盡罷諸疏，獨演經文，遂爲講中一快。然而輕狂之士，強欲效顰，妄逞胸臆，率爾災木，其違經叛聖之害，豈止於陋而已哉！

少室心印，豈落文彩？古人聊爲接引之計，始挂唇吻，然皆渾樸簡直，刻的示人，非誇會逞能，外飾觀美而已也。後世即大不然，雕章琢句，攢花簇錦，極意變弄，各競新奇。豈獨淫巧之意，乖衲僧之本色，而理因辭晦，道以言喪，欲其一言半句之下，觸發靈機，不亦難乎！

一士人謂師曰：月上紙窗，急取蒲團對之，別是一番境界。師曰：月未上窗時，境界在甚麼處？士曰：無。曰：月落窗後，境界又在甚麼處？士亦曰：無。曰：前後既無，中間豈有？祇如月正上窗時，不起念取相，境界又在甚麼處？士曰：斯則不見有月窗，安知有境界？曰：是知此境界，決不在人邊，以無月窗則無境界也；亦決不在月窗邊，以無人則無境界也。月窗與人既各各無，合之又豈能有？則此境界，直如龜毛兔角，但以妄念分別，故虛妄有生耳。非特此也，身心世界，以及一切榮辱利害，死生禍福，無不若此。公能於此勘破，則心境都泯，常光本圓，於無境界之中有真境界，本無去來，亦無顯晦，諸佛證之，強號涅槃，又豈刹那光景所能恍惚其萬一哉！

問：參禪須是起疑情，疑情發不起時如何？曰：此是近日學人通病。夫疑情不起，只爲生死之心不切耳，誠能如處朽宅，歘然火起，唯有一門，更無別路，安得不疾馳而競出哉？故一分切，則一分疑，十分切，則十分疑。未有切而不疑，亦未有疑而不悟者也。第疑情之發，出於切心，非可擬議造作而强之發也。譬如父母之喪，忽然聞訃，仰天一號，寸腸幾絕，又安用擬議造作而强之哉！若稍有强之之心，則悲哀之情反淡矣。壽昌先師嘗曰：某當初全不曉得參禪，一日因閱傳燈，尚未終卷，便爾陡生疑悶，寢食俱忘，歷八箇月，忽然打破漆桶。今日諸人各各擬議如何下功，如何策進，雖擬議得十分仔細，不知其已添幾重障礙了也。

做工夫三字，已是不得已而言之，早是埋没諸人了也，況如今日之諄諄乎？今日諸兄弟不是不識做工夫，正病在講之太詳，識之太早，非預意以迎之，則先念而避之，皆偷心也。古之爲師者，但苦其鉗錘，巧其逼拶，使慕道之士不識不知，而其情自激，其神自奮，果敢直前，有欲罷不能之意，由是忽然撞著，而大事畢矣。故吾嘗謂，參禪一念，如李將軍箭，精神踴躍，射石没羽而已，亦不知其何以至此也。若稍有擬議之心，弗克入矣。今之參禪者，皆擬議射石者也，弗入則咎其擬之弗精，不大瞆瞆乎！

問：毫釐繫念，三途業因，瞥爾情生，萬劫羈鎖。只如今教人看話頭，正是繫念，正是情生，如何免得業因羈鎖去？曰：絲毫情見，不免輪迴，只如今話頭尚存，疑情未釋，誰許渠出得生死去？但這箇繫念，這箇疑情，又是借世間法，作出世因，圓覺所謂"以幻修幻"也。到得心路絶處，廓徹無依，則人法雙亡，心境俱捐，謂還有繫念得麼？還有疑情得麼？還有業因羈鎖得麼？是此繫念爲無念之門，此疑情爲忘情之法，乃衆生脱凡入聖之大道，而諸聖攝化度生之微權也。諸佛教法，誰不皆然，而獨疑於是耶？僧曰：圓覺云："知幻卽離，不作方便；離幻卽覺，亦無漸次。"何嘗有繫念來？曰：此經緊要在一知字，及其知之，誠無方便，卽所謂心路絶處，廓徹無依也。然點著便知底，古今能有幾人？既未能卽知，則未知之前，豈無方便？經有明文，盍往考之。

問：百丈只教人盡情放下，便如雲開日出，豈不直捷！後人教看話頭，百計搜尋，無乃太多事乎？曰：果能聞恁麼道，便全身放下，誠爲省事。然我今教汝放下，還放得下麼？假饒放得下，又坐在這放下裏。假饒這放下者，亦放得下，又存這放下底知解。假饒不作知解，這不作知解底又放不下也。總之，如猿猴上樹，捨一取一。所以上代諸師，特出異方便以進之。方便頗多，不止一途。多因是一言半句上看不破，過不得，於是百計搜尋，千翻逼拶，疑情愈苦，鞭策愈急，忽然拶透，舉似無從，則生死涅槃，僅同昨夢，菩提煩惱，總屬空花，尚有何放不下也。故今人看話頭，只是作放下底方便耳。

問：百丈只說透得三句外，便是學人放身命處。後代立起許多門庭，說出許多古怪，總是解心未絕，故有斯事。曰：近日楚中大有人主張此說，由渠全無悟入，只將六祖壇經，百丈廣錄，黄檗心要等書，逐一將知解領略，由是胸中想著一箇空寂境界，喚作喜怒哀樂未發前底氣象，至祖師關捩，無由拶破，便謗諸師上堂小參，拈頌答問，皆是解心未絕，故有斯事。殊不知，直透過三句底人，解心既絕，千機頓發，自然七縱八橫，天迴地轉，無滴水而作浪興波，没寸絲而羅天網地。蓋龍象蹴踏，非驢所堪也。

參學之士，工夫逼拶到將悟未悟之際，解心未絕，往往巧見橫生，此謂之聰明境界，亦謂之樹下魔軍，便當盡情剪滅，庶進趍有路；而大事可期。若巧見悉滅，向父母未生前瞠開正眼，悟則不無。若望衲衣下事，猶隔江在，直須向苦辣鉗錘下陶煉一番，然後透向上之玄關，洞千差之門户，而大事畢矣。

悟之一字，待迷得名。今人將悟字都錯認了，將謂有道理可知，方謂之悟。不知既有道理可知，則知道理者是謂妄識，所知道理是謂妄境矣，非迷而何？有善知識，見如是說，便謂本性空寂，無許多道理，一切泯絕，方是本地風光。不知有箇空寂，便非空寂了也，此知空寂者是謂妄識，有空寂者是謂妄境矣，非迷而何？

有一居士，勸師營精舍，師曰：日食一升，夜眠七尺，過勞信施何爲？士曰：建置精藍，先佛遺制，接引來機，菩薩悲願，何必過爲高尚，而成自利之局哉！曰：古人道充德立，方堪垂手，愚鈍如賢，而急於接人，有自點耳！況今天下所少者，非精藍也，爲名之囮，爲利之胃，潤後學之貪，夷前修之化，莫此爲甚。吾所以疾馳而不敢一顧者，非違前佛之制，廢百丈之規，蓋欲以不接接之也。

喪己而爲人，吾寧避人而守己。非以守己爲賢也，守己猶可以爲人，喪己必巧於惧衆，是肆其惡也。輕用而多取，吾寧寡取而儉用。非以儉用爲賢也，儉用猶可以養廉，輕用必曲於干衆，是長其貪也。

士人引古斷今，臧否人物。師曰：人物臧否，未易測識，非可以舊案律之。如放君誅君，古未有也，有之自湯武始，若引古斷之，則湯武爲不臣矣。往來五就，古未有也，有之自伊尹始，若引古斷之，則伊尹爲不忠矣。是知，事有千古之所共是，而今日必非者；亦有千古所共非，而今日必是者。非獨古今也，卽使春秋有二孔子，生之世同，處之遇亦同，而仕止久速，必有不同。雖有不同，豈可是非於其間哉！大都見道之士，照用莫測，縱橫順逆，靡不合矩，公唯能得其心，斯可以論天下士矣。

佛氏說唯心，與孔子一貫之旨不同。一貫之，旨意在破隨事精察，故曰"吾道一以貫之"，乃權語也。若深究之，則一是箇甚麼？貫又貫箇甚麼？全心造事，全事是心。如金鑄像，像非金外；如鏡現影，影在鏡中。是卽唯心之義。

孔子曰："操則存，舍則亡，出入無時，莫知其鄉。"此正指妄心言之也。解者曰：心豈有出入？特以操舍而言矣。既可操舍，非妄而何？

問：先覺多言三教一理，是不？曰：教既分三，强同之者妄也；理實唯一，强異之者迷也。故就其異者而言之，則非獨三教不同，卽同一佛教，而大小不同，卽同一大乘，而權實不同。蓋機既萬殊，故教非一端。若就其同者而言之，則非獨三教是一，卽一切魔外，以及資生業等，皆順正法。蓋理外無教，故教必歸理。如此方儒教，乃是此中衆生，形生神發，日趨於欲，不約而防之，何所底止！故聖人因時勢，察人情，爲之説仁義，立紀綱，化之以禮樂，束之以刑罰，使不亂也。卽使佛處震旦國，説經世法，又豈過於周公、孔子哉！然衆生既束於儒典，執著名相，則名相之區，翻爲桎梏之地，豈儒家聖人之意哉？由是老莊出，而説虛無自然之道，使聞者閒曠超越，不爲物累，庶幾爲入道之方便。至於我佛所説，則超人越天之實法，而窮理盡性之實學也。昔夫子所謂"予欲無言"，而端木氏所謂"聞於文章之外者"，又豈有異於是哉！是知理一，而教不得不分，教分而理未嘗不一。彼執異執同者，皆戲論也。

今人見諸佛，便作奇特想，於自己，便作下劣想。不知諸佛只是本分的凡夫，凡夫只是不本分的諸佛。分内珍寶，掉頭不顧，分外艱苦，甘自承當，哀哉！

問：達磨印可神光，只是證箇無念心體，後人何故又道，無心猶隔一重關？曰：爲渠見不透脱，坐在無心窠臼裏。既成窠臼，便非真無心也，所以更須猛著精彩，一脚踏翻，則有心無心，二俱成謗。神光三拜依位而立，證及此也。

或問：頓悟必假漸修，諸師多備言之，唯中峯不許漸修之説，謂習氣未除，只是悟心未圓，須力求其徹悟可也。二説未知孰是？曰：悟心既圓，命根頓斷，雖有習氣未除，但得正見不昧，習氣自然漸泯，不可別有修習。譬如伐樹者，既斷其根，則枝葉雖存，不日消落，不必別有消落之法。若悟心未圓，則命根未斷，習氣橫生，遏治罔效，故須力求其徹悟可也。又，詳中峯之意，亦非全不許漸修，乃緣當時善知識，纔得入頭，便云徹證，及乎習氣不除，却歸於漸修之未到，故中峯喫緊而作是説耳。

西蜀鄧谿渠作南詢録，指機寂未發謂之無生。此直一己之僻解，非我佛之正義也。我佛言無生者，因凡夫見法界之内，熾然有生，由是生機起惑，造業招報，輪迴不息，無有出期，故我佛説無生之法以破之。謂諸法不自生，不他生，不共生，不無因生，四俱不生，則實無生。言有生者，將緣目中有眚，故妄見空花耳。若以機寂未發爲無生，則必以機動已發爲有生，以機動已發爲有生，則無生者卒至於有生，豈得爲真無生乎？

一友晨起，問谿渠曰：睡著一醒，無有妄想時如何？谿曰：這箇就是父母未生前，説不得的。六祖云："不思善，不思惡，那箇是明上座本來面目？"正謂此也。愚謂，睡起無想，或落無記，則全體無明也，可指之爲本來面目乎？且教中有五無心位，皆無善惡二念，可就指爲本來面目乎？至於六祖示明上座者，其旨甚別。當明請法之際，非無記也；當明返照之際，又非無記也。既非無記，則離善惡二念，非本來面目而何？

谿渠曰：睡著不作夢時，便是無善無惡的景界，禪家謂之大寂滅海，學者學此而已，諸佛證此而已。愚謂，睡著無夢時，須是識得真主落處，識得真主落處，則不管睡時不睡時，夢時不夢時，皆大寂滅海。高峰枕子落地，證及此也。今直指睡著無夢謂之大寂滅海，則正認昏住無明爲實性矣，非謬而何？

作家相見，機用超越，或讚或呵，不落常格，若以尋常情識揣摩，則遠之遠矣。昔有婆子，供養一僧住庵，嘗使一二八女子送供，一日使女子抱定問曰："正恁麽時如何？"僧曰："枯木倚寒巖，三冬無煖氣。"女子歸，舉似婆，婆曰："三年祇供養得一俗僧。"令燒庵趂出，其僧竟行無語。此二人顛顛倒倒，一等精靈。婆有參天之機，僧有入地之略，婆有趂象之手，僧有陷虎之謀。故先德拈云："等閒坐斷潑天潮，到底身無涓滴水。"可謂洞徹腑腸矣。豁渠以俗情揣摩，乃向此僧求過，謂其止除妄情，故遭呵遣。果曾夢見此僧耶？

問：有師云："參禪者，先須看教，識得大意，方可用工，不然恐墮於邪僻！"有師云："參禪不必看教，看教恐增解路，障自悟門。"二說未知孰是？曰：或宜看教，或不宜看教，此在機器不同，未可執一而論。如英明之士，何須看教方可參禪？如愚鈍之流，看教尚恐難通，況參禪乎？又，或有障重者，必先假教力薰陶，去其麤執；若障輕者，便可單刀直入，何必思前慮後，自生障礙乎！但參禪誠有墮於邪僻，或坐在半途者，此則貴得宗匠接引，非看教者所能自捄也。

問：宗師云："參禪須是參無義句，不可參有義句。從有義句入者，多落半途；從無義句入者，始可到家。"是否？曰：參禪不管有義句，無義句，貴在我不在義路上著倒而已。如靈光獨露，迥脫根塵，此百丈有義句也。汝能識得這獨靈的否？汝纔要識得，早落根塵了也。如光明寂照徧河沙，此張拙有義句也。汝能識得徧河沙的否？汝纔要識得，早被雲遮了也。大都六祖以前，多是有義句，六祖以後，多是無義句。方便各異，實無優劣，學人參看，須是深求其實。深求其實，則不管有義無義，畢竟卜度他不得。卜度他不得，則疑情自發；疑情既發，則昏散自除；昏散既除，則根塵自落；根塵既落，則靈光自露；靈光既露，則回視有義句無義句，皆如炎天破絮矣。若不深求其實，唯在文字中領略，則雖無義句，如麻三斤，乾屎橛等，皆有義可通，今四家頌古註，少林祕要諸書是也，豈能透向上

之關棣哉﹗

問：净土之説，諸師辨之詳矣，然至謂參禪不及净土，此疑未決。曰：此在師家，主張净土，故抑揚讚歎，勸歸念佛耳。若實論之，決無優劣。參禪要悟自心，念佛亦是要悟自心，入門雖異，到家是同。但參禪到家者，無净土之緣，似爲稍異。然心光發明，已與諸佛氣分交接，何必净土乎？天上人間，隨意寄託，絕諸欣厭，何不净土乎？況欲親近供養諸佛，亦祇在一轉念之間而已，何難净土乎？或曰：兩途到家，誠爲不異，但參禪未悟者，止滯人天，念佛未悟者，尚可往生，以此校之，似參禪不及念佛耳。曰：未悟往生者，必念佛極其誠切，若參禪者亦如彼之誠切，則雖止滯人天，取悟不遠，再出頭來，慧根頓發，超證菩提，未可限量。念佛而未悟者，雖得往生，終墮疑城胎獄之中，俟其情識陶盡，始得見佛，豈可勝於參禪者乎﹗蓋禪净二門，應機不同而功用無別。宜净土者，則净土勝於參禪；宜參禪者，則參禪勝於净土。反此，非唯不及，必無成矣，學者宜善擇之。

問：永明四料揀，謂净土可以無禪，禪必不可無净土，似參禪不及净土矣。曰：永明四料揀亦是抑揚讚歎，勸歸念佛耳﹗若實論之，有禪而習氣尚重者，固有陰境可虞，然其功在平日，常加提醒，使佛知見不昧而已，非以靠著净土也。念佛而得見彌陀，誠不愁開悟，然未見之前，豈無陰境可虞哉﹗蓋正見未開，則陰境不破，陰境不破，則業障難脱，雖彌陀悲願攝受，其如盲者之不見日。何哉？故未悟往生者，特百中之一二耳﹗

問：參禪兼修净土，可乎？曰：參禪之功，只貴併心一路，若念分兩頭，百無成就。如參禪人有一念待悟心，便爲大障；有一念恐不悟心，便爲大障；有一念要卽悟心，亦爲大障。況欣慕净土諸樂事乎？況慮不悟時不生净土，已悟後不生净土乎？盡屬偷心，急加剗絶可也。但於正參之外，一切禮佛念佛等，隨緣兼帶，任運不廢，如尋常穿衣喫飯焉，則凈土乃不兼而兼矣。若大事發明之後，志欲親覲諸佛，或接引羣機，發願往生，無有不可，蓋無生而生也。

諸法雖多，窮於有待，凡有待者，卽知是妄。如空不自空，待色而空；色不自色，待空而色。待空而色，色果色乎？待色而空，空果空乎？卽此推之，則知若今古，若大小，若美惡，若真妄，無不皆然，俱無自體，又共待一念而後能成立者也。如一念不生，則諸法共無所待，共無所待，則各亦無所待，各無所待，則諸法雖森然布列，皆無待之光，實相之印也。故曰："一人成佛，牆壁瓦礫亦皆成佛。"

諸法窮於有待，固知是妄，若天機深者，因其有待，卽知無我。如我本無我，待人有我，人本無我，待我有人。又如一本無我，待二成一，二本無我，待一成二。因其無我，所以有待，因其有待，益見無我。卽此推之，則若身若心，若人若物，以及天地之覆載，虛空之寥廓，總之一無我之通光也。既總之一無我，則我不必廓之以容物；而己無非物，物不必會之以歸己，而物無非己。明此者謂之聖學，昧此者謂之外道；證此者謂之聖人，失此者謂之凡夫。三教聖人，設教不同，而所以必同者，此無我也。孔子證之，故曰絶四。絶四者，一無我也。孔子之後，唯顏氏能克己，克己爲近之。故曰：有若無，實若虛，犯而不校。至孟氏，則主之以我，主之以我，而無我之血脉斷矣。雖道性善，稱仁義，豈得爲孔子之徒哉！蓋仁義雖善，皆以無我成其德，使其我有我，則必强物以狥我；物有我，則必喪己以狥物，而所謂仁義者，非偽則偏也。縱曰不偽不偏，而勉强與外者，心非所安，謂之能仁義，可乎？世儒不知我與物皆無我，而執之爲實，堅不可破，乃曰我學孔，我學孔，益悖矣！

問：諸子論性，如何折衷？曰：荀卿言性惡，揚雄言善惡混，韓愈言性有三品，宋儒非之，謂其以氣質論性是也。唯孟軻言性善，東林謂其指本然之善，不與惡對，朱晦菴亦曰：此語却是。由是，五百年來，儒者宗之，無敢違越，唯間有治釋氏之學者，不以爲然。我茲不敢以釋辨儒，姑就儒語辨之。如孟軻之辨性善也，以水性之必下，喻人性之必善，則所謂善，非本然之善，乃與惡對之善也。既與惡對，則與荀揚諸論有何別乎？蓋四子之論性，皆指其用而已。譬之水焉，善則水之下行也，惡則水之上行也，善惡混則兼上下也，三品則上下而兼不上不下也。用有四種之殊，故論者亦有四種之殊。倘能識水之體，則不離四種，亦不即四種，而四種之論不攻而自破矣。或曰：釋氏云：隨緣不變名性，是合體用名之也。曰：不變表性體之德，非直指性體也。如摩尼之珠，具有隨緣不變之性，詎可指隨緣不變爲珠體哉！或曰：昔荷澤發明性體，以知爲宗，圭峯稱其獨得珠體，是否？曰：以知論性，猶以光明論珠，是亦表珠體之德也。況體具寂照二德，知則專言其照，表德亦自不備，必爲之解曰"空寂之知則備矣"。或曰：傅大士作頌曰："空手把鋤頭，步行騎水牛，人從橋上過，橋流水不流。"杜順和尚作頌曰："懷州牛喫禾，益州馬腹脹，天下覓醫人，灸猪左膊上。"二大士從用指體，不識能盡顯否？曰：二大士盡力敷宣，祇從旁敲，終非正指。或曰：師具甚麼眼，三教聖賢盡皆檢點？請師直指出看。曰：此體非獨元賢不能指出，卽釋迦老子也祇得掩室摩竭，維摩老子也祇得杜口毗耶。蓋無言可說，無理可伸，所以一切諸佛諸祖雖旁敲曲顯，費盡舌頭，其於本體，實未嘗動著半毫也。

一念不生，則全體湛然而不失；一念暫生，則間關萬里而難尋。一念不生，則四聖之位無所立；一念暫生，則六凡之影不可逃。一念不生，則我大而虛空爲小；一念暫生，則我小而微塵亦大。一念不生，則根塵皆徧於法界；一念暫生，則根塵各局於本位。一念不

生，則耳目互用，依正交融；一念暫生，則耳目分司，依正永判。一
念不生，則數不能拘，報不能及，一念暫生，則吉凶異域，苦樂殊途。
一念不生，則不疾而速，不行而至；一念暫生，則疾而不速，行而不
至。一念不生，則不動而敬，不言而信；一念暫生，則動而不敬，言
而不信。一念不生，則空色雙泯，見化爲性；一念暫生，則空色敵
立，性化爲見。一念不生，則世界可移，虛空可殞；一念暫生，則微
塵亦礙，一膜生障。是此一念者，乃生死之根核，亦涅槃之康莊。
人能鑄有念而成無念，則成佛尚有餘事乎」

（選自永覺元賢禪師廣錄卷二十九，
據續藏經第一輯第二編第三十套第四册）

二、續 寱 言

序曰：昔余居荷山，因諸儒有所問辯，乃會通儒釋，而作寱言，
梓行已二十載。近因自浙反閩，再居鼓山，目擊世變，時吐其所欲
言，乃作續寱言。夫賢本緇衣末流，祇宜屏息深山，甘同寒蟬，何故
督督向人，若孟軻之好辯，賈誼之痛哭哉」豈多生習氣未能頓降，抑
亦有不得已而一鳴者乎」今此書具在，苦心片片，惟在大方之高鑑。
歲在壬辰夏，佛誕日題於聖箭堂。

貢高我慢者，總猶我執情深故，橫起斯病，爲大道之重障。今日
學者專尚此習，謂之硬諍，謂之孤峻，及至遇著一點利害，則柔如繞
指，全無主宰。此孔子所謂色屬内荏，乃穿窬之小人也。不知古
人全不如此。昔遠錄公謂演首座曰："但得妙悟，自然心靜氣和，容
敬色莊。"五祖演曰："長於包荒，厚於隱惡，謙以交友，勤以濟衆。"

大慧戒首座書，尤諄諄以謙虛遜讓爲勸。諸人既稱禪衲，下視流俗，豈可不思竝古人哉！

禪衲威儀，非是外修邊幅。蓋爲内檢其心，必先外束其身，未有身既放逸，而心能静一者也。所以佛制比丘威儀必肅，百丈禮法，諸宗共守。宋伊川先生見僧出堂，歎曰：“三代禮樂盡在此矣。”由此觀之，當日之威儀爲何如也。今有等妄人，任情縱恣，決裂禮法，反笑守律儀者爲局曲，果何心哉！昔大覺璉動静尊嚴，圓通訥一見直以大器期之；黄龍南進止有度，居常正襟危坐，二老豈局曲之士哉？是知輕浮躁動必非大器，雖得悟入，終虧全德。惟願學人，毋以小器自安可也。

有等禪人，言在飛龍之前，行在跛鼈之後，却謂我宗門下，祇重見地，不重操履，不知青原下謂之功勲，如臣事君，如子事父，豈敢違背？南嶽下謂之牧牛，蓋得牛之後，猶須善牧，況未得牛者耶？且衲衣下，善不許著，惡豈可縱？佛祖尚不可爲，勢利豈可偏逐？此乃無忌憚之小人，託聖言以自文，入地獄如箭射者也。有志之士，切宜自省。

古人公案，俱從不思議中流出，纔涉思惟，便隔千山。今人率用意卜度，師友講習，如少林筆記，及梵絶四家頌古註等書，一言半句，並是邪涎。遭其惑亂則永塞悟門，況又作頌作拈，如厠屋而塗丹臒，只增其臭耳！今真有志參禪者，必須坐斷此等惡知惡習，單單向無縫罅處鑽研，憤然如遇著箇死對頭，直須滅此而後朝食。若能如是用心，則寶所在近，决不相賺。

棒喝之行，五宗皆有，而德山、臨濟为盛，此如千鈞之弩，豈可妄發？怎奈無知之輩，相習成風，譬如庶人而妄逞干戈，非逆卽狂。所以興化戒之曰：“我聞前廊下也喝，後架裏也喝。諸人莫盲喝亂喝，直饒你喝得興化向虛空裏，却撲下來一點氣息也無，待我蘇息起來，向汝道箇未在。何故？我未曾向紫羅帳裏撒真珠與汝在，胡喝亂喝作麼？”後圓悟老人一生不行棒喝，豈不是臨濟宗師乎？其子大慧住徑山日，下喝者罰錢罰齋。蓋深知其弊，故痛懲而力挽之也。

　　門風之別，所宗有五，其實皆一道也。故真知臨濟者，決不非曹洞，真知曹洞者，決不非臨濟。如汾陽昭，雖善三玄，且遣瑯琊覺、浮山遠，學洞上之旨於大陽。雲門雖承雪峯，記莂而後，乃歷參洞下諸師，如曹山、疎山、乾峯、九峯，皆有機緣。是知大道惟公，法無偏黨，後世妄生人我，割截虛空，嗣臨濟者謗曹洞，嗣曹洞者謗臨濟，破滅法門，自喪慧命，豈不深可痛哉！今願諸人廓無外之觀，體無私之照，而斯道幸甚矣！

　　孔門心法，自孟軻之後，鮮得其傳，至漢諸儒，多以訓詁为業，惟得一董仲舒庶幾近之。董氏所對天人三策，皆醇正無疵。其所對越有三仁之問，尤为精粹，程伊川、朱考亭皆推其度越諸子，信矣。但其所治春秋，於所書災祥，必求其所感之事，則拘泥穿鑿，雜於讖緯之學者也，是豈得爲醇儒哉？

　　揚雄玄湛之思，粹麗之辭，世所希覯，嘗作法言，以擬論語，作太玄以擬易，隱然以聖賢自居。使其生不值新莽之世，或莽未篡而身先死，必为一代名儒之冠。自一失身於仕莽，安保玄之不白乎？身名俱喪，天下笑之，人品之難定也如是。

　　孔明之才智，實合漢家三傑为一人，而其忠誠則過之。其出師表後結云：“鞠躬盡瘁，死而後已。此臣所以報先帝之恩，而忠陛下之職分也。至於成敗利鈍，則非臣之明所能逆覩。”此數語丹心赤膽，炤耀今古，在三傑非特不肯爲，亦且不能道，吾故謂其忠誠過之也。

　　自魏晉以至唐，儒學寥寥，唯得一王通似之，其所著中説，識見議論亦多醇粹，大非韓愈所可及。但中間事實多似論語，恐是粉飾所成者。至其所作五經，則塵飯塗羹之戲耳，仲尼固如是乎？甚矣！好名之蔽也。

歐陽修作五代史，謂五代無人物。余謂非無人物，乃厄於時也。如周世宗一人，出在漢唐盛時，諸君豈能及之？至若隱於山林，如五宗諸哲，則耀古騰今，後世鮮能及者。余故曰：非無人物，乃厄於時也。

韓退之氣甚豪爽，每自比孟軻，欲力行其道。而躁於求進，三上宰相書，則不見諸侯之義未聞。及其晚年，見用於朝，全無建白，惟日以詩酒為事，與流俗何異；謂之力行其道可乎？

退之於孟軻之後，獨取荀卿、揚雄。謂荀與揚大醇而小疵，孟軻則醇乎醇者也。愚觀荀氏書，語多矯異，如子思、孟軻明先聖之道，闢邪說以正人心，是立天下之大閑也，彼則曰："亂天下者，子思、孟軻也。"不亦異乎？如孟軻道性善，言必稱堯舜，是百世共趨之的也，彼則曰性惡，"桀紂性也，堯舜偽也。"不亦異乎？至於揚氏，雖不若荀氏之矯異，而以性為善惡混，則是認習為性，已乖孟氏之旨。且失身為莽大夫，其法言末章，盛稱莽之功德，可比伊周，復作劇秦美新之文以頌莽，則大節既虧，所學謂何？是二人者，視孟軻之道，不啻風馬牛之不相及，詎可稱其大醇小疵，而列於孟氏之後塵哉？甚矣，韓愈之謬也！

予考柳子厚，終於柳州時，僅得四十七歲，則作八司馬時年齒甚少。使其洋洋得志，不受拂鬱，不知後來竟作何狀！却得一番貶謫，乃能安於寂寥，肆力學問。故其文，到柳州後始造其妙。其居柳日久，百姓愛之，卒乃血食其鄉，不賢而能之乎？朱晦翁曰：子厚却得柳州力，是也。

病能死人，亦能益人。如唐白樂天，則受病之益者也。樂天最稱風流艷冶，晚年因得病，乃能斂就平實，日修西方之業以自終。可謂失之東隅，收之桑榆者也。若東坡晚年錯謬，則弗逮樂天遠矣。

東坡以禪自負，人亦以禪歸東坡。渠雖有悟入，而死於東林印下，不能徹證，依舊只墮在聰明境界中，何能敵得生死？至其晚年，乃好長生之術，用冬至日閉關養氣，卒以此得病而終。禪也其若是乎！禪也其若是乎！

朱晦翁謂，釋氏初來，但卑卑論緣業，後人張大其說，遂極其玄妙。余謂，摩騰初至此土，所譯出者四十二章經也。此經本屬小乘，理自淺近。然其淺者，固不下於儒，其稍深者，亦非儒之所能知。朱謂但卑卑論緣業，何其言之妄也。

元氏諸儒，推從祀者，許衡、吳澄也，二公出處之際，不達春秋之大旨，乃欲托足於仲尼之門，不亦難乎？劉因、金履祥、許謙，皆隱居不仕，授徒著書，其學術祖述考亭，為元氏諸儒之冠，然推從祀者反弗及之，則以其名位未大著也。余在俗時，喜講學而怠於科舉之業，一友人戲之曰：“老兄喜講學，也要戴箇紗帽，不戴紗帽，則其學弗著。”此雖一時戲語，然亦切中世俗之弊也，因併記之。

仰山問僧：“甚處人？”僧云：“幽州人。”山云：“汝還思彼中麼？”僧云：“常思。”山云：“能思底是心，所思底是境，彼中有樓臺林苑，人馬駢闐，汝反思思底，還有許多般麼？”僧云：“某甲到這裏，總不見有。”山云：汝見猶在心，信位即是，人位未是。”愚謂，仰山如此開示，非特為這僧發藥，一切人見道不真，皆落在此。蓋見有見無，皆是以心對境，如隔江望山，謂之信位則可，謂之人位則不可，以人位須忘能所，心不見心，如鏡不自照也。

棲賢辨，嘗携一笻，穿雙履過九江，東林混融老見之，呵曰：“師者，人之模範也，舉止如此，得不自輕？主禮甚滅裂。”辨笑曰：“人生以適志為樂，吾何咎焉！”援筆書偈而去。偈曰：“勿謂棲賢

窮，身窮道不窮，草鞋獰似虎，拄杖活如龍。渴飲曹溪水，饑吞栗棘
蓬，銅頭鐵額漢，盡在我山中。"愚謂，一筇雙履乃衲僧本色，正可謂
後學模範，混融謂其主禮滅裂，不亦謬乎」辨公援筆書偈，語語矜
誇，全是我慢之習，曹溪水當不如是也。

　　洪覺範書有六種，達觀老人深喜而刻行之。余所喜者，文字禪
而已。此老文字的是名家，僧中希有，若論佛法，則醇疵相半。世
人愛其文字，併重其佛法，非余所敢知也」

　　當其時，覺範才名大著，任意貶叱諸方，諸方多憚之，唯靈源
深知其未悟，嘗有書戒之曰："聞在南中時究楞嚴，特加箋釋，非不
肖所望。蓋文字之學，不能洞當人之性源，徒與後學障先佛之智
眼，病在依他作解，塞自悟門。資口舌則可勝淺聞，廓神機終難極
妙證，故於行解，多致參差，而日用見聞，尤增隱昧也。予善覺範慧
識英利，足以鑑此，倘損之又損，他時相見，定別有妙處耳。"靈源此
書，大爲覺範藥石，然其痼疾弗瘳，亦且奈之何哉」

　　大慧云："千疑萬疑，祇是一疑，一疑破，則千疑萬疑無不破。"
或者未之信。愚謂，千疑萬疑雖有不同，總之祇在幻影上計校也。
若親見其實，則幻影全消，幻影既消，更有何疑而不破乎」

　　尋常謂諸佛無情慮、絕知解，一有情慮知解是謂衆生。愚謂，
衆生有情慮，諸佛亦有情慮，但諸佛之情慮出於無私，而衆生之情
慮蔽於有私也。衆生有知解，諸佛亦有知解，但諸佛之知解妙於常
覺，而衆生之知解滯於不覺也。

　　世所傳四家頌古，當以雪竇爲最，天童次之。雪竇如單刀直
入，立斬渠魁；天童則必排大陣，費力甚矣。蓋天童學甚贍博，辭
必典雅，然反爲所累，故多不得自在也。

　　投子芙蓉之後，能振洞上一宗者，天童覺、真歇了也。二師見
處親切，而高行碩德俱能不愧古人，但其説法則有不同。天童仰遵

古轍，步伍不失尺寸，而出奇神變未見所長; 真歇語言超逸，意趣自在，發揮醒露不費氣力，雖不局局於法，而實不背於法也。

臨濟語尚直捷，曹洞語尚宛轉，此其大概也。然諸大老，亦有不盡然者。如風穴云:“釣船載到瀟湘岸，氣噎無聊問白鷗。”又云:“木鷄啼子夜，芻犬吠天明。”皆酷似曹洞。如船子兩度打夾山，藥山便云“看箭”，皆酷似臨濟。此乃大慧所謂禪備衆格，不可以一途局也。

慈明訪神鼎，祇道得箇“屋倒也”一句，神鼎歎曰:汾陽乃有此兒，遂力薦之。慈明之名，由是大震。若論機鋒峻捷，慈明固是作家，然開後學輕薄之風，其弊有不勝言者。神鼎为晚輩所觸忤，不怒而力薦之，神鼎豈易及哉! 是知，慈明則捷鷹俊鶻，神鼎則天高地厚也。

白雲端初住九江承天，圓通訥讓圓通居之，而自退居西堂。久之，羣小鬬搆其間，訥不能忍，頗訴於客。羣小遂謂訥不堪寂寞，有復住圓通之意，端乃辭而去之。去之誠是也，然其退院上堂之語，乃似歸過於訥，則爲小人之所蔽，而不能自察耳。

王山體久依大明寶爲侍者，一日抽單去，衆疑之，問曰:“體侍者何往?”寶曰:“諸方來，諸方去，問他作麼! ”又問“渠參學何如?”寶曰:“我若道有，栽他頭角; 我若道無，滅他威光。”衆始知其陰有付囑。體去，又深隱太原王山十餘年，始創禪院，開堂演法。若師若資，其深潛謹密如是，俱可爲後世法。今觀近日之事，而霄壤懸隔矣。悲哉!

壽昌先師得旨後，隱戈峰將三十載，始出住寶坊，躬耕隴畝，不事干謁。移壽昌日，里中有張侍郎为起一緣簿，先師笑而受之，卒不發化主。後十年，巨刹奐然復新，財帛皆不求自至者。嗚呼! 先師往矣，孤風峻節，誰有能繼之者乎!

先師粗衣糲食，躬秉未耜，年至七十未嘗暫輟。時歲大饑，磨麥爲羹，率衆開田，其田今呼爲麥羹坵，蓋百丈之後，一人而已。今吾輩直草不踏，橫草不拈，安坐亨用，每思及此，便覺藏身無地，況敢恣意放逸，陷鐵圍百刑之痛哉！

先師一日謂余曰：馬祖、百丈敎人牧牛，此事大不容易。蓋根蒂既久，未能卒斷，豈可孟浪哉！老僧在莪峯時，自謂天下事無能動其心者，後在壽昌，因修造買木，業成券矣，約其人來取價，及期無以應之，正逼迫間，忽見門外有轎數乘到，及見，得一百餘金，老僧不覺喜見於面。因自愧曰：三十年修行，被阿堵物轉將去。以此審知，全未全未！古人常喚主人公，非欺我也。

因果報應之說，非釋氏所獨唱也。此方聖人，如大易、洪範等書亦詳言之。但報應有不盡然者，則舉而歸之命，歸之天。天果有所私乎？命果可倖値乎？蓋不達有三世之因果故也。

世上有一種議論，謂一飲一啄，莫非前定，全不由人力趨避者。若然，則爲善者分當爲善，爲惡者分當爲惡，聖賢無敎化之功，下民無趨避之術。由是，小人安於放縱，君子亦怠於進修，其遺害可勝道哉？夫世間禍福莫大於生死，亦有命不當死而死者，佛謂之橫死，凡有九種。故菩薩戒中，有冒難遊行戒，恐其冒難而橫死也。孟軻亦曰："知命君子不立於巖牆之下。"又曰："桎梏死者，非正命也。"卽此推之，可盡委於命哉？大抵天命人力，功實相參，故君子必修身以俟之。

僧家寄跡寰中，棲身物表，於一切塵氛尚當謝絕，況可貪祿位乎？一切文事尚不可與，況可操武事乎？自元時劉秉忠首開此禁，繼而姚廣孝效之，貪謬妄之勳名，破慈悲之大化，佛門中萬世之罪人也。

或曰：菩薩大戒，殺有時而許開，二師蓋大權之士，未可以比丘之法局之也。余曰：所謂殺有時而許開者，乃在家菩薩之事，如衛君父，如禦寇盜，既身任其職，豈可不殺？況殺一人而能救百千人者，則可殺；殺一人而能成百千好事者，則可殺。今二人者，既身爲釋子，非在家之比，又其所爲者，破滅綱常，禍流四海，有何利益而可謂之權乎？是非獨为佛門之罪人，亦名教之罪人也。

唐以前，僧見君皆不稱臣，至唐則稱臣矣。然安、秀諸師宫中供養，皆待以師禮，諸師稱天子則曰檀越，自稱則曰貧道。至宋絕無此事，然尚有上殿賜坐，入宫陞座等事。至近代併此亦無之，僧得見天子者絕少，惟洪武間尚有數人，然止於奉和聖製，及差使外國。且有强畜髮而官之者，且有和詩用一殊字而被殺者，待僧之禮，果安在乎？蓋以僧德歷代而遞衰，故待僧之禮亦歷代而遞降，此勢之不得不然也。自此以往，愈趨愈下，法門消滅，踮步可待，豈勝痛哉！

禪教律三宗，本是一源，後世分之为三，乃其智力弗能兼也。以此建立釋迦法門，如鼎三足，缺一不可，合之則俱成，離之則並傷。無奈後學以我執之情，起生滅之見，互相詆呰。正如兄弟自相戕賊，而曰吾能光大祖父門庭，不亦愚乎！

三宗之中，難莫難於禪，教次之，律又次之。以禪則超情離見，妙契在語言文字之表，非若教之可以揣摩而得，講習而通，故獨難也。至於律，則事相淺近，皆有成法，稍有智者皆可學習，非若教理之圓妙精微，非大智莫能窮也。然數百年來，禪教猶有一綫之脉，而律學則寥寥絕響何哉？蓋以聰明才辯之士，多以律學为淺近而忽之，不屑自局於此，又以人之常情喜自便而畏檢束，則又不肯安意於此，故律學之最易，却成最難也。悲夫！

律學自靈芝照之後，鮮見其人。至於後代稱律師者，名尚不識，況其義乎；義尚弗達，況躬踐之乎？至於潭柘、昭慶二戒壇，其流弊有不忍言者，若不奉明旨禁之，後來不知成何景象也。萬曆末年，諸方得自說戒，正與佛意合，然鹵莽甚矣。今日欲起律宗之廢者，非再來人，必不能也。悲夫।

少林懸記云：後來明道者多，行道者少；說理者多，達理者少。余謂，明道而未能行，則其明亦非真明。譬如一人安坐一室，披閱輿圖，而曰天下已在吾目中，其實跬步未曾動也。說理而未能達，則其說亦非實說。譬如有人精於畫龍，點畫俱工，一旦真龍現，則驚怖而莫能辨也。至於今日之事，尤有異焉，見閩越圖，而直曰天下在是；但學畫馬，而曰吾能知龍，是則少林懸記之所弗及。法門之憂，不益深乎।

人天眼目一書，集在宋淳熙間，已有訛謬，至近日續收益廣，而訛謬尤多。蓋是水潦鶴之徒托名杜撰，或是知識不善此宗，而勉強穿鑿，其迷誤後學豈淺尠哉।大抵禪人須先具正法眼，而門庭施設，實在所緩。今日有志參禪者，輒首重此書，如己無眼，而欲借他爲眼，必反爲所蔽，有終身而莫知其非者矣。

末代弘法，魔事必多，貪進者必取辱，過侈者必招非。知此，即爲攝伏魔軍之第一策。如萬曆間，達觀、憨山二老，皆名震一時，以不達此意，卒至罹禍，豈可曰無妄之災，而盡委之命乎？唯雲棲老人謹密儉約，一步弗苟，故能享大名而善始善終，絕無魔事，真末法之良規也。

旌旗蔽空，尸骸徧地，此吾之悲也，非吾之憂也。白刃環躬，饘粥弗繼，此吾之窮也，非吾之憂也。所憂者，魔鬼入室，禍起蕭牆，將來之事，有大不可言者在耳。昔魔向佛誓曰：我今不奈你何，待末法，入你門、著你衣、喫你飯、稱你弟子，以壞你法。佛曰：汝壞但自壞，吾法不壞也。今日自壞之狀，靡所不有，雖曰法不可壞，而法門破矣，化儀滅矣，雖佛亦且奈之何哉।

此界名曰堪忍，必無安樂之處，一出人前，則異同順逆之境，雜然橫陳，雖先佛出現，亦所不免，況其他乎？要在攝歸平等本際之空，則所謂異同順逆者，無非煉心之地，煉行之時，日用中俱有深益，此非世俗所能知也。若但任情馳逐，自生顛倒，則非特外境不能平，兼自身亦無措足之地矣。

古人應世之法，必靜以守之，漸以需之，量力以行之，使我之力量常有餘，則不困不窮，事乃克濟。若好大喜功，急於有爲，則力小而任重，鮮不仆矣，勢必廣求苦索以應之。至於廣求苦索，又何暇顧其他哉？勢必遣任雜還，因果弗論，委曲攀緣，廉恥盡喪。毋論其求之弗得，卽求之而得，已不勝其顏之厚矣，豈佛祖之道則然哉！

人當年少時，歷世未深，志鋭力強，多有發憤向上者，追其歷世日久，塵念日深，初志漸覺頹靡，後被外境所轉，喪其所守者多矣。有一僧，早歲脱白，留心參究，超然弗與俗伍，山居寂寞二十餘年，人多稱之。及其晚年，偶得幾箇俗漢歸依，便欲出世，乃建寺立僧，開堂付法，一切勉強爲之，率之身名俱喪，爲天下笑。詩云："靡不有初，鮮克有終。"可不戒歟！

佛入滅後，正法像法，各一千年，末法一萬年，此但言其大概也。若細論之，正法中亦有末法，末法中亦有正法，顧其人何如耳！孟子曰："若夫豪傑之士，雖無文王猶興。"是知上根利智，決非三時之所可局，況佛法無時不圓明超絶，豈可得有汙隆哉！有志之士應當取法乎上，毋自墮於卑下，則幸矣！

殺人而食，江北嘗聞之，江南所未聞也，今已見於閩中矣。易子而食，古語嘗聞之，未聞母食其子也，今亦見於閩中矣！嗚呼！天親之愛，莫如父子，而母之愛子，尤甚於父，雖虎狼猶然，至於今日，則人反不如虎狼矣！豈非曠古以來一大變哉！

語云：“人之所愛，莫甚於生，所惡莫甚於死。”自今日觀之，則知名利之愛，尤有重於生死者。苟機有可乘，九牛莫挽，雖生死亦不暇顧耳！余自甲申之變，每見知友，必勸其歛戢身心，度茲厄會，不可因風妄動，自取禍患。後竟無一人信者，多至家破身亡而不可救，其倖而免者亦寡矣。名利之牽人也如此。

余行年七十有一，閱世久矣，古來未有之事，而今有之，生平未信之事，而今信之。深知貪瞋癡三毒，其變無涯，其禍亦無涯，雖至於伏尸萬里，流血成川，其心猶未已也。其始則一念之差而已，吾人可不思防微杜漸，痛懲而力反之哉！不然，熒熒弗熄，卒燎原野；涓涓莫遏，終變桑田。雖欲救之，噬臍無及矣。

殺盜淫三業，正輪迴之根本，此業不斷，雖有禪定智慧，總成魔外而已。或者多謂業性本空，何斷何續？不知業性固本空，而人執之為實，則起業招果，安得言空！昔梁有雲光法師，善講經論，而不奉戒律，誌公呵之，彼曰：“吾不齋而齋，食而非食。”後招報為牛，拽車泥中，力不能前，鞭笞復急。誌公過而見之，召曰：雲光！牛舉首。誌公曰：“汝今日何不道不拽而拽？”牛墮淚號咷而逝。以此觀之，虛頭狂解，何敵輪迴，雖欲欺人，還成自欺也。哀哉！

近世禪者，多是大言不慚，不守毗尼，每自居於曠達；不持名節，每藉口於圓融。迨一旦逐勢利，則如餓鬼覓唾；爭人我，則如惡犬護家，圓融曠達之謂何哉！

達磨一宗，超情離見，故曰教外別傳，非可以口耳商量，文句擬議也。故先輩苦口丁寧，勸勉真參，非為妄語。近日禪人卻以先輩之言為不然，惟相與學頌古、學機鋒過日，學得文字稍通，口頭稍滑者，則以拂子付之，師資互相欺誑，而達磨之旨又安在哉！不特此也，曾見付拂之輩，有顛狂而死者，有罷道還俗者，有嘯聚山林劫掠為事者。他如縱恣險惡，為世俗所不齒者，在在有之。滅如來種

族，必此輩也。嗚呼危哉﹗

博山來禪師謂余集生曰："宗門中事，貴在心髓相符，不在門庭相紹。若實得其人，則見知聞知，先後一揆，絕而非絕；若不得其人，則乳添水而味薄，烏三寫而成馬，存豈真存？故我意寧不得人，勿授非器。不得人者，嗣雖絕而道真，自無傷於大法；授非器者，嗣雖存而道僞，反自破其先宗。有智之士，當知所擇。"愚按，博山之言若此，可謂真實爲大法者也。今其嗣雖少，而世猶仰之如麟如鳳，視近日之妄授非人，反辱先宗者，又奚啻霄壤哉﹗

有處諸紳聚飲間，一張姓者曰："近日僧家揑怪，動輒開堂說法，簧鼓流俗，欲與諸公各作一闢禪論以滅之。"有陳姓者曰："公欲闢之，請聞其旨。"張曰："無父無君，蠹國害民，此四罪彼焉能逃？"陳曰："公別有高見則可，若此四罪必不可闢。今神州陸沉，生民塗炭，所謂無父無君，蠹國害民者，皆儒者自爲之，與僧何與？"張乃語塞。客有自席中來者，持其語告予，予曰："今之禪誠可闢，惜此公不善其旨耳。予正欲作一闢禪論，但恐犯諸人之怒，而不敢作也。"嗚呼﹗禪耶？儒耶？予將安歸。

泉千戶王某，一夕夢有人告曰："我張籍也，今身爲鹿，不幸見獲於人，人以苞苴宦門，今轉寄侯之女弟尼，侯其救脫，毋我殺。"王少寤，思之，不省張籍爲何人。既而復寐，又夢籍哀懇甚至，乃心異之。蚤作，以告女弟尼，尼曰："有之。"乃以兄之言告於宦，乞全其命。宦不可，竟殺之。嗚呼﹗張司業其至是耶？司業當時以才學自負，雖與昌黎交，而不肯師昌黎，今乃陷身於鹿，何耶？爲鹿而求免於殺亦不可得，又何耶？蓋殺業所牽，流入異類，酬還宿負，無術可免。吾不知張司業之苦，何時艾也。悲哉﹗

（同上　卷三十）

〔附〕　林之蕃　福州鼓山白雲峯湧泉禪寺
永覺賢公大和尚行業曲記

　　師諱元賢，字永覺，建陽人，宋大儒西山蔡先生十四世孫也。父雲津，母張氏，生母范氏，以萬曆戊寅七月十九日生。師初名懋德，字闇修，爲邑名諸生，嗜周程張朱之學。年二十五，讀書山寺，聞誦法華偈曰："我爾時爲現，清净光明身。"忽喜謂：周孔外，乃別有此一大事。遂卽同邑趙豫齋受楞嚴、法華、圓覺三經。明年，值壽昌無明和尚開法董巖，師往謁之，反覆徵詰。昌曰：此事不可以意解，須力參乃契。因勉看乾屎橛，久之無所入。一日留僧夜坐，舉南泉斬猫話，乃有省，作頌曰："兩堂紛鬧太無端，寶劍揮時膽盡寒，幸有晚來趙州老，毗盧頂上獨盤桓。"舉呈壽昌，昌曰："參學之士，切不得於一機一境上取則，雖百匝千重，垂手直過，尚當遇人。所謂身雖已在青雲上，猶更將身入衆藏，是參學眼也。"爲別頌云："大方家之手段，遇物一刀兩斷，趙州救得此猫，未免熱瞞一上。若是有路英靈，畢竟要他命換。"師得頌益省。

　　逮二親繼殁，師年四十，竟裂青衿，棄妻孥，投壽昌落髮，爲安今名。師凡有所請益，昌但曰："我不如你。"一日值昌耕歸，師逆問曰："如何是清净光明身？"昌挺身而立。師曰："祇此更別有？"昌遂行。師當下豁然，如釋重負，隨入方丈。拜起，將通所得，昌遽棒之三，曰："向後不得草草。"仍示偈曰："一回透入一回深，佛祖從來不許人，直饒跨上金毛背，也教棒下自翻身。"師不及吐一辭而退。然猶疑云："因甚更要棒下翻身？"明年戊午，壽昌遷化，博山無異和尚，以奔喪來。及歸，師與偕往博山。山曰："和尚像前禮未？"師曰："禮竟。"山曰："還見得和尚不？"師曰："見。"山曰："見底作麽

生？”師曰：“與和尚當年見底一般。”山曰：“且放過一著。”無何進具
戒，以生母病篤歸省。母既卒，復往博山，圓菩薩戒，留居香爐峯，
山時相與商榷玄奧，師每當仁不讓。山歎曰：“這漢生平自許，他時
天下人不奈渠何！”

　　越三年，歸閩，住沙縣雙髻峯。明年，以葬親，回建陽，舟過劍
津，聞同行僧唱經云：“一時醫欬，俱共彈指，是二音聲，徧至十方諸
佛世界。”師廓然大悟，乃徹見壽昌用處。因作偈云：“金鷄啄破碧
琉璃，萬歇千休只自知，穩臥片帆天正朗，前山無復雨鳩啼。”時癸
亥秋九月，師年四十有六矣。居甌寧金仙庵，閱大藏三年，徙建安
荷山。明年至欈李，請藏經歸，作建州弘釋錄。先是師住博山時，
無異和尚嘗屬師志建州諸釋，師曰：“吾大事未竟，不暇及此也。”迨
師隱荷山，異自石鼓歸，道建州，師晤異於光孝寺，異一見而識之
曰：“今可志建州僧也。”師咲而不答。異乃問曰：“壽昌塔掃也未？”
師曰：“掃卽不廢，祇是不許人知。”異曰：“怎麼則偷掃去也。”師曰：
“和尚又作麼生？”異曰：“掃卽不廢，祇是不曾動著。”師曰：“和尚却
似不曾掃。”遂相笑而別。及是書成，異序而傳之。又，會通儒釋，而
作瘇言。辛未，往建陽，修蔡氏諸儒遺書。壬申，謁闇谷大師于寶
善庵，一見投合，以爲相遇之晚。適宜興曹安祖兵憲請大師作諸祖
道影贊，因屬師命筆。師成百餘贊，大師驚訝不已，且曰：“我不入
建，公將瞞盡世人去也。”卽以大戒授師。

　　明年，先大夫赴闕，之菴以計偕從，道縣汾常，謁闇大師，始得
瞻師道範。遂與曹雁澤宗伯，暨諸善信，延主鼓山。甲戌入院，請
開堂，弗許，惟爲四衆説戒。有請法者，以庵主禮示衆而已。是秋，
建天王殿及鐘鼓二樓。乙亥，往壽昌掃塔，歸過建州，爲浄慈庵著
浄慈要語。是冬，張二水相國，吕天池侍郎，仰師道化，率衆請入
泉州開元寺。師知機緣已稔，始開堂結制，四衆雲集，懷中瓣香，特

爲無明老人拈出。明年，相國二雲曾公，時分憲泉南，訪師，爲建殿開元，以楞嚴義奧，請師疏之。秋，歸鼓山，建藏經堂于法堂之東。丁丑，聞大師訃至，師躬弔真寂。浙西諸先生以大師治命，合請往持，刻大師遺語，奉遺體而塔之，且銘焉。戊寅，從侍御愚谷曹公請，復作諸祖道影傳。庚辰，建翠雲庵于餘杭西舍。辛巳，遷婺州普明寺。秋，歸閩，居劍之寶善。明年，赴泉州開元結制，修開元志。遂歸鼓山，殿宇山門及諸堂寮，次第鼎新，莊嚴畢備。又作佛心才、寒巖升二師塔于香爐峯下，復作塔，藏博山和尚衣鉢銘之。癸未，應建州興福請，期畢至寶善，建舍利塔。冬，歸鼓山，刻禪餘內外集。乙酉，著金剛略疏，修鼓山志。丙戌，鄭如水司空，暨諸縉紳先生，復請至建州淨慈庵，爲國祝釐己，乃移寶善説戒，著四分戒本約義、律學發軔。丁亥，歸鼓山，著洞上古轍，及續寱言。己丑，著補燈錄，以補五燈會元之闕。庚寅，收無主遺骸千餘瘞之。〔冬，建華嚴、淨業二堂〕。辛卯〔春，建且過樓，秋〕作繼燈錄。先是，宗門錄傳燈者，止于宋，自宋末至明，四百餘年，一燈相承，未有修者。師廣蒐博採，至是乃有成書。壬辰夏，刻晚錄，秋造報親塔于舍利窟東隅，復修山堂、檜堂二禪師塔，遣徒取金陵大藏經。〔癸巳，作戒月寮于華嚴堂之右〕。甲午，著心經指掌，收遺骸二千八百餘。乙未春，興化、福清、長樂罹兵變，饑民男婦，流至會城南郊，玲娉之狀，人不忍見。師乃斂衆遺徒，設粥以賑，死者具棺葬之，凡二千餘人，至五十日而止。

丁酉，師年八十矣。于上元日，舉衣拂付上首弟子爲霖霈公，卽命首衆分座，衆大悦服。秋七月十九日，屬師初度，四方咸集，請師開法。師自辛卯禁止上堂，雖力請弗許，至是忻然登座，然每示謝世意。九月朔，果示疾，不食者二十餘日，起居如常。乃説偈曰：
"老漢生來性太偏，不肯隨流入世塵，頑性至今猶未化，剛將傲骨拯儒禪。儒重功名真已喪，禪崇機辨行難全，如今垂死更何用，祇將此念報龍天。”曰：“老僧世出世事，盡在此偈，汝等毋忽也。”遂閉目吉祥而卧，若入定然。復數日，首座問曰：“末後一句，如何分付？”師索筆書曰：“末後句，親分付，三界内外，無可尋處。”越三日中夜，謂首座曰：“不有病了。”令侍者扶起，坐定脱去。實十月七日子時也。三日始掩龕，顏色如生，衆咸歎異。

師器宇崎特，具大人相。出世凡歷主四刹，所至深居丈室，澹然無營，若不事事，而施者争先，百務皆舉。四方學者，來不拒，去不留，座下每多英衲，皆勉以真參實悟，深誡知解雜毒。其登堂説法，機辯縱横，若天廓雲布；其操觚染翰，珠璣滚滚，卽片言隻字，無不精絶。曹洞綱宗，從上遭濁智謬亂者，皆楷以心印，復還舊轍。生平慎重大法，開堂將三十載，未嘗輕許學者，至年八十，始舉霑公一人授之，諸方皆服其嚴。且立身如山岳，操行若冰霜，衞道捄世，卽白刃當前，亦不少挫。嗚呼！師豈常人哉！世稱師爲古佛再來，福慧圓明，悲智具足，誠不誣耳。且所至每者異跡。

天啓丁卯，居建安荷山，一日山門下經行，虎突至，行者驚仆地，師以拄杖指之，虎翻身咆哮而去。甲戌，師住鼓山，四月十一日甘露降山門松樹上，師作偈曰：“聖瑞端宜降大都，窮山何得獨沾濡，曉來扶杖三門外，笑看松頭綴玉珠。”是年九月十九日，甘露復降，師再偈曰：“玉露霏霏又一番，滿林花木盡同繁，丁寧莫道甜如蜜，恐惹遊人入石門。”師之往溫陵也，吕先生率開元僧衆，至洛陽橋相迎。時潮水已退，及師到，潮水復湧，衆皆愕然。有僧問：“潮汐之期，千載不爽，今日因何再至？”師曰：“問取主潮神。”僧曰：“莫是爲和尚否？”師曰：“莫塗汙老僧好！”泉州有神，曰吴真人，卽晉許旌陽弟子吴猛，南安産也，泉人多祀之。丙子四月，師説戒于開元寺，神先一日見夢于祝，曰：“可爲我備千錢，我欲往開元受戒。明日，神乘板輿至寺，以轎竿書地，求法名並五戒。師為起名道正，授三皈五戒而去。神善醫，病者多往請之，自受戒後，不受請，有人廟祀者，悉不用葷酒。壬午春，師再至泉，真人復來乞菩薩戒。其鄉村有神張相公者，亦同來求戒，師為起法名道誠，俱受菩薩戒云。安平尤氏母名道喬，受師五戒，一夕病終，冥官問："汝生有何德業？"喬曰："曾到開元受永大師五戒。"官曰："汝五戒無大毀，當生善處，可為我到永大師處請一偈來。"喬遂甦，遣其子來請偈。師與偈曰："分明有箇西方路，祇在當人一念中，看破身心同馬角，劍樹刀山當下空。"喬得偈，復瞑目而逝。戊寅，師在杭真寂院，時歸安諸生茅蔚起家素不奉佛，一夕夢鬼使來追，蔚起苦辭不往。使曰："我暫去，看可轉移否。"至十餘日，鬼使復來曰："事決不可轉移，但寬汝七日，收拾可也。"明日，蔚起徑到真寂，求救于師。師曰："余何能救汝？但汝能蔬食乎？"曰："能。""汝能發無上心，受菩薩戒乎？"曰："能。"遂與授戒而歸。居一月無事，父母復強以酒肉，一日因大醉，為鬼攝入冥司。司讓之曰："汝能發心受永大師戒，故我不取汝，今日因何自遭墮落？"蔚起訴謂："我非敢破戒，我母只得我一人，恐蔬食體弱，強令開之，今後誓不復犯。"冥司許之，乃醒，自刻其事以傳。辛巳夏，師在金華普明寺，時歲大饑，居民絕食者衆。蘭溪趙姓者，家貧，以燒石灰為業，賣灰一窰，以其半來設齋，師嘆其不易。後，秋病瘧，一日死去，自午至戌復甦。自言，初去時茫茫，不知何往，後歷高山數重，忽遇永覺和尚，問："汝何以至此？"對曰："不知。"曰："汝欲歸否？"對曰："欲歸甚急，但不識路。"曰："汝但隨我來。"走數里，和尚指曰："此金華府也。"又數里，復指曰："此蘭溪縣也。"又數里，復指曰："汝家也。"以手推之，遂醒。時人甚傳其事，師曰："我豈能入冥救人？皆由渠一念善根，故現斯事。"癸未夏，師居劍津寶善，值大旱，凡三月不雨，草木如焚，人心惶懼。有司徧叩靈祠俱不應，備兵使者孫公，遣中軍官詣寶善，求師禱之。師爲上堂云：“諸仁者，風從何來？雨從何起？電王飛出黑雲頭，問渠畢竟何所止？娑竭羅龍王行雨時，但動一念，娑婆世界雨悉周徧。子細看來，也不離這裏。這裏是甚麼所在，還知麼？”拈拄杖云：“老僧拄杖化爲龍，吐霧興雲，遮天掩日，大布滂沱，盡閻浮提悉皆周徧，大衆且道承何恩力？”卓拄杖，下座。卽是雨若盆傾，水滿三尺，是歲大稔。丁亥，寇掠鼓山，以籃輿舁師至半嶺，衆忽顛仆，遂送師還山。其船泊江干，檣亦爲雷所轟，寇恐，不敢再犯。有梵僧自迦毗羅國來，獻師木碗一口，師二時常用之。癸巳春正月，方丈邊樹火，惟木碗不壞，次日得于灰爐中。種種靈異，師皆謝弗居，誡勿許傳。

所依從率三百餘人，問道受戒者不啻幾萬人，得度者共若干人，付戒弟子六人：踕存思公、雪樵涪公、藻鑑真公、莫違順公、警心銘公、宗聖善公。所説法語録諸撰著，共八十餘卷。以戊戌正月二十一日，奉全身于本山西畬壽塔。之蕃服師教最久，悉師生平頗詳，又重以霈公之請，用是僅記之以傳。然字字實録，不敢別加色澤，點染虛空，惟務揭師實行，昭示萬世云爾。

賜進士出身、奉政大夫、吏部考功清吏司郎中、前本部文選清吏司員外郎、浙江道監察御史、菩薩戒弟子林之藩謹譔。

（同上）